### 中央编译局文库出版工作领导小组（编委会）

主　　任：贾高建
副 主 任：俞可平　魏海生　陈和平　柴方国　杨金海
委　　员：崔友平　沈红文　杨雪冬　季正聚　陈家刚
　　　　　赖海榕　郗卫东　张文成　刘明清

### 中央编译局文库出版工作领导小组办公室

主　　任：薛晓源
成　　员：徐向梅　苗永姝

### 中央编译出版社文库编辑中心编辑小组

刘明清　薛晓源　谭　洁　董　巍　贾宇琰
冯　章　曲建文　苗永姝　邓　彤　杜永明
盛菊艳　李媛媛　薛迎春　董　妍

国家"十二五"重点图书

# 马克思主义研究资料

## 第28卷

主　编　杨金海
副主编　冯　雷（常务）　薛晓源

经典著作版本与传播研究

本卷主编　李百玲

《马克思主义研究资料》顾问委员会

贾高建　俞可平　宋书声　殷叙彝　詹汝琮　张钟朴
李洙泗　冯文光　赵家祥　严书翰　梁树发　郭建宁

《马克思主义研究资料》编辑委员会

主　编：杨金海

副主编：冯　雷（常务）　薛晓源

编　委（按姓名拼音排序）

陈喜贵　冯　章　黄晓武　江　洋　李百玲　李义天
李媛媛　林进平　刘仁胜　刘　英　刘元琪　吕增奎
马　瑞　苗永姝　彭萍萍　盛菊艳　史清竹　武锡申
姚　颖　苑　洁　郑　锦　郑天喆　周艳辉

参加本卷编辑出版工作的有

薛迎春　苗永姝　冯　章

# 总　序

呈献给读者的这套《马克思主义研究资料》丛书，旨在服务于我国正在实施的马克思主义理论研究和建设工程，积极吸收和借鉴国外马克思主义研究成果，对改革开放以来中央编译局编译的有关国外学者研究马克思主义的成果，以及少量相关的国内学者的研究成果整理出版，为我国马克思主义研究提供基础性的参考资料。本丛书计划出版37卷，三年内陆续完成编辑和出版工作。

编译国外学者关于马克思主义的研究成果，并对相关问题展开深入探讨，是马克思主义经典著作编译研究的基础性工作。中央编译局作为马克思主义经典著作编译研究的专门机构，历来十分重视这项工作。20世纪50年代以来，特别是改革开放以来，中央编译局的同志们编译了大量国外学者关于马克思主义的研究文献，也发表了不少自己的相关研究成果。这些成果曾经在中央编译局编辑的《马列著作编译资料》、《马列主义研究资料》、《马克思主义与现实》等刊物公开发表，或在内部刊物《马克思恩格斯研究》、《列宁研究》等刊载。这些成果对于推进马克思主义经典著作的编译和研究工作发挥了重要作用，时至今日，一些学者仍然把它们当做研究马克思主义的珍贵资料。

然而，随着近年来中央实施马克思主义理论研究和建设工程的深入推进以及马克思主义学科建设的快速发展，这些研究资料的留存情况已经远远不能适应形势发展的需要了。《马列著作编译资料》和《马列主义研究资料》早已停止出版，很多人难以找到原有资料；《马克思恩格斯研究》等内部刊物刊载的文章没有公开面世，也难以为人们广泛使用；而新编译的文献资料又很零散。因而，希望中央编译局提供马克思主义研究资料的呼声越来越高。

为了继承前辈的事业，适应学界的需要，尽可能全面系统地收集整理中央编译局近几十年来编译的国外学者关于马克思主义的研究成果以及相关的国内学者的研究成果，中央编译局专门成立了《马克思主义研究资料》丛书课题组，并对该项工作提供了基金资助。课题组不仅在局内组织力量进行工作，而且争取到社会力量的支持。经过课题组同仁两年多努力，已经形成一批编辑成果，还将继续补充、完善并陆续推出。这套《马克思主义研究资料》丛书就是这些成果的集中体现。

本丛书力求体现如下四个特点，这也是丛书编辑工作所力求遵循的四条原则：第一，保证文献性。本丛书主要收集改革开放以来中央编译局刊物发表的有关马克思主义理论编译和研究方面的成果，这些刊物包括公开出版的《马列著作编译资料》、《马列主义研究资料》、《马克思主义与现实》、《当代世界与社会主义》、《经济社会体制比较》、《国外理论动态》等，也包括内部刊物《马克思恩格斯研究》、《列宁研究》、《斯大林研究》、《马克思恩格斯列宁斯大林研究》等；少量收集其他杂志发表的中央编译局学者编译或撰写的有关文章；个别收集与中央编译局长期合作的其他学者的相关文章；对所收商榷性文章涉及的其他学者的成果，也作为附文收入，以示对相关学者的尊重，也便于读者在阅读正文时参考。收集整理这些学术成果的目的主要是为学界研究马克思主义提供参考资料,同时帮助人们了解马克思主义研究的历史进程和思想脉络。因此,本丛书所收文献力求保持其历史原貌,包括其中的人名、地名、术语、引文等,都不作改动,以便读者进行文献考证之用,只对个别错漏文字等进行校正,对于文中可能产生歧义的地方,以"本丛书编者注"的方式加以说明。其中读者特别应当留意的是译名、术语的不统一问题,例如关于《马克思恩格斯全集》历史考证版,就有多种表达方式:原文版、国际版和 MEGA 版,其中,往往又以"老"、"新"、"MEGA$^1$"、"MEGA$^2$"、"MEGA1"、"MEGA2"等来区分历史考证版第 1 版和第 2 版。第二,突出编译性。本丛书所收文献中,以国外学者的成果为主,包括国外学者关于马克思主义经典作家的著作、思想、生平事业,乃至书信往来、工作生活等方面的研究文献,凡比较有资料价值的,均在收集之列。如上所述,国内学者的相关考证性成果,包括经典著作翻译、版本、传播、重要术语考据等文献,凡具有资料价值的,也一并收入,但这部分内容所占比例较小。第三,力求系统性。上述几十年来形成的这些编译研究资料繁茂芜杂,十分零散,使用起来很不方便,编辑整理就更为困难。为把这些宝贵文献整理面世,使之更好地发挥作用,编辑人员下了很大功夫。在收集整理中,我们力图分门别类,尽可能将同类资料按照一定逻辑顺序编排,使之呈现一定的系统性,以便读者全面掌握有关资料。第四,力争权威性。本丛书力争选编国内外在相关研究领域具有一定权威性的专家学者的具有代表性和影响力的文献。为保证文献的权威性和准确性,我们对文献的引文进行了校订,特别是对有关马克思主义经典著作的引文进行了原版原文核对,并对注释尽可能地作了规范化处理,以便读者更准确地了解引文及其出处。

基于上述考虑，本丛书的编排体系大体分四个部分。第一部分是经典著作研究，包括关于《共产党宣言》、《资本论》等手稿、创作、版本、传播诸方面的研究文献；第二部分是基本理论研究，包括哲学、政治经济学、科学社会主义以及政治学、法学等方面的研究文献；第三部分是版本和传播、编译以及生平事业研究；第四部分是国外马克思主义研究。每一部分包括若干卷。每一卷都有本卷编辑说明，对本卷编辑的思路、内容和有关技术问题作简要交代。各卷内容按照逻辑顺序进行编排，在此基础上再按照时间顺序编排。各卷内容一般要作分类，并加分类标题，以便读者阅读研究。

需要说明的是，由于本丛书是整理编辑已有的文献，而且主要限于整理编辑中央编译局学者编译和研究的部分成果，这就决定了本丛书不可避免地存在一些缺憾。一是这些文献中有的观点不一定正确。选编这些文献并不意味着编者赞同其中的观点，我们的目的仅仅在于为人们研究马克思主义提供参考资料，其中正确的思想成果可以作为我们研究借鉴的思想资源，而错误的观点可以作为我们研究批评的对象。例如，对有关马恩对立论的观点，我们是不赞成的，但为了让研究者了解、研究和批评这种观点，也收入了相关文章。所以，谨请读者在使用这些文献时注意辨别是非。二是这些文献存在质量参差不齐的情况。由于这些文章的作者、译者水平不同，写作时间、背景、针对的问题、产生的影响以及发表的刊物等不同，其质量也就有一定差别。例如，有的概念和译文在今天看来不一定科学、准确，有的文献曾经很有价值而在今天看来最多只有学术史的价值。在选编过程中，我们尽量收入那些分量较重、影响较大的文献，但为了比较全面地反映学术史的原貌并提供尽可能详细的研究参考资料，也收入了一些篇幅较短、影响不大但有一定资料或史料价值的文献。另外，有少量比较重要的文献，由于作者或译者不同意收入，也不得不忍痛割爱。三是这些文献的系统性、规范性不太强。尽管我们努力按照上述编辑原则工作，对这些文献进行了分类整理，力求全面系统地提供给读者相关方面的文献资料，但由于这些资料十分繁杂，彼此之间的关联性不强，有的方面资料较多，有的较少，且发表的刊物、时间等不同，体例也很不统一，整理起来难度极大，加之各位编者的研究角度不同，水平各异，所以，每一卷书的结构、篇章、内容、观点等都不尽相同，其规范程度也不尽一致。对本丛书存在的以上不足或缺憾，谨请读者鉴谅；对其中可能存在的疏漏和错误之处，谨请读者批评指正。

本丛书在编写和出版过程中，得到了各个方面的大力支持。中央编译局对此项工作高度重视，始终给予鼎力支持。国家出版基金将本丛书列入2013年度资助项目。中央编译出版社为本丛书申报国家出版基金项目并最终立项，以及为丛书出版做了大量工作。本丛书所收文献的译者、作者和出版者，凡已联系上的，均给予我们大力支持，同意使用这些文献；对尚未联系上的，我们将尽力联系，也请相关同仁主动联系我们。丛书顾问委员会的专家对丛书的编写工作给予热情指导，编委会成员和课题组同仁为丛书的编写付出了辛勤劳动。在此一并致以衷心的谢意！

《马克思主义研究资料》

编辑委员会

2013年12月10日

# 编辑说明

本卷收录了有关马克思恩格斯列宁著作版本、传播与典藏方面的国内外研究资料共33篇,从内容上分为两部分。

第一部分收录了国内有关经典著作版本与传播的研究资料,介绍了《马克思恩格斯全集》《马克思恩格斯选集》《列宁全集》《列宁选集》以及重要著作单行本在我国的编译、出版与传播情况。第二部分收录了国际上经典著作版本、传播、研究与典藏的有关研究资料。这有助于读者系统性地了解马克思主义经典作家的著作在俄罗斯(包括苏联)、德国、英国、法国、丹麦、日本等地的出版、传播以及典藏情况,有助于读者了解我国经典著作编译出版事业所取得的瞩目成就以及国际经典著作编译事业一百多年来的发展历程。

为保持文献性,本丛书的注释尽量保持原貌,不作改动;但对原注释有错误或有遗漏的,我们尽可能查阅了有关文献,作了必要的规范和完善;对有些查找不到的,保留原来的内容和格式。

# 目 录

为编译好新版马列著作而努力
　　——在新编马列著作出版座谈会上的发言
　　　宋书声 ·················································· 1
马克思主义理论建设的崭新成果
　　——《马克思恩格斯选集》中文第 2 版简介
　　　韦建桦 ·················································· 6
我国马列著作出版史上又一项宏伟工程
　　——《马克思恩格斯全集》中文第 2 版编译工作简介
　　　周亮勋 ·················································· 19
中央编译局马列部负责人就马恩著作新版《全集》和《选集》
　　若干问题答本刊记者 ·········································· 31
《列宁全集》第二版的特点和意义
　　　林基洲 ·················································· 36
谈谈第 3 版《列宁选集》
　　——中央编译局原列斯室主任岑鼎山和马列部副主任何宏江
　　　答本刊记者问 ············································ 42

论新版《马克思恩格斯选集》和《列宁选集》的版本特色
——兼谈六十年来中央编译局的历史传统
　　韦建桦 ………………………………………… 46
以科学态度编译马克思主义经典著作普及读本
——关于《马克思恩格斯选集》第3版
　　柴方国 ………………………………………… 66
记《马克思论文选译》的翻译
　　李一氓 ………………………………………… 92
马克思《历史学笔记》第一个中文译本即将问世
　　耿睿勤 ………………………………………… 97
列宁《哲学笔记》卷新版的情况
　　郭值京 ………………………………………… 103
一本系统介绍马克思恩格斯著作在中国传播的历史的新书
　　胡永钦 ………………………………………… 108

\*　　\*　　\*

《马克思恩格斯全集》主要外文版本介绍
　　胡永钦 ………………………………………… 113
苏共中央马列主义研究院概况
　　奥比奇金　维尔霍夫策夫　廖文娜 ………… 134
《马克思恩格斯文库》介绍
　　耿睿勤 ………………………………………… 177
《马克思恩格斯全集》俄文第二版的编辑出版情况（摘译）
　　〔苏〕亚·马雷什 …………………………… 183

为悼念列宁逝世而编印的一部列宁的全集
　　——介绍《列宁全集》俄文第二、三版
　　　丁世俊　陈立敬 ································· 193
德国学者谈《马克思恩格斯全集》德文版的现状和历史
　　　徐　洋 ······································· 212
马克思恩格斯选集和选读本在美英的出版
　　　梁　明 ······································· 222
略谈《马克思恩格斯全集》英文版卷末注释的特点和参考价值
　　　李俊聪 ······································· 230
马克思恩格斯著作在法国的编译出版史简述
　　　郑天喆 ······································· 238
罗扬论《1844年经济学哲学手稿》的来龙去脉
　　　吴达琼 ······································· 254
马克思的美学笔记的俄译本不久前问世
　　　锁　贵 ······································· 262
恩格斯《社会主义从空想到科学的发展》德文本的写作和
　　出版情况 ········································ 266
恩格斯《空想社会主义和科学社会主义》法文本的写作和
　　出版情况 ········································ 282
《家庭、私有制和国家的起源》1892年斯图加特第四版出版
　　的前前后后 ······································ 305
实现亡友的遗愿
　　——《家庭、私有制和国家的起源》（1884年霍廷根—苏黎世版）
　　的写作和流传情况 ································ 334

马克思恩格斯早期著作在国外传播和研究的一些情况
　　刘晔星 ················· 387
论1843—1895年马克思恩格斯著作及马克思主义在丹麦的传播
　　奥勒·斯滕德-彼得森 ················· 402
列宁为马克思恩格斯著作的传播所作的贡献
　　〔民主德国〕B.伯克 ················· 436
马克思恩格斯文献在阿姆斯特丹
　　〔荷〕马利安·凡·德·海登 ················· 445
俄罗斯国家社会政治史档案馆的马克思恩格斯文献典藏
　　〔俄〕瓦·福米乔夫 ················· 449
马克思恩格斯文献在日本的典藏与数据化
　　〔日〕大村泉 ················· 459

# 为编译好新版马列著作而努力
## ——在新编马列著作出版座谈会上的发言*

宋书声

同志们:

　　首先请允许我代表中央编译局向出席今天会议的同志们表示衷心的感谢。

　　今天,我们在这里聚会,举行《马克思恩格斯全集》中文第 2 版第 1、11、30 卷、《马克思恩格斯选集》中文第 2 版、《列宁选集》中文第 3 版的出版座谈会。马克思、恩格斯、列宁著作的这三个新版本,是根据中共中央书记处的决定,由中共中央马克思恩格斯列宁斯大林著作编译局重新编译的。这三套出版物的原有版本,曾为马克思主义在中国的传播作出了重要贡献。今天,它们经过中央编译局、人民出版社以及理论界一些朋友们的共同努力,又以崭新的面貌正式出版发行。我们期待它们在我国改革开放的新形势下,继续为马克思列宁主义理论的学习研究,为我国的理论建设和精神文明建设作出新的贡献。

　　《马恩全集》中文第 1 版是在 1956 年底出版第 1 卷的,到 1985 年全部出齐,共 50 卷;《马恩选集》中文第 1 版于 1972 年出版,共 4 卷;《列宁选集》于 1960 年出版中文第 1 版,1972 年出版了第 2 版,也是 4

---

* 本文选自《马克思恩格斯研究》1995 年总第 23 辑。

卷。多年来，这些著作广泛发行，受到各界读者的重视和欢迎。但是，由于客观历史条件的限制，这些当年编译的版本难免有不足之处。首先，在译文的质量方面。大家知道，马克思、恩格斯的大部分著作是用他们的母语德语写成的，也有相当一部分用的是英文、法文、西班牙文、意大利文等。但中央编译局在50年代着手翻译马恩著作时，既缺少可靠的原文版本，又缺乏精通这几种语言，特别是德语，同时又熟悉马克思主义理论的翻译人才，所以除了《共产党宣言》《哥达纲领批判》《反杜林论》《法兰西内战》等少数几部重点著作外，大部分著作是从《马恩全集》俄文第2版转译的，这就不可避免地带有俄译文的痕迹和缺点。列宁著作虽然直接译自原文，但由于受编译人员经验和水平的影响，也存在不少不确切乃至错误之处。其次，在文献的收录方面，或者是收文不全，如《马恩全集》第1版就没有收入一些新发现的文献，以及马克思、恩格斯为自己的著作所写的许多有价值的准备材料和笔记；或者是选录的文献从内容方面来看分配不够合理，如《马恩选集》中文第1版中，马克思三个组成部分收文就不均衡，科学社会主义方面的文献过多，经济学方面的过少。这些原有版本甚至还误收了并非马克思、恩格斯、列宁所写的个别著作。其次，在编者所加的各种资料方面，无论《全集》或《选集》，都缺少我们自己撰写的统一的导读性的"前言"。最后，由于受客观条件的限制，编译者对有些著作的写作背景、手稿原貌、版本以及文中涉及的有关史实等难以进行周密的考订。因此，有些注释和索引材料的内容不够充实和准确。同时，有的著作缺少供检索重要名词概念之用的名目索引或主题索引。总之，马克思主义经典著作的这些原有版本，在翻译、收文、编目、资料等方面的缺陷已不能充分满足各界读者学习与研究马克思主义的需要，重新进行编译势在必行。

新编《马克思恩格斯全集》是面向理论研究工作者的。我们计划编译60卷以上，分四个部分。第一部分为第1—29卷，包括马克思、恩格斯生前所有公开发表过的著作以及著作手稿、草稿、提纲等（《资本论》及其手稿除外）。第二部分为第30—45卷，包括《资本论》及其直接有关的著作和准备材料。第三部分为第46—59卷，收入马克思和恩格斯的全部书信。第四部分为笔记卷，从第60卷开始。《全集》大约到21世纪20年代出齐。

现在出版的第一批三卷《全集》共约230万字。第1卷收入马克思从1833年到1843年3月23日写的著作，包括博士论文和政论文以及中学毕业作文和早年的文学习作。第11卷收入马克思和恩格斯在1851年8月至1853年3月所写的政治论著、时事评论、声明和文件。第30卷属于《全集》第二部分《资本论》及其手稿卷。收入这一卷的是马克思1857—1858年期间写的经济学手稿，包括《巴师夏和凯里》《导言》《政治经济学批判》（1857—1858年手稿）的前半部分。

新版《马克思恩格斯选集》是为广大干部、群众学习马克思主义提供的更完善的版本。它与第1版一样仍分为4卷。但同旧版相比各卷均有较大的增补和删减，总计新增著作40篇，删除旧版收用的文章和书信48篇，全书共约285万字。新版本的特点之一，就是以较大篇幅节选了三卷《资本论》的大量论述，共约30万字，编入第2卷，这是一次新的尝试。

《列宁选集》中文第3版也是面向广大干部、群众的，它在中文第2版的基础上调整了部分内容，增加了32篇文章（另有一篇文章增加了一章），删去了24篇（另对3篇文章作了部分删节）。新版《选集》共收文献195篇，合计约320万字。两部《选集》和三卷《全集》共11卷，835万字。与原有版本相比，这三个新版本有如下共同的特点：

一、译文更加准确、流畅。

马恩著作新版本纠正了原译中的某些错误，改善了不够确切或容易引起歧义的地方，有些句子修订后更加通顺、流畅。《列宁选集》中文第 3 版直接采用经过校订的《列宁全集》中文第 2 版的译文，与《全集》文字保持完全的一致。

二、编目更加全面、合理。

新编《马恩全集》收文更全。新版《马恩选集》在选文方面对原有版本作了较大的调整，增补了经济学方面的大量内容，删去了某些显得重复的材料。同时，力求比较完整地介绍马克思主义创始人对某些重大理论问题的研究和论述，如马克思、恩格斯关于经济不发达国家的革命实践和发展前途的论述等就是如此。这样做旨在使文献的辑录和编排如实地反映马克思主义的理论体系。新版《列宁选集》也着力更全面、准确地反映列宁思想遗产的精华以及他对马克思主义三个组成部分所作的贡献，适当增加了列宁晚期有关社会主义建设理论的著作和书信，压缩了部分著作的篇幅，删去了某些内容显得重复的著作。

三、拓展了编译者提供的说明性和注释性资料。

新版《马恩全集》每卷都有编译者自己撰写的导读性"前言"；与第 1 版相比，注释范围扩大了，数量增多了，并且根据最新的研究成果作了修订，不确切和错误之处得到了订正。此外，人名索引都经过逐条审订，对人物的评价尽量做到客观、恰当。每卷都加上文献索引，有的卷次还对名目索引做了重新修订和补充。新版《马恩选集》的注释也作了同样的处理，并增添了旧版各卷所没有的名目索引。新版《列宁选集》改善了旧版的注释，还在第 4 卷卷末，附加了全书的主题索引，列入条目近 900 条。

总之，在党中央、中宣部和社会各界朋友的关心和帮助下，经过数年的努力，中央编译局、人民出版社和新华印刷厂的同志们共同完成了两部新版《选集》和三卷新版《全集》的编译出版工作，向社会推出了译文更准确、编排更合理、所附资料更翔实、装帧更精美的马列著作新版本，为完成党中央交给我们的跨世纪的宏伟任务，迈出了第一步。

今后我们将继续努力克服困难，精益求精，为编译出版好《马恩全集》中文第2版竭尽全力。我们期待着同志们、朋友们以及广大读者的宝贵意见和帮助。谢谢大家。

# 马克思主义理论建设的崭新成果

## ——《马克思恩格斯选集》中文第 2 版简介[*]

韦建桦

中共中央马恩列斯著作编译局编译的《马克思恩格斯选集》（以下简称《选集》）中文第 2 版已由人民出版社正式出版。这是中央编译局自 1972 年编译出版《选集》中文第 1 版以来，向全国理论界和广大读者提供的一个崭新的《选集》版本，是编译局的同志们在党中央的关怀下，经过多年的认真研究和辛勤工作取得的成果。新版《选集》对第 1 版篇目作了较大幅度的调整，力求更加全面、完整地反映马克思恩格斯创立的科学理论体系；对全部译文作了认真的校订，力求更准确、更忠实地表达原文的意蕴；同时，对注释和索引作了大量的增补和修订，力求为读者提供更加翔实的资料。我们相信，这部《选集》的出版，将有助于广大干部、群众和理论工作者在新形势下进一步学习和研究马克思主义的基本原理，从而更好地理解和掌握建设有中国特色的社会主义理论。

---

[*] 本文选自《马克思恩格斯研究》1995 年总第 23 辑。

## 一  为什么要编译《选集》第2版？

《选集》中文第1版是在1972年出版的。22年以来，这个版本多次重印，广泛发行，对传播马克思主义理论起了很大的作用。然而，这个版本也存在不足之处。

首先，在文献选录方面，第1版虽然注意反映马克思主义创始人在哲学、政治经济学和科学社会主义方面的基本理论观点，但从总体上来看，马克思主义理论的三个组成部分在《选集》中的比例多寡悬殊，很不平衡。科学社会主义方面的内容，特别是有关阶级斗争和工人阶级内部思想斗争的文献所占的比重过大（约占全部篇幅的70%以上），哲学方面的内容不够充足（约占20%），政治经济学方面的内容则显得相当单薄（约占10%）。《选集》第1版编辑工作进行期间，《马克思恩格斯全集》中文第1版（共50卷）仅出版了21卷，还有29卷没有问世，马克思主义创始人的一些重要著作和书信尚未译成中文，这也在客观上给《选集》的编辑工作造成了一定的限制。

其次，在译文方面，《选集》第1版中除了一些重点著作外，许多文章和书信是依据《马克思恩格斯全集》俄文版转译的。尽管译者以高度负责的精神对待翻译工作，但在转译过程中，毕竟难以完全消除译文在表达方式和修辞方面与原文的距离。在个别地方，转译甚至也影响了对原文语义的理解和有关译名的统一。

最后，在资料方面，编者由于受当时客观条件的限制，对有些著作的写作背景、原稿情况、版本变化以及文中涉及的有关史实难以进行周密的考订，因而有些注释的内容还不够充实和准确。此外，各卷虽然附有人名索引与文学作品和神话中的人物索引，但缺少名目索引，而这恰恰是读者在学习和研究时十分需要的参考资料。

面对《选集》第 1 版的上述不足之处，中央编译局的同志们深感有必要重新编译一部选材更科学、体例更严谨、译文更准确、资料更翔实的《选集》，以适应广大读者学习和研究马克思主义理论的需要。进行这项工作，在今天已经具备充分的条件：多年来，我国理论界努力研究和探讨马克思、恩格斯的思想体系和理论来源，我们在这方面的认识水平已经有了明显的提高；《马克思恩格斯全集》中文第 1 版已经出齐，我们不仅积累了大量的文献资料，而且也取得了丰富的编译经验；最重要的是，邓小平同志关于建设有中国特色的社会主义理论和党中央制定的正确路线，破除了对马克思主义的教条式理解和附加到马克思主义名义下的错误观点，指明了马克思主义理论研究工作的正确方向，开辟了理论联系实际的广阔前景，这就为编译新版《选集》奠定了坚实的基础。

## 二 《选集》第 2 版对篇目作了哪些调整？

《选集》是供广大干部和群众阅读的版本，同时也是哲学社会科学理论工作者和教学人员的常备书籍。因此，《选集》所收的文献既要适合一般读者的需要，又要保持理论的系统性。根据这一特点，中央编译局的同志们确定了新版《选集》编目的总的原则，即在马克思和恩格斯的全部著作、手稿和书信中选编或节录各个时期最具有代表性的文献，力求全面地反映马克思主义创始人在哲学、政治经济学和科学社会主义方面的最重要的观点，使读者通过这部《选集》比较系统地了解马克思主义创始人的基本理论。

为了在编辑工作中贯彻这一原则，就必须对第 1 版的篇目进行调整。编译局的同志们为此做了大量的工作。首先，他们对《选集》的总体结构作了认真的研究，针对第 1 版的不足之处，决定适当地充实哲学方面的内容，保留科学社会主义方面具有代表性的文献，增补少量具有重大意义而第 1 版没有采用的著作，删去一些观点重复的文章和书信，而以较多的篇幅增补政治经济学方面的著述。为此，他们对《选集》第 1 版所收的全部文献逐篇进行分析，就有关篇目的取舍问题进行了反复的研讨和论证，提出了初步意见。接着，他们又对《马克思恩格斯全集》中未收入《选集》第 1 版的文章进行研究，特别是对马克思恩格斯的书信（共 13 卷）进行仔细的调查，通过反复权衡和筛选，初步拟定了应当增补的篇目。与此同时，他们还查阅了国外出版的各种《选集》版本，列出篇目，进行比较，以便取其所长，作为借鉴。在拟定《选集》第 2 版初步方案后，他们又广泛地征求意见，邀集从事马克思主义理论研究、宣传和教学的专家学者对需要保留、删除和增补的篇目逐一进行审核，经过讨论和修改，最终确定了新版《选集》的文献篇目。

《选集》第 2 版同第 1 版一样，也分为四卷，总计约 270 万字。第 1 卷选编了马克思和恩格斯 1843—1859 年的著作，约 69 万字。其中选录的马克思和恩格斯在 19 世纪 40 年代前半期撰写的著作，集中地反映了马克思主义创始人从唯心主义向唯物主义、从革命民主主义向共产主义的转变，以及他们批判地研究德国古典哲学、资产阶级政治经济学和空想社会主义的最初成果（马克思《〈黑格尔法哲学批判〉导言》《1844 年经济学哲学手稿》节选，恩格斯《英国状况。十八世纪》），首次揭示了新唯物主义同旧唯物主义的根本区别，比较系统地阐述了唯物史观的基本原理，标志着马克思主义哲学的诞生（马克思《关于费尔巴哈的提纲》、马克思和恩格斯《德意志意识形态》节选）。第 1 卷还选录了马克思和恩格斯在 40 年代下半期为第一个无产阶级国际共产主义组织起草的纲领性文件（马克思和恩格斯《共产党宣言》、恩格斯《共产主义原理》），以及他们在这一时期为批判小资产阶级思想、揭露资本主义生产关系的本质、用科学的理论武装工人阶级而写的著作（马克思《哲学的贫困》节选、《关于自由贸易的演说》《雇佣劳动与资本》、恩格斯《共产主义者和卡尔·海因岑》等）。第 1 卷以较大的篇幅选载了马克思和恩格斯论述法国和德国 1848—1849 年革命和总结这次革命的经验的著作（马克思《1848 年至 1849 年的法兰西阶级斗争》《路易·波拿巴的雾月十八日》，恩格斯《德国的革命和反革命》等），以及他们阐述民族问题和殖民主义问题的文章（马克思和恩格斯《关于波兰的演说》、马克思《不列颠在印度的统治》等）。此外，这一卷还选编了马克思和恩格斯在 19 世纪 50 年代写的《中国革命和欧洲革命》等 10 篇有关中国的文章，这些文章不仅高度评价了中国人民反抗列强侵略的斗争，而且对中国社会的发展状况和革命前景作出了精辟的分析。

与收入第 1 版的同时期著作相比，新版《选集》第 1 卷增补了 4 篇著作，即马克思的《1844 年经济学哲学手稿》（节选）、《英中条约》、恩格斯的《英国状况。十八世纪》《共产主义者和卡尔·海因岑》；删去了《反克利盖的通告》等 11 篇文章。

新版《选集》第 2 卷选编了马克思和恩格斯 1857—1871 年的著作，节选了《资本论》第 1、2、3 卷的重要内容，总计约 52 万字。其中《资本论》节选在全卷占中心地位。编者力求通过选录的序言、跋文和有关篇章，比较完整地反映《资本论》的基本理论原理和这部巨著所揭示的"现代社会的经济运动规律"。第 2 卷还选录了马克思和恩格斯在 19 世纪 50 年代末和 60 年代撰写的其他几篇经济学著作，这些著作阐述了关于政治经济学的对象和方法的思想（马克思《〈政治经济学批判〉导言》），阐明了历史唯物主义的重要原理，对唯物史观作了经典性的表述（马克思《〈政治经济学批判〉序言》），论述了马克思主义政治经济学所坚持的科学的世界观和方法论（恩格斯《卡尔·马克思的〈政治经济学批判〉》），扼要而通俗地说明了剩余价值理论，强调工人阶级必须把经济斗争和政治斗争结合起来（马克思《工资、价格和利润》）。除了经济学著作外，第2卷还收录了马克思为国际工人协会起草的两篇重要文献（《国际工人协会成立宣言》和《国际工人协会共同章程》），以及马克思和恩格斯在这一时期为加强无产阶级政党的思想建设、批判形形色色的错误思潮而写的文章（马克思《论蒲鲁东》、恩格斯《〈德国农民战争〉序言》等）。

《选集》第2版第2卷最突出的地方，是大大充实了政治经济学方面的内容。第1版第2卷仅仅收入《资本论》第1卷第1版序言、第2版跋和第二十四章《所谓原始积累》，而新版第2卷则节录了《资本论》第1、2、3卷的重要内容。此外，同收入第1版的同时期著作相比，新版删去了《总委员会关于继承权的报告》等5篇文章。

新版《选集》第3卷选编了马克思和恩格斯1871—1883年的著作，约70万字。其中有马克思的重要著作《法兰西内战》和《哥达纲领批判》，恩格斯的重要著作《反杜林论》和《社会主义从空想到科学的发展》。除此之外，收入这一卷的许多著作是为坚持无产阶级革命的战略和策略思想、阐明科学社会主义理论、批判各种影响工人运动健康发展的思潮而写的，其中有反对蒲鲁东主义的小资产阶级思想的论著（恩格斯《论住宅问题》），有抨击巴枯宁的无政府主义的文章（马克思《政治冷淡主义》《巴枯宁〈国家制度和无政府状态〉一书摘要》节选、恩格斯《关于工人阶级的政治行动》《论权威》），有批判英国工人运动中的改良主义思想的论文（马克思《论土地国有化》），有剖析布朗基主义、俄国民粹派观点以及其他各种小资产阶级政治主张的文章（恩格斯《流亡者文献》），也有批判工人阶级政党内部的右倾机会主义倾向的文献（马克思和恩格斯《给奥·倍倍尔、威·李卜克内西、威·白拉克等人的通告信》节选）。第3卷还选录了马克思阐述俄国村社发展前景和俄国资本主义命运的两篇重要文献（《给〈祖国纪事〉杂志编辑部的信》《给维·伊·查苏利奇的复信》），以及恩格斯论述马克思的理论贡献和革命业绩的文章（《卡尔·马克思》《在马克思墓前的讲话》）。

与收入第1版的同时期著作相比，新版《选集》第3卷增补了4篇著作，即马克思的《给〈祖国纪事〉杂志编辑部的信》《给维·伊·查苏利奇的复信》，以及马克思和恩格斯分别于1880年和1891年为《社会主义从空想到科学的发展》法文版和德文第4版写的前言；删去了《桑维耳耶代表大会和国际》等5篇文章。

新版《选集》第4卷由两个部分组成。第一部分选编了恩格斯1884—1895年的著作和《自然辩证法》，第二部分选编了马克思和恩格斯1842—1895年的书信，全卷约71万字。第一部分收入了恩格斯在马克思逝世以后，为捍卫、传播和进一步发展历史唯物主义和辩证唯物主义理论而写的重要著作（《家庭、私有制和国家的起源》《路德维希·费尔巴哈和德国古典哲学的终结》），以及他在领导国际工人运动和社会主义运动的过程中，为制定无产阶级政党的纲领、战略和策略而写的文章（《1891年社会民主党纲领草案批判》《法德农民问题》《卡·马克思〈1848年至1850年的法兰西阶级斗争〉一书导言》等）。除此之外，第一部分还收入了恩格斯根据形势的发展进一步阐述俄国村社发展前途和俄国社会革命问题的文章（《〈论俄国的社会问题〉跋》），以及用历史唯物主义研究宗教问题的著作（《论早期基督教的历史》）。第二部分选编的书信题材广泛，内容丰富，它们不仅是对马克思恩格斯著作的重要补充，而且对一些原理进行了新的探讨和发挥。

与收入第1版的同时期著作相比，新版《选集》第4卷第一部分增补了6篇文章，即《给〈社会民主党人报〉读者的告别信》《1891年社会民主党纲领草案批判》《致国际社会主义者大学生代表大会》《〈论俄国的社会问题〉跋》《论早期基督教的历史》和《卡·马克思〈1848年至1850年的法兰西阶级斗争〉一书导言》；删去了《给〈前进报〉编辑部的信》等两篇文章。第二部分也按照新版《选集》调整篇目的原则，增补了26封书信，大大地充实了哲学和政治经济学方面的内容；保留了有关科学社会主义理论和实践的重要通信，删去了25封观点重复的信件。

## 三 《选集》第2版有哪些特色？

《选集》第2版最显著的特色是，文献的辑录和编排力求更科学地反映马克思主义理论体系。

首先，新版《选集》重点增补了政治经济学方面的内容，从而弥补了第1版在总体结构方面畸轻畸重的缺陷，比较全面地反映了马克思主义三个组成部分的理论观点。马克思主义创始人的最主要的政治经济学著作是《资本论》。在这部著作中，马克思运用唯物辩证法和历史唯物主义，创立了剩余价值理论，揭示了资本主义的经济运动规律，论证了社会主义必然代替资本主义的历史趋势。恩格斯在谈到《资本论》时指出："自地球上有资本家和工人以来，没有一本书像我们面前这本书那样，对于工人具有如此重要的意义。"因此，让《选集》的广大读者了解《资本论》的基本内容是十分必要的。可是，《资本论》是一部理论巨著，很难完全收入《选集》；而且，这部著作具有严密的逻辑、严谨的结构和严整的体系，被马克思视为"艺术的整体"，因此，要想选取若干篇章以反映全貌，是一个难度很大的课题。正是由于这个原因，《选集》第 1 版仅仅收录了《资本论》第 1 卷的有关序言、跋文和第二十四章《所谓原始积累》。新版《选集》的编者从一开始就重新考虑了这个问题。他们在恩格斯的《〈资本论〉第一卷提纲》的启发下，按照原著的逻辑、结构和体系，从中摘编了近 40 万字的内容。这是一个尝试，目的是让更多的读者了解这部著作的主要观点和科学方法，以便进一步全面地学习马克思主义的政治经济学理论。当然，这里所采取的摘编方式是否完善，还有待于读者的检验。

其次，新版《选集》力求比较完整地介绍马克思主义创始人对一些重大理论问题的研究和论述。例如，马克思和恩格斯历来关心经济不发达国家的革命实践和发展前途，从 19 世纪 70 年代起，他们倾注了大量的心血来研究俄国社会经济和政治状况，对俄国村社的前途和命运作了许多精辟的论述。这些论述涉及历史唯物主义的原理和方法，也涉及处于"不同的历史环境"中的各个民族和国家的发展道路问题，因而不仅具有理论价值，而且具有现实意义，受到了理论界和广大读者的重视。在《选集》第 1 版中，只有两篇文献与这一理论问题有关，即《共产党宣言》1882 年俄文版序言和《流亡者文献》中的第五篇文章《论俄国的社会问题》。这两篇文献远远没有涵容马克思和恩格斯在长达二十多年的时间里对这一重大问题思考和研究的成果。鉴于这一情况，新版《选集》增补了马克思《给〈祖国纪事〉杂志编辑部的信》和《给维·伊·查苏利奇的复信》，以及恩格斯 1893 年 2 月 24 日致尼·弗·丹尼尔逊的信和《〈论俄国的社会问题〉跋》，这就为广大读者学习和研究马克思和恩格斯在这一理论问题上的立场、观点和方法提供了比较完整的文献。又如，新版《选集》增补了恩格斯晚年写的三篇重要文章，即《给〈社会民主党人报〉的告别信》《1891年社会民主党纲领草案批判》和《卡·马克思〈1848年至1850年的法兰西阶级斗争〉一书导言》，这些文献将有助于读者全面地理解恩格斯在马克思逝世后根据新的形势提出的无产阶级革命的策略思想。

《选集》第2版的另一个明显的特色是，译文经过修订，质量有了全面的提高。

马克思和恩格斯的各种著述，有60%以上是用德文撰写的，30%左右是用英文撰写的，其余文章和书信是用法文、意大利文和欧洲其他语言文字写成的。新版《选集》所收的文献，原文多数为德文，另有一部分为英文和法文。这些文献在《马克思恩格斯全集》和《选集》第1版中大都是依据俄文第2版转译的，只有一些重点著作直接译自原文。在新版《选集》编辑方案确定以后，编译局的同志们集中力量对所有列入编目的文献译文进行了校订。他们不仅根据原文对过去从俄文转译的文献译文进行了认真的校阅和修订，而且根据国内外理论界的研究成果和自己在编译工作中积累的经验，对以前直接译自原文的重点著作译文进行了审订和润色。

为了做好这项艰巨复杂的工作，首先必须选择可靠的原文版本。新版《选集》的校订工作所依据的版本主要是1975年开始陆续出版的《马克思恩格斯全集》历史考证版，这是迄今为止体例最周密、考证最精审、资料最丰富，因而受到国际学术界高度评价的原文版本；除此之外，校订工作依据的版本还有《马克思恩格斯全集》德文版、英文版以及个别著作的单行本。校订者怀着对马克思主义经典著作编译事业的满腔热忱，殚思竭虑地对每一篇文献、每一段译文乃至每一个译名、每一个标点进行认真校订。对于所有重要的译文和译名，校订者都要经过周密论证和集体讨论,才能最终确定修改方案。为了准确地理解原文的含义,他们常常不惮劳苦、不厌其烦地查阅大量资料,比较各种译本,请教中外专家,从历史事实、理论逻辑、文化背景和语法修辞等多种角度,进行穷源溯流的研究。恩格斯在谈到怎样翻译马克思著作这一问题时,曾经严肃地指出,这是一项"真正老老实实的科学工作"。《选集》的编译者正是遵循这一教导,以老老实实的科学态度来从事译文校订工作的。

经过认真校订,新版《选集》的译文更准确地表达了马克思恩格斯原著的思想内容。首先,校订者依据最新的可靠的原文版本,查考核实了原译所依据的旧版本中的讹误,纠正了由此引起的误译之处。例如,马克思和恩格斯在《德意志意识形态》第1卷第1章批判了费尔巴哈关于"抽象的人"的唯心主义观点,《选集》第1版中的有关译文是:"费尔巴哈从来没有看到真实存在着的、活动的人,而是停留在抽象的'人'上,并且仅仅限于在感情范围内承认'现实的、单独的、肉体的人',也就是说,除了爱与友情,而且是理想化了的爱与友情以外,他不知道'人与人之间'还有什么其余的'人的关系'。他没有批判现在的生活关系。"这段话是依据《马克思恩格斯全集》1932年历史考证版翻译的,其中"生活关系"一语原文是"Lebensverhältnis"。后来,苏联和民主德国学者重新研究了马克思和恩格斯的手稿,在认真考订和辨认之后,确认此处原文应为"Liebesverhältnis"(爱的关系),并在1966年出版的新的德文单行本中作了更正。据此,《选集》中文第2版将上述译文中的"生活关系"改为"爱的关系",这就更加确切地反映了原著的逻辑和思路。其次,校订者纠正了由于理解不准确而造成的错误和疏漏。例如,恩格斯在《共产主义者和卡尔·海因岑》一文中指出了小资产阶级著作家海因岑的谬误,原译文是:"我们还要指出一点,海因岑先生不断地重复他的关于君主的威力这种陈旧的迷信观点。他说,那种应当被推翻、本身也无非是国家权利的政权,现在是而且永远都是一切无权现象的根源和支柱"。其中"无权现象"一语使许多读者感到难以理解。校订者根据德文原文(Unrecht),并参考英译文(injustice),将原译改为"不公正现象",这就确切地表达了原文的含义,使整段译文变得明白易懂了。

经过反复推敲和修订,新版《选集》的译文更加通顺、流畅,修辞和表达方式更加规范、完善,各种重要概念和术语的译名也更加准确、统一。总的说来,译文的质量有了全面的提高。在过去的二十多年中,由于《选集》第1版译文存在一些缺陷,因此许多马恩著作单行本、汇编本、选读本和专题文集在出版时,译文往往有所变更,以致读者在阅读和引用时不知应当依据哪一种版本。新版《选集》的问世改变了这种状况,各卷译文反映了马克思主义经典著作编译和研究工作的最新成果,凝聚着我国马恩著作编译队伍中的几代人数十年来付出的心血。这个版本能够在相当长的时期内保持稳定,以后学习和引用马恩著作将以新版译文为准。

《选集》第2版的第三个鲜明的特点是,参考资料更加翔实。

《选集》第1版中的参考资料大都是根据《马克思恩格斯全集》俄文版翻译的,其中有些内容不够确切、周详;而且,各卷没有前言,没有名目索引,不少文献未加题注,这就给读者的学习和研究带来了不便。新版《选集》弥补了这些不足之处。编者根据国内外理论界的研究成果和广大读者的需要,为各卷撰写了前言,扼要地说明所收文献写作的历史背景和主要内容,介绍马克思主义的创始人在各个时期的革命实践活动和理论研究概况。编者还广搜博采,披沙拣金,从马克思恩格斯著作的各种外文版本以及中外辞书、历史文献和学术著作中汲取有用的资料,并根据自己多年的编译经验和研究心得,对各卷注释加以审核、订正和增删,给每一篇文献都加了题注,并对原著中涉及的重要历史事件、典章制度、条约协定、党派团体、组织结构、思潮流派、名词术语、成语典故等等,一一作了考证和说明,力求以翔实的史料、准确的诠释和明白晓畅的文字帮助读者解决可能遇到的疑难。编者对人名索引进行了认真修订,使编排更加合理,人名小传的内容也更加充实和准确。此外,编者还为各卷增添了名目索引,其中数千个条目涉及哲学、政治经济学和科学社会主义以及政治、军事、文化等方面的重要概念和论断,体例严谨,内容赅备,检索也十分方便。

马克思主义是科学,是颠扑不破的真理。它用辩证唯物主义和历史唯物主义,揭示了人类社会发展的规律。马克思主义理论从来不是教条,而是行动的指南。它要求人们根据它的基本原则和基本方法,不断结合变化着的实际,探索解决新问题的答案,从而也发展马克思主义理论本身。今天,我们正在从事建设有中国特色的社会主义的伟大事业,这就更需要我们用马克思主义的科学理论来指导实践。《选集》第 2 版正是为了适应这种需要而编译出版的,它对于我们更好地进行马克思主义基本理论的研究和宣传教育,深刻地理解建设有中国特色的社会主义理论,坚定不移地贯彻执行党的基本路线,具有重要的作用和意义。

# 我国马列著作出版史上又一项宏伟工程
## ——《马克思恩格斯全集》中文第 2 版编译工作简介*

周亮勋

《马克思恩格斯全集》中文第 2 版是 1986 年 7 月中共中央书记处正式决定、由中共中央马克思恩格斯列宁斯大林著作编译局编译的。新版《全集》首批卷次（第 1、11、30 卷）已经问世。它们的公开发行，正逢马克思主义创始人之一恩格斯逝世 100 周年，这无疑是对这位革命导师的最好纪念。当马克思主义在世界上受到从未有过的攻击，什么马克思主义"死亡论"、社会主义"失败论"甚嚣尘上的时候，《全集》新版的出版又具有特殊的意义。

## 为什么要编译出版新的《马恩全集》

1953 年 1 月中共中央马克思恩格斯列宁斯大林著作编译局正式成立，遵照中共中央关于编译局的"任务是有系统地有计划地翻译马克思、恩格斯、列宁、斯大林的全部著作"这一指示，中央编译局于 1954 年成立马克思恩格斯著作翻译室，开始翻译马克思主义创始人的著作。1955 年初《马克思恩格斯全集》俄文第 2 版第 1 卷问世，编译

---

\* 本文选自《马克思恩格斯研究》1995 年总第 23 辑。

局就立即组织力量进行翻译。1956年底《马克思恩格斯全集》中文版第1卷出版,到1985年全部出齐,共50卷(53册)。为了编译这部《全集》,中央编译局上百名的编译人员倾注了大量的心血,兢兢业业、勤勤恳恳、一丝不苟、默默无闻地耕耘了30个春秋。在这项艰巨的工作中,国内一些研究机构和许多专家也给予了很大的支援。这项艰巨任务的完成是群策群力的产物,是集体智慧的结晶。《马恩全集》第1版为马克思主义在我国的传播,为我国马克思、恩格斯思想和著作的研究,为我国的理论建设,发挥了重要的作用。

但是,《全集》第1版还有些不足之处:

首先,译文的质量存在缺点,有待改善。任何从事翻译的人都知道,翻译一本著作最好以原著文字为依据,翻译革命导师的论著就更应如此。马克思、恩格斯的著作大部分是用德文,部分是用英文及法文、西班牙文、意大利文等写的,按理应从他们的原著文字译成中文。但中央编译局在50年代编译《马克思恩格斯全集》时,还缺乏精通这几种语言(首先是德语)又熟悉马克思主义理论的人才,加上《全集》俄文第2版是唯一能依据的最好版本,为了让我国的读者尽早见到科学社会主义创始人的论著的全貌,根据实际条件,对《马恩全集》,除《资本论》《政治经济学批判大纲》《英国工人阶级状况》《德意志意识形态》部分章节等少数著作外,只能从俄文转译,这实为无奈之举。因此,《全集》的中译文难免带有俄译文的痕迹和缺点,并由于受编译人员的经验和水平的影响,《全集》的译文就有不确切之处乃至错误。随着时间的推移,这个问题也就日益暴露出来。经典著作的译文必须准确地表达原文的意思,否则就有可能在理论上引起误解或导致不正确的解释。为了进行补救,后来对一些重要著作,如《共产党宣言》《哥达纲领批判》《路德维希·费尔巴哈和德国古典哲学的终结》等在出版单行本时，根据原著文字又作过多次仔细校订，但这又造成同一著作的多种译文，而且有的差异很大，给广大读者和研究人员带来很大不便，甚至无所适从。

其次，《马克思恩格斯全集》中文第1版收录的文献并不"全"。它没有包括：一、新发现的文献。例如：马克思1854年8月至11月间写了《革命的西班牙》一组文章，发表在美国《纽约每日论坛报》上。《全集》中文第1版第10卷只收录了其中的6篇（报纸发表时分为8篇）。《马克思恩格斯全集》历史考证版①编者在编辑该版第1部分第14卷时，发现这组文章中按马克思的原编号应编为第7篇的一篇文章。这样，《革命的西班牙》这组文章就增加为9篇。这类新发现的文章和书信等，据不完全统计，已有数十件。二、马克思、恩格斯为自己的某一著作所写的准备材料，如《资本论》的手稿也未全部收入；马克思为《反杜林论》第十章《〈批判史〉论述》撰写的五份准备材料（恩格斯正是根据其中一些材料最后完成了第十章）也没有收入。三、科学社会主义创始人所写的笔记只收入其中比较重要的一部分，还有不少未编入。我国在《全集》之外还出版了马克思的其他著述：如马克思的《历史学笔记》《关于波兰问题的历史》②《关于罗马尼亚人的札记》《数学手稿》以及对研究马克思经济理论及其发展很有价值的《资本论》第1卷德文第1版和法文版以及一些散见于报刊的某些短篇著作。

---

① 《马恩全集》历史考证版是由原苏共中央马列主义研究院和原民德统一社会党中央马列主义研究院共同编辑的版本。两个研究院解散后，由1990年10月成立的国际马克思恩格斯基金会继续负责出版。根据最新材料，历史考证版拟编成114卷（122册），现已出版40卷（47册）。

② 原苏联马列主义研究院在编译《马克思恩格斯全集》时，还出版《马克思恩格斯文库》，这两个笔记就编在《文库》里。

这些论著原则上都应考虑编入新版《全集》。

另一方面，现行《全集》还误收了一些非马克思、恩格斯所写的著作。例如：《路德是施特劳斯和费尔巴哈的仲裁人》（收入第1卷）、《马志尼和科苏特的活动。——同路易－拿破仑的联盟。——帕麦斯顿》（收入第8卷）、《人民得肥皂，〈泰晤士报〉得贿赂，——联合内阁的预算》（收入第9卷）、《沉默寡言的司令部饶舌家毛奇和一位不久前从莱比锡给他写信的人》（收入第18卷）、《品特是怎样造谣的》《论美国资本的积累》（收入第19卷）。还有一些文章，如《西西里和西西里人》（收入第15卷）、《费·威·克鲁马赫尔关于约书亚的讲道》、《参加巴登议会的辩论》、《弗·威·安德烈埃和〈德国的高等贵族〉》、《柏林杂记》、《集权和自由》（均收入第41卷），经过考证，没有充分证据确认是马克思或恩格斯的著作，它们当然不能列入新版《全集》之中。

最后，编辑工作有不少待改进的地方。《全集》俄文第2版原来确定是供广大读者阅读，而不是供学术研究使用的版本，因此，马克思和恩格斯的大部分早期著作、马克思的大量经济学手稿等没有编入。它原来只准备编30卷，由于发现很多新文献增至39卷。后来编辑的原则有了变化。于是从1968年开始又增加11卷补卷，总共50卷。这种编排上的不一致自然给读者带来不便。有的文献，国外有了更加可靠的版本，《德意志意识形态》第一章《费尔巴哈》部分，就是如此；有的文献，如马克思的《剩余价值理论》不再从1861—1863年的经济学手稿中专门分出来。此外，中文第1版相当多卷次的《说明》（即《前言》）是照译俄文第2版的。后来发现俄文第2版的《说明》在观点上有缺陷，不应照录，从第16卷起就不再收入。只是从第40卷即补卷首卷起才有我们自己写的《说明》，但都非常简单。每卷的资料部分也有不少缺点，如除书信卷和经济学著作卷外，其他各卷都只有报刊索引，而没有文献索引；有些注释有错误，对某些人物的评价不够恰当，等等。

总之，现行《马克思恩格斯全集》中文第 1 版还不能适应长远的学习和研究的需要。中央编译局深深感到有必要重新编译一部质量更高、文献更全、资料更齐备、编排更合理、可供长期使用的稳定的《马克思恩格斯全集》新版本。

## 新版《马恩全集》是什么样的

中央编译局在 80 年代中期基本完成《全集》第 1 版的编译任务以后，就立即着手第 2 版的准备工作，通过对国外各种版本的仔细比较，以《全集》历史考证版为蓝本并参考英、俄文等其他版本，制定了编辑基本原则，提出了具体计划。1986 年 7 月中共中央书记处正式批准了新版《马克思恩格斯全集》的方案。

第 2 版主要是供理论研究、教学、宣传工作者使用的版本。它收入所有对研究马克思、恩格斯的思想有价值的文献。

新版《全集》共 60 多卷，分四部分。第一部分为第 1—29 卷，包括马克思、恩格斯生前所有公开发表过的著作以及手稿、草稿、提纲等（《资本论》及其手稿除外）。第二部分为第 30—45 卷，包括《资本论》及其直接有关的著作和准备材料。这里收入 1857—1858 年、1861—1863 年以及 1863 年以后的各种经济学手稿、《资本论》三卷。其中《资本论》第 1 卷除收入恩格斯生前最后负责审定并于 1890 年出版的、世界各国通用的德文第 4 版外，还收入德文第 1 版和法文版。这是由于马克思在 19 世纪 70 年代出版这两个版本时，对第 1 版不论在编排上和文字上都作了很大修改，它们对于研究马克思的《资本论》本身以及经济思想的发展,具有很大的价值。第三部分为第46—59卷,收入马克思和恩格斯的全部书信。第四部分从第60卷开始,是马克思主义创始人的笔记。这部分数量很大,① 包括哲学、经济学、历史、政治、自然科学等各个方面。从体例上看,可分为两类,一类是他们写的札记,如马克思写的《反思》(收入《全集》第44卷),或在阅读某一著作时一边摘录一边作了批注的部分,如马克思的《巴枯宁〈国家制度和无政府状态〉一书摘要》(收入《全集》第1版第18卷);另一类是对某一著作大段大段的摘录,偶尔加上自己的批注。此外还有在某个著作上作的记号和个别批注。中文第2版原则上只收入第一类笔记部分。这部分如何编,是按时间编排,或按内容分类编排,卷次多少尚待确定。

第一部分除了马克思和恩格斯的著作外,还在附录中收入在他们帮助下或经他们修改过的由别人撰写的文章和其他资料。这类著作的数量远远多于中文第1版。尽管它们并非出自科学社会主义创始人之手,但有助于了解他们的一些思想。附录还收入与马克思和恩格斯生平有关的文献。

所有著作都按照原著文字重新进行校订,凡是马克思、恩格斯的著作在生前有多种版本的,以他们审阅过的最后版本为准,不同版本中有重大意思出入的地方,在脚注中加以标明。现在这样做的条件已经基本具备。客观上说,《马克思恩格斯全集》历史考证版的出版,为原文提供了可靠的依据。主观上说,中央编译局内部也有了较多能按原文译校的专业人才。这就可以避免转译带来的缺点,使译文更加忠实于原意。译名该统一而没有统一的,都要订正。

---

① 根据《马克思恩格斯全集》历史考证版最近拟定的卷次,笔记、摘录等部分共有32卷,包括一卷《马克思恩格斯藏书目录》。

在编辑方面，新版《全集》也作了调整，第一、二、三部分基本上按照著作的写作时间编排，纠正了现行版本分为正卷和补卷的做法。

第2版的资料部分比第1版有很大改进。首先每卷都有《前言》，介绍本卷收入的著作的写作背景，即有关的历史时期、当时的国际形势、某些国家的内部情况、工人运动的状况、马克思和恩格斯的各方面活动、重要文章的内容和主要论点。

注释与第1版相比，范围扩大了，数量增加了，而且资料更翔实，内容更充实。现行版本的注释很大一部分是在一般辞书中无法查到的，总体上说为阅读原著排除了很大困难，扫除了不少障碍，有助于对原著的理解，但也存在一些缺点：例如有不少著作没有题注，有的使读者很难弄清马克思或恩格斯撰写某篇文章的原因和背景；有些注释存在不确切之处或错误，有的应作注而没有作注，而且每卷注释情况也不平衡，总的说来较早出版的卷次注释较少。第2版改正了这些缺陷，每篇著作都有题注，重要的著作还在题注中说明我国的第一次出版的时间；所有注释都根据最新的研究成果（这首先反映在《马恩全集》历史考证版中）作了修改；一些不确切之处和错误得到了订正。

此外，人名索引都经过逐条审订，对人物的评价尽量做到客观、恰当。每卷都加上文献索引，有的卷次附有的名目索引也都经过重新修订和补充。

## 新版首批三卷的概貌

现在看一看已经问世的新版第1、11、30卷。

第1卷收入的是马克思从1833年到1843年3月所写的著作。全卷分为两部分。第一部分包括博士论文和政论文章，第二部分包括中学毕业作文和早年的文学习作。它们反映了马克思从中学时期直到《莱茵报》停刊为止的思想发展以及他的革命民主主义观点产生和形成过程。与第1版相应时期有关各卷相比,增加了8篇新文献,其中马克思写的文章两篇:《摩泽尔记者的辩护。C摩泽尔河沿岸地区的种种主要弊端》《〈莱茵报〉编辑部关于停止发表〈摩泽尔记者的辩护〉续篇的声明》。附录中有马克思的生平文献《马克思的博士学位证书》以及关于《莱茵报》被查封等材料6篇。原收入第1版第1卷的《路德是施特劳斯和费尔巴哈的仲裁人》,过去很长一段时间被用来说明马克思和费尔巴哈的关系,前面已经提到,经过国外学者的考证,这篇文章不是马克思写的,而是出自费尔巴哈之手。新版自然不再收入。原收入第40卷的《关于伊壁鸠鲁哲学的笔记》,按新版《全集》的编辑方针,将放在第四部分笔记卷。

第11卷收入的是马克思和恩格斯从1851年8月至1853年3月的著述,有他们总结1848—1849年欧洲革命经验的名著《路易·波拿巴的雾月十八日》《德国的革命和反革命》,揭露科隆共产党人审判案的论著以及为《纽约每日论坛报》等报刊写的政论文章。与第1版相应时期各卷相比,增加了新文献21篇,其中有马克思的文章3篇:《弗莱里格拉特抨击金克尔》《〈选举。——托利党和辉格党〉和〈宪章派〉两篇文章的德文手稿片断》《针对科隆案件结束发表的声明》。附录有18篇,是约·埃卡留斯、厄·琼斯、珂·克路斯、麦·德纳、约·魏德迈、威·皮佩尔、卡·施奈德第二等人在马克思和恩格斯帮助或参与下写的有关经济问题、有关评论路易·波拿巴政变、有关科隆共产党人案件等文章。有的文章值得认真研究,例如:马克思在1852年7月为《纽约每日论坛报》写的《宪章派》一文中,探讨了在英国工人阶级通过和平的议会的方式取得政权的可能性。当时的英国不存在发达的军事官僚机构，无产阶级占人口的绝大多数，并已经清楚地意识到自己的阶级地位，据此，马克思认为普选权的实行就等于英国工人阶级的政治统治。但在马克思组织和指导下写的评蒲鲁东《从十二月二日政变看社会革命》一文中，对普选权作了更确切的解释，指出普选权一旦争得也"只是朝着革命方向迈进的决定性的第一步，是人民组织自己的军队所必需的一块地盘，是迄今以隐蔽的形式进行的阶级战争可能最终借以公正地打到底的公开战场，一言以蔽之，是人民解放的手段，而不是其目的"。原收入第1版的《马志尼和科苏特的活动》非出自马克思之手笔，而为德纳所写，现编入《附录》中。

第30卷大致相当于第1版第46卷（上册），包括马克思为他计划中的政治经济学巨著撰写的著名《导言》、未完成的手稿《巴师夏和凯里》以及《政治经济学批判》（1857—1858年经济学手稿）的前半部分。正是在这一卷中，马克思论述了他关于政治经济学的对象和方法的观点，第一次制定了他的价值理论，并在此基础上制定了剩余价值理论，揭示了资本主义剥削的实质和机制，论述了向共产主义社会过渡的历史必然性，指出了共产主义社会的产生是以物质条件和精神条件的高度发展为前提的。他还历史地考察了资本主义以前的各种所有制形式的发展，叙述了从原始公社所有制直到资本主义占有方式产生这一发展过程，为制定自己的社会形态学说迈出了重要的一步。

三卷的译文都根据《马恩全集》历史考证版并参考德文版、英文版或俄文版重新仔细作了校订。新版质量的好坏，最主要的是取决于译文是否大有改善，真正达到"意思准确，文字通顺"这个标准，总的说来，译文的质量有很大提高。

首先纠正了原译的错误。虽然第1版各卷译文的质量参差不齐，但都有一些意思上的误译。即使像70年代出版的质量较好的《政治经济学批判大纲》也没有完全避免。第 30 卷《导言》中有一句话原译为："奴隶直接被剥夺了生产工具。但是奴隶受到剥夺的国家的生产必须安排得容许奴隶劳动，或者必须建立一种适合于奴隶的生产方式。"乍一读来，这句话似乎没有什么问题。仔细核对原文，发现原译不对了。奴隶根本没有生产工具，也就谈不上被剥夺。这里的意思应为，奴隶本身作为生产工具，"会说话的工具"，他的人身被掠夺了。译文最后改为："在奴隶的场合，生产工具直接被掠夺。但在这种场合，掠夺奴隶的国家必须把生产安排得容许使用奴隶劳动，或者必须建立一种适合于使用奴隶的生产方式。"

在马克思的博士论文《德谟克利特的自然哲学和伊壁鸠鲁的自然哲学的差别》中有这样的句子：在伊壁鸠鲁那里，"真实的原则是原子和虚空"。这里的"原则"是从外文"Prinzip"硬译过来的。在伊壁鸠鲁看来，宇宙是由原子和虚空构成的，这反映了他的朴素的唯物主义思想。但按照现在的译文很难理解到这一点。经过仔细考证，发现"Prinzip"个词在拉丁文和希腊文里有"本原""原初"之意。这次校订把上述句子改为"真实的本原是原子和虚空"，这样就既符合原意又容易理解了。

其次，改善了不确切或容易引起歧义的译文。这里也举一个例子，马克思在 1847 年 7 月在《莱茵报》发表的评论《〈科隆日报〉第 179 号的社论》一文有一句话常为我国学者所引用。这句话在现行第 1 卷中的译文是："任何真正的哲学都是自己时代精神的精华。"其实这个译文并不确切，至少是容易产生歧义，因而被误解成"时代精神"的精华。这是原译者始料未及的。原意是：任何真正的哲学都是自己时代在精神上或在精神方面的精华。现在改译为"任何真正的哲学都是自己时代的精神的精华"。虽然只加一个"的"字，但一字之差却涵义相差甚远。可见译事之难。

至于文字上的修改,那就比比皆是。有些著作可以说是"另起炉灶"。马克思青年时代写的诗作就是如此。这些诗作原来的中译文经过从德文到俄文、再从俄文到中文的转译,与原文出入很大。这次实际上全部根据德文重译,并经过一再仔细推敲琢磨才定稿。

三卷书的注释都比第 1 版增加了三分之一以上。以第 1 卷中马克思的博士论文为例,中文第 1 版原来只有 19 条,现增至 35 条;《评普鲁士人最近的书报检查令》原来只有 7 条,现有 12 条。新增加的注释,如伊壁鸠鲁主义、斯多亚主义、怀疑主义等,都对理解正文有直接帮助。在第 30 卷中增加了一些注释,说明马克思在哪些文章或书信中有过类似的论述。例如,对马克思关于货币制度原来只在军队中得到充分发展的论述,加了一个注,说明他 1857 年 9 月 25 日给恩格斯的信中也有这方面的内容。还对马克思第一次使用某些重要范畴(如"必要劳动""剩余劳动""相对剩余价值")的地方作了注。对每篇文章都加了题注,弥补了现行中文版很多文章没有题注的空白。所有原有的注释都逐条作了订正、修改和充实。

各卷人名索引中的人名都重新经过审订。第 1 卷和第 11 卷都附有文献索引,这也是对第 1 版的一个补正。

总之,已出各卷,不论在译文质量方面,还是在编辑和资料方面,都达到了预定的要求。当然,"译事无止境",任何译本都仍会有不尽人意、尚可改善之处,要做到尽善尽美几乎是不可能的。

中国共产党一向重视作为自己指导思想的马列主义的著作的编译工作。早在 1938 年 5 月 5 日在延安成立的马列学院就设立了编译部,负责马列著作的编译工作。在 1938—1942 年期间编译出版了《马克思恩格斯丛书》等著作。1943 年 5 月 27 日,党中央根据毛泽东的提议作出了关于翻译工作的决定,指出"马列主义的翻译工作是党的重要任务之一";为了干部理论学习,"必须重新校阅许多马列著作"。中华人民共和国成立前夕,1949年6月,根据中央决定成立了中央俄文编译局,之后中央宣传部又设立了《斯大林全集》翻译室。1953年1月这两个单位合并成立了中共中央马克思恩格斯列宁斯大林著作编译局。这就揭开了我国马列著作编译出版事业新的一页。在40年期间,中央编译局先后出版了《斯大林全集》《列宁全集》第1版、《马恩全集》《列宁全集》第2版;还编辑了各种选集本、文集本、单行本等等。目前中央编译局又正在进行一项跨世纪的宏伟工程——《马克思恩格斯全集》第2版。从今年开始,每年出版2—3卷,估计到下一世纪20年代才能全部出齐。

要完成这项艰巨的任务,困难甚多。最令人忧虑的是后继无人,尤其缺少一批承上启下并能挑起大梁的跨世纪人才。能从事马克思主义创始人著作的译校工作的人才要有较高的素质,他必须熟练地掌握外语,要有较强的汉语表达能力,熟悉马克思主义理论,并有广泛的知识,而且还要有终生献身于这一事业的高度责任感,要有能不为名不为利,"数十年寒窗不甘寂寞"的精神。根据中央编译局的经验,要培养一名能独立定稿的专业工作人员,需要十来年的时间,而且本人要非常努力才行。编译局四十多年来培养了这样一支队伍。但由于"文化大革命"的原因,这支队伍中形成了一条很深的断层。现在人员老化非常严重,绝大多数人已年过花甲,一大批人才已经退役,今天在业务上起着骨干作用的几乎都是超期服役的人。这些富有经验的业务骨干一部分还在发挥余热,但到本世纪末看来都将离开岗位。编译人才中的这个断层问题值得引起高度重视。

# 中央编译局马列部负责人就马恩著作新版《全集》和《选集》若干问题答本刊记者*

最近，本刊记者就新版《马克思恩格斯全集》和《马克思恩格斯选集》的编译出版问题访问了中央编译局马列著作编译部主任王锡君和副主任胡永钦两位同志。

问：为什么要编译《马恩全集》中文第二版？

答：从翻译的角度讲，《全集》第一版译文的质量参差不齐，还存在一些缺点，有待进一步提高。究其原因，主要有以下几个方面。首先，我们知道，马恩著作大部分是用德语写成的，还有一部分分别用英语、法语、意大利语和西班牙语写成。而《全集》中文第1版编译工作开始的时候，我们还缺少大批精通德语、法语和英语的翻译人才，另外，马恩著作也还缺少比较齐全的原文版本。因此，《全集》的大部分著作只好从原苏联俄文第二版转译，只有一些基本著作是译自原文或参考原文的（如《共产党宣言》《哥达纲领批判》等）。这样，译文难免受俄语转译的影响，保留了俄译的某些痕迹和不足。众所周知，马克思

---

\* 本文选自《马克思主义与现实》1995年第1期。

主义是我们的指导思想,马恩著作是我们掌握马克思主义思想和理论的根本依据。经典著作的译文必须准确地表达原文的意思,避免任何偏离,否则会在理论上引起误解和歧义。因此,原原本本地依据原文进行翻译,这是确保译文质量的一条根本要求。30年前,由于各种条件不具备,我们不得不从俄文转译大部分著作,这实属不得已而为之。如今,马恩著作的原文版本已较为齐备,熟悉马恩思想而又通晓德语、法语和英语的翻译人才也逐渐成长起来。因此,从原文译校马恩著作的条件已经成熟。

其次,由原苏联马列研究院编纂的《全集》第二版实际上收文不全,没有包括后来发现的一些著作和文献。这些新发现的材料无疑应收进《全集》中文第二版。如马克思于1854年8月写了《革命的西班牙》一组文章,共9篇,而《全集》中文一版只收录了其中的6篇,另几篇后来才发现。像这样新发现的文献还有一批,这些材料无疑应收进新版《全集》,以便使其收文更加齐全、完整。另一方面,旧版《全集》收入的《路德是施特劳斯和费尔巴哈的仲裁人》(原收入《全集》第1卷)、《品特是怎样造谣的》(原收入《全集》第19卷)等文章,经考证不是出自马恩的手笔,因而理应从《全集》中剔除出来。

最后,从现行版本的编辑工作来看,编年、分类、体例等都存在缺陷,尚需改进。《全集》中文第1版分著作卷和书信卷两部分,后来为了增收某些文稿,不得不另出补卷。这样,现行版本又分为主卷(1—39卷)和补卷(40—50卷)。这使同一时期的某些著作分散在不同的卷次中。由于没有笔记卷,少量较重要的笔记被收入著作卷中,还有相当数量的笔记未被收入。一些后来陆续发现的新文献也无法按原来的年代顺序和体系编入,只好放在《补卷》中,这样就破坏了原先的体系和年代顺序,给读者带来许多不便。再有,一版《全集》1—15卷收入了俄文版《说明》,后因故从第16卷起不再收录,致使第16—39卷缺少《说明》。直到从第40卷开始,才由中国编者自己撰写《说明》。这样,编者《说明》在体例上也出现不一致。新编第二版将克服这些缺陷。

由于上述种种原因,现行《全集》中文版虽然尚能初步满足我国理论学习和研究工作的需要,但远不能适应长远的、更高的要求。重新编译一套质量高、内容全、资料齐备、可供长期使用的稳定的新版本,已经势在必行。

问:新版《全集》有哪些特点?

答:《全集》中文第二版主要是供理论宣传工作者和大学教学人员使用的版本,拟编60卷,分四部分,第一部分为论著,第二部分为《资本论》及经济学手稿,第三部分为书信,第四部分为笔记。总字数估计约4000万字。每卷还将有我们自己撰写的《前言》,注释和各种索引材料将针对我国读者的需要重新编写。这是一项跨世纪的工程。

全部著作除拉丁语、希腊语等个别语种外,一律按原文重新译校。据统计,马恩著作中,用德文写的约占60%,用英文写的约占30%,用法文写的约占5%,其余为意大利文、西班牙文等。

问:二版《全集》编辑、译校的进展情况如何?

答:目前,《全集》再版工作进展顺利,已有19个卷次同时进行编辑、译校工作,这19个卷次是新版第1、2、3、4、8、10、11、12、13、14、15、16、17、21、25、30、31、32和第43卷(《资本论》第1卷)。今年8月纪念恩格斯逝世100周年之际,我们将推出新版《全集》三卷(第1、11、30卷)。另有四卷《全集》年内付排(第10、

12、13、32卷），可望明年出书。

**问**：已耽误你们不少时间，但读者对新编《选集》可能很感兴趣，是否可以谈谈这方面的情况？

**答**：在进行《全集》编译工作的同时，新版《选集》也于1992年底开始重新编译。《选集》仍然出四卷，平均每卷70万字左右。

新编《选集》同旧版相比，有以下较大变化：

首先，旧版从收文内容来看，畸轻畸重。科学社会主义著作约占70%，哲学著作占20%，经济学著作只占10%左右。收入的科社著作内容重复颇多，而收录的经济学著作有不少属早期著作，成熟的著作《资本论》因摘编困难，只收入其第1卷第24章的一节。为适应建设有中国特色的社会主义的需要，应广大读者的要求，新编《选集》以相当大篇幅摘编了《资本论》的主要内容，共近40万字，连同少量其他著作，编为《选集》第2卷。旧版所收的科社方面的文章，重复的内容只保留更精辟的部分，作了适当删减。

其次，为了更全面地反映马恩思想的形成和发展，增收了某些著作，如马克思早期著作《1844年经济学哲学手稿》选录和恩格斯晚年著作《〈1848年至1850年法兰西阶级斗争〉导言》等。

另外，旧版收文就有的重要论题来看不够完整，如关于东方社会经济落后国家可能的非资本主义发展道路和社会发展模式问题，马恩在二十多年间以俄国为例先后作过多次论述，但原《选集》只收了部分涉及这一论题的文献，新版则在此基础上增选了若干与此有关的文章和书信，使有关论述更加完整。

还有，在编辑体例和书后所附资料方面，新版也有所完善。各卷增加了编者所写的前言，对各卷内容作了简介。书后资料部分，增辟了

《名目索引》，供读者就学术内容和重要概念进行检索。最后，在译文质量方面，当然也会精益求精，更加完善化。

**问**：据了解，广大读者很盼望早日读到新版《选集》，不知何时可出版问世？

**答**：将于今年8月间，同《马恩全集》中文第二版第1、11、30卷这三卷书一齐推出，作为纪念恩格斯逝世100周年的一份献礼。

（本刊记者　李惠斌、苑洁）

## 《列宁全集》第二版的特点和意义*

林基洲

中央编译局从 1957 年开始筹划编译新版《列宁全集》的工作。1982 年 5 月，中央书记处讨论了中央宣传部和中央编译局的有关报告，正式决定编译出版《列宁全集》第 2 版。新版工作随即全面展开。1984 年 10 月出版了前 4 卷，到 1990 年底，新版 60 卷书按预定计划由人民出版社全部出齐。

为了编好这一版，编译局编辑人员从 1957 年起就开始对苏联从 20 年代至 60 年代先后出版的《列宁全集》5 个版本和 40 卷俄文版《列宁文集》，以及其他国家出版的同类全集，作了深入细致的分析研究，还考证了俄文第 5 版未收的和近 20 年来苏联新发表的大量列宁文献。在调查研究的基础上，我们确定了中文第 2 版的编辑方针、分卷原则、收载文献的范围和数量。中文第 2 版以 55 卷本的俄文第 5 版为蓝本，全书分 60 卷，比中文第 1 版多 21 卷，比俄文第 5 版多 5 卷，收载列宁文献 9289 篇，比中文第 1 版多 5009 篇，是目前世界上收载列宁文献最多的版本。

---

* 本文选自《马克思主义与现实》1991 年第 2 期。作者系中共中央编译局原副局长。

中文第 2 版新增加的文献大部分是列宁在十月革命以后写的,内容涉及社会主义时期党的建设、政权建设、经济建设、法制建设、科学文化、对外关系、国际共运等方面。这些新文献为深入地全面地研究列宁的思想理论观点,特别是列宁的社会主义建设理论的形成和发展增添了极为宝贵的资料。

新版的编辑处理,做到了既科学合理,又方便读者使用。全书分成著作、书信和笔记三大部分。目录和正文的每一个标题下面标明写作或发表日期,书脊上标明该卷类别和起迄年月。许多列宁文献的标题是俄文版编者加的,新版收入这些文献时对标题作了改动,使之与文献内容更加贴切。每卷正文之后增设了"附录"部分,收入同正文有关的一些提纲、草稿等。新版增加了 53 页我国 20—40 年代翻译出版的列宁著作早期珍本的书影插图,说明了列宁著作在中国的传播,间接反映了列宁思想对中国革命的影响。

新版各卷的编译工作从编定目录到最后付型,整个工作流程为大小工序 60 道。其中量最大也最重要的是重新校订已有的译文和翻译大量新文献。在前 6 年作准备的期间,我们组织局内外力量译出了不见于中文第 1 版的全部列宁新文献,编成 17 卷《列宁文稿》,由人民出版社陆续出版。校订人员力求译文意思准确、文字顺畅。他们在吃透原著的每字每句的意思,弄清其中的思想、论点和论述的逻辑关系乃至语气分寸,熟悉写作的背景和涉及的事实之后,根据最新的原文版本仔细校订。在初校订、定稿、最后审定的整个过程中,字斟句酌,反复推敲,补正错译和漏译,修改文理不顺、佶屈聱牙的译句。负责统一译名译语的同志们将列宁著作中出现的各类术语和经常使用的词语词组制成 20 多万张卡片,通过查阅大量资料并向有关专家求教,对列宁著作中两万多个专用名词和大量译语、2000 多次引用过的各种典故和文学形象作了考订，然后提出统一译法的方案，编写出版了140多万字的《列宁著作资料汇编》和约50万字的《列宁著作典故》。此外，还由专人对全书的引文和技术规格作了统一。由于校订集体的共同努力，新版译文质量有了明显的全面的提高，可以在相当长时间内保持稳定，为学习和研究列宁思想提供了精确可靠的译文。

新版各卷都有我们自己编写的前言，扼要介绍了该卷写作的历史背景、主要著作的内容、列宁一些重要理论观点和策略思想的发展变化，以及列宁对马克思主义的新贡献。每卷卷末所附的注释在充分利用俄文本的注释资料基础上，参阅其他有权威性的历史资料和文献加以订正或增删，从中国读者的需要出发，对列宁著作中提到的事件、学说、党派、机构、报刊、典故等作了较为详尽的介绍。卷末的人名索引起注释的作用。这个索引收录5千多人名条目，开列了列宁所提到的所有人物的原名、笔名、假名、代号及其生卒年月。除少数笔记卷外，各卷的人名索引都附有人物小传，介绍该人物的简历、政治倾向或学术流派。撰写人员舍弃了俄文资料中对一些人物的非历史主义的不公正评价，实事求是地记述他们当时所担任的职务和活动。各著作卷所附的年表记述了列宁在相应时期的主要实践活动和理论活动。各卷还增设列宁引用和提到的各种文献资料的索引。上述各类参考资料的字数比中文第1版增加5倍。

人民出版社从编排到出版，从封面装帧、版式字体、插图安排到纸张材料的选用等方面，都精益求精，并参照国际上已有各种同类版本的特点，作了整体设计，采取了一些革新的措施。在校对工作上采取了特殊措施，一般书稿三校即可付印，而对新版全集则正文校对4次、核对3次，注释、索引等校对6次、核对2次，相当于正常工作量的两倍。中国印刷公司、北京新华印刷厂等单位高质量地完成了印制工作。新版在版式设计和封面装帧方面，从外观上体现了中国版的特色，具有民族风格的封面给人以清新明快、素雅大方的感觉。

新版《列宁全集》是在中央宣传部的关怀和新闻出版署的支持下，中央编译局、人民出版社、北京新华印刷厂等单位有关人员精心设计，精心施工，通力合作，历时15年集体完成的一项马克思主义理论基本建设工程。仅就编译工作来说，编译局先后参加的人员就近百人。此外还有全国12所高等院校和研究单位的近50位教师和研究人员参与其事。在15个春秋中，大家殚精竭虑，含辛茹苦，默默耕耘，顶住了在此期间出现的资产阶级自由化思潮的冲击，不为马克思列宁主义"过时论""无用论"的喧嚣而动摇，坚守阵地，把自己的全部智慧和心血倾注于这个伟大的事业中。

今天我们所有为新版《列宁全集》出过力的同志们感到欣慰的是：党中央决定编译出版的当今世界上内容最丰富的《列宁全集》第二版的任务已经完成，李瑞环同志在庆祝《列宁全集》中文第二版60卷出版发行座谈会上指出："这是马列经典著作编译出版的一大成果，也是中国共产党人对传播马列主义的一大贡献。它的出版，对于我们更好地坚持和发展马克思主义，推动国内各项工作，实现第二步战略目标，具有非常重要的意义。"

列宁在马克思和恩格斯逝世以后坚持并发展了马克思主义，领导俄国人民建立了世界上第一个社会主义国家，开创了人类历史的新纪元，把国际共产主义运动和民族解放运动推进到一个新的历史阶段。尽管现在国际共产主义运动和社会主义事业发生困难和曲折，列宁关于帝国主义的理论、关于无产阶级革命和无产阶级专政的理论、关于殖民地半殖民地民族解放运动的理论、关于无产阶级政党的理论、关于社会主义建设的理论等等，过去被实践反复证明是正确的，至今仍然是指导无产阶级革命和社会主义建设的行动指南。因此,近几年来国际敌对势力把攻击共产党和社会主义的矛头指向列宁主义。他们号召社会主义国家中的"和平演变的潜在力量""要与列宁主义的遗产决裂","彻底而且公开地否定列宁主义"。他们认为,这样就可以"瓦解世界共产主义共同的马克思列宁主义理论,加速共产主义的政治崩溃和理论失败"。一批被资产阶级政客称为"自由战士"的反共反社会主义分子遥相呼应,恶毒诽谤列宁,向他们痛恨的"现在社会主义制度的最后堡垒"——列宁主义进行猖狂的攻击,全盘否定列宁开创的社会主义事业,诅咒列宁的党没有前途。马克思主义运动内部的各色同路人曲解列宁主义,使之接近社会民主主义。在马克思主义面临新的挑战的今天,新版《列宁全集》的问世,表明中国共产党坚定地沿着列宁开辟的社会主义道路继续前进。一百多年的历史说明,马克思主义是在不断战胜各种敌对思潮的攻击和反动势力的"围剿"、克服马克思主义运动内部的各种错误倾向中向前发展的。我们学习列宁的著作,会从列宁当年同各种反动势力和机会主义思潮的斗争中找到思想武器和理论武器,获得信心和力量,把握历史发展的趋势,自觉地挫败国际敌对势力的和平演变图谋,批判新的机会主义思潮。

列宁第一个把科学社会主义理论变为现实,在一个农民占人口绝大多数的经济文化比较落后的俄国探寻建设社会主义的具体道路和特殊规律。新版《列宁全集》充分体现了列宁进行这种伟大探索的实践活动和理论活动。列宁解决了大量前人没有提出过的问题,提出了社会主义建设各个方面的许多光辉思想,制定出适合俄国国情的社会主义建设的方针政策。列宁阐述了无产阶级夺取政权以后要把工作中心转向经济建设、高度重视发展生产力的思想,正确处理了国际斗争和国内建设的关系,政治和经济的关系,多种经济成分之间的关系,经济计划和市场的关系，中央集中领导和发挥地方积极性之间的关系，个人利益、集体利益与社会利益之间的关系，等等。列宁的理论联系实际、一切从实际出发的求实精神，列宁的勤于思考、勇于探索和创新的科学态度，列宁总结实践经验提出的理论思想和一系列见解，对发展我国的社会主义事业有重要的理论意义和启迪意义。由于种种原因，过去我们对列宁的社会主义建设理论的形成和发展缺乏全面的正确的理解，现在需要做深入的发掘和全面的研究。学习和研究列宁在十月革命以后写下的大量著作，有助于我们加深理解邓小平同志提出的建设有中国特色的社会主义的思想和理论，有助于我们更好地把马列主义的基本原理同我国现代化建设和改革开放的实际结合起来，充分发挥社会主义制度的优越性，努力实现我国经济和社会发展的战略目标。

总之，总字数达3000万字的《列宁全集》中文第二版，为我们反击一切反动势力和敌对思潮的进攻、持久地开展反对资产阶级自由化的斗争提供了锐利的思想理论武器，为我们学习和研究马克思列宁主义、提高解决当代世界和中国各种现实问题的能力提供了更为有利的条件。

# 谈谈第 3 版《列宁选集》

## ——中央编译局原列斯室主任岑鼎山和马列部副主任何宏江答本刊记者问[*]

**问**：解放后出版过几个版本的《列宁选集》？

**答**：解放后，1960 年和 1972 年分别出版过两个版本的《列宁选集》。这两个版本都是由中央编译局编译、人民出版社出版的。这两个选集收录了列宁的许多主要著作，发行量大，影响面广，在相当长的一段时间里对普及马克思列宁主义理论教育起了重要的作用，成了当时我国广大党政干部学习列宁著作的入门书。

**问**：为什么现在要编译出版第 3 版《列宁选集》？

**答**：第 1 版和第 2 版《列宁选集》虽然起过积极作用，但本身还存在一些问题，主要是：

1. 有些译文不够准确。第 1 版选集是在 1959 年刚出齐的《列宁全集》第 1 版的基础上选编的，其中的译文完全按照第 1 版全集刊印。而第 1 版全集的译文限于当时的历史条件和译校水平，质量上还存在不少问题。1972 年出的第 2 版选集对译文作过个别的修改和补正，但整个译文并没有从根本上得到改善。另外，中文第 1 版全集是根据《列宁全集》俄文第 4 版翻译的，而这一版俄文全集由于种种历史原因存在着严

---

[*] 本文选自《马克思主义与现实》1995 年第 2 期。

重的缺陷，对列宁文献的编辑处理带有明显的时代烙印，这同样影响到了中文版全集和选集译文的内在质量。

2. 两个版本的《列宁选集》在选材上也存在一些问题。如有关社会主义经济建设的文献选得偏少，又如列宁的有些重要著作没有收入。而选收的有些文献从内容上看显得有点重复，或者过多地涉及某一历史时期的某些具体细节。还有个别选收的著作经考证不是列宁的著作。

3. 两个版本的《列宁选集》所附的资料不够丰富。有的注释过于简略，有的不够科学、准确。人名索引只列人名，不附人物小传，对读者理解原著帮助不大。

现在，在1990年60卷本《列宁全集》中文第2版出齐后，有必要也有条件重新编辑出版一部译文更准确、选材更合理、更符合新时期广大读者需要的《列宁选集》。

**问**：《列宁选集》第3版在选目方面作了哪些调整？

**答**：为了编好这一版选集，我们组织力量对60卷本《列宁全集》第2版作了普查，逐篇讨论筛选，在原选集的基础上提出了选目调整的初步方案。之后又在京、沪两地分别召开有关专家、学者的座谈会，听取他们对这一初步方案的意见和建议。现在呈献给读者的第3版《列宁选集》所选定的文献，就是吸收了各方面宝贵意见后取得的成果。

我们在这一版选集的选编工作中，始终考虑到选集是面向社会各界广大读者的，因此选材的内容尽可能照顾社会各界的需要，力求既能全面准确地反映列宁思想遗产的精华以及他对马克思主义三大组成部分所作的理论贡献，又能全面反映他的主要理论观点和策略思想的变化。为了适应研究和探索有中国特色的社会主义的需要，这一版选集适当增加了列宁晚期有关社会主义建设理论的著作和书信，其中包括利用商品货币关系和市场机制、改革经济政治体制、借鉴和利用资本主义、发展科技事业、完善法制等内容。为了帮助读者掌握马克思主义的精髓、提高实际运用马克思主义的能力,这一版选集还酌量增收了列宁有关马克思主义方法论的论述。

与此同时,本版选集压缩了部分著作的篇幅。如《唯物主义和经验批判主义》在第2版选集中是全书收录的,占的篇幅过大,这次我们吸取了有关专家学者的意见后删去了某些章节,保留了原书中最为读者需要的部分。本版选集还删去了某些内容重复、主要与俄国社会民主工党党内斗争史或俄国某一历史时期的一些具体事件有关的论述。更换了原来误收的不是列宁的著作。如《工会在新经济政策条件下的作用和任务(俄共(布)中央1922年1月12日决议)》是俄共中央通过的决议,不是列宁的著作,这次新版选集删去了这个决议,另换了列宁写的该决议的草案。

《列宁选集》第3版全书仍分4卷出版,各卷的历史分期不变。第2版选集收入列宁文献187篇,约238万字。经过调整,第3版选集增加了32篇(另有一篇文章增加了一章),计增加27.5万字;删去24篇(另对3篇文章作了部分删节),计删去35.5万字。新版选集共收列宁文献195篇,合计约232万字。

问:为什么说《列宁选集》第3版的译文更为准确?

答:《列宁选集》第3版采用的是《列宁全集》第2版的译文。《列宁全集》第2版是由中央编译局经过15个寒暑重新编译的,60卷书的译文都已作了相当大的改动和加工,与第1版全集相比译文质量有了较大的提高。第3版选集的译文与第2版全集的译文保持一致,还便于研究工作者和教学工作者的使用,不致由于译文不统一而造成混乱。

问:第3版《列宁选集》还有哪些改进?

答:这一版选集在每一卷卷首都增加了由编者撰写的《说明》,扼要介绍本卷著作写作的历史背景,提示本卷著作的主要理论内容,说明列宁对马克思主义所作的贡献和他的思想发展的脉络。

本版选集书后所附的注释,不仅条目增加较多,而且各条注释的释文也较前两版选集翔实准确。

本版选集的人名索引对列宁著作中提到的人物都作了简要的生平介绍,这样的人名索引实际上也起了注释的作用,帮助读者更好地理解列宁著作的历史背景和思想内容。

在本版选集第4卷的最后,增加了全书的《主题索引》。这是本版编者所作的一个尝试。这个索引列入的条目近900条,逐条列出了有关的页码。我们真诚地希望读者能对我们所作的这些努力提出宝贵的意见。

**问**:新版《列宁选集》何时能够出版?

**答**:新版《列宁选集》共4卷,已全部译校完毕,将于今年8月同《马克思恩格斯选集》中文第2版一齐出版。

# 论新版《马克思恩格斯选集》和《列宁选集》的版本特色

## ——兼谈六十年来中央编译局的历史传统[*]

韦建桦

2010—2012年是马克思主义经典著作编译群体经受特殊考验的三年。在这三年中,我们始终恪守务本求实的原则。当浮靡躁竞之风袭来时,我们沉下心来,不为所惑,甘于寂寞,勤勉工作,完成了编译新版《马克思恩格斯选集》和《列宁选集》的重要任务。这是继10卷本《马克思恩格斯文集》和5卷本《列宁专题文集》之后,我们在马克思主义理论研究和建设工程中推出的又一重要成果。在马克思逝世130周年之际,我们将新版经典著作译本奉献给中国读者,以此来纪念我们心中景仰的伟大思想家。

在这篇文章中,我将分别阐述两部新版选集的编纂意图、编译思路和版本特色,最后谈一谈我对中央编译局历史传统的认识。今年是编译局成立六十周年。新版选集的问世,标志着先驱者近百年前开创的崇高事业正在新的历史起点上向前推进,昭示着后来者有足够的决心、勇气和能力坚守阵地、弘扬传统、继往开来。

---

[*] 本文选自《马克思主义与现实》2013年第4期。作者系全国政协常委,中央编译局原局长,新版《马克思恩格斯选集》和《列宁选集》主编。

## 一、略叙缘起

——我们为什么要编纂新版选集？

在当今世界，只有中国共产党人以矢志不渝的科学信念和高瞻远瞩的战略眼光，设立专门机构，进行周密部署，坚持不懈地推进马克思主义经典文献编译和研究事业。经过数十年的艰苦努力，中国的马列著作译本逐步形成了种类齐全、风格多样、不断完善并在亿万群众中广为流传的版本体系。在这个体系中，选集是历久弥新、影响深远的版本形式。同全集、专题读本以及单行本相比，选集规模适中、内容凝练、条贯清晰，力求用精选的著作完整地反映经典作家博大精深的理论体系。因此，早在革命战争年代，我们党就在延安精心组织编译出版经典作家选集，有力地推动马克思主义真理的传播和运用，指导中国革命取得伟大胜利。新中国成立以来，党中央责成编译局在编译经典作家著作全集的同时编译选集。遵照中央指示，我们陆续编译出版了《马克思恩格斯选集》第 1 版（1972 年出版）、第 2 版（1995 年出版）以及《列宁选集》第 1 版（1960 年出版）、第 2 版（1972 年出版）和第 3 版（1995 年出版）。在社会主义建设和改革进程中，这些选集版本对加强党的思想理论建设发挥了重要作用，它们是广大干部群众学习马克思主义的基本教材，同时也是理论工作者在研究、教学和宣传工作中的必备文献，其重印次数之多和发行总量之大，在世界各国同类著作中位居第一。

2009 年，由中央编译局编译的 10 卷本《马克思恩格斯文集》和 5 卷本《列宁专题文集》正式出版。这是马克思主义理论研究和建设工程的重点项目和标志性成果，是译文更加准确、资料更加翔实的基础文本。10卷本《马克思恩格斯文集》充分利用近一个世纪以来经典著作编译工作的丰硕成果,精选了马克思和恩格斯在各个时期写的有代表性的重要著作;同时,编审委员会根据当今最权威、最可靠的外文版本,对全部译文和资料重新做了审核和修订,使这10卷著作真正成为我们正在编译并陆续出版的70卷本《马克思恩格斯全集》的精华本。5卷本《列宁专题文集》采用全新的编辑思路和框架结构,把系统反映列宁主义科学内涵与紧密联系中国特色社会主义实践这两个要求有机地统一起来。编审委员会从《列宁全集》中文第2版60卷中精选115篇最具代表性的著作,分专题编为5卷,即《论马克思主义》《论辩证唯物主义和历史唯物主义》《论资本主义》《论社会主义》和《论无产阶级政党》,并为每一篇著作撰写了导读性题注,言简意赅地介绍有关著作的核心内容和理论要旨。在列宁著作编译史上,这是一个力求进一步体现时代性、科学性和实践性的新版本。

目前通用的两部选集,即《马克思恩格斯选集》第2版和《列宁选集》第3版是在1995年出版的,其中的译文和资料同两部文集相比不可避免地存在差异。如前所述,文集和选集的读者对象不尽相同;选集就其版本性质和编排方式来说,对于马克思主义理论学习和普及具有特殊意义和不可替代的作用。因此,我们认为必须充分利用文集的编译和研究成果,及时编辑新版选集,以确保经典著作译文的统一性和资料的科学性,满足社会各界广大读者对新的文本的殷切期待。中央批准了我们的报告,要求我们抓紧时间认真做好新版选集的编译工作。

## 二、细说思路

——新版选集要解决什么问题？

两部新版选集的编译方案是在全面总结以往经验、具体分析原有版本的基础上，根据不同情况分别制定的。充分利用以往版本的成果、认真分析其中存在的不足，这是我们厘清编辑思路的关键所在。1995年出版的《马克思恩格斯选集》第2版，从总体上看是一个好的版本，但存在一些重要问题亟须解决：

一是整体结构需要调整。《马克思恩格斯选集》第2版分为4卷，选录了马克思和恩格斯从1843年至1895年所写的重要著作、手稿和书信。其中第2卷以辑录政治经济学论著为主，包括马克思的《资本论》（节选）以及马克思和恩格斯的政治经济学论文。然而在这些著述之外，第2卷又编入了不属于经济学范围的5篇文献，即马克思的《国际工人协会成立宣言》《国际工人协会共同章程》《论蒲鲁东》以及恩格斯的《德国农民战争》序言、《致国际工人协会西班牙联合会》。这种编排方式不利于体现第2卷内容的连贯性和统一性，影响了编年体例与专题纂辑相结合的整体结构。

此外，我们根据历年研究成果，对选集第2版各卷文献的写作和发表时间进行了核查和考证，发现有些著作的编排顺序与客观史实不尽相符。例如恩格斯的《自然辩证法》（写于1873—1882年）本应编入第3卷（辑录1871—1883年著作），第2版选集却将这部手稿编入第4卷（辑录1883—1895年著作），这就偏离了选集确定的编年原则。

二是各卷编目需要改进。《马克思恩格斯选集》第2版力求以精选的文献反映马克思恩格斯在各个历史时期的理论成果。总的看来，这个目标在各卷编目中得到了体现,但个别卷次的收文仍需斟酌。以第1卷为例,本卷应当在开篇部分用马克思和恩格斯的代表性著作反映他们从唯心主义向唯物主义、从革命民主主义向共产主义的彻底转变;但第2版第1卷只收录了马克思1844年2月在《德法年鉴》上发表的《〈黑格尔法哲学批判〉导言》,没有收录恩格斯在同一杂志上发表的《国民经济学批判大纲》。恩格斯的这篇论著曾被马克思誉为"批判经济学范畴的天才大纲"[①]。由于选集第2版未收这篇著作,恩格斯在世界观和立场方面的根本转变就没有得到充分反映。在第2版其他各卷中,也存在类似的问题。

三是全部译文需要与10卷本《马克思恩格斯文集》的最新译文统一。所谓"最新译文",并不是指《马克思恩格斯文集》的译文与迄今为止的各种译本迥然不同,而是指我们在编译《文集》时,依据经典原著对以前的译本进行了全面审核,着力修订散见于各卷著作中的那些词不达意、晦涩难懂或易生歧义的译文和译名;通过修订,使译文更加贴切地反映经典作家的原意,同时使理论概念和学术语汇的译名更加准确和统一。因为上述问题不同程度地存在于《马克思恩格斯选集》第2版各卷之中,所以,采用最新译文、推出新的版本就成为迫在眉睫的任务。只有完成这个任务,才能确保经典文本的权威性和严肃性,使中文译本充分反映我们今天对经典著作研究和认识的水平。

四是各卷所附资料和各篇著作的题注需要增补和修订。《马克思恩格斯选集》第2版的各类资料,包括注释、人名索引、文献索引和名目索引,从总体上看是完整的,但在一些地方仍然存在不够确切、不够严谨或条理不清、语焉不详的问题。不少注释直接译自俄文版、英文版和

---

① 《马克思恩格斯选集》第3版第2卷第3页。

德文版，语言表述带有翻译痕迹，不够自然流畅；有些注文在史实和观点上因袭成说，需要重新稽考。针对这些问题，《马克思恩格斯文集》编审委员会对以往译本所附的资料进行了认真审核，做了大量的匡正、补遗和修订工作，努力为读者提供准确翔实的参考材料。与此同时，我们还为《文集》所收的108篇著作编写了题注，简明扼要地阐述各篇著作的写作背景、主要观点、理论价值和历史地位，帮助读者把握这些著作的要义。在对各篇著作出版流传情况的介绍中，我们增加了对重要著作中文译本出版情况的说明，以便读者了解和研究这些著作在中国的传播情况。所有这些编辑成果，都急需在选集中加以充分利用。

鉴于上述情况，我们认为编译《马克思恩格斯选集》第3版势在必行。

《列宁选集》的情况有所不同。1995年出版的《列宁选集》第3版结构严谨，编目合理，采用了《列宁全集》中文第2版的最新译文。实践证明这个版本具有多方面的优点，但也存在一些需要解决的问题：

首先是选集各卷的卷首说明需要补充和修订。按照编辑体例和读者需要，卷首说明必须简洁而又完整地阐明本卷著作产生时期的历史背景和时代特征，综述列宁在这一时期从事理论研究和实践活动的主要脉络、重要贡献和深远意义，然后对本卷所收文献逐篇加以介绍。《列宁选集》第3版正是这样做的，但从内容的完整性、叙述的逻辑性和立论的科学性来看，各卷情况不够平衡，需要吸收5卷本《列宁专题文集》的编辑成果，在认真研究的基础上加以完善。

其次是涉及重要理论问题的译名必须根据最新研究成果进行复核和勘正。列宁是坚持和发展马克思主义的典范。列宁著作中的大量理论概念与马恩著述中的相关表述在内涵上是一脉相承的，但在特定历史条件和文化背景下，列宁对某些理论概念的运用和诠释又往往具有鲜明的时代特色和民族特色。从这个角度看,《列宁选集》第 3 版的译名系列需要进一步研究,以确定哪些译名需要与马克思恩格斯著作统一,哪些译法必须体现列宁思想的特征。

第三是选集各卷中的马恩著作引文必须全面审核。在《列宁选集》第 3 版中,出自马克思恩格斯著作的引文总共有 446 条(正文中的引文 406 条,注释中的引文 40 条)。其中在 10 卷本《马克思恩格斯文集》中经过审订的引文总共有 367 条,这些引文必须与《文集》的最新译文统一;另有未收入《文集》的引文总共有 79 条,需要按照《文集》的编译标准重新校订。

最后是各卷资料必须修订和充实。《列宁选集》第 3 版的卷末注释总计有 1488 条。这些注释对于读者理解原文具有不可或缺的作用,但也存在不足之处。例如,有的注释对历史事件和历史人物的介绍和评价不够准确;有的注文中的重要提法与马恩著作的相关注释不尽一致;还有一些注释说明同一个问题,但在各卷中的评价和表述互不相同。此外,在人名索引和名目索引的个别条目中,也存在评价不够确当、定位不够妥帖的问题,需要认真研究,加以勘正。

基于上述分析,我们决定保留《列宁选集》第 3 版的结构和编目,在此基础上有针对性地进行修订工作。

对《马克思恩格斯选集》第 2 版和《列宁选集》第 3 版优点和缺点仔细分析的过程,也正是我们逐步形成新版选集编译理念的过程。在这个基础上,我们认真研究了新时期中国广大读者的理论需求,吸收了学术界提出的宝贵建议,考察了迄今为止各国出版的同类版本,按照联系实际、贴近群众、博采众长、为我所用的原则,制定了新版选集的编译方案。

## 三、试析特色

——新版选集新在哪里？

三年来，编委会全体同志以精益求精、一丝不苟的态度，潜心从事篇目遴选、文献编纂、译文审核和资料修订工作，并在编译实践中不断检验既定方案的合理性和可行性。从总体结构到文本细节，我们一次又一次地进行研讨、调整和改进，尽一切可能使两部选集在时代特色、学术质量、编辑体例和使用效能方面达到新的水准。

《马克思恩格斯选集》第3版编为4卷，总字数约为310万字。同选集第2版相比，新版选集体现了更加严谨而又新颖的编辑风格。

在整体结构方面，《马克思恩格斯选集》第3版进一步完善了编年体例与专题纂辑相结合的总体框架。所谓编年体例，主要运用于新版选集第1卷、第3卷和第4卷。具体地说，第1卷选辑马克思和恩格斯1843—1859年的33篇著作；第3卷选辑马克思和恩格斯1864—1883年的25篇著作；第4卷选辑恩格斯1884—1895年的16篇著作，同时精选了马克思和恩格斯1842—1895年写的102封书信。在这3卷书中，我们严格按照写作和发表的时间顺序，编入马克思恩格斯的哲学著作、科学社会主义论著以及指导国际共产主义运动的重要著述。根据这个原则，我们在审慎查考各种外文版本和相关史料的基础上，对收入选集第2版的若干文献的排序做了调整。例如上文提到的恩格斯的《自然辩证法》，先前收入选集第2版第4卷，现按写作时间编入新版选集第3卷，并增补了这部手稿中的若干段落。

所谓专题纂辑，主要体现于新版选集第2卷。我们将这一卷确定为政治经济学专卷，集中编录马克思的《资本论》（节选）、马克思的经济学手稿（摘选）以及马克思和恩格斯的 4 篇著名经济学论文。同以前的版本相比，新版选集中的这部政治经济学专卷结构谨严、条理分明、内容精审、重点突出，有助于读者比较集中地研读马克思主义经济学文献。

编年体例与专题纂辑相结合的编排方式，体现了逻辑与历史相统一的原则。将这一原则运用于新版选集的结构安排，不仅有利于读者清晰地了解经典著作诞生和传播的历程，而且有利于他们全面地把握马克思主义理论各个组成部分的思想精粹和相互联系。

在文献选辑方面，《马克思恩格斯选集》第 3 版对第 2 版的篇目做了调整和增删，力求在有限的篇幅内更加准确地反映马克思和恩格斯创立的理论体系，更加完整地涵盖马克思主义哲学、政治经济学和科学社会主义的理论精髓，更加全面地介绍马克思和恩格斯在政治、法律、历史、教育、伦理道德、科学技术、文学艺术、军事、民族、宗教等领域的精辟论述，并在整部选集中凸显马克思主义的实践特征、科学精神和与时俱进的理论品格。

文献的增删是一项严肃的工作。编委会在这方面进行了认真研究，为各卷编目的每一处调整都提供了可靠的科学依据。这里仍以新版选集第 1 卷为例。本卷增收了恩格斯的两篇著作，一篇是《国民经济学批判大纲》，另一篇是《英国工人阶级状况》（节选）。前一篇标志着恩格斯从唯心主义向唯物主义、从革命民主主义向共产主义转变的彻底完成，马克思曾对这篇著作做过详细摘录，指出这篇著作"表述了科学社会主义的某些一般原则"[①]；后一篇是恩格斯在深入调查研究的基础上写成的论述工人阶级在资本主义制度下的社会地位、斗争历程和历史使命的

---

① 《马克思恩格斯选集》第 3 版第 3 卷第 741 页。

重要著作，被列宁称作"世界社会主义文献中的优秀著作之一"①。新版选集第1卷增收了上述两篇文献，这就弥补了选集第2版的缺陷和遗憾，使恩格斯在19世纪40年代为创立科学社会主义所做理论贡献得到了更加完整的反映。与此同时，编委会考虑到新版选集应收最具代表性的文献，同时也考虑到本卷的篇幅和容量，决定删去恩格斯的早期著作《英国状况。十八世纪》。

在译文审订方面，《马克思恩格斯选集》第3版所收的全部著作均采用10卷本《马克思恩格斯文集》的最新译文。在编辑过程中，我们对译文再次进行了校核和审读。在极个别地方，我们也发现文字的表述尚不十分完善。虽然这些地方的译文已经表达了作者的原意，仅仅是个别语序、遣词和标点略有瑕疵，对于反映原著思想内容来说并无影响；虽然人们常说译事艰难，不可能做到尽善尽美、无瑕可摘，但编委会仍本着精益求精的原则，组织专家进行深入讨论，以求提出令人满意的改订方案。唐人卢延让《苦吟》诗云："莫话诗中事，诗中难更无。吟安一个字，捻断数茎须。"此诗道尽了诗人为推敲字句而惨淡经营的情状。其实，对于经典著作编译工作者来说，锤炼译文的艰辛有过之无不及。

这里试举一例。在马克思《1848年至1850年的法兰西阶级斗争》一文第3节中，有这样一句话：

> Bis Tagesbruch kreißte der „ Berg ". Er gebar „ eine Proklamation an das Volk ", die am Morgen des 13. Juni in zwei sozialistischen Journalen eine mehr oder minder verschämte Stelle einnahm.②

---

① 《列宁全集》第2版第24卷第277页。
② MEW. Bd. 7, S. 68.

《马克思恩格斯文集》中的译文是：

直到天明，山岳党一直在忍受分娩的痛苦。它生下了一个《告人民书》，于6月13日早晨在两家社会主义报纸的不显眼的地方刊登出来。①

这里提到的"山岳党"，在1848—1851年间是指法国制宪议会和立法议会中集合在《改革报》周围的小资产阶级民主主义者和社会主义者。"山岳党"一词，马克思在这篇文章中大都用法文写做"Montagne"（意思是"山岳"），而此处则使用了德文"Berg"一词（意思也是"山岳"），并且特意加上了引号。从上下文来看，"Berg"就是指"山岳党"，应无疑义；对于这句译文的正确性，历来没有人表示怀疑。然而在编辑新版选集时，我们"于不疑处质疑"，希望弄清马克思的这种特殊书写方式是随意为之，还是别有深意。经过查考文献，我们发现马克思在这里不露声色地使用了一个典故。原来，他套用了罗马诗人贺拉斯《诗论》中的名句（"山岳开始忍受分娩的痛苦，它生下了一只小小的老鼠。"），借以讽刺山岳党人在言论上虚张声势，而在行动上却怯懦畏缩；他们那篇羞羞答答的《告人民书》，就是这种色厉内荏、摇摆不定的小资产阶级本性的产物。在弄清原委之后，我们对原译文做了改动。新版选集中的译文是：

直到天明，"山岳"一直在忍受分娩的痛苦。它生下了一个《告人民书》，于6月13日早晨在两家社会主义报纸的不显眼的地方刊登出来。②

同时，我们在这里加了一条注释：

---

① 《马克思恩格斯文集》第2卷第142页。
② 《马克思恩格斯选集》第3版第1卷第507页。

马克思在这里套用了罗马诗人贺拉斯《诗论》中的名句："山岳开始忍受分娩的痛苦，它生下了一只小小的老鼠。"马克思文中的"山岳"，指山岳党。

此处仅仅删去一个汉字，加上一个引号，增补一条注释，却让编译者付出了许多考证的精力和时间。然而，为了使新版选集更加真实完整地反映马克思原文的涵义和风格，我们认为这样做非常值得。

在资料整合方面，我们力求使各卷的卷首说明、卷末注释、各种索引以及大事年表真正成为内容丰富、考证精当、彼此呼应、相互补充的有机整体，成为对理解正文、研究经典具有参考价值和学术意义的辅助材料。为此，我们在重新研读马恩著作的基础上，为各卷撰写了完整的卷首说明；我们审核了4卷著作所附的1992条注释，在考订史实、订正讹误、统一译名、规范语言表述等方面做了大量工作；我们采用了《马克思恩格斯文集》的题注，同时还专门编写了马克思恩格斯书信分类检索，以利于读者查考书信中有关科学世界观的创立与发展、科学社会主义的理论与实践、重要著作的创作与流传、世界各国经济社会状况与发展道路、经典作家的风范与情操等重要方面的内容。我们在第4卷卷末增补了《马克思恩格斯生平大事年表》，帮助读者了解两位导师从事理论研究和革命实践的历程。

这里特别需要提到的是，编委会的同志们倾注了大量心血，编纂了涵盖整部选集内容的名目索引，并努力增强它的思想性、系统性、条理性和适用性。这个索引汇集了4卷选集中所有重要的理论概念，将每一个词条分为若干细目，具体介绍了这些概念在正文中出现的情况。例如"哲学"这一条目，下设"概述""哲学的对象、内容和形式""哲学的基本问题""哲学的历史和流派""哲学和现实、实践""哲学和自然科学""哲学和宗教""哲学和无产阶级""哲学和社会主义、共产主义"等分条,并详细标明选集中关于这些问题的具体论述所在的卷次和页码。此外,名目索引还包含各类重要史实、政党组织、社会思潮、学术流派、科技术语和地理名词。这些条目也都条分缕析,一一标示出处,为读者在学习和研究时提供检索之便。

新版《列宁选集》作为第3版的修订版,仍编为4卷,总字数约为339万字。同以往版本相比,这个新版本也呈现出鲜明的特色。

一是各卷说明更加充实。我们力求以准确简练的语言阐明列宁著作的时代背景、理论要旨、历史地位和指导意义,帮助读者理解列宁思想的精髓及其对世界社会主义运动的理论贡献,从而更加自觉地运用马克思主义立场、观点、方法来指导实践。

按照这个标准,我们对《列宁选集》第3版各卷说明进行了全面修订。这里以第4卷为例。本卷选载列宁在1919年6月至1923年3月,即国内战争后期和实施新经济政策时期的68篇著作。这是列宁革命生涯的最后一个阶段。在短短四年时间里,列宁对社会主义建设的重大理论和实践问题进行了创造性的探索,对马克思主义执政党建设和苏维埃政权建设的经验和教训做了科学的总结。然而,本卷原有的卷首说明只是简略地介绍了1919年至1920年苏维埃俄国的形势,没有完整地交代本卷著作产生时期的重要时代特征,也没有扼要地概括列宁在这一时期实践活动和理论研究的主要内容和卓越贡献。针对这个不足之处,我们对原有的卷首说明做了修订。在新的卷首说明中,我们概述了苏维埃俄国在战争结束后进入国民经济恢复时期的形势,阐述了列宁在历史转折关头所做的理论思考和战略决策,介绍了列宁在新经济政策实施期间围绕什么是社会主义、怎样在经济文化落后的俄国建设社会主义的重大问题所做的一系列深刻论述,指出这些论述丰富了科学社会主义的理论宝库。新的卷首说明还阐述了列宁在这一时期对无产阶级政党建设和社会主义政权建设做出的理论贡献。

此外，在新版《列宁选集》各卷的卷首说明中，我们还对如何完整准确地介绍列宁著作的问题进行了研究，并对原有的评介文字逐一进行了审核和修订。例如，对于列宁的《俄国资本主义的发展》这部重要著作，选集第1卷原有的卷首说明做了如下评价：

> 《俄国资本主义的发展》是创造性地运用马克思的经济学说研究和解决俄国社会和经济问题的光辉典范，为后来布尔什维克制定纲领和策略提供了可靠的依据。①

从一定角度来说，这个评价是中肯的；缺点是没有完整地揭示列宁这部著作的重要理论价值。我们参照《列宁专题文集》题注中的相关论述，吸收学术界近年来的研究成果，对《俄国资本主义的发展》这部著作的思想内涵和理论贡献做了如下概括：

> 列宁根据马克思主义政治经济学基本原理，阐明了关于社会分工、资本主义商品生产及其实现剩余价值的条件、资本主义国内市场建立的过程和条件等一系列与俄国资本主义发展密切相关的重大理论问题；指出在这种经济基础上进行的俄国革命，必然是资产阶级革命。列宁还对资本主义的历史作用作了阐述，指出资本主义既有进步的历史作用，即促进社会生产力的提高和劳动的社会化，同时又造成了最深刻的全面的社会矛盾，因而必然具有历史暂时性。资本主义的发展给工人阶级进一步实现其真正的和根本的社会主义改造任务创造了必要的条件。②

---

① 《列宁选集》第3版第1卷第4页。
② 《列宁选集》第3版修订版第1卷第4页。

此外，我们还对原版卷首说明中个别不够确切的文字表述做了修改和补正。

二是各卷译文更加准确。新版选集采用《列宁全集》第2版的译文。在编辑过程中，我们对理论界长期关注和讨论的一些重要理论概念及其译名逐一进行了考证和研究，努力使这些译名准确反映原著的精神和意蕴。列宁著作中的许多重要理论概念，同马克思恩格斯使用的术语具有密切的联系，例如"意识形态"（идеология；die Ideologie）、"自然历史过程"（естественно‐исторический процесс；der naturgeschichtliche Prozeß）、"社会经济形态"或"经济的社会形态"（экономические формации общества，экономическая общественная формация，формация общественного хозяйства，общественно‐экономическая формация；die ökonomische Gesellschaftsformation）、"公有制"、"公共所有制"或"社会所有制"（общественная собственность，общинная собственность；das Gemeineigentum，das gesellschaftliche Eigentum）等等。列宁在阐述理论问题和实践问题时，总是严格地按照马克思和恩格斯的观点，准确地使用一系列重要的概念和术语；但在有些场合，他的表述或书写方式又带有他那个时代的特点和俄罗斯民族的语言文化特色，反映了他的理论思考具有联系实际和与时俱进的品格。鉴于这种情况，我们对重要概念和术语的中文译名进行了专门研讨，最终确定哪些译名在哪些场合必须与马恩著作统一，哪些译法在特定情况下必须尊重列宁自己的表达方式，以便体现这位伟大思想家独特的理论创造历程。

在编辑新版选集时，我们对全部译文进行了认真审读，对个别文字和标点做了适当的调整和勘正。特别是对读者十分重视并提出意见的译文，我们进行了深入讨论，力求用更加确切顺畅的中文表达列宁原意。例如，在《给代表大会的信（对1922年12月24日一信的补充）》中，列宁写道：

Сталин слишком груб, и этот недостаток, вполне терпимый в среде и в общениях между нами, коммунистами, становится нетерпимым в должности генсека. Поэтому я предлагаю товарищам обдумать способ перемещения Сталина с этого места и назначить на это место другого человека, который во всех других отношениях отличается от тов. Сталина только одним перевесом, именно, более терпим, более лоялен, более вежлив и более внимателен к товарищам, меньше капризности и т. д. Это обстоятельство может показаться ничтожной мелочью. Но я думаю, что с точки зрения предохранения от раскола и с точки зрения написанного мною выше о взаимоотношении Сталина и Троцкого, это не мелочь, или это такая мелочь, которая может получить решающее значение。①

《列宁选集》第3版的原译文是：

斯大林太粗暴，这个缺点在我们中间，在我们共产党人相互交往中是完全可以容忍的，但是在总书记的职位上就成为不可容忍的了。因此，我建议同志们仔细想个办法把斯大林从这个职位上调开，任命另一个人担任这个职位，<u>这个人在所有其他方面只要有一点强过斯大林同志</u>，这就是较为耐心、较为谦恭、较有礼貌、较能关心同志，而较少任性等等。这一点看来可能是微不足道的小事。但是我想，从防止分裂来看，从我前面所说的斯大林和托洛茨基的相互关系来看，这不是小事，或者说，这是一件可能具有决定意义的小事。②

---

① Ленин В. И. Полн. собр. соч. Т. 45. С. 346.
② 《列宁选集》第3版第4卷第746页。

《给代表大会的信》是列宁在病重期间口授的信件。信中提出的问题关系到党的前途和命运。上述《补充》涉及党中央最高层领导的思想作风建设和组织建设，历来为史家和广大读者所关注。一些同志提出，译文中的"这个人在所有其他方面只要有一点强过斯大林同志"一语，意思不够清晰，容易产生歧义。我们认真考虑了学界的意见，经过认真讨论，对这句话做了审慎的修订：

　　　　因此，我建议同志们仔细想个办法把斯大林从这个职位上调开，任命另一个人担任这个职位，<u>这个人在各方面同斯大林一样，只是有一点强过他</u>，这就是较为耐心、较为谦恭、较有礼貌、较能关心同志，而较少任性等等。①

　　读者可能已经注意到，这里的相关译文实际上恢复了《列宁全集》第1版的译法。这种表述是否理想，仍可商讨；但至少意思较为清楚，不致引起误解。译文的完善过程和人们的认识进程一样，不可能一劳永逸。我们期待读者的检验和指正。

　　三是各卷引文更加统一。我们根据《马克思恩格斯文集》的最新译文，对选集正文和注释中出现的367条马克思恩格斯著作引文进行了统一，同时对未收入《马克思恩格斯文集》的79条引文，也按照《文集》的编译标准逐条进行了校订。在这项工作中，我们既注意引文与马恩原著的统一性，又考虑到列宁引证时的具体语境和逻辑思路。特别是列宁自己翻译的引文，我们没有机械地照搬马恩著作的中译文，而是进行缜密的分析对照，在用词和表述上保留列宁的译法。

　　通过译名审核和引文校勘工作，两部选集进一步展现出相互之间在理论上的内在联系。

---

① 《列宁选集》第3版修订版第4卷第746页。

四是各卷资料更加详备。我们根据最新研究成果,对《列宁选集》涉及的重大历史事件和重要历史人物的评价问题进行了研究;在此基础上,对注释和人名索引中的各种重要提法进行了审订,以保证文字表述的准确性,同时兼顾与马恩著作中相关资料的一致性。我们还全面修订了名目索引,增补了列宁生平大事年表。在整个资料工作中,我们始终恪守言必有据、信而有征的原则,努力做到对历史负责、对原著负责、对读者负责。

## 四、瞻念前程

——我们如何认识自己的传统与责任?

新版选集是在中央编译局成立六十周年之际问世的。一位饱经沧桑的翻译家对我说,这两部厚重的著作凝结着厚重的历史。

这句话令我感慨万端。"厚重的历史"这五个字,让我想起中国的马克思主义经典著作编译家近百年来走过的路,同时也想起我们今后将要走的路。

这两部选集不仅是编委会成员辛勤工作的成果,而且是一代又一代经典著作编译工作者心血和智慧的结晶,是理论界的同志们长期支持经典著作编译事业的见证。恩格斯曾经指出,编译马克思著作是光荣而又艰巨的任务,是"真正老老实实的科学工作"[①]。六十年来,中央编译局的同志们始终铭记恩格斯的教诲,把传播科学真理视为神圣使命。无论在什么情况下,他们从来不畏艰难、不图私利、不慕虚名、不受干扰,不因获得褒扬和赞誉而陶醉自满,也不因受到嘲讽和贬损而气馁消

---

① 《马克思恩格斯全集》第1版第21卷第276页。

沉。他们一辈子在自己的岗位上默默坚守、默默担当、默默耕耘、默默奉献，从青春年少直到两鬓斑白，理想坚定如初，目标始终如一。他们用终身的实践，为"淡泊明志、宁静致远"这一中华古训注入了新的时代内涵。这是马克思主义理论工作者的高尚情怀，是贯穿于中央编译局全部历史的一条红线。

元代学者王冕诗云："不要人夸好颜色，只留清气满乾坤。"（《墨梅》）我看这两句咏梅诗就是编译局人的风骨和气节的写照。新版选集的工作就是在前辈高风亮节和嘉言懿行的激励下完成的。这项工作的全部进程，也正是编委会全体同志学习优良传统、经受新的考验、培养新生力量、创造新的业绩的过程。

展望未来，我们任重道远。在中华民族实现伟大复兴的航程中，马克思主义经典著作始终是指引中国革命、建设和改革方向的灯塔。我们党成立九十多年、新中国建立六十多年、改革开放三十多年的历史证明，马克思主义在中国的广泛传播，全党马克思主义理论水平的不断提高，马克思主义中国化历史进程的持续推进，都是以马克思主义经典著作的编译、出版和学习为前提、为必要条件的。在中国特色社会主义事业胜利推进的新形势下，党中央反复强调经典著作编译事业在党和国家工作大局中的重要地位，充分肯定我们这支队伍的献身精神和劳动成果，并对编译工作与时俱进、不断发展提出明确要求，寄予殷切期望。

历史选择了我们这些人承担如此重要的责任，我们为此感到欣幸和自豪，决不辜负人民的信赖与重托。马克思说过："如果我们选择了最能为人类而工作的职业，那么，重担就不能把我们压倒，因为这是为大家作出的牺牲；那时我们所享受的就不是可怜的、有限的、自私的乐趣，我们的幸福将属于千百万人，我们的事业将悄然无声地存在下去，但是它会永远发挥作用。"① 我们的前辈曾从马克思的上述名言中汲取源源不竭的动力;在新的时代条件下,马克思的这些千古不磨、铿锵有力的语句,也将永远成为我们的座右铭。

新版选集出版后,我们将迎接新的任务和新的挑战。70卷本《马克思恩格斯全集》第2版和60卷本《列宁全集》第2版修订版的工作必须抓紧时间有序推进。《马列主义经典作家文库》的编辑工作需要在启动后认真落实。任务艰巨,头绪纷繁,责任重于泰山。这就要求我们进一步增强使命意识,珍惜中央编译局几代同志在数十年艰苦奋斗中赢得的崇高荣誉、树立的集体形象,让坚定的信念、严谨的学风、敬业的恒心和纯洁的操守始终成为我们这支队伍的灵魂。我们要以弘扬传统的决心和超越前贤的自信续写新的历史篇章,满腔热忱地为实现中华民族伟大复兴做出应有的贡献。

---

① 《马克思恩格斯全集》第2版第1卷第459页。

# 以科学态度编译马克思主义经典著作普及读本

## ——关于《马克思恩格斯选集》第3版*

柴方国

编译和传播马克思主义经典著作,是党中央赋予中央编译局的首要职责。60年来,中央编译局按照党中央的要求,充分利用国内外的编译和研究成果,大量编译了马克思主义经典著作的全集本、选集本、单行本和专题读本,适应了不同时期、不同层次的阅读需要,形成并不断完善了马克思主义经典著作中国化的版本体系。

马克思主义经典著作选集本,是马克思主义经典作家重要著作的精选本,入选文献既要体现理论的系统性,又要适合一般读者的需要。选集的编目原则,是在马克思主义经典作家的全部著作、手稿和书信中选编或节录各个时期最具有代表性的文献,完整地反映经典作家在哲学、政治经济学和科学社会主义方面的基本观点和重要论述,使读者通过精炼的篇幅比较系统地了解马克思主义的主旨和精髓。选集的编译出版,为广大干部群众学习马克思主义理论提供了篇幅适中、编选科学、重点突出的读本,产生了深远的社会影响。

1965—1966年,中央编译局编译完成4卷本《马克思恩格斯选

---

\* 本文选自《马克思主义与现实》2013年第4期。作者系中央编译局原马恩列斯著作编译部主任,现为中央编译局副局长。——本丛书编者注

集》，但未正式发行。1972 年，经过重新编辑，《马克思恩格斯选集》第 1 版问世，收入马克思和恩格斯的主要著作 89 篇，书信 96 封，总计 211 万字。《马克思恩格斯选集》第 1 版由人民出版社出版，多次重印，广泛发行，发行量高达 900 多万部，有力地推动了马克思主义理论学习和宣传，推动了我国哲学和社会科学事业的发展。

改革开放以后，为适应新形势下理论学习的需要，中央编译局着手对《马克思恩格斯选集》第 1 版进行全面修订，编译新版《马克思恩格斯选集》。新版《马克思恩格斯选集》仍为 4 卷，充分考虑到马克思主义理论三个组成部分的著作所占比例，对各卷篇目做了较大幅度的调整，充实了政治经济学、哲学文献，删除一些观点重复的内容，更加全面、完整地反映了马克思和恩格斯创立的科学理论体系。全部译文经过重新校订，以求更准确、更忠实地表达原文的意蕴；同时，对注释和索引做了大量的增补和订正，增写了各卷说明，对相关著作的写作背景及主要思想进行扼要评价。1995 年 6 月，《马克思恩格斯选集》第 2 版由人民出版社出版，总计 270 万字，出版后一直是广大干部群众学习和研究马克思主义理论的重要版本。

随着国内外马克思主义理论研究的深入、文献编译水平的提高以及国外马克思恩格斯著作新版本的出现，《马克思恩格斯选集》第 2 版也逐渐显露出不足之处，在文献选辑、语言翻译、资料编辑等方面难以很好地适应新的要求，需要进一步修订完善。

2009 年，10 卷本《马克思恩格斯文集》正式出版，这是马克思主义理论研究和建设工程的重点项目和标志性成果。《马克思恩格斯文集》精选了马克思和恩格斯在各个时期写的有代表性的重要著作，并反映了马克思主义理论体系形成和发展的历史进程。《马克思恩格斯文集》编译课题组根据最权威、最可靠的外文版本对全部译文重新做了审核和修订，对原有的各类资料做了增补、审核和修订，重新编写了全部著作的题注，增加了对各篇著作主要理论观点的介绍。《马克思恩格斯文集》体现了当前我国马克思主义经典著作编译出版的水平，是深入学习和研究马克思主义经典著作的基础文本和权威教材。

《马克思恩格斯文集》出版后，得到中央领导、学术界和理论宣传部门充分肯定和高度评价，引起广泛关注和重视。但是，不同性质、篇幅的版本毕竟不能互相代替，社会各界期待编译出版质量更高的选集本。为保持马克思主义经典著作的编译质量，特别是重要著作译文的统一性和准确性，更好地推动马克思主义经典著作的学习、研究和宣传，中央编译局决定充分利用文集的编译和研究成果，编译出版新版《马克思恩格斯选集》。

## 一、《马克思恩格斯选集》第3版基本框架

《马克思恩格斯选集》第3版定位为学习、研究和宣传马克思恩格斯重要著作的普及读本，力求在有限的篇幅内完整准确地反映马克思和恩格斯创立的科学理论体系，集中涵盖马克思主义哲学、政治经济学和科学社会主义，以及马克思和恩格斯在政治、法学、史学、教育、科学技术、文学艺术、军事、民族、宗教等方面的重要论述，同时兼顾马克思主义理论体系形成和发展的历史进程。

《选集》第3版编为4卷，所收著作按编年和专题相结合的方式编排，正文和资料部分总字数约为310万字。第1卷选辑马克思和恩格斯1843—1859年的32篇著作，其中论述中国问题的10篇文章和论述印度问题的两篇文章分别集中编排。

这个时期是马克思主义诞生并在革命实践中运用和丰富的重要时

期。19世纪40年代起，资本主义在欧洲主要国家迅速发展，资本主义固有的矛盾日益尖锐。工人阶级作为独立的政治力量登上历史舞台，为反对封建专制制度和资本主义压迫进行声势浩大的斗争。马克思和恩格斯把自己的命运同无产阶级解放事业紧密联系在一起，积极投身于理论研究和革命实践活动，创立并发展了科学的世界观。《〈黑格尔法哲学批判〉导言》《国民经济学批判大纲》等早期著作标志着他们完成从唯心主义向唯物主义、从革命民主主义向共产主义的转变；《1844年经济学哲学手稿》《英国工人阶级状况》初步阐述了他们新的经济学观点、哲学观点和共产主义理论观点。他们深入研究欧洲资本主义经济和政治发展状况，科学总结工人运动的经验，吸收和改造人类思想文化的优秀成果，在《关于费尔巴哈的提纲》《德意志意识形态》等著作中系统阐述了历史唯物主义基本原理，形成了新世界观，为科学社会主义奠定了哲学基础。

马克思和恩格斯注重用科学的理论武装工人阶级，在《哲学的贫困》《雇佣劳动与资本》等著作中揭露了资本主义生产关系的本质，进一步阐发了唯物史观的基本观点。他们积极参与创建无产阶级政党，在《共产主义原理》《共产党宣言》等著作中论证了资本主义必然灭亡和共产主义必然胜利的人类社会发展规律，阐述了无产阶级的历史使命和奋斗目标，制定了无产阶级政党的理论纲领和策略原则，阐述了科学社会主义的基本观点。他们亲自参加1848—1849年革命，宣传无产阶级革命理论和斗争策略，指导工人阶级斗争实践。革命失败后，他们全面总结革命的经验教训，撰写和发表《1848年至1850年的法兰西阶级斗争》《德国的革命和反革命》《路易·波拿巴的雾月十八日》，论述了无产阶级专政、工农联盟、不断革命、打碎旧的国家机器等重要思想，进一步丰富和发展了自己的科学理论。

马克思和恩格斯还密切关注、热情支持波兰、中国、印度等被压迫民族和人民争取解放的斗争,深刻揭露了资本主义列强的侵略本质和罪恶行径,论述了民族解放运动同国际工人运动的关系。

第2卷为政治经济学专卷,内容包括马克思《资本论》3卷节选和经济学手稿摘选,同时收录了马克思和恩格斯的4篇经济学论文。这一卷既是整部选集的组成部分,也可以用做马克思主义政治经济学原著教材。

本卷首篇著作是马克思的《〈政治经济学批判〉序言》。马克思在序言中叙述了自己研究政治经济学和发现唯物史观的过程,对唯物史观做了经典表述。马克思的《工资、价格和利润》阐述了《资本论》中的一些重要原理,说明了剩余价值的形成过程和工资的实质,指出了工人阶级开展经济斗争的必要性,同时强调要把经济斗争和政治斗争结合起来,最终消灭雇佣劳动制度。恩格斯的两篇书评批判了资产阶级政治经济学的局限性,阐述了马克思创立唯物史观和唯物辩证法的伟大贡献,阐明了马克思政治经济学研究中逻辑方法和历史方法的辩证统一。

《资本论》第1、2、3卷节选是本卷的主要内容。《资本论》是一部具有划时代意义的巨著。马克思在这部著作中运用辩证唯物主义和历史唯物主义的世界观和方法论,研究了资本的生产过程和剩余价值产生的秘密,研究了资本的流通过程和剩余价值的实现过程,阐明了资本主义生产总过程的各种形式,揭露了资本主义生产方式的剥削性质和矛盾性质;根据对资本主义基本矛盾的分析,揭示了资本主义社会的经济运动规律和资本主义产生、发展和灭亡的历史规律,论证了资本主义被共产主义取代的历史必然性,为科学社会主义奠定了理论基础。《资本论》内容极其丰富,除经济学内容外,还包含马克思主义哲学和科学社会主义的内容，以及有关政治、法律、历史、教育、道德、宗教、科学技术、文学艺术的精辟论述，是马克思主义的理论宝库。

在《资本论》第1卷《第一版序言》和《第二版跋》中，马克思指出《资本论》研究的是资本主义生产方式以及和它相适应的生产关系和交换关系，最终目的是揭示现代社会的经济运动规律，贯穿全书的方法是唯物辩证法。

在《〈政治经济学批判〉导言》中，马克思详细地论述了他所从事的政治经济学研究的对象和方法，阐发了关于意识形态上层建筑和经济基础之间、文学艺术和物质生产之间的关系的一系列重要思想。

在1857—1858年手稿的三个片断中，马克思论述了资本主义生产的作用及其界限，考察了资本主义以前的各种所有制形式，评述了机器体系的发展及其应用的重大意义，阐明了科学技术是极其重要的生产力。

在1861—1863年手稿的三个片断中，马克思研究了资本主义社会中的生产劳动和非生产劳动问题，阐述了经济危机的原因，具体论述了未来社会中重新建立个人所有制的问题，指出在未来社会中重新建立的个人所有制是"联合起来的、社会的个人的所有制"。

第3卷选收马克思和恩格斯1864—1883年间的25篇著作。

19世纪60—70年代，欧洲工人运动和民主运动重新高涨。第一国际成立，巴黎公社诞生，社会主义工人政党开始在欧洲主要国家相继建立。

马克思和恩格斯积极投身国际工人运动，以科学的理论指导国际工人协会和各国工人政党与组织的活动，同工联主义、蒲鲁东主义、巴枯宁主义、拉萨尔主义等错误思潮进行斗争，热情支持并高度评价巴黎公社的伟大历史创举。马克思在为国际工人协会起草的成立宣言、共同章程和其他文献中,恩格斯在《致国际工人协会西班牙联合会委员会》《关于工人阶级的政治行动》《论权威》等著作中论述了工人阶级组织的作用、斗争目标以及工人阶级国际团结的重要意义,阐明了工人阶级建立独立政党和开展政治斗争的必要性,阐述了科学社会主义关于权威、无产阶级专政和工农联盟等问题的一系列重要思想;马克思在《法兰西内战》中全面总结了巴黎公社的战斗历程和历史经验,丰富和发展了马克思主义关于阶级斗争、国家、无产阶级革命和无产阶级专政的理论。

马克思和恩格斯关心各国工人党的思想建设和组织建设。《论蒲鲁东(给约·巴·施韦泽的信)》《论住宅问题》等著作论述了马克思主义关于进行社会改造、解决社会问题的立场;《哥达纲领批判》阐述了科学社会主义的基本原理,第一次区分了共产主义社会发展的两个阶段,指出在资本主义社会和共产主义社会之间有一个政治上的过渡时期,这个时期的国家只能是无产阶级的革命专政;《给奥·倍倍尔、威·李卜克内西、威·白拉克等人的通告信》《法国工人党纲领导言(草案)》等著作扼要阐明了无产阶级政党的性质、斗争目标及策略原则。

《流亡者文献》《给〈祖国纪事〉杂志编辑部的信》《给维·伊·查苏利奇的复信》及草稿等著作论述了欧洲国家的发展道路和革命前景,阐述了无产阶级斗争的战略和策略,同时阐述了研究社会问题和历史问题的科学方法。

本卷收录了恩格斯的两部重要理论著作《反杜林论》和《自然辩证法》。《反杜林论》是恩格斯为批判德国小资产阶级社会主义者欧根·杜林在哲学、政治经济学和社会主义领域宣扬的错误观点而写的一部马克思主义重要著作。恩格斯通过对杜林观点的彻底批判,第一次全面系统地阐明了马克思主义的三个组成部分——哲学、政治经济学和科学社会主义的基本原理以及它们之间的内在联系，指出唯物史观和唯物辩证法作为科学的世界观和方法论，贯穿于马克思主义政治经济学和科学社会主义，唯物史观和剩余价值理论的创立使社会主义由空想变为科学。

《自然辩证法》是恩格斯研究自然界和自然科学中的辩证法问题的重要著作。在本卷节选的部分中，恩格斯总结了欧洲文艺复兴以来的自然科学重要成就，批判了自然研究中的唯心主义和形而上学；论述了自然科学和哲学的关系以及理论思维对于自然科学研究的重要意义；揭示了唯物辩证法的基本规律、辩证唯物主义的物质观和运动观、自然研究中的认识论和辩证逻辑问题；论述了劳动在人类起源中的决定性作用，阐明了人与动物在对待自然界方面的本质区别在于人能够按照自己的目的来利用自然界、支配自然界；同时强调人们必须考虑自己的活动在自然方面造成的影响，处理好人与自然界的关系。

《社会主义从空想到科学的发展》由《反杜林论》中的《引论》第1章《概论》及《社会主义》编的第1章《历史》和第2章《理论》改编而成。恩格斯在这部著作中用凝练而通俗的语言对科学社会主义的形成过程和基本原理做了系统阐述，马克思称它是"科学社会主义的入门"。

恩格斯的两篇重要文献《卡尔·马克思》和《在马克思墓前的讲话》概述了马克思的主要理论贡献和毕生革命活动，高度评价了马克思作为无产阶级革命家和理论家的伟大一生。

第4卷选收恩格斯1884—1895年的16篇著作以及马克思和恩格斯在1842—1895年间写的102封书信。

1883年马克思逝世后，恩格斯独立承担起指导国际工人运动的重任。他呕心沥血整理马克思的文献遗产，发表或再版了马克思的许多重要论著，并为许多著作撰写了序言，为捍卫和发展马克思主义、传播科学社会主义真理进行了不懈努力。他深入研究社会科学和自然科学的最新成就，撰写了《家庭、私有制和国家的起源》《路德维希·费尔巴哈和德国古典哲学的终结》等许多重要理论著作，进一步阐述了马克思主义基本原理，丰富了马克思主义思想宝库。他密切关注和深入分析资本主义的发展趋势和阶级斗争的新特点，研究不同国家的发展道路和社会革命问题，帮助和指导欧美各国工人政党巩固和发展自己的组织，开展反对各种错误思潮的斗争，进一步团结和壮大国际无产阶级的革命力量。他在《1891年社会民主党纲领草案批判》《法德农民问题》《卡·马克思〈1848年至1850年的法兰西阶级斗争〉一书导言》等著作中重申了工人阶级政党的根本立场和斗争目标，并根据对不断发展变化的历史条件的分析论述了工人阶级政党在新形势下的斗争策略。

马克思和恩格斯的书信是马克思主义文献遗产和思想贡献的重要组成部分，对于完整准确地把握马克思主义科学体系、思想精髓和理论品格，研究马克思主义发展史和国际工人运动史，具有十分重要的价值。本卷主要收录那些在马克思主义形成和发展史上具有重要理论价值以及反映马克思和恩格斯各个时期主要实践活动的书信。

论述历史唯物主义的书信。在这些书信中，马克思和恩格斯阐述了唯物史观的基本范畴和基本思想，指出人们的物质关系构成他们的一切关系的基础，强调现实生活的生产和再生产归根到底是历史过程中的决定因素，但是国家、法、意识形态等因素具有相对独立性并对经济基础、历史进程产生反作用，影响历史斗争的进程和形式。

有关《资本论》《反杜林论》《自然辩证法》等重要著作创作的书

信。这些书信既包括他们对有关著作结构和阐述方法的构思和解释，也包括他们对某些具体问题和观点的阐发、修改和补充，生动地反映了一些重要理论观点的形成和发展过程。

以科学的理论指导无产阶级革命斗争的书信。在论述共产主义者同盟、国际工人协会、巴黎公社和欧美各国工人政党斗争实践的书信中，马克思和恩格斯密切关注国际无产阶级运动的实际进程，并及时提供理论上和斗争策略上的指导，主张在始终坚持革命立场毫不动摇的同时，灵活运用各种斗争形式，实现推翻资本主义制度、建立共产主义新社会的伟大目标。

关心欧洲和亚洲经济落后国家发展前途的书信。马克思和恩格斯在书信中支持被压迫民族、殖民地国家反对外来压迫和殖民统治的斗争，论述了争取民族解放的斗争对于国际工人运动和民主运动的意义。

关注人类文明发展的最新成果、广泛涉猎各个科学领域的书信。马克思和恩格斯对科学技术、妇女运动、文学艺术、语言、民族史、军事等领域做了深入研究并提出了科学见解，发表了一系列深刻的理论观点。

在新版选集中，马克思和恩格斯在不同时期为某一著作写的序言、导言一般同原著作编在一起，以方便读者阅读和研究；如果原著作没有收入选集，或者序言、导言本身已成为独立的论文，则按照写作和发表的时间顺序编排。

## 二、《马克思恩格斯选集》第 3 版篇目、译文及资料的改动情况

1.《马克思恩格斯选集》第 3 版延续了马克思恩格斯著作选集本的编译传统和编辑原则，以第 2 版选收文献为基础，充分利用 10 卷本

《马克思恩格斯文集》编译成果，对整体结构做了必要调整，对各卷篇目做了适当增删和调序。

增加篇目。第 1 卷增加了恩格斯的《国民经济学批判大纲》和《英国工人阶级状况》（节选）。第 2 卷充实了《资本论》节选的内容，增加了《资本论》第 1 卷关于剩余价值率和剩余价值量、协作、分工和工场手工业、计时工资、计件工资的章节，《资本论》第 2 卷关于劳动期间、生产时间、流通时间的章节，《资本论》第 3 卷关于价格变动的影响、货币经营资本、信用制度下的流通手段、贵金属和汇兑率的章节；增加了恩格斯写的《〈资本论〉第三册增补》；增加了马克思 1857—1858 年经济学手稿的三个片段，即关于资本主义生产的作用及其界限、资本主义生产以前的各种形式、机器体系和科学发展以及资本主义劳动过程的变化；增加了 1861—1863 年经济学手稿的三个片段，即危机问题、劳动对资本的形式上的从属和实际上的从属、资本的生产性（生产劳动和非生产劳动）。第 3 卷增加了马克思的《法国工人党纲领导言（草案）》《给维·伊·查苏利奇的复信》第 3 稿以及《自然辩证法》中的部分内容。第 4 卷增加了恩格斯的《纪念巴黎公社十五周年》以及他为《〈人民国家报〉国际问题论文集（1871—1875）》撰写的序言；在这一卷的书信部分，增收了马克思和恩格斯的 4 封书信，即恩格斯 1847 年 11 月 23—24 日给马克思的信、马克思 1858 年 2 月 22 日给斐迪南·拉萨尔的信、马克思 1864 年 11 月 4 日给恩格斯的信、恩格斯 1895 年 3 月 8 日给理查·费舍的信。

删除篇目。由于第 1 卷增加了恩格斯《国民经济学批判大纲》，考虑到早期著作的分量和选集篇幅，第 1 卷删去恩格斯的《英国状况。十八世纪》。

调整篇目。第 1 卷中马克思和恩格斯《关于波兰的演说》、马克思

《雇佣劳动与资本》按写作时间编在恩格斯《共产主义原理》之后、马克思《关于自由贸易问题的演说》之前；马克思《1848年至1850年的法兰西阶级斗争》编在马克思和恩格斯《共产主义者同盟中央委员会告同盟书1850年3月》前面；马克思《在〈人民报〉创刊纪念会上的演说》编在马克思和恩格斯论述中国和印度的文章前面；《英国工人阶级状况》1892年德文第2版序言原收入第4卷，现根据序言与原著作合编的原则编入第1卷。第2卷编为经济学专卷：（1）将经济学著作以外的其他5篇文献调整到第3卷，这5篇文献为马克思《国际工人协会成立宣言》《论蒲鲁东（给约·巴·施韦泽的信）》，恩格斯《德国农民战争》序言（1870年第2版序言；1870年第2版序言的补充）、《致国际工人协会西班牙联合会委员会》，马克思《国际工人协会共同章程》；（2）马克思《〈政治经济学批判〉序言》编为该卷首篇文献，恩格斯《卡·马克思〈资本论〉第1卷书评——为〈民主周报〉作》排在《资本论》节选前面，马克思《〈政治经济学批判〉导言》编入经济学手稿摘选部分。第3卷中恩格斯1875年3月18—28日给奥·倍倍尔的信按写作时间编在马克思《哥达纲领批判》前面，恩格斯《反杜林论》编在《卡尔·马克思》前面，马克思《纪念国际成立七周年（摘自关于1871年9月24日伦敦庆祝大会的报道）》原文为纽约《世界报》对马克思大会讲话的摘要报道，按照文献性质编为附录。第4卷按写作时间将恩格斯《马克思和〈新莱茵报〉（1848—1849年）》编为首篇文献。恩格斯的《自然辩证法》（节选）原收入第4卷，现按写作年代编入第3卷，并增补了部分内容。

在编译过程中，我们对所有文献的写作和发表时间按最新版本进行了仔细核查和考订，以保证编排顺序和相关说明的科学性。

2.《马克思恩格斯选集》第3版所收全部著作均采用10卷本《马

克思恩格斯文集》的译文。为充分保证经典著作译文质量、方便读者阅读理解,我们在编译选集时再次仔细审阅了全部译文,重点查看译文是否真正贴近原意、准确可靠、明白晓畅。通过审读,我们认为《马克思恩格斯文集》的译文体现了目前我国对马克思恩格斯著作的理解和编译水平,反映了国内外最新研究成果,很好地表达了作者原意,没有明显的缺陷、"硬伤"。但是,译事繁难,常做常新,永无止境,经典著作翻译尤其不可能一劳永逸、毕其功于一役。在审读时我们也发现个别值得商榷的地方,并经慎重研究后做了修改。现将主要修改之处列举如下:

(1)恩格斯《〈论俄国的社会问题〉跋》中有一段引文涉及《〈共产党宣言〉1882年俄文版序言》:

"我们在那里写道:'但是在俄国,我们看见,除了迅速盛行起来的资本主义狂热和刚开始发展的资产阶级土地所有制外,大半土地仍归农民公共占有。那么试问:俄国公社,这一固然已经大遭破坏的原始土地公共占有形式,是能够直接过渡到高级的共产主义的公共占有形式呢?或者相反,它还必须先经历西方的历史发展所经历的那个瓦解过程呢?对于这个问题,目前唯一可能的答复是:假如俄国革命将成为西方无产阶级革命的信号而双方互相补充的话,那么现今的俄国土地公有制便能成为共产主义发展的起点。'"①

这段引文是恩格斯从格·瓦·普列汉诺夫的俄译文转译的,因此同序言德文手稿稍有出入,主要问题是个别地方意思一致,用词不同。按照忠实于原文、忠实于历史的原则,我们按恩格斯转译的引文翻译,显示恩格斯译文与德文原稿的细微差别:

---

① 《马克思恩格斯文集》第4卷第459—460页。

"我们在那里写道：'但是在俄国，我们看见，除了迅速盛行起来的资本主义狂热和刚开始发展的资产阶级土地所有制外，大半土地仍归农民公共所有。那么试问：俄国公社，这一固然已经大遭破坏的原始土地公共所有制形式，是能够直接过渡到高级的共产主义的土地所有制形式呢，还是它必须先经历西方的历史发展所经历的那个瓦解过程？对于这个问题，目前唯一可能的答复是：假如俄国革命将成为西方工人革命的信号而双方互相补充的话，那么俄国的土地所有制便能成为共产主义发展的起点。'"①

（2）《资本论》第 3 卷第 30 章《货币资本和现实资本。I》中有这样一段话："一切现实的危机的最终原因，总是群众的贫穷和他们的消费受到限制，而与此相对比的是，资本主义生产竭力发展生产力，好像只有社会的绝对的消费能力才是生产力发展的界限。"②

德文原文是：Der letzte Grund aller wirklichen Krisen bleibt immer die Armut und Konsumtionsbeschränkung der Massen gegenüber dem Trieb der kapitalistischen Produktion, die Produktivkräfte so zu entwickeln, als ob nur die absolute Konsumtionsfähigkeit der Gesellschaft ihre Grenze bilde.

这段话是马克思从生产与消费的关系上论述资本主义经济危机的著名论断。马克思从生产决定分配、生产关系决定分配关系的基本观点出发，批判了资产阶级庸俗经济学家片面从群众消费不足解释经济危机的观点，指出资本主义条件下群众消费不足的根本原因在于资本主义制度本身，资本主义生产方式造成社会生产的相对过剩。应当说，原译文作为整句话来理解，意思是准确清楚的。但是，我们注意到，现在有些文

---

① 《马克思恩格斯选集》第 3 版第 4 卷第 314 页。
② 《马克思恩格斯文集》第 7 卷第 548 页。

章在引用这段话时只引用前半句,造成误解。为避免歧义,我们这次对这句话做了修改:

"一切现实的危机的最终原因始终是:群众贫穷和群众的消费受到限制,而与此相对立,资本主义生产却竭力发展生产力,好像只有社会的绝对的消费能力才是生产力发展的界限。"①

(3) 马克思和恩格斯《给奥·倍倍尔、威·李卜克内西、威·白拉克等人的通告信》中有一段话:

"这时我们收到了赫希柏格的《年鉴》,里面载有《德国社会主义运动的回顾》一文。这篇文章,如赫希柏格本人对我说的,正是苏黎世委员会的三个委员写的。这是他们对过去的运动的真正批判,因而也就是他们为新机关报的立场所提出的真正纲领,既然这一立场是由他们来决定的。"②

德文原文是: Inzwischen ist uns das Höchbergsche "Jahrbuch" zugekommen und enthält einen Artikel: "Rückblicke auf die sozialistische Bewegung in Deutschland", der, wie Höchberg selbst mir gesagt, verfasst ist grade von den drei Mitgliedern der Züricher Kommission. Hier haben wir ihre authentische Kritik der bisherigen Bewegung und damit ihr authentisches Programm für die Haltung des neuen Organs, soweit diese von ihnen abhängt.

这封信是马克思和恩格斯针对1878年10月德国实行反社会党人非常法以后德国社会民主党内出现的改良主义倾向而写的。马克思和恩格斯在信中论述了无产阶级政党的性质和奋斗目标,告诫德国党领导人在筹办党报时要坚持正确的办报立场,不要向赫希柏格、伯恩施坦、施拉

---

① 《马克思恩格斯选集》第3版第2卷第586页。
② 《马克思恩格斯文集》第3卷第477页。

姆等人的错误倾向表示妥协、迁就。为更加清楚地表达作者原意，我们将原译文作如下修改：

"这时我们收到了赫希柏格的《年鉴》，里面载有《德国社会主义运动的回顾》一文。这篇文章，如赫希柏格本人对我说的，正是苏黎世委员会的三个委员写的。这是他们对过去的运动的真正批判，如果报纸的立场由他们决定，那么这也就是他们为新机关报的立场所提出的真正纲领。"①

3. 为帮助读者更好地学习和理解原著，《马克思恩格斯选集》第3版附有精心编写的各卷说明、注释及各种索引等资料。这些资料既为学习和研究原著提供必要的辅助材料，又对把握理论精髓和思想实质起到引导作用。

各卷正文前面附有本卷说明，简要介绍有关时期的历史背景、时代主题，介绍马克思和恩格斯当时主要的理论活动和实践活动，扼要说明本卷所收文献的理论要点、思想精髓。

各卷附有注释以及人名索引、文学作品和神话中的人物索引。所有注释和人名都根据国内外最新版本进行考订，力求做到考证严谨、内容翔实，充分反映马克思恩格斯著作编译和研究的最新成果。在注释部分，我们采取编译《马克思恩格斯文集》的做法，为选集所收各篇著作编写了导读性的题注。题注力求贴近原著原意，用简练的文字概括有关著作的重要思想和理论观点，简要评价其在马克思主义理论体系和发展进程中的地位，帮助读者掌握原著的要义、精髓和指导意义；结合国外马克思恩格斯著作最新版本，在仔细考证基础上，适当介绍有关著作的写作过程和流传情况，为读者学习和研究提供有价值的参考资料。同

---

① 《马克思恩格斯选集》第3版第3卷第732页。

时，在题注中对重要著作的一些早期的中译本也做简要说明，帮助读者了解这些著作在中国的翻译和传播情况。

第4卷正文部分收录了马克思和恩格斯的102封书信，这些书信内容丰富，涉及面广。为便于读者学习和检索，我们除了在该卷说明中进行综合介绍，还专门编写了"马克思恩格斯书信分类索引"，对所收书信按主要内容进行大致分类，附在该卷卷末。

第4卷还附有名目索引和马克思恩格斯生平大事年表。《马克思恩格斯选集》第2版的名目索引是分卷编写的，附在各卷卷末。这种做法便于分卷检索，但不利于读者完整了解马克思和恩格斯的重要论述及其发展脉络，因此，我们在编译新版选集时把各卷著作作为一个整体对待，汇集马克思和恩格斯的基本概念、观点、论述，以及主要国家地区、党派团体、组织机构、历史事件、流派学说、学科术语等条目，编成涵盖整部选集内容的名目索引。马克思恩格斯生平大事年表是《马克思恩格斯选集》第3版新增内容，按时间顺序介绍马克思和恩格斯不同时期的主要理论和实践活动。

所有这些资料都经过全面审核和修订，努力做到内容可靠、编排科学，便于读者查考和检索，帮助读者更好地理解和把握经典著作的内涵。

## 三、《马克思恩格斯选集》第3版的版本特点

《马克思恩格斯选集》第3版在编选和编排上遵循了历史与逻辑统一的原则，充分展示了马克思恩格斯著作的基本内容，既照顾到经典作家思想发展脉络，又突出了重点著作、重要论述的地位。编入新版《马克思恩格斯选集》的著作，集中反映了马克思主义的立场、观点和方法

以及与时俱进的理论品质。

首先,《马克思恩格斯选集》第3版系统而有重点地辑录了马克思和恩格斯最具代表性的著作,在充分体现经典作家科学理论体系的完整性和系统性的同时,着重展现了论述马克思主义科学世界观和方法论的基本内容,反映了马克思主义鲜明的政治立场和阶级性。

探索、创立并不断丰富和发展科学的世界观、方法论,贯穿于马克思和恩格斯的全部理论和实践活动,也反映在他们不同时期的重要著作中。马克思和恩格斯在《德意志意识形态》《〈政治经济学批判〉序言》《资本论》《反杜林论》《路德维希·费尔巴哈和德国古典哲学的终结》等著作中,批判了唯心主义和旧唯物主义观点,阐释了唯物史观的基本范畴和基本思想,论述了物质生产在社会发展中的决定作用以及生产力和生产关系之间、经济基础和上层建筑之间的辩证关系,揭示了社会运动和发展的历史规律。马克思和恩格斯通过对不同时期革命运动的分析和总结,对世界不同地区和国家历史、现状及发展道路的广泛关注和深入研究,对不同科学领域的理论探讨,论述了阶级斗争是历史发展的动力、无产阶级革命必然导致无产阶级专政、无产阶级革命必须打碎旧的国家机器、人民群众是历史的创造者、历史发展是偶然性和必然性的辩证统一等重要思想,丰富和深化了科学世界观的基本原理。恩格斯晚年批判了把唯物史观片面化、庸俗化的错误观点,强调要全面理解马克思主义历史观,指出历史进程表现为社会生活各种因素间的相互作用,历史发展是各种因素的合力作用的结果,因此对参与相互作用的因素都要认真地加以研究。

马克思主义是在无产阶级运动实践中产生并发展起来的,是关于无产阶级解放条件的学说,是无产阶级革命运动的理论表现。马克思主义自产生之日起,即公开表明它是为以无产阶级为代表的最广大人民群众服务的,以实现最广大人民群众根本利益为目标。从新版选集所收著作中可以充分体会到马克思主义鲜明的立场和阶级特征。

马克思和恩格斯运用唯物史观和唯物辩证法,揭示了资本主义社会的内在矛盾以及被新的社会形式取代的历史必然性,阐述了无产阶级的历史地位和人民群众在历史上的伟大作用,强调无产阶级能够而且必须自己解放自己,为无产阶级推翻旧制度、建立共产主义新社会提供了理论武器。在《共产党宣言》《资本论》等著作中,马克思和恩格斯还明确论述了未来共产主义社会的一些基本特征,指明了无产阶级的奋斗目标。

马克思主义的根本立场,不仅体现于理论本身的彻底、鲜明,也体现于马克思和恩格斯的全部理论和实践活动,表现为他们对工人阶级现实状况和历史命运的真诚关怀,表现为他们毕生为劳动大众的利益从事理论探索和革命实践的胸怀和胆识。恩格斯在《英国工人阶级状况》中真诚地写道:"工人们!我谨献给你们一本书。在这本书里,我试图向我的德国同胞真实地描述你们的状况、你们的苦难和斗争、你们的希望和前景……我想要的不限于和我的课题有关的纯粹**抽象**的知识,我很想在你们家中看到你们,观察你们的日常生活,同你们谈谈你们的状况和你们的疾苦,亲眼看看你们为反抗你们的压迫者的社会统治和政治统治而进行的斗争。我是这样做的:我放弃了资产阶级的社交活动和宴会、波尔图酒和香槟酒,把自己的空闲时间几乎全部用来和普通**工人**交往;这样做,我感到既高兴又骄傲。"① 马克思在《〈政治经济学批判〉序言》中写道:"我的见解,不管人们对它怎样评论,不管它多么不合乎统治阶级的自私的偏见,却是多年诚实研究的结果。但是在科学的入

---

① 《马克思恩格斯选集》第 3 版第 1 卷第 81 页。

口处,正像在地狱的入口处一样,必须提出这样的要求:'这里必须根绝一切犹豫;这里任何怯懦都无济于事。'"①

其次,《马克思恩格斯选集》第3版突出了马克思主义的实践特征,展示了马克思主义与时俱进、创新发展的理论品质。

理论联系实际,是马克思主义的本质特征。马克思和恩格斯结合不同时期的革命斗争实践,不断丰富和完善他们的科学理论并用以指导无产阶级的革命运动。他们宣传并捍卫关于无产阶级运动的斗争目标和斗争形式、无产阶级的阶级团结、无产阶级政党的性质和地位的根本原则,对各种错误思潮进行坚决的斗争,帮助无产阶级确立科学的指导思想,制定革命的行动纲领。他们历来重视把理论原则和革命运动的实际状况和水平结合起来,根据不同时期、不同国家的具体条件,抓住主要问题,提出具体的斗争目标和任务。国际工人协会成立之初,马克思考虑到不同国家、不同行业工人运动发展水平的差异,提出了致力于工人阶级的解放、保护和发展的宽泛目标,起草了包容广泛的章程,从而使国际无产阶级迅速联合成为强大的政治力量。马克思和恩格斯在帮助法国工人党制定党的纲领、在理论上给予指导时,鉴于法国工人运动的发展状况,同意法国工人党把要求法定最低工资等经济要求写进党纲。恩格斯对德国某些工人活动家在美国从事工人运动时远离运动、空谈学理的作风提出批评,指出应当参加真正的工人运动,接受运动的实际出发点,通过分析总结经验教训逐步提高工人运动的水平。

马克思主义是发展的理论,根据时代和科学的发展而不断丰富和完善,是马克思主义的理论品质和内在要求。马克思主义经典作家强调用发展的观点看待社会现实,对待科学理论,反对把任何社会形态看做固

---

① 《马克思恩格斯选集》第3版第2卷第5页。

定不变的东西，反对把理论变成僵死的教条。他们在《共产党宣言》1872年德文版序言中指出："不管最近25年来的情况发生了多大的变化，这个《宣言》中所阐述的一般原理整个说来直到现在还是完全正确的。某些地方本来可以作一些修改。这些原理的实际运用，正如《宣言》中所说的，随时随地都要以当时的历史条件为转移。"①

　　从收入新版选集的著作中可以看到，马克思和恩格斯始终运用唯物史观及时研究资本主义各国经济、政治和社会生活中的新变化、新情况，从中提出新思想和新观点，不断丰富和深化他们关于资本主义社会运动趋势和革命斗争策略的论述。他们强调根据社会实践的发展变化认识未来的社会发展，反对凭主观愿望和想象预先做出虚构。恩格斯明确指出，未来的社会主义社会不是一种一成不变的东西，而应当和任何其他社会制度一样，把它看成经常变化和改革的社会。马克思和恩格斯批评那种不顾实际情况把他们的理论照搬照抄的错误做法，强调指出：他们的理论是发展着的理论，而不是必须背得烂熟并机械地加以重复的教条；不能把"唯物主义"当做标签贴到一切事物上去，必须研究全部历史，必须研究各种社会形态存在的条件，从中得出相应的理论观点；如果不把唯物主义方法当做研究历史的指南，而是把它当做现成的公式，按照它来剪裁各种历史事实，那它就会走向反面。

　　第三，《马克思恩格斯选集》第3版反映了马克思主义经典著作中国化的最新成果，体现了我国马克思主义经典著作编译研究的最新进展，突出了马克思主义经典著作中文版本的特色。

　　编译经典著作的过程也是对经典作家理论体系及其发展脉络的认识和理解过程，这种认识和理解随着版本研究、文本研究和思想研究的进

---

① 《马克思恩格斯选集》第3版第1卷第376页。

程不断深化。在我国的马克思恩格斯著作传播史上，各个时期的编译者由于受主客观条件的限制，对经典著作中的一些理论观点理解不够透彻深入，对某些历史事实把握不够细致确切，在译文和注释等方面不同程度上受到外文版本的影响，这是难以避免的。特别是在资料部分，过去出版的马克思主义经典著作译本很多地方采用外国编者编写的内容，其中有些内容不符合我国读者的需要，个别史料和观点甚至不符合事实。随着我国经典著作编译事业的发展以及对经典著作研究和认识的深入，这种情况发生了彻底改变，我国的经典著作编译工作日益表现出自觉、自主和自信。从编译《马克思恩格斯全集》中文第2版时起，特别是编译《马克思恩格斯文集》时起，我们按中央提出的"更加准确反映马克思主义经典作家的原意"的要求，对多种外文版本加以考察、比较，选择最权威、最可靠的版本作为依据，充分吸收国内外最新编译和研究成果，科学编校，精心审核，力求在文献考证、译文审校、资料编写方面体现马克思主义经典著作中国化的最新成果，同时展示我们自己的版本的风格和特色。

以注释编写为例。恩格斯的《自然辩证法》和《论原始基督教的历史》两篇著作中都提到希腊化罗马时期（公元前323—公元642年）的亚历山大里亚学派。该学派实际上是当时以亚历山大里亚城为中心的各种学术思潮的总称。过去的马克思恩格斯著作中外文版本对该学派或者未作注释，或者注释定性不准，内容概括不全，偏重介绍该学派在自然科学领域的贡献，对其他方面的介绍过于简单。我们在编译新版《马克思恩格斯选集》时仔细考察了《马克思恩格斯全集》历史考证版等外文版本注释以及多种百科全书释义，查阅了策勒尔《古希腊哲学史纲》、黑格尔《哲学史讲演录》和文德尔班《哲学史教程》等哲学史文献，对该学派做了总体说明，介绍了该学派的历史文化背景、科学成就以及哲学和神学观念，对正文中反复提到的犹太学者斐洛做了专门说明。新编注释力求既能提供有关该学派的基本信息，又能帮助读者理解正文的内容。注文如下：

"亚历山大里亚学派是希腊化—罗马时期（公元前323—公元642年）以亚历山大里亚城为中心的各种学术思潮的总称。亚历山大里亚是当时埃及的一个港口城市，是地中海地区的经济中心，也是各种学派的聚集地和东西方文化的交汇点。在各种因素的交互影响下，亚历山大里亚学派在科学、文学和哲学等方面都取得了辉煌成就。在科学方面，亚历山大里亚学派从百科全书式的知识综述转向对自然界进行分门别类的有系统的深入研究，各种专门学科，如数学、力学、地理学、天文学、解剖学、生理学等，都有长足发展，主要代表人物有欧几里得、阿基米德等人。在哲学和神学方面，该派将古犹太神学和古希腊哲学结合起来，对犹太教及以后的基督教发展产生深远影响。该派认为神灵的启示是最高的知识源泉，对圣经进行比喻性诠释，与侧重从字面和历史意义上进行解释的安提阿学派相对。其主要代表是犹太学者斐洛·尤迪厄斯。斐洛不是基督徒，但因其哲学促成了早期基督教的希腊化，恩格斯在《布鲁诺·鲍威尔和原始基督教》中称他为'基督教的真正父亲'① ……斐洛之后的重要代表人物是欧利根和普罗提诺。"②

马克思用英文写作的《俄国的对华贸易》一文谈到沙皇俄国对我国黑龙江地区的侵略行动。俄国编者在编辑《马克思恩格斯全集》英文版第15卷时为这篇文章加了一条注释，认为沙俄1849—1855年远征

---

① 《马克思恩格斯文集》第3卷第593页。
② 《马克思恩格斯选集》第3版第3卷第1119—1120页。

黑龙江，考察黑龙江邻近地区以及库页岛和乌苏里地区，为签订1858年《瑷珲条约》和确立中俄边界奠定了基础。显然，这是从俄国编者的立场出发曲解历史，为沙俄的侵略行为进行辩护。我们在根据原文校订正文的同时，对这条注释进行了认真审核，根据历史事实修改为："《尼布楚条约》（1689年）签订以后，历代沙皇政府觊觎中国的黑龙江地区，图谋夺取通往太平洋的出海口。第一次鸦片战争结束后，沙皇俄国成立'黑龙江问题特别委员会'，加紧其侵略黑龙江的活动。1849—1855年，俄国海军上将根·涅韦利斯科伊率领武装人员侵入黑龙江下游，建立侵略据点。随后，在东西伯利亚总督尼·穆拉维约夫－阿穆尔斯基的指挥下，大批俄国侵略军闯入黑龙江地区，对黑龙江中上游北岸和下游两岸地区实行军事占领。"①

再如人名索引。恩格斯1851年6月19日在写给共产主义者同盟成员约瑟夫·魏德迈的信中称魏德迈为"汉斯"，而魏德迈的名字中并没有"汉斯"的字样。恩格斯为何这样称呼魏德迈，现有的马克思恩格斯著作版本以及魏德迈传记未予说明，国外有关专家也没有做出解释。经过查阅共运史文献资料，我们终于找到线索：当时魏德迈因从事革命活动遭到普鲁士当局驱逐，"非法"滞留美因河畔法兰克福，不便进行公开活动，1851年6月10日他致信马克思，说为谨慎起见，以后来信在信封上"不要写我的名字，只写汉斯即可"。马克思6月16日将此信转给恩格斯，此后两人一度在给魏德迈的信中称他为"汉斯"。根据考证结果，我们在人名索引中做了相应说明。我们希望通过细致扎实的资料文献考证工作，贯通历史、文化上的诸多间隔，减少读者阅读原著时的障碍，帮助读者更加真切地接近经典作家的思想世界。

---

① 《马克思恩格斯选集》第3版第1卷第959页。

马克思恩格斯著作外文版，包括历史考证版，一般只介绍各篇著作的外文版的出版流传情况，不提中文版本。为适应我国读者需要，我们在编写题注时专门增加了对重要著作的一些主要中文版本的介绍。例如，《资本论》题注注明"《资本论》最早的中译本是1930年3月上海昆仑书店出版的《资本论》第一卷第一分册，译者是陈启修；《资本论》第一卷的第一个中文全译本，于1936年6月以世界名著译社名义出版，译者是侯外庐、王思华；《资本论》三卷的第一个中文全译本于1938年8、9月由上海读书生活出版社出版，译者是郭大力、王亚南。"① 《共产党宣言》的题注介绍了《共产党宣言》的多种中译本：1920年8月出版的陈望道译本，1930年出版的华岗译本，1938年延安解放社出版的成仿吾、徐冰译本，1943年延安解放社出版的博古校译的译本，1949年莫斯科外国文书籍出版局出版的纪念《宣言》发表100周年的中译本，1978年人民出版社出版的成仿吾译本。《反杜林论》题注注明该书的"第一个中译本由吴黎平翻译，1930年上海江南书店出版；同年上海昆仑书店还出版了钱铁如翻译的《反杜林论》上册"②。这些中文版本介绍，可以帮助读者了解马克思主义经典著作在我国的传播情况，提示读者思考和研究马克思主义对我国政治、社会和思想文化产生重大影响的历程。

编译经典著作，堪称代圣人立言，关系重大，影响深远。编译选集本，编选和译校都考验编译者的眼界和水平，要求编译者务必坚持科学的态度，充分尊重原著，把握思想精髓，同时适应阅读需要。经过精心编校和审核，《马克思恩格斯选集》第3版与过去的选集版本相比篇目

---

① 《马克思恩格斯选集》第3版第2卷第892页。
② 《马克思恩格斯选集》第3版第3卷第1073页。

结构更合理，译文更可靠，资料更翔实，可以更好地满足当前马克思主义理论学习和宣传的需要。当然，我们也相信，随着国内外马克思主义经典著作编译和研究事业的进展，特别是《马克思恩格斯全集》历史考证版和中文第2版编辑、编译工作的不断推进，编译马克思恩格斯著作选集本的版本资源将不断丰富，文献资料条件将不断改善，编译水平也将不断提高，现在这个版本还会进一步得到完善。

此外，编译选集类读本，重在少而精。我们注意到，主要由于充实、增加了各种资料，选集篇幅越来越大，书越出越厚。如何删繁就简，以更加精炼的篇幅、更加合理的结构编译马克思主义经典著作普及读本，科学地反映马克思主义基本原理，将成为我们今后编译工作中的一个重要课题。

# 记《马克思论文选译》的翻译*

李一氓

为了纪念马克思逝世一百周年，编译局马恩室拟编辑一本反映马克思和恩格斯的著作在中国的传播的集子。为此他们请一些曾从事马列著作编译出版工作的同志写了一部分回忆文章。我们从中选择一部分先在本刊发表，以飨读者，并希望在革命年代从事马列著作编译出版工作的老同志继续撰写这类回忆。

——编者

一九二一年中国共产党成立以后，一九二六年大革命以前，不少中国青年知识分子走进共产党人的行列，大概不出下边几个原因：

一九一九年"五四运动"已经打下了一些思想基础。今天讨论起来，一般都说是具有民主和科学的内容，实际是打倒帝国主义这个概念才是深入知识青年的真正的内容。

一九二一年起中国共产党作了相当规模的马克思主义、共产主义、社会主义的理论和实践的宣传，如一九二三年在上海开办了上海大学，如一九二二年开始发行机关刊物《向导》（周刊）和改组以后的《新青

---

\* 本文选自《马列主义研究资料》1982年第1辑。

年》（月刊），同时从俄文翻译和出版了一些理论文章，如布哈林的《共产主义 ABC》等。

一九二四年的国民党改组，国共合作、广州黄埔军官学校的创建，更给了这些青年以参加实际斗争的活跃的舞台。

一九二五年的"五卅运动"，有些人实际参加了这个运动，有些人没有实际参加这个运动，但受到很大的震动。

比较明显的民族觉悟和比较不大明显的阶级觉悟，促使这样一批青年知识分子定下决心，不顾一切，当共产党人。

但是，要以为这些共产党的新战士，就怎么懂得马克思主义、共产主义、社会主义、唯物主义，则不见得。当时实践的需要比理论的需要更为重要。

打倒北洋军阀的北伐战争爆发了，从广州进到长江流域的武汉和南昌，一下蒋介石一伙又动摇了，叛变了。"以革命的武装反对反革命的武装"斗争打了第一枪，南昌起义了。"退兵时的一战"，广州起义了。但是，都失败了。"巴黎工人已经为一种优势所击散了，击散了并不是消灭了……"（马克思）。这样就有的人叛变了，有的人动摇而销声匿迹了。但是总有人"从地下爬起来，擦干净身上的血迹，掩埋好同伴的尸首，他们又继续战斗了"（毛泽东）。在这一战斗中，大部分人继续在广阔的南方山区，坚持武装斗争，小部分人则努力学习马克思主义，在学习中宣传马克思主义。一九二八年以后一个长时期内，革命的文艺运动（如"左联"）和社会主义的理论活动（如"社联"）大概属于这个性质。攻击的对象，直指国民党反动派，直指为资产阶级唱赞歌的新月派和现代评论派，直指英日帝国主义。但是这些人不久又都转而投身于直接的战斗了。

我在南昌起义失败回到上海后，当时党中央也在上海。这时，革命已处于低潮,要重新聚积力量,要做艰苦的地下的群众工作,党才能立足和取得发展。我排除了回家、在社会上找个普遍职业混下去诸种抉择,决心留在上海,参加地下工作,同时开始学习马克思主义的理论。当时上海南京路有个出售英文籍的书店,叫"别发洋行"(Kelly and Walsh Co.),它亦出售美国共产党办的国际书店出版的一些马列著作。这些著作都是从俄文翻译成英文的。

但是,当时面临着另一个问题,生活的来源的问题。在上海住,没有职业;无法再向家里伸手要钱,家里也供给不起;党亦没有能力支付这样一批党员的生活费。无可奈何,只有自己想办法。办法就是用文字作为商品来换得生活资料,支付房租、食品、用具、衣著等;还得要买些书籍。有时,党也津贴一些房租,条件是利用我这个家作为掩护,以便开会或联络之用。因此,我记得,编《流沙》,一个月从创造社拿三十块钱,编《巴尔的山》是义务劳动,两者时间都很短暂。还得想法搞翻译。要翻译,总得翻一本有意义的书。第一本书是《苏俄诗选》,原书是由俄文翻译成英文的,美国国际书店出版。稿费多少就记不起来了,但对于养活一家人当然不无小补。

随之,在一九二九年着手翻译第二本书:《马克思与恩格斯》。原书作者是梁赞诺夫,我当时翻作李阿萨诺夫。此人是俄国社会民主工党早期的理论家,苏联马列研究院的创建人。他的著名的著作是《第一国际史》《马克思主义史概论》等。这篇《马克思与恩格斯》则是他在社会主义学院的讲演稿。这本书的内容不完全是传记,但作为由产业革命(1760)到恩格斯之死(1895)的一百三十五年中的欧洲劳动运动史,作为欧洲共产主义运动史,对我这个马克思主义的初学者来说,是很有意义的。意义在于翻译这本书的当时,距产业革命已一百六十八年,距恩格斯之死,已三十三年。中国社会在这一时期,以纯粹的封建社会,由于鸦片战争，受国际帝国主义的掠夺而沦为殖民地市场，封建的手工业的生产关系，开始崩溃，中国工人阶级形成了。中国的劳动运动已进入国际工人运动的行列。它鼓励了译者更加决心为中国工人阶级的解放事业而奋斗。

一九三〇年译出第三本书《马克思论文选译》。它亦是美国国际书店出版的，由俄文编定本转译为英文的。这书的目录如下：

列宁：马克思主义引论（代序）

1. 哥达纲领批评
2. 工钱劳动与资本
3. 经济批判导言
4. 资本积蓄的历史倾向
5. 蒲鲁东
6. 法兰西的唯物论
7. 中国革命与欧洲
8. 六月的日子
9. 1848年革命与无产阶级。

除1、2、3是专著之外，其他皆选自《资本论》第一卷和《神圣家庭》的章节。这里，《哥达纲领批评》早有熊得山（1922），李达（1923），李春藩（1925）的译本；《工钱劳动与资本》早有袁让（1921），朱应旗、朱应会（1929）的译本；《经济学批判导言》早有刘曼（1930）的译本。但因为当时的工作条件，都没有注意到这些译本，未能作为翻译时参考。

我以为当时翻译这类书是应该的，虽然印数甚少，但作为中国青年向往马克思主义，而从之得到一点马克思主义的基本知识，是有一些好处的。其实，宣传马克思主义是一回事，收得一些翻译费来补助生活又是一回事。真正的收获，在我，则是从翻译上更加深刻地学习了马克思主义的学说的基本方面。从今天的《马恩全集》的翻译说来，我的工作就算不了什么了。从一本书学来的马克思主义的观点、方法、立场，确实为我以后对事物的认识和实际工作，打下了一个初步的基础。

不怕笑话，以我当时的理论水平和语文水平，贸然就翻译马克思主义的经典著作，实在胆大。今天看来，要把这样的译稿送到出版机构，不要半天就会退稿了。这样意义不清，文句不顺的译稿，今天自己也念不下去。但是，提起来，我亦不会脸红，不行就不行，反正被翻译的总是马克思的著作，总是和中国工人阶级的解放事业有关的著作，总是对中国共产党的思想建设有意义的著作。

在马克思恩格斯的著作已全被译成中文的《马克思恩格斯全集》三十九卷的今天，我要向所有参加翻译的同志学习，并对他们表示极大的尊敬。

一九八一年五月一日

# 马克思《历史学笔记》第一个中文译本即将问世[*]

耿睿勤

## 一

马克思对科学领域中的每一重大发展都非常注意，而且善于批判地掌握人类思想的一切新成就。历史问题在他的科学研究工作中一直占有重要的地位，他一生不仅发表了许多历史方面的著作和论文，而且阅读过许多历史书籍，作了大量的提要和摘录。他不仅为我们提供了历史唯物主义的观点和方法，而且给我们留下了丰富的史学文献遗产。

《历史学笔记》是马克思19世纪80年代初所写的关于世界历史的读书笔记。马克思在逝世前几个月写完的这部笔记篇幅巨大，手稿共有四个笔记本，全文140多万字。马克思逝世后，恩格斯在整理战友这部遗稿时，为之加上了《编年摘录》的标题，并用罗马数字为笔记本加上了编号。过去，在许多有关的资料中，曾经把这部手稿称之为《编年摘录》或《世界史编年摘录》。

---

[*] 本文选自《马克思恩格斯研究》1992年总第8辑。

这部体现马克思历史唯物主义观点方法的笔记完成至今已100余年，我国广大读者尚未见到它的中文译本。我室在出齐《马克思恩格斯全集》中文版50卷之后，组织部分同志根据苏联1938—1946年间出版的《马克思恩格斯文库》第Ⅴ—Ⅷ卷，将这部巨著全部译成中文。现在，这部珍贵文献将在中国历史唯物主义学会国情调查工作委员会的支持下，以《历史学笔记》的书名出版。这是马克思关于世界历史笔记的第一个中文译本，它填补了马克思著作研究和出版领域的一项空白，也为我国史学工作者和理论工作者提供了一部有价值的历史学文献。

## 二

马克思非常重视历史科学。19世纪40年代，在初步奠定唯物史观理论基础的《德意志意识形态》中，马克思曾经说过："我们仅仅知道一门唯一的科学，即历史科学。"[①] 50年代，在《〈政治经济学批判〉序言》中，马克思写道："我学的专业本来是法律，但我只是把它排在哲学和历史之次当作辅助学科来研究。1842—1843年间，我作为'莱茵报'的主编，第一次遇到要对物质利益发表意见的难事。"[②] 为解决这一难题，马克思先后花去几十年的工夫，深入研究经济问题，写下了多部篇幅浩瀚的手稿，最后创作出《资本论》这一伟大著作，到了晚年，虽重病在身，马克思依然回过头来仔细地研究历史问题，写出大量有关各民族历史的摘录和笔记。

---

① 《马克思恩格斯全集》第1版第3卷第20页。
② 《马克思恩格斯全集》第1版第13卷第7页。

马克思在生命的最后岁月里，于 1880 年写完柯瓦列夫斯基《公社土地占有制》一书摘要之后，接着又对摩尔根《古代社会》一书作了详细摘要。摩尔根对氏族制度的发现，证实了马克思对原始社会的观点和唯物史观。摩尔根原著的结构，是从分析生产技术的发展入手，进而论述政治观念的发展以至家庭形式的变化和私有制的产生。马克思在摘要中去粗取精，纠正了摩尔根唯物主义观点不够彻底的缺点，以生产技术的发展和家庭形式的变化直到私有制和国家的产生为主线来阐述摩尔根的新发现。恩格斯根据他的遗愿，利用他这份摘要，写出了《家庭、私有制和国家的起源》这一名著。另外两篇关于古代社会史的笔记是《亨·萨·梅恩〈古代法制史讲演录〉一书摘要》和《约·拉伯克〈文明的起源和人的原始状态〉一书摘要》。上面提到的这四篇关于古代社会史的笔记均已收入《马克思恩格斯全集》第 45 卷。

1881 年，马克思对殖民地人民的发展史和处境感到很大兴趣，从马尼的《爪哇》、菲尔的《印度和锡兰的雅利安人农村》两部著作中做了许多摘记，并加了评注。他还去阅读迈·乔·马耳霍耳的《埃及的财政》以及艾莫斯的《对埃及人的掠夺》等著作并写了摘要，以了解英国在埃及的财政政策。关于中国，他阅读并摘录了埃·雷·于克的《中华帝国》一书。不过，在这方面，马克思显然受到图书资料缺乏的限制。

在这两年里，与俄国革命者建立了联系的马克思尤为关注俄国问题，他研究了有关俄国改革和社会经济发展的资料汇编、专题论著和研究著作。阅读了亚·伊·斯克列比茨基、阿·阿·戈洛瓦乔夫、斯卡尔金、尤·埃·扬松、尼·弗·丹尼尔逊的著作和其他书刊，并做了笔记。他重新研究了尼·加·车尔尼雪夫斯基的《没有收信人的信》，并写了这些信的内容概要，题为《关于俄国废除农奴制问题》。阅读阿里索夫的《解放者亚历山大二世》和德拉马诺夫的《俄国残暴屠杀》，并写评语。马克思曾把他收藏的有关1861年后俄国社会经济发展的俄国书籍和资料开列出书目，题为《我书架上的俄国书籍》。对这些资料和文献系统加工后，于1881年底到1882年写出了《关于俄国一八六一年改革和改革后的发展的札记》①。

除了这些专题性质的研究，马克思同时还对世界历史进行整体的考察。大约正是在1881年底到1882年底这段时间里，马克思利用施洛塞尔的18卷本《世界通史》、博塔的《意大利人民史》、科贝特的《英国和爱尔兰的新教改革史》、马基雅弗利的《佛罗伦萨史》、休谟的《英国史》、格林的《英国人民史》、卡拉姆津的《俄国国家史》、凯利的《俄国史》和赛居尔的《俄国和彼得大帝的历史》等大量资料，经过加工整理，按编年顺序写出了生前最后一部关于世界史的《历史学笔记》。

## 三

十九世纪，经过历史学家们的努力，历史学在欧洲获得了独立的科学地位。史学著作中将这一时期称之为"历史世纪"。正是在这历史学派纷呈、历史人才辈出的时代，马克思创立了历史唯物主义。历史唯物主义这一科学论断是在深入研究前人在哲学、政治经济学、历史学等方面的大量著作之后得出的。同时，马克思从来不把自己的理论看作一成不变的真理，他毕生都在不断地总结新经验，研究新问题，通过创造性地研究、不断地完善，丰富和发展自己的理论。

---

① 《马克思恩格斯全集》第1版第19卷第453—477页。

当时的历史哲学派把马克思关于西欧资本主义起源和发展的道路说成是世界各个民族都注定要走的道路，而不管他们所处的历史环境如何。对此，马克思在《给〈祖国纪事〉杂志编辑部的信》中，以古代罗马平民为例说："这些人本来都是自己耕种自己小块土地的自由农民。在罗马历史发展的过程中，他们被剥夺了。使他们同他们的生产资料和生活资料分离的运动，不仅蕴含着大地产形成的过程，而且还蕴含着大货币资本形成的过程。于是，有那么一天就一方面出现了除自己的劳动力外一切都被剥夺的自由人，另一方面为了利用这种劳动，又出现了占有所创造出的全部财富的人。结果怎样呢？罗马的无产者并没有变成雇佣工人，却成为无所事事的**游民**……和他们同时发展起来的生产方式不是资本主义的，而是奴隶占有制的"①。在同一时期写给维·伊·查苏利奇的复信及其三个草稿中，马克思一再强调，以对农民的剥夺来发展资本主义生产的道路，仅限于西欧各国，并进而得出俄国农村公社是俄国社会新生的支点这样的结论。

由此可见，在具有不同的经济基础和社会结构的国家里，极为相似的状况往往会引出不同的结果。恩格斯在《卡尔·马克思〈政治经济学批判〉》中说："即使只是在一个单独的历史实例上发展唯物主义的观点，也是一项要求多年冷静钻研的科学工作，因为很明显，在这里只说空话是无济于事的，只有靠大量的、批判地审查过的、充分地掌握了的历史资料，才能解决这样的任务。"②马克思在生命垂危之年，依然把历史过程当作人类所经历的历史实际进程来研究。他在《历史学笔记》中，按照自己的思想体系，按编年顺序，记述了人类1700多年间

---

① 《马克思恩格斯全集》第1版第19卷第131页。
② 《马克思恩格斯全集》第1版第13卷第527页。

发生的具体事变。这里的世界历史既不是按奴隶社会、封建社会等划分的社会形态,也不是按国家和民族划分的国别史。马克思1856年在致查·多·科勒特的信中,曾就《十八世纪外交史内幕》一书说道:"我的计划并不在于使众所周知的材料具有新的意义,而是在于提供新的材料,以便对历史作出新的说明。"① 非常遗憾,马克思在写出这一巨幅摘录笔记后就离开人世了。"这个人的逝世,对于欧美战斗着的无产阶级,对于历史科学,都是不可估量的损失。"② 如何深刻地理解恩格斯在《卡尔·马克思的葬仪》上说的这段话,有待于我们对马克思著作,其中包括即将问世的《历史学笔记》的深入研究,只有经过研究对比,并且是深入的研究对比之后,也许才能得出正确的答案。可以预见,随着时间的推移,《历史学笔记》的深远意义和价值将愈来愈为人们所认识。

---

① 《马克思恩格斯全集》第1版第29卷第522页。
② 《马克思恩格斯全集》第1版第19卷第374页。

## 列宁《哲学笔记》卷新版的情况*

郭值京

列宁的《哲学笔记》是继《唯物主义和经验批判主义》之后又一本重要的哲学著作。它包括列宁在 1895—1916 年期间研究马克思主义哲学问题时所作的读书摘要、札记、批注,以及写的哲学短文。这本笔记形式的哲学著作,内容广博,思想深邃,见解精辟,是一份宝贵的马克思主义哲学遗产,值得我们后人认真学习和深入钻研。《哲学笔记》过去出过中译文的单行本,也曾编入《列宁全集》中文第 1 版(第 38 卷)。在中央编译局重新编译的《列宁全集》中文第 2 版中,《哲学笔记》编入第 55 卷,即将问世。现将新版的特点以及与旧版的不同之处,简单介绍如下:

一、《哲学笔记》中文新版是一个经过重新逐字逐句校订并对新增加的文献作了认真译校的版本。

这个中文版本是依据《列宁全集》俄文第 5 版第 29 卷(即《哲学笔记》卷)译校的。其中相当一部分的文献摘要的原文是德文,如马克思、恩格斯、费尔巴哈、黑格尔、拉萨尔等人的著作;还有个别文献如莱伊的《现代哲学》一书,原文是法文。新版对一些重要的著作都

---

\* 本文选自《马克思主义与现实》1990 年第 1 期。

对照原文校订译文。

仅举一、二例说明译文的改动：

俄文第29卷第336页上有一句话："Мир между знанием н верой"。旧译本曾译为："知识和信仰之间的世界。"经核对原文发现俄文"мир"一词，在德文版本中是"Friede"（"和平"），而不是"Welt"（"世界"）。新版将这句话改为"知识和信仰之间的和平"。改动以后，再往下读与此句相关的两段话，意思就清楚了。

在俄文第29卷第309页上有一方框，其中最后两句话旧译文是："拉萨尔一般是怎样对待费尔巴哈的呢？像一个唯心主义者—黑格尔分子那样吗？"这个译文只能使人理解为拉萨尔像唯心主义者—黑格尔分子那样对待费尔巴哈。这不符合原文。现译文改为："拉萨尔究竟是怎样对待费尔巴哈的呢？当作一个唯心主义者—黑格尔分子吗？"这样意思就很清楚了，最后一句话是指拉萨尔把费尔巴哈当作一个唯心主义者—黑格尔分子。

再举一个译名的例子：在俄文第29卷第360页上有一个译名："империалистские экономисты"，旧译本中曾译为"帝国主义经济学家"。这个译名在《列宁全集》别的卷次中已经出现过，译为"帝国主义经济主义者"，并对这个派别加了一条不短的注，显然，旧译本的译法是不恰当的，中文新版本改正了这个译名，并加了较详细的注释。

还有俄文版本身对旧版的订正。例如，俄文第29卷第314页上有一方框，方框中的文字排列及线、图的安排均有不少变动，变动后，意思就比较清楚了。中文版也根据俄文版作了修订。

另外，俄文版第29卷比旧版本增加了两篇文献，约12万字。中文新版收进了这两篇文献。这里需要提一下的是，在新文献关于狄慈根《短篇哲学著作集》一书批注中，狄慈根的著作（约8万字）的原文是德文，对这篇著作我们先从德文译出，然后对照俄文作了校订。

二、中文新版在正文的编排和顺序上根据俄文版第29卷作了相应的变动，使内容相对集中，便于读者阅读和领会列宁的思想。

新版的正文改分为三个部分：第一部分是摘要和短文；第二部分是关于一些书籍、论文和哲学著作书评的札记；第三部分是读书批注。各部分的文献，均按年代顺序排列。在这里我们仅谈谈第一部分的情况，这一部分包括马克思、恩格斯、费尔巴哈、黑格尔、拉萨尔、亚里士多德等人的哲学著作摘要，以及列宁写的两篇短文：《黑格尔辩证法（逻辑学）的纲要》《谈谈辩证法问题》。透过这部分的内容使我们很清楚地看到，它集中了列宁研究辩证法的一些最重要的文献，也可以说，集中了列宁关于辩证法的一些最重要、最精辟的论断和观点。例如，列宁明确提出了辩证法、逻辑和认识论这三者同一的思想，说明了世界观和方法论的统一；揭示了对立统一规律的内容，论证了对立统一规律是辩证法的基本规律，是辩证法的实质与核心；继《唯物主义和经验批判主义》之后又进一步研究了认识的辩证法，深入地探讨了认识的辩证过程，强调要把辩证法应用于反映论，强调理论与实践的统一，揭示了实践在人改造客观世界的活动中的重要作用。

三、关于新增加的两篇文献的情况。

新版中增加的两篇文献是：约·狄慈根《短篇哲学著作集》的批注和尤·米·斯切克洛夫《尼·加·车尔尼雪夫斯基的生平和活动》一书批注。这两篇新收的读书批注都比较长，使第三部分的篇幅增加了一倍多。它们从一个角度反映了《唯物主义和经验批判主义》与《哲学笔记》两本著作之间的密切关系。现分别对这两篇文献作简单介绍。

列宁关于狄慈根《短篇哲学著作集》的批注是1908年准备写作《唯物主义和经验批判主义》一书时作的。在《唯物主义和经验批判主义》中列宁大量引证了狄慈根的论点。在批注中列宁高度评价这位工人哲学家，认为他是独立地得出辩证唯物主义结论的。列宁说他有党性原则，十分重视他的哲学对象观、反映论以及对宗教和唯心主义哲学的斗争等方面。同时，在批注中列宁也指出了狄慈根哲学修养不够，概念有些混乱。

列宁关于尤·米·斯切克洛夫《尼·加·车尔尼雪夫斯基的生平和活动》一书的批注作于1909年10月—1911年4月。这篇批注正好紧接着原有的格·瓦·普列汉诺夫《尼·加·车尔尼雪夫斯基》一书批注之后，这样，有助于了解列宁对待车尔尼雪夫斯基的正确评价。在批注中，列宁既批评了普列汉诺夫受到孟什维克主义影响而淡化了车尔尼雪夫斯基的革命民主主义观点和他在反对自由派的斗争中的不调和性，也批评了斯切克洛夫抹杀了车尔尼雪夫斯基和马克思主义者之间观点的本质区别。列宁在《唯物主义和经验批判主义》一书的最后《第四章第一节的补充》里对车尔尼雪夫斯基所作的评价，和批注中的思想是一脉相承的。

另外，新版略去了《关于希法亭（在〈金融资本〉一书中）论及马赫的言论的札记》，因为该札记已收入《关于帝国主义的笔记》（《列宁全集》中文第2版第54卷）；在第三部分的读书批注中，俄文第29卷对摘引的篇幅作了不少删节，删去了和列宁的批注完全无关的段落，中文版本也作了相应的删节。

四、关于中文新版的前言、注释及其他附件的情况。

中文新版的前言，也和《列宁全集》中文第2版其他卷的前言一样，是根据中国读者的需要写的。前言除了介绍全书的编排和内容外，更主要是说明列宁写作的时代背景，评述列宁如何研究和科学地对待前人的哲学遗产，概述列宁关于辩证法理论的重要而精辟的论点，以及列宁批判哲学和自然科学中的唯心主义的情况，指出《哲学笔记》的重大历史意义和现实意义。这篇前言有助于读者了解、认识和研究《哲学笔记》。

和旧版本相比较，俄文新版本的注释增加了50余条，而许多条的内容也比旧版充实了。中文新版的注释在编写时充分利用了俄文版本的资料，同时又从中国读者的需要出发，吸收了许多辞书中的有关资料。

除了注释，附件部分还有人名索引、文献索引和主题索引。与旧版本比较，这几个索引的篇幅增加很多。中文版人名索引收入了正文中出现的所有人名（比俄文版第29卷的人名索引增加70余条），并编有简单的小传。旧版的文献索引是照搬外文，而中文新版则把文献和报刊名称均译成中文。主题索引不仅收进了哲学名词、术语，而且还收进了不少重要的引语、引句。

# 一本系统介绍马克思恩格斯著作在中国传播的历史的新书[*]

胡永钦

为了纪念科学共产主义创始人马克思逝世一百周年,中共中央马恩列斯著作编译局马恩室编辑了《马克思恩格斯著作在中国的传播》一书。它主要包括两个部分:一部分是由各个历史时期从事马克思、恩格斯著作翻译和出版工作的同志亲自撰写的回忆,或由了解他们情况的同志写的介绍文章,共三十篇;一部分是由马恩室三位同志根据所能搜集到的资料,按历史年代顺序概述各个历史时期马克思、恩格斯著作翻译和出版的情况。

这些回忆文章和大量的史料具体地再现了马克思主义经典著作在中国的翻译、出版和传播的艰难曲折历程。阅读本书,可以使读者了解到,马克思、恩格斯的著作在中国是怎样翻译、出版和传播的,革命的前辈是在怎样的艰难条件下开创这一事业的,我们的党是怎样重视、关怀和组织马克思主义经典著作的翻译和出版工作的。同时,该书为研究马克思主义在中国的传播,提供了许多珍贵的翔实材料。

十九世纪末二十世纪初,一些资产阶级有识之士为使中国摆脱封建统治的羁绊,曾努力学习西方的新思想,探寻救国救民的真理。他们在

---

[*] 本文选自《马列主义研究资料》1983年第2辑。

向中国介绍西欧的各派社会主义学说和社会主义运动时,开始介绍马克思、恩格斯及其学说,并在一些报刊上译介他们的著作的某些片断。资产阶级改良派梁启超在他当时发表的一些文章中,就曾几次提到马克思。"麦喀士(马克思),社会主义之鼻祖,德国人,著述甚多。""麦喀士谓今日社会之弊在多数之弱者为少数之强者所压伏。"资产阶级革命派朱执信等人在《民报》上不仅著文介绍马克思、恩格斯的生平及其学说,而且还直接翻译了《共产党宣言》的片断。之后,《天义报》《新世界》等刊物也相继译载了《共产党宣言》第一章和恩格斯1888年为《宣言》写的序言的全译文、《社会主义从空想到科学的发展》的部分译文以及一些零星的介绍文字。

在十月社会主义革命的影响下,以李大钊为代表的一批先进的知识分子开始接受和宣传马克思主义。随着五四运动的爆发和革命形势的发展,马克思主义的影响日渐扩大,要求了解马克思、恩格斯和马克思主义的人也随之增多。于是马克思、恩格斯著作也陆续被介绍到中国,并逐渐传播开来。《每周评论》《国民》等报刊先后译载了《共产党宣言》的部分内容,北京《晨报》开辟了"马克思研究"专栏,以连载的形式刊登了马克思的《雇佣劳动与资本》,《新青年》出版了"马克思主义专号",各地报刊也译介或转载了一些马克思、恩格斯著作的部分译文和介绍文章。

1920年8月,《共产党宣言》第一个全译本诞生了。译者陈望道在受到反动当局的迫害之后,隐蔽在故乡的一间柴屋里,冒着严寒,克服了缺乏资料和工具书的困难,在昏暗的油灯下苦战百日才把该书翻译出来。之后,该译本又在党的上海发起组的直接关怀下才得以出版。邓明以写的《〈共产党宣言〉是怎样传播到中国来的》一文,对此作了详细的描写。

中国共产党成立后，马克思主义经典著作的翻译出版工作进入了一个新阶段。党成立不久，为了宣传马克思主义，成立了人民出版社并以"马克思全书"形式开始有组织、有计划地翻译出版马克思、恩格斯著作。之后又成立上海书店、长江书店等机构继续出版发行，广泛传播马克思主义。从党成立到大革命失败这段时期，党的出版机构先后秘密地出版了《共产党宣言》《雇佣劳动与资本》《社会主义从空想到科学的发展》《哥达纲领批判》等著作。本书收入的《李达对翻译出版马列著作的贡献》和柯柏年写的回忆文章反映了这个时期的一个侧面。

大革命失败后，革命处于低潮。党的组织遭到极大的破坏，不得不转入地下继续斗争。在第二次国内革命战争时期，马克思主义经典著作的翻译出版工作是在极为困难的情况下进行的。许多译者和出版者面对着严酷的白色恐怖，不畏强暴、不怕牺牲，克服各种困难，利用一切公开的和秘密的方式同敌人进行顽强的斗争，十年间翻译出版了《反杜林论》《哲学的贫困》《资本论》第一卷、《家庭、私有制和国家的起源》《政治经济学批判》《费尔巴哈和德国古典哲学的终结》《马克思论文选译》等数十种著作。《反杜林论》的译者吴黎平，1930年冒着随时都有被捕坐牢的危险，埋头于上海一个小亭子间里，不顾暑夏蒸腾，仅用了三个月的时间，就译完了全书。这个时期，曾出版过几种不同的《资本论》译本。侯外庐在他的《译读〈资本论〉的始末》一文中，详尽地回顾了他同王思华合作翻译出版《资本论》第一卷的经过，记述了他十年间为翻译这部著作所花费的精力。至于数十年如一日，为翻译《资本论》呕心沥血、献出毕生精力的郭大力的感人事迹，则在他的夫人和女儿写的《郭大力和〈资本论〉》一文中，作了生动的描绘。郭大力的合作者王亚南以及《资本论》的另外两位译校者吴半农、千家驹所作的努力该书也都有专文介绍。

在硝烟弥漫的抗日战争的年代里，马克思主义经典著作的翻译出版工作，在党的重视和关怀下，不论是在解放区还是在国统区都获得了更大的发展。在解放区，延安解放社尽管物质条件十分困难，但仍以"马恩丛书"的形式出版了《法兰西内战》《共产党宣言》《哥达纲领批判》《法兰西阶级斗争》《马恩通信集》《德国的革命和反革命》和《路易·波拿巴的雾月十八日》等书。当时，译校工作者虽然有了安定的工作环境，但是必要的资料和工具书却非常缺乏，有的人甚至连一本像样的外文词典都没有。可以想见，在这种情况下译书会遇到多么大的困难，要付出多么大的辛勤劳动啊！成仿吾、王学文、何锡麟、曹汀等人的回忆，记述了他们译校马列著作的经历，为我们了解这个历史时期的情况提供了有意义的资料。

在烽火连天的解放战争中，广大文化工作者不仅在各解放区翻印发行了大量的马列著作，而且还翻译出版了《剩余价值学说史》《劳动在从猿到人转变过程中的作用》等著作。于光远、曹葆华、毕青等人的文章，使我们看到了他们在这个时期前后，为传播马克思主义进行了艰苦的努力。全国解放前夕，为了提高广大干部的理论水平，又出版了包括《社会主义从空想到科学的发展》在内的"干部必读"十二种。

中华人民共和国成立后，马列主义经典著作的翻译出版工作进入了集中力量、有计划、有组织、大规模开展起来的一个崭新的阶段。1953年，党中央作出决定建立了中共中央马恩列斯著作编译局，培养了一支从事马列主义经典著作翻译工作的干部队伍。三十年来，这批献身于传播马克思主义事业的年轻同志，在党中央的直接关怀和有关单位以及专家学者的支持下，继承先辈们的革命精神，发挥集体智慧，翻译出版了《马恩全集》《列宁全集》《斯大林全集》和一些马列著作的单行本。其中仅《马恩全集》就有五十卷，三千二百多万字。建国以来翻译出版的马列著作数量之多、质量之好、种类之全、传播之广是以往任何历史时期都无法比拟的。但是三十年来，马列著作的翻译出版工作有时也不完全是一帆风顺的。宋书声、顾锦屏、周亮勋、张惠卿和张光璐的文章对这三十年马克思主义经典著作翻译出版工作所走过的、有时却是曲折的道路作了充分而具体的阐述。

总之，马克思主义经典著作在中国的传播走过了从无到有、从小到大、漫长而曲折的道路，半个多世纪以来，我们党一贯重视马克思主义经典著作的翻译出版工作，并把它看作是整个革命事业的重要组成部分。革命先辈们在党的指引下，不畏艰险，不怕牺牲，排除万难，付出了辛勤的劳动，开创了这一事业。而马克思主义经典著作的翻译出版工作是随着中国革命事业的发展而发展的。长江后浪推前浪，可以预言，在今后社会主义建设事业中，将会涌现出更多的新人，继承前人的革命精神，把马克思主义经典著作的翻译出版工作向前推进。

# 《马克思恩格斯全集》主要外文版本介绍[*]

胡永钦

马克思逝世后,恩格斯曾计划把马克思和他自己的文章以全集的形式献给读者。他在以巨大的精力结束了《资本论》第三卷的整理工作以后,曾着手筹备全集的编辑出版工作,遗憾的是,1895年恩格斯逝世了,这项工作也就中断了。此后一直到1927年,也就是说在恩格斯逝世后的三十二年,他的出版全集的愿望在苏联才得到实现。从1927年开始出版世界上第一版《马克思恩格斯全集》起,半个多世纪以来,世界上不少国家先后进行了编辑出版科学共产主义创始人马克思恩格斯著作全集的工作,以十几种文字出版了将近二十个版本的《马克思恩格斯全集》。已经出版和正在出版的外文版《马克思恩格斯全集》有:俄文第一版、第二版,日文第一版、第二版,国际版(MEGA)旧版、国际版新版,德文版,英文版,意大利文版,法文版,西班牙文版,朝鲜文版,罗马尼亚文版,塞尔维亚文版,波兰文版,保加利亚文版,捷克文版,匈牙利文版,乌克兰文版等。在这些版本中,最早开始出版的是旧版国际版(1927年出版),最先出齐的是日本第一版(1928年—1932年仅五年),编入马克思恩格斯著作最全、篇幅最大、材料最多的

---

[*] 本文选自《马列著作编译资料》1979年第2辑。

是目前正在出版的百卷本新版国际版。总观已经出版和目前正在出版的各种版本的《马克思恩格斯全集》，出版的时间可以分为三个阶段，从1927年到1946年是第一阶段，主要版本是俄文第一版，旧版国际版。从1954年到1974年是第二阶段，主要版本是俄文第二版，德文版。从1975年到本世纪末是第三阶段，主要版本是正在编辑出版的英文版和新版国际版。

本文准备对这三个阶段出版的《马克思恩格斯全集》主要版本作简要的叙述。

一

1927—1946年期间共出版了三个版本：由苏联马克思恩格斯研究院编辑出版的《马克思恩格斯全集》俄文第一版、国际版（MEGA）旧版和日本改造社编辑出版的日文第一版。

**《马克思恩格斯全集》俄文第一版**（К. Маркс и Ф. Энгельс. Сочинения Изд. 1-е）列宁非常重视马克思恩格斯著作和书信的翻译、出版工作。十月革命胜利后，在列宁的直接关怀下，俄共（布）中央开始为成立马克思恩格斯研究院和出版马克思恩格斯全集进行准备工作。1918年成立了以伊·伊·斯切潘诺夫（斯克沃尔佐夫）为主编的编辑部着手出版《马克思恩格斯全集》俄文版，列宁曾直接参加过这个版本的编辑工作。这一版原计划出版二十八卷，实际上从1918年至1922年只出版了四卷（第3、4、5、6卷）就中断了。第三卷收入了马克思恩格斯关于1848年革命的著作和文章，第四、五、六卷是《资本论》第一、二、三卷。该版之所以未能出齐，主要是当时尚不能对著作的正文和各种版本进行必要的研究，许多著作没有令人满意的译文，也就是说出版全集还缺乏科学基础。

为了收集、保存、编译和研究马克思主义创始人的著作和书信以及有关的文献材料,为了出版《马克思恩格斯全集》,1920年12月8日俄共(布)中央决定建立马克思主义博物馆,这是世界上第一所收藏和研究马克思恩格斯著作的专门机构。1921年1月11日,根据俄共(布)中央的决定,该博物馆改组为马克思恩格斯研究院。1921年2月2日,列宁写信给该院院长梁赞诺夫,对收集和出版马克思主义创始人的著作做了具体的指示。在列宁的直接关怀下,研究院已初具规模,收集和整理了一部分马克思恩格斯著作。1923年开始出版的《马克思恩格斯全集》俄文版的计划就是在这个基础上制定的。该版原计划出版三十卷,但是同前一个版本一样,这一版也未完成。1923—1924年只出版了四卷。第一卷包括马克思1837年至1844年期间的著作和书信,第二卷包括恩格斯1839年至1844年期间的著作和书信;1924年出版的第十和十一卷收入的是马克思恩格斯1852—1855年发表在《纽约每日论坛报》上的文章。这一版未能完成的原因是,在编辑出版过程当中,又发现了许多马克思恩格斯的新的著作和书信,使已经开始的出版工作不得不停下来,以便再度对新收集到的著作进行整理、研究和编译,准备出版新的较完备的《马克思恩格斯全集》。

1924年俄共(布)中央第十三次代表大会作出了关于出版《马克思恩格斯全集》的决议,责成马克思恩格斯研究院着手"尽快地出版俄文版和其他文字版的《马克思恩格斯全集》"。在研究院对经过多年收集到的马克思恩格斯的著作和书信进行整理和编译后,《马克思恩格斯全集》俄文第一版第一卷由国家出版社于1928年出版了,1946年出版了最后一卷,前后用了十九年的时间。如果把出版前的准备工作时间计算在内,也就是说从研究院成立时计算起,那么出版时间为二十六年。

《马克思恩格斯全集》俄文第一版共二十九卷三十四册（其中第十一、十二、十三、十六、十九卷分上下两册）。计划中应收入《剩余价值理论》的第二十卷未出版。全部著作共分三个部分：第一部分是第一至十六卷，包括除《资本论》以外的哲学、历史和政治性著作，共一千二百六十四篇。其中作为正文收入的一千一百六十二篇：马克思的著作五百五十五篇，恩格斯著作四百七十六篇，马克思和恩格斯合著的五十二篇，不能确定作者是马克思或恩格斯，还是他们两人合著的五十三篇，不是马克思恩格斯的著作而误收的二十六篇；作为马克思恩格斯遗稿收入的五篇；附录九十七篇。第二部分是第十七至二十卷，收入马克思的主要经济著作《资本论》和《剩余价值理论》（后者未出版）。其他经济著作都收入在第一部分的各卷中。第三部分是第二十一至二十九卷，包括马克思和恩格斯之间和他们给其他人的书信，共三千二百九十八封。其中马克思和恩格斯之间的书信一千五百六十九封，马克思恩格斯给其他人的信一千七百二十九封。

收入第一部分的著作基本上是按写作的年代次序编排的，但也有一些著作是按内容分专题排列的。第一、二卷分别收入马克思和恩格斯的早期著作，两卷分开编排是为了反映马克思恩格斯在他们合作之前各自的思想形成过程，从第三卷开始分专题按时间顺序编排，第十四卷收入的全部是恩格斯的哲学著作，第十六卷是恩格斯在马克思逝世后写的著作。收入第三部分的书信也是按写信时间顺序排列的。前四卷（第21—24卷）是马克思恩格斯相互之间的通信，后五卷（第25—29卷）是马克思恩格斯给其他人的信。在这三千多封信中有相当大一部分是第一次公诸于世的。1913年曾出版一部四卷本的《马克思恩格斯通信集》。通信集的实际编者是伯恩施坦和考茨基，他们不仅将若干封具有重大意义的信件隐藏起来不予发表，而且对已发表在通信集中的许多信件随意删减。俄文第一版的前四卷所发表的书信恢复了这些信件的本来面目,至于后五卷的书信绝大多数是第一次与读者见面的。此外,俄文第一版各卷都有序言和若干脚注,每篇著作都注明作者发表时所用的笔名,第一次发表的时间和地点,卷末附有人名索引,个别几卷附有名目索引。

俄文第一版是世界上第一个无产阶级专政的国家出版的无产阶级伟大革命导师马克思和恩格斯的著作全集,也是当时马克思和恩格斯的遗著最完备的文献。

俄文第一版也存在一些严重的缺点:有些已发表的重要著作没有收入,如《流亡中的大人物》和恩格斯的《〈资本论〉第一卷提纲》;已收入的著作有些是不完整的,如《黑格尔法哲学批判》;有的著作如《1844年经济学—哲学手稿》在收入该版时,被当成了《神圣家族》一书的准备材料;有些不是马克思、恩格斯的著作,也被误收进去;马克思、恩格斯发表在《纽约每日论坛报》上的文章,由于它们涉及许多不同内容的问题,编者在将其按专题分类编排时,有些段落被删掉了,译文有不确切和译错的地方,有的甚至歪曲了原文。此外,版本的选择、术语的使用以及技术规格方面都存在许多缺点。

**《马克思恩格斯全集》国际版(旧版)**(Karl Marx/Friedrich Engels. Historisch-Kritische Gesamtausgabe 通称 MEGA)《马克思恩格斯全集》国际版也是由苏联马克思恩格斯研究院编辑出版的。国际版与俄文第一版的准备工作是同一个时间进行的。虽然这两个版本由同一个编辑单位、在差不多相同的时间内出版,但是这两个版本的编辑方针,编排方法却完全不同。国际版要求"以最大的准确性有系统地再现马克思恩格斯全部精神遗产",也就是说,编入该版的全部著作都按作者在写作时所使用的文字发表,除已完成的著作和书信外,还收入未完成的著作手稿及其准备材料。因此，国际版是供学术研究、为出版其他文字的马克思恩格斯著作集提供基础的版本。为了出版国际版，苏联和德国还成立了专门出版社——"马克思恩格斯出版社"。1929年以前该出版社设在德国美因河畔的法兰克福，1929—1933年设在柏林。1933年希特勒上台以后，国际版的出版工作改由苏联"外国工人出版社"担负，在莫斯科和列宁格勒继续出版。

《马克思恩格斯全集》国际版是从1927年开始出版的。原计划出四十卷，由四个部分组成。第一部分为除《资本论》以外的哲学、经济学、历史和政论性著作和有关材料，计划出十七卷；第二部分为《资本论》及其手稿和准备材料，拟出十三卷；第三部分是书信，准备出十卷，前几卷是马克思和恩格斯之间的通信，后几卷是马克思恩格斯给其他人的信；第四部分是各种索引。国际版没有统一的卷号，各部分单独编卷。从1927—1935年，九年内共出版了十二卷（13册），即第一部分的第一至七卷，其中第一卷分两册，包括马克思和恩格斯1848年12月以前的著作和文章共五百五十四篇，其中马克思的一百八十篇，恩格斯的二百二十六篇，马克思和恩格斯合著的八篇，不能确定作者是马克思或恩格斯，还是他们两人合著的四十三篇，存疑文章十二篇。另外，还有附录材料八十五篇。第三部分的四卷包括马克思恩格斯1844—1883年期间的通信，共一千五百三十一封，其中马克思写给恩格斯的信八百八十五封，恩格斯写给马克思的信六百四十六封，另外还有马克思的亲属和其他人写给马克思和恩格斯，或马克思和恩格斯写给其他人的信三十九封。1935年为纪念恩格斯逝世四十周年又出版了一卷，没有编号，内容是《反杜林论》《自然辩证法》和有关的准备材料。

第一部分第一卷分上下两册，上册是马克思1839—1843年期间所写的著作，包括博士论文《德谟克利特的自然哲学和伊壁鸠鲁的自然哲学的差别》《〈黑格尔法哲学批判〉导言》等二十八篇；下册是马克思青年时代写的诗歌和书信以及一部分文件。第二卷是恩格斯1844年春以前写的文章和诗歌，包括《政治经济学批判大纲》等五十九篇。这两卷文章表明马克思恩格斯各自独立地完成从唯心主义向唯物主义、从革命民主主义向共产主义的转变。第三卷是马克思恩格斯1844年7月—1845年夏的著作，主要是他们合著的《神圣家族》。第四卷收入的全部是恩格斯1844年初—1846年6月写的著作，包括《英国工人阶级状况》等十五篇。第五卷是《德意志意识形态》。第六卷是马克思恩格斯1846年下半年—1848年革命以前的文章，包括《共产党宣言》《哲学的贫困》等五十八篇。第七卷是1848年革命时的文章一百七十六篇。

与俄文第一版相比，国际版编入的文章更为完备。它除了收入已完成的著作外，还收入了许多手稿和准备材料，这就为研究马克思主义思想的形成和发展提供了新的条件。由于国际版的某些卷次比内容相应的俄文第一版的卷次出版晚，所以这些卷次就收入了俄文第一版没有收入的新发现的著作，如马克思的《〈黑格尔法哲学批判〉导言》，马克思恩格斯合著的《德意志意识形态》，1848年革命时期的四十多篇文章，马克思青年时代的诗歌，恩格斯写给妹妹玛丽·恩格斯的许多书信等等。此外各卷还附有不同种类的参考材料、附录、著作说明、人名索引、著作索引等。

国际版的缺点是：编入的著作在选材方面尚有不严格的地方，有个别不是出自马克思手笔的文章，如《圣保罗检查长关于马克思的报告》也当作马克思的文章收入正文部分；编排体例也有不一致的地方，有的文章没有按严格的时间顺序排列，甚至个别文章顺序颠倒；参考资料部分也没有一定的体例。

**《马克思恩格斯全集》日文第一版**（マルクス・エンゲルス全集）

日文第一版是由日本改造社在1928—1932年编辑出版的，共二十七卷（30册）。1933年出了一本别卷（资料索引），1935年又出了一本补卷，内容是《资本论》第一卷纲要、片断等，共计正卷是二十八卷（31册）。

日文第一版是世界上最早出齐的一部《马克思恩格斯全集》，它收集了当时已发现的马克思主义创始人的全部著作和书信。

日文第一版共分两部分，第一至十六卷是著作部分，其中第八至十一卷是《剩余价值理论》，第十四卷的后半部是补遗（一）。这一部分共收入著作约三百八十六篇；第十七至二十四卷是书信部分，其中第十七至二十卷是马克思恩格斯之间的书信一千五百九十四封；第二十一至二十四卷是马克思恩格斯写给其他人的信六百九十八封。第二十五至二十七卷是补遗，即补遗（二）、（三）、（四），第二十五、二十七卷是补收马克思和恩格斯之间的书信和一部分文章，第二十六卷是他们的著作。1933年出版的别卷（资料索引）包括全集各卷的总目录，著作和书信的总索引，书信部分的内容简介，生平年表等。

日文第一版存在一些严重的缺点。由于当时日本法西斯势力逐渐抬头，不少卷次不得不作若干删节，甚至像《共产党宣言》这样重要的著作都没有收入，《资本论》也未收入全集，编辑体例比较杂乱，译文有不少错误和遗漏，译名不统一，注释比较简单。

## 二

《马克思恩格斯全集》俄文第一版于1946年出齐后，经过将近十年，苏联从1955年又开始出版俄文第二版。1955年—1975年这二十多年为《马克思恩格斯全集》出版的第二个阶段。这个阶段的主要版本，是苏联马列主义研究院编辑出版的《马克思恩格斯全集》俄文第二版。此外，还有一些国家以俄文第二版为基础出版的德文版、日文第二版、罗马尼亚文版、塞尔维亚文版、波兰文版、捷克文版、保加利亚文版、匈牙利文版、朝鲜文版、乌克兰文版等十多个版本。

**《马克思恩格斯全集》俄文第二版**（К. Маркс и Ф. Энгельс. Сочинения Изд.2－е）是根据苏共中央的决定由马克思恩格斯列宁斯大林研究院（后改名为马列主义研究院）编辑出版的。该版的准备工作是在出版俄文第一版的过程中进行的。从1940年着手准备到1941年6月已拟出了初步的编辑大纲。卫国战争使出版的准备工作推迟了一些时间。战争结束后，准备工作又大规模地开展起来。1955年第二版第一卷正式发行。这一版原计划出版三十卷，在编辑过程中又陆续发现了若干马克思和恩格斯的著作和书信，编者决定改变原来的计划，扩充俄文第二版的篇幅，由三十卷增加到三十九卷。由于有些著作的篇幅较大，如《资本论》第三卷是分为两册、《剩余价值理论》分为三册出版的，这样俄文第二版到1966年止共出版了三十九卷四十三册。

俄文第二版由三个部分组成：第一部分，第一至二十二卷，是哲学、历史、政治、经济及其他著作；第二部分，第二十三至二十六卷，是《资本论》和《剩余价值理论》；第三部分，第二十七至三十九卷，是书信。编入第一部分正文中的著作（《资本论》和《剩余价值理论》除外）共一千五百二十二篇，其中马克思的著作七百一十七篇，恩格斯的著作六百一十篇，马克思恩格斯合著的九十三篇，不能确定作者是马克思或恩格斯，还是他们两人合著的七十三篇。马克思的遗稿十篇，恩格斯的遗稿十九篇。收入这一部分的著作有若干篇是第一次公诸于世的。编入第三部分的书信有三千八百九十九封，其中马克思给恩格斯的信九百封，恩格斯给马克思的信六百四十五封，马克思给其他人的信七百四十四封，恩格斯给其他人的信一千六百零四封。马克思和恩格斯共同写给其他人的信六封。此外，该版还把一些重要文件材料作为附录编入相应的各卷，共二百六十九篇（封），其中第一至二十二卷中编入了一百五十九篇，第二十七至三十九卷编入了一百一十封信。

编入俄文第二版的马克思恩格斯的全部著作和书信是按着写作日期或发表日期排列的。卷次的划分照顾了马克思主义和国际工人运动的历史时期的划分，采用一卷或几卷的篇幅来反映马克思主义创始人思想发展的某一时期。书信部分也是如此，它不像俄文第一版那样把马克思和恩格斯之间的通信单独编成四卷，而是将一个时期书信编在一卷内，卷内的前半部是马克思和恩格斯之间的通信，他们在同一时期写给其他人的信排在后半部，这就为读者学习和研究工作提供了方便。正文部分的第一至四卷包括马克思和恩格斯开始从事科学和政治活动到1848年革命之前这一时期的著作。这四卷著作反映他们从唯心主义转变为唯物主义、从革命民主主义转变为共产主义，制定新的无产阶级世界观的原理和开始为建立无产阶级政党而斗争的过程。收入第五至六卷的是他们在1848—1849年革命时期写的政论文章。第七至八卷包括1849年8月—1853年3月所写的著作，主要是从理论上对德国、法国1848—1849年革命和法国1850—1852年革命的经验进行总结。第二十七卷集中收入了马克思和恩格斯之间以及他们与其他人在上述三个时期的来往信件。编入第九至十二卷的著作和第二十八至二十九卷书信反映两位导师在反动势力横行欧洲、无产阶级运动处于低潮时期所进行的理论研究和创作活动。这个时期的文章大部分发表在《纽约每日论坛报》和《人民报》上。第十三至十五卷和第三十卷书信叙述了他们在无产阶级运动和民主民族解放斗争高涨时期和1864年9月创建第一国际之前所从事的理论创作和革命实践活动。第十六至十八卷以及第三十一至三十三卷反映马克思主义创始人在领导历史上第二个无产阶级国际组织"国际工人协会"（1864—1874年）和总结历史上第一个无产阶级专政国家——巴黎公社的历史经验所进行的紧张而大量的革命活动。第十九、二十卷和第三十四、三十五卷包括马克思恩格斯在第一国际停止活动到1883年马克思逝世前的著作和书信。第二十卷是恩格斯的《反杜林论》和《自然辩证法》两部著作。第二十一、二十二卷和第三十六至三十九卷是马克思逝世后，恩格斯所写的著作和书信。

根据编辑方针，俄文第二版是供广大读者阅读而不是供学术研究用的版本。它是目前比较完备的版本。它比俄文第一版多收了四百一十七篇马克思和恩格斯的新发现的著作和六百二十封书信。这些著作和书信大部分是第一次与读者见面的，在六百二十封信中，第一次发表的就有二百多封。

俄文第二版的编辑出版工作是在第一版的基础上进行的，它不仅编入了许多新的文献，而且在编辑体例、版本选择、译文质量方面都比第一版有所进步。

该版各卷都附有种类不同、数量不等的科学参考资料，包括一万七千余条注释，约九百多人的人名索引并附有人物简介以及地名、报刊、著作索引。《资本论》《剩余价值理论》和第二十卷（包括《反杜林论》和《自然辩证法》）还附有名目索引，第三十九卷后面有第二十七至三十九卷的书信部分的名目索引。

俄文第二版第一至三十九卷出齐后，苏共马列主义研究院于1968年开始出版第二版的补卷，计划出十一卷。补卷的卷次编号与前三十九卷相衔接，即第四十至五十卷。除第四十八、五十卷外，现在都已出版。补卷的内容包括：第二版第一至三十九卷出版后发现的马克思和恩格斯的著作和书信,以及过去曾经在苏联出版的马克思和恩格斯著作专辑中发表的文章和书信。

由于俄文第二版编辑方针的变化,造成全集分为主卷和补卷两部分,这应该说是一个缺点。另外在编辑体例、参考资料等方面也有不足之处,如注释部分前几卷少而简,以后各卷又多而繁。

**《马克思恩格斯全集》德文版**(Karl Marx/Friedrich Engels Werke)是根据德国统一社会党中央的决定,由德国统一社会党中央马列主义研究院在苏联出版的《马克思恩格斯全集》俄文第二版的基础上编辑出版的。从1957年开始出版到1968年完成,共三十九卷四十二册。此外,在1973年和1974年又出版了两卷补卷(Ergänzungsband),包括马克思和恩格斯1844年以前的早期著作共一百二十八篇。

德文版的编辑方针、读者对象、编排原则、卷次划分等基本上与俄文第二版相同,但在某些方面作了调整和改变。与俄文第二版相比,该版在正文部分多收了四篇文章:恩格斯的《大陆上的社会主义》(1844年9月20日左右)、《现代兴起的今日尚存的共产主义移民区记述》(1844年10月中)、《维多利亚访问》(1845年9月14—18日)和《〈英国工人阶级状况〉一书的补充》。这四篇文章编在第二卷中。附录部分也比俄文二版多收十二篇,这些文件编在相应的第五至七卷中。个别文章在分卷时也作了调整,如《真正的社会主义者》一文,俄文第二版编在第三卷,德文版则编在第四卷。书信部分也有类似的变动。另外,有十六封信是在俄文二版和德文版出版过程中发现的,未来得及按时间顺序编入相应卷次,德文版把这十六封信排在第三十九卷的补遗部分。在编排体例方面也有一些变动,一些重要的著作,如《共产党宣言》等著作的序言、跋等,除按写作日期排在相应的卷次外,还在该著作所在的卷次中重排一次;作者分几次写完的文章,如《关于雅科比提案的辩论》，德文版改变了按写作日期顺序分开编排的原则，采取按第一篇写作的日期，用一个标题集中编排的方法。这样安排显然是为了便于读者阅读和研究。参考资料部分，与俄文第二版也不完全相同，如有些注释，显然，由于考虑到本国的情况作了补充和删改。

由于马克思和恩格斯的著作和书信绝大部分是用德文写的，而德文版在编辑出版时，作者用德文写的著作按原文刊印，作者用其他文字写的著作，则根据作者审定过的版本译成德文，所以，《马克思恩格斯全集》德文版的出版为马克思恩格斯著作的研究和翻译提供了一个较新的版本。

**《马克思恩格斯全集》日文第二版**（マルクス・エンゲルス全集）是由日本东京大月书店根据《马克思恩格斯全集》德文版翻译出版的。1959年出版第一卷，最后一卷于1975年出版，历时十五年。日文第二版的编辑方针、内容、体例等与德文版基本相同。所不同的是日文版将德文版的两卷补卷（均为马克思和恩格斯的早期著作）统一编号为第四十和四十一卷。这样，日文版的总卷数为四十一卷，四十五册。日文版的全部译文都是从原文直接翻译的，除马克思和恩格斯用德文写的著作依据德文版翻译外，马克思和恩格斯用其他文字写的著作是依据苏联马列主义研究院提供的原文影印件翻译的。

此外，在这个阶段出版的《马克思恩格斯全集》还有罗马尼亚文版、塞尔维亚文版、保加利亚文版、捷克文版、匈牙利文版、波兰文版、朝鲜文版等，这些版本都是依据俄文第二版在1957年到1961年间开始出版的。有的版本在编译过程中，或参照德文版或从俄文翻译按原文校订。正文的编排同俄文第二版基本上是一致的，只是在参考资料部分有程度不同的变动，有些版本的卷末注在俄文二版的基础上作了增删或改写。各种索引，有的是照俄文版翻译的，有的是参照德文版编译的。只有匈牙利文版是把人名、期刊和著作索引合编成一个索引。这些版本有的即将出齐，有的正在出版中。

三

从1975年开始，《马克思恩格斯全集》的出版进入第三个阶段，主要版本是英文版和新国际版。这两个版本，就其收入的马克思和恩格斯的著作的篇数而言，将比以往出版过的版本要多。在编排体例方面也有新的变动。预计，这两个版本出齐后，将是目前更为完备的版本。

《马克思恩格斯全集》英文版（Karl Marx/Frederick Engels Collected Works）是由英国伦敦劳伦斯—威沙特出版社、美国纽约国际图书出版公司和苏联进步出版社共同编辑出版的。计划出版五十卷，1975年出版了第一卷，目前已出版十卷，预计1985年全部出齐。

英文版基本上是以《马克思恩格斯全集》俄文第二版和德文版为基础编辑出版的。它所收入的著作和书信将包括俄文第二版和德文版主卷和补卷中的全部著作和书信，它将收集马克思和恩格斯生前发表的全部著作和相当大的一部分遗稿——生前未发表的手稿、未完成的著作、提纲、草稿等。此外，英文版还将部分地收入马克思和恩格斯所作的提要、读书摘录和批语。这些材料以及个别著作的初稿，异文和草稿将放在相应的著作所在的卷次后面的"准备材料"中。附录包括有关传记性的文件和材料，如马克思和恩格斯写的正式申请书及其他法律文件，他们的未经本人审定的演说和谈话的新闻报道和记录，他们帮助各个组织起草或参与起草的文件以及他们委托其他人写的信件。

英文版的编排结构和分卷有自己的特点。它由三个部分组成：第一部分是哲学、经济学、历史和政论著作，第二部分是马克思的《资本论》和写作《资本论》的几个手稿（如1857—1858年经济学手稿）以及与之直接有关的著作，第三部分是从1844年开始的书信。分卷计划是第一部分为第一至二十八卷，第二部分为第二十九至三十七卷，第三部分为第三十八至五十卷。

收入该版的著作和书信全部按作者的写作时间顺序排列。只有连续性的著作或作者生前在报刊上连载发表过的著作集中编在一卷时才不按时间顺序编排这个原则处理。材料的分卷将按照马克思主义的历史分期的原则，某一卷或连续几卷的内容反映作者创作的一定阶段。为了反映马克思主义两位经典著作家的世界观在1844年8月开始他们的亲密的友谊和合作之前，是各自独立形成和发展的，第一至三卷的著作和书信分开编排。第一卷是马克思1843年3月底以前写的著作和书信，第二卷是恩格斯大约在同一时期写的著作和书信，第三卷是马克思和恩格斯1843年春至1844年8月这一时期内的著作和书信，两人的著作单独编排。从第四卷开始，马克思和恩格斯的全部著作按时间顺序混合编排。英文版的译文，大部分是以原文为基础的，已有英译本的著作将以作者生前出版过、经他们审阅和编辑过的版本为依据并核对原文。此外，英文版每一卷都有较详细的参考资料和各种索引。除注释、人名索引、著作和文献索引、报刊索引以外，英文版各卷还有名目索引。

英文版已经出版了第一至十卷。第一卷是青年马克思从1835年8月至1843年3月间的著作和书信，包括马克思的中学时期的作文、给父亲的信、博士论文、发表在《莱茵报》上的文章等。此外，还有马克思青年时期写的文学习作，献给父亲的诗和献给未婚妻燕妮·威斯特华伦的一些诗。第二卷是青年恩格斯1838年8月至1842年12月间的著作和书信，包括恩格斯青年时期的文学习作、政论文章和文学评论，给格雷培兄弟和妹妹玛丽·恩格斯以及其他人的书信。第三卷包括马克思和恩格斯1843年春至1844年8月在巴黎会见这一时期的著作。这些著作表明他们已完成了向唯物主义和共产主义的转变。收入这一卷的马克思的著作，除《论犹太人问题》《〈黑格尔法哲学批判〉导言》等以外，还有1843年写的《克罗茨纳赫笔记》的片断和《1844年经济学—哲学手稿》等。恩格斯的著作，除了《政治经济学批判大纲》、关于英国的一组文章（《英国状况》等）以外，还有新发现的恩格斯发表在宪章派报纸《北极星报》上的一组文章。此外，还补充收入了新发现的恩格斯的剧本《科拉·迪·连茨》。第四卷是1844年8月至1845年秋的著作，主要是他们在巴黎会见后合著的第一部著作《神圣家族》以及恩格斯的《英国工人阶级状况》。还有马克思的评弗·李斯特的《政治经济学的国民体系》一书的草稿。从这一卷开始，马克思和恩格斯的著作混合编排。第五卷是1845年4月至1847年4月之间的著作，包括马克思的《关于费尔巴哈的提纲》，马克思和恩格斯合著的《德意志意识形态》。与以往发表的《德意志意识形态》一书的版本不同，这次发表的包括新发现的若干页手稿，尤其是这部著作的第一卷第一章作了新的编排。第六卷是马克思恩格斯在1845年秋至1848年3月间写的著作。包括马克思的《哲学的贫困》等。《共产党宣言》和已收集到的写作这个纲领性文件的最初的草稿，即恩格斯写的《共产主义信条草案》以及《共产主义原理》也收在这一卷。

  第七至九卷包括1848—1849年欧洲革命时期的著作，大部分是发表在《新莱茵报》上的文章。第十卷是1849年9月至1850年6月之间的著作，包括马克思的《1848年至1850年的法兰西阶级斗争》、恩格斯的《德国农民战争》等重要著作。根据预告，从三十八卷开始的书信部分各卷将很快与著作部分同时出版发行。收入《资本论》及其准备著作的第二十九、三十卷的准备工作也正在进行中。

由于马克思和恩格斯的著作有一部分是用英文写的,所以《马克思恩格斯全集》英文版的编辑出版,在一定意义上说,也提供了马克思恩格斯著作的原文基础。

《马克思恩格斯全集》国际版(新版)(Karl Marx/Friedrich Engels Gesamtausgabe)(MEGA)是由苏联和东德的马列主义研究院共同编辑出版的。为了确定新国际版的编辑体例、出版原则、卷次划分等,编辑部曾于1972年7月出版了一本试编卷分送若干国家征求意见。1975年10月,新国际版由东德柏林荻茨出版社正式开始出版。该版是用原文出版马克思、恩格斯的全部遗著,包括已经发表过和未发表过的著作和文章,草稿和未完成的手稿,他们的演说和谈话记录,他们起草的国际共产主义运动和国际工人运动的文件、决议,他们之间的通信和他们写给其他人的全部书信以及他们所写的提纲、摘录、笔记和在所阅读的书中作的批注等等。

这部供学术研究的新版本预计出版一百卷,故也称"百卷本",每一卷的篇幅约四十五至五十个印张(译成中文约有五十多万字)。该版计划到1990年出齐。

新国际版共分四个部分:第一部分是除《资本论》及其准备著作以外的全部著作、草稿,第二部分是《资本论》及其准备著作,第三部分是书信,第四部分是摘录、提纲、读书笔记、批注等。

编入这四个部分的全部遗著都按原稿发表,也就是说按马克思、恩格斯的手稿发表,没有手稿的按作者审定过的版本发表。并且按作者写作时所使用的文字排印(主要部分是德文。英文、法文、西班牙文、俄文、希腊文、拉丁文等其他文字只占全部字数的三分之一)。作者生前没有发表的手稿,在结构和正字法方面不作任何编辑上的变动,即完全按手稿的原样排印。同时还发表反映某一篇著作从最初草稿到最后定稿的全部成文过程的手稿以及经作者审阅过的各种版本和译文。

新国际版各卷的卷次没有统一编号，各部分的卷次单独编号。编入各部分的著作和书信都按时间的顺序编排。编排的原则是按作者写作开始的时间或推测开始写作的时间，而不是按著作发表的时间。在报刊上连载的文章则编在一起发表。他们1844年8月在巴黎会见以前所写的著作和书信分开编排，在此之后所写的著作和书信统一按写作时间混合编排。

在新国际版的四个部分中，每一卷都分正卷和与正卷相应的副卷（或称资料卷）。正卷中又分正文和附录两部分：正文部分只编入已确定是马克思和恩格斯的著作、书信和经他们审定过的原文稿本和译本以及经作者审阅过的所有异文。编入附录部分的是：作者审阅过的文本没有保存下来而由第三者作过改动和校订的著作；未经作者审阅过的演说和谈话记录；在马克思、恩格斯直接指导或参预下由其他人写的著作；存疑文章，即不能确切肯定是马克思写的还是恩格斯写的著作；虽然不能确定是马克思或恩格斯起草的，但由他们签署的民主运动和工人运动的文件以及有关马克思恩格斯的传记材料。副卷（资料卷）的内容较多，主要是介绍正卷中所发表的著作的创作过程、异文资料、注释和人名索引、引用和提到的著作索引、名目索引等。此外每卷还有插图和照片，有些卷还有马克思和恩格斯没有保存下来的手稿和版本统计表等。

第三部分即书信卷的附录，收入其他人写给马克思和恩格斯的书信；第三者之间来往的信中直接引用和转述的没有保存下来的马克思、恩格斯书信内容的全部书信；马克思、恩格斯委托别人写的信件；马克思、恩格斯的亲属和其他人写的有传记价值的书信。

目前已经出版的有第一部分第一、十卷，第二部分第一卷第一册，第三卷第一、二册，第三部分第一卷和第四部分第一卷。

在第一部分中，将发表马克思、恩格斯的全部哲学、经济学、历史和政论著作（《资本论》及其准备材料除外）和一些著作的准备材料（计划、草稿等）。同时还要发表经作者审阅过的一些著作的全部异文。如《法兰西内战》，既要发表该著作的初稿、二稿，又要发表该著作的英文原稿和经作者审定过的三个英文版本的异文，还要发表恩格斯翻译的德文本和经作者审定过的其他德文版本的异文，也要收入在马克思指导下翻译的、部分经过马克思校阅的1872年法文版。

已出版的第一部分第一卷包括马克思1843年以前的全部著作五十九篇。主要是马克思的博士论文和一些政论文章，此外还有马克思的中学作文、五本诗集和马克思收集的八十首民歌。《关于普卢塔克对伊壁鸠鲁论战片断》一文，在以往的版本中一直当作博士论文的一部分，这次经过考证，证明是一篇单独的手稿。过去一直被看作马克思著作的《路德是施特劳斯和费尔巴哈的仲裁人》一文，经过考证确定不是出自马克思的手笔而是费尔巴哈写的。因此，该文未收入该版。

第一部分的各卷并不是按卷次编号顺序出版的。已出版的除第一卷外，还有第十卷。第十卷包括马克思、恩格斯1849年7月至1851年6月的著作。这一卷第一次发表了马克思的手稿《反思》和恩格斯1849年底至1850年中发表在《民主评论》上的《法国来信》和《德国来信》两组文章。

第二部分是《资本论》及其准备著作。这一部分主要是反映马克思的巨著《资本论》的全部成文过程以及马克思逝世后，恩格斯在整理和出版《资本论》第二卷和第三卷时所进行的大量工作。包括马克思从五十年代开始创作《资本论》的原始草稿——内容丰富的1857—1858年经济学手稿（《政治经济学批判大纲》）、1859年的《政治经济学批判。第一册》以及1858—1861年间的各种不同的准备著作；

1861—1863年写的二十三本手稿；1863—1865年的手稿和恩格斯整理出版的《资本论》第二卷和第三卷的定稿以及经马克思和恩格斯审阅或修改过的德文、英文、法文等各种版本。

第二部分第一卷分两册，主要是1857—1858年经济学手稿即《政治经济学批判大纲》。第一册已于1976年出版。

第二部分第三卷的内容是1861—1863年写的手稿，共二十三本，将分六册出版。第一册是1861年8月至1862年3月写的后来成为《资本论》第一卷内容的前五本手稿；第二至四册是1861—1862年写的第六至十五本手稿，内容主要是《剩余价值理论》。第五册是1862年12月至1863年1月写的第十六至十八本手稿，其中第十六至十七本构成《资本论》第三卷的内容，第十八本是属于《剩余价值理论》部分的。第六册是1863年1—7月写的第十九至二十三本手稿，其中第二十一至二十三本手稿涉及《资本论》第二卷的内容，第十九至二十本手稿是论述《资本论》第一卷内容的。目前已出版的有第一册和第二册。

第三部分收入迄今已发现的马克思和恩格斯的全部书信同时在附录中收入保存下来的第三者写给他们的全部书信。已出版的第一卷包括马克思和恩格斯1846年以前的书信，共二百一十九封。马克思和恩格斯1844年8月会见以前的书信分开编排，马克思部分十九封，恩格斯部分五十三封，共七十二封。他们从1844年8月至1846年4月的书信按时间顺序混合编排，共二十一封。合计有九十三封。附录是1846年4月以前其他人写给马克思和恩格斯的信一百二十二封，在其他人之间的通信中转述马克思恩格斯没有保存下来的书信的内容摘录四篇。在第一卷中，有些书信经过考证标上了新的或确切的写信日期。

第四部分收入的是马克思和恩格斯的所有保存下来的全部摘录、读书笔记、提纲、写作计划和在读书过程中所作的批注和各种符号。第四部分第一卷已于 1976 年出版。包括 1842 年以前所作摘录和笔记。这一卷也是分开编排的。马克思部分有《关于伊壁鸠鲁哲学笔记》等四篇摘录和笔记，恩格斯部分也是四篇摘录和笔记以及作为附录的四篇中学时期的材料。这一卷的材料大部分是第一次发表的。

此外，在这个时期出版的《马克思恩格斯全集》还有意大利文版。意大利文版的编排内容和结构与英文版相同，只有个别的地方有些变动，如恩格斯的剧本《科拉·迪·连茨》英文版补充编在第三卷，意大利文版已按日期编在第二卷。该版也分为著作、《资本论》及其准备材料和书信三个部分，共五十卷。由意大利"团结出版社"出版。目前已出版了十八卷，即属于第一部分的第一至八、十、十六、二十五和属于第三部分的第三十八至四十三、五十卷。

法国的"社会出版社"也在准备根据英文版出版《全集》法文版。据了解，西班牙文版《全集》出版的准备工作也在进行中。

总之，本世纪末很可能会有更多种文字的《马克思恩格斯全集》版本问世。

以上是 1927 年以来的《马克思恩格斯全集》在世界各国的出版情况。由于掌握的材料有限，有些版本只能作简要的叙述。

# 苏共中央马列主义研究院概况[*]

奥比奇金　维尔霍夫策夫　廖文娜

## 苏共中央马克思列宁主义研究院成立经过

苏共中央马克思列宁主义研究院是我党最高科学研究机关。它的主要任务是：收集、保存和发表马克思、恩格斯、列宁的遗著，编辑出版他们的传记，收集、保存和发表党中央机关的文献及党的杰出活动家的著作，并对苏联共产党的历史，对科学共产主义理论、党的建设及国际共产主义运动史中的迫切问题进行科学的研究。

马克思列宁主义研究院并不是一成立就具有现在的规模。它的成立要追溯到1921年1月，当时俄国共产党（布）中央委员会通过了一项在莫斯科建立马克思恩格斯研究院的决议。

伟大的十月社会主义革命胜利初期，列宁和我们党的中央委员会及

---

[*] 本文选自《马列著作编译资料》1979年第4辑。收入本卷时节选了原文的一部分内容。——本丛书编者注

原题注：原题为《共产党人的思想武库》，苏联政治书籍出版社1971年莫斯科版。——编者注

苏联政府就极其重视收集和研究关于俄国革命运动史、十月革命史和布尔什维克党党史方面的文献，以及科学共产主义奠基人马克思和恩格斯的文献。

开展这项工作需要有新的专门科学机关来负责。在二十年代初，虽然年轻的苏维埃共和国处于艰难时期，但这些科学机关在列宁的倡议下成立了。

1920年9月21日，俄罗斯苏维埃联邦社会主义共和国人民委员会通过了列宁签署的《关于设立十月革命史和俄国共产党党史史料收集研究委员会》的决议。在这一年，委员会（历史上称为党史委员会）发表了《告全体党员书》，号召全体党员保存革命文献资料。在《告全体党员书》的附件中还专门定出收集和保存党史文献的详细办法。

这个委员会最初属于俄罗斯苏维埃联邦社会主义共和国教育人民委员部领导。后来，根据党中央委员会1921年11月11日和12月3日的决定，委员会改为俄共（布）中央委员会的一个部。在关于这个部的决定中指出："党史研究部［收集、研究十月革命史和俄国共产党（布）党史史料的部门］是俄国共产党中央委员会的部门之一。"

早在1924年前，党史研究部就设立了有相当规模的党史档案馆并奠定了党的中央书库的基础。党史研究部大量出版各种文献，翻印了十月革命前布尔什维克的一些报刊，发表了党的许多次代表大会和代表会议的记录。在该部主编的月刊《无产阶级革命》上发表了极其珍贵的党史资料、列宁的一些文献、列宁战友写的回忆录等。党史研究部在它存在的八年里出版的党史著作约四十二种。

马克思和恩格斯逝世后，他们的许多遗著落入德国社会民主党和第二国际的一些领导人手中。

列宁以忠于马克思恩格斯的伟大学说并对违背他们学说的各种机会

主义毫不妥协的精神所培育的布尔什维克党,认为自己的国际主义任务是采取一切措施科学地普及国内外已发表的马克思和恩格斯的著作,并把他们尚未发表的遗著发掘出来。这些任务最初是交给根据俄共(布)中央全会 1920 年 12 月 8 日的决定设立的马克思主义博物馆担任。在列宁的领导下举行的这次全会在它的决定中强调指出:设立"世界上第一个马克思主义博物馆"是一项"具有特殊国际意义"的任务。

但很快就清楚地看到:马克思和恩格斯遗著的科学研究工作和出版工作需要建立一个专门的科学研究机构。遵照列宁 1921 年 1 月 11 日的倡议,俄共(布)中央委员会组织部通过了把马克思主义博物馆改称马克思恩格斯研究院的决定,使之成为社会主义科学院领导下的独立机构。

马克思恩格斯研究院所遇到的巨大困难可从下面一例看出:研究院成立初期只有马克思的八封亲笔信,甚至连已出版的马克思和恩格斯著作也不齐全。但是,列宁、党中央委员会和苏维埃政府千方百计地帮助研究院进行工作。

列宁经常询问马克思恩格斯研究院的工作,十分关心马克思主义经典作家遗著和手稿的收集工作,关心革命民主主义刊物和工人刊物的收集工作,并对研究院解决这些任务给予具体的帮助。1921 年 2 月 2 日列宁寄给研究院两封信。列宁在一封信里问到研究院图书馆有没有"**收藏所有**发表在报纸和某些杂志上的马克思和恩格斯的书信……有没有马克思和恩格斯**全部书信的目录**"。如果有的话,他请求研究院寄给他一份目录看看。①

在另外一封信中,列宁实际上对研究院提出了一整套的工作计划,

---

① 《列宁全集》俄文第 5 版第 52 卷第 63 页。

他指出必须购买马克思和恩格斯书信的原件或照相复制品，提出要在莫斯科收集所有已发表的马克思和恩格斯的著作，把在莫斯科收集到的文献编出目录，以及不断地收集马克思和恩格斯的书信等项任务。① 列宁后来还亲自翻阅从国外购得的一些新的手稿和资料，其中有马克思《关于费尔巴哈的提纲》的照相复制品和拉萨尔与马克思通信集第三卷的校样。

即使是在1921年我国遭受经济破坏和饥荒的时候，俄共（布）中央委员会和苏维埃政府仍认为必须尽可能地拨给马克思恩格斯研究院一笔以黄金计算的经费，作为收集、采购、拍照各种文献，以及在国外购买专门文献和整套藏书之用。

从1923年起，研究院开始照相复制德国社会民主党档案馆和伯恩施坦私人收藏的马克思主义奠基者的一些主要遗著。同年，研究院成立了档案馆，它是研究院的一个独立部门。这为研究院顺利解决收集、研究、出版马克思和恩格斯的遗著，以及编写他们的科学传记等任务提供了必要的资料和文献的基地。

1924年5月间举行的俄共（布）第十三次代表大会作了出版俄文和其他文的马克思恩格斯全集的专门决议。根据党中央委员会于1924年7月12日的决定，马克思恩格斯研究院设立一个由俄共（布）中央委员会、苏联中央执行委员会和共产国际执行委员会三方代表所组成的委员会来领导马恩全集的出版工作。同年7月11日中央执行委员会和苏联人民委员会的决定指出：马克思恩格斯研究院是苏联收藏马克思和恩格斯的全部文献及他们的生平活动资料的唯一国家机构。

研究院一年比一年更加广泛地开展收集和保存第一国际及其各支部

---

① 《列宁全集》俄文第5版第52卷第64页。

和各次代表大会的档案材料，收集和保存马克思和恩格斯的战友的文献以及法国、德国、奥地利和其他国家革命运动史料的工作。

1929年6月28日苏联中央执行委员会主席团批准了关于马克思恩格斯研究院的三项任务的决定：（1）研究马克思主义，并促进马克思主义的研究工作；（2）研究国际共产主义运动史，并促进其研究工作；（3）向广大劳动群众科学地宣传马克思主义。

在苏联中央执行委员会主席团1930年3月13日关于马克思恩格斯研究院的决定中也提出了同样的任务。

在俄共（布）的关心和国外兄弟共产党的帮助下，马克思恩格斯研究院在二十至三十年代就成了研究和宣传马克思主义的最重要的科学中心。

在1920年3月底—4月初，也就是列宁诞辰五十周年纪念日前夕，俄共（布）第九次代表大会通过了关于出版《列宁全集》的决定。俄共（布）中央委员会党史研究部当时正从事收集、研究和出版有关伟大十月社会主义革命史和共产党党史方面的资料的工作，不可能担负党的这项新的重大任务。因此，有必要建立一个党的科学研究和出版机构，以便专门收集、保存、深入而全面地研究和出版列宁通过理论和实践活动所总结的全部文献。莫斯科党组织发起建立这一机构。

1923年3月31日，俄共（布）莫斯科委员会全体会议决定在莫斯科筹建列宁研究院。同一天，莫斯科布尔什维克代表会议一致通过了莫斯科委员会的决定。

1923年7月8日，俄共（布）中央通过《真理报》向各组织、机关、党员和党外人士发出号召，要求把列宁的信件、手稿和其他文献献给正在筹建的列宁研究院。中央委员会强调指出：列宁研究院的组织原则和正式成立的日期在很大程度上取决于资料收集的数量。号召书中制订了列宁文献献交的办法和手续，这些办法和手续至今仍然基本适用。

列宁研究院最初是作为莫斯科党委会的科研机关而设立的。鉴于研究院的工作对全党、全国来说都具有重要意义，所以从1923年10月28日起改由党中央直接管辖，作为党中央的一个部门。同年，俄共（布）中央委员会政治局11月29日的决定中指出，列宁研究院是收藏列宁全部手稿资料的唯一机构。政治局的这项决定为苏联中央执行委员会和人民委员会1924年2月通过的决定，以及后来苏联各加盟共和国最高国家机关的决定奠定了基础。

根据1924年5月31日党的第十三次代表大会的决定，列宁研究院正式成立了。代表大会的决议中说：

"（1）宣布列宁研究院正式成立。

（2）代表大会号召我们党的所有组织和各个党员积极地大力帮助研究院收集有关弗·伊·列宁生平事业的材料。代表大会还请求各国兄弟党协助把一切有关弗·伊·列宁生平事业的材料集中到列宁研究院。

代表大会认为，必须把存放在任何地方的弗·伊·列宁的一切手稿、信件、札记、他的照片的原件以及其他材料都集中到弗·伊·列宁研究院。同样，也应当毫无例外地把有关弗·伊·列宁的一切著作交给研究院。代表大会责成各地方党史委员会注意经常提供各地的文献资料。"

在代表大会的决定中特别指出："第十三次代表大会认为研究院的首要任务是：十分科学地和极其严肃认真地出版列宁全集……因此，弗·伊·列宁研究院应当是研究和在广大党员和非党群众中传播列宁主义的基地。"

共产国际执行委员会为了响应党的第十三次代表大会的决定，特向欧洲和美洲各共产党组织及每个党员发出号召。

号召书说:"我们请求各国共产党员同志们,特别是共产主义和社会主义刊物的编辑人员,把刊物上登过的列宁文章的原稿寄给列宁研究院……列宁研究院也向存有列宁的信件、札记、便条等的各位同志和朋友提出同样的请求。看上去似乎是微不足道的一张由列宁亲手签署过的纸条,可能对研究人类历史上最伟大的现象,即建立并继续建设苏维埃政权这样一种新型国家的社会主义革命,将是一份极有价值的贡献。

材料请寄莫斯科共产国际执行委员会主席收。"

这一号召获得广泛的响应,从世界许多国家寄来了列宁的信件和文献(或其副本)。

早在1925年4月4日,《真理报》刊登了俄共(布)中央委员会关于出版列宁信件和文献办法的决定。其中说到:"各种刊物凡是要发表至今尚未发表的列宁的信件和其他一切文献,都必须通过列宁研究院或征得研究院的同意。"

直到1928年夏党史委员会和列宁研究院这两所党的科学研究机构是同时进行工作的。同年8月20日,党中央委员会决定把党史委员会和列宁研究院合并成一个隶属于中央委员会的部门,并命名为联共(布)中央委员会列宁研究院。这样,不仅消除了两个机构工作中的重复现象,而且大大地加强了研究院的干部力量;同时由于档案馆的合并和图书馆的扩大,充实了科学研究工作的文献基地。图书馆因党史委员会转来大批的秘密书刊及其他刊物而更加充实了。中央委员会在决定中指出,列宁研究院图书馆是党的中央书库。

研究院的任务实际上加重了。它不仅要研究列宁的生平和事业,深入研究列宁主义问题,而且要研究联共(布)党史和共产国际史。

过了三年,马克思主义和列宁主义的研究工作采用统一进行的方式。1931年11月3日,苏联中央执行委员会主席团作出决定:"为了统一马克思、恩格斯和列宁著作的出版工作，为了深入研究马克思主义、列宁主义问题及其发展史，苏联中央执行委员会所属的马克思恩格斯研究院和联共（布）中央委员会所属的列宁研究院应合并成一个统一的机构，称作'联共（布）中央委员会马克思恩格斯列宁研究院'。"

联共（布）中央批准的马恩列研究院条例，确认该院为党的全国最高科学研究机关，其任务是：（1）科学地编辑出版马克思、恩格斯、列宁已发表的和未发表的著作，编辑出版他们战友的著作；（2）研究马克思、恩格斯、列宁的生平和事业及他们的学说，并促进这方面的研究工作；（3）收集、研究和出版联共（布）党史文献，科学地研究党史、党的建设和共产主义青年运动等问题；（4）收集、研究和科学地出版共产国际史方面的文献。

1956年研究院改称"苏共中央马克思列宁主义研究院"。

1968年党中央委员会通过了"关于'苏共中央马克思列宁主义研究院'的任务、组织机构和人员"的决定，确定了研究院新的任务和基本工作方针。

由于面临新的任务，马克思列宁主义研究院的组织机构也发生了变化。目前，研究院设有以下各部门：马克思恩格斯列宁著作部、苏共党史部、党的建设部、科学共产主义部、国际共产主义运动史部；分属的和辅助的科学研究部门；中央党务档案馆和图书馆。研究院还出版《苏联共产党历史问题》杂志（从1957年起）。

马克思恩格斯博物馆是马克思列宁主义研究院的组成部分。列宁中央博物馆同研究院密不可分。

研究院在莫斯科、列宁格勒及十四个加盟共和国中设有十六个分院。

研究院的书刊由国家政治书籍出版社出版。

为了表彰研究院在科学研究、出版和宣传马克思、恩格斯、列宁的思想遗产方面的巨大功绩，为了纪念苏联共产党中央委员会马克思列宁主义研究院成立五十周年，1971年1月8日马克思列宁主义研究院被授予列宁勋章。

## 科学共产主义创始人遗著的收集和出版

马克思列宁主义研究院从建立时起就进行了大量工作来查找和收集马克思、恩格斯和列宁的遗著手稿。要把分散在各个国家、城市、各地档案馆中和一些私人手里的极其宝贵的文献收集起来，是一项非常艰巨的工作。

### 马克思和恩格斯遗著的收集和出版

马克思和恩格斯的遗著都在国外，主要是在德国。1921年研究院初建时面临的首要任务是力求从德国社会民主党档案中获得资料。1923年秋，该党领导同意了苏联方面拍摄马克思和恩格斯的手稿和信件。1924—1927年期间，德国档案中拥有的材料首次由莫斯科马克思恩格斯研究院专门组织的美因河畔法兰克福社会研究所摄制室进行了清点登记、系统整理和照相复制等工作。

此外，还进行大量工作，从其他许多档案和马克思、恩格斯亲属那里收集遗稿。从马克思当年上过的特利尔中学的档案中，获得他中学时代作业的照相复制品。从耶拿大学的档案中，得到他博士学位的证书。在科伦市的历史档案中得到《莱茵报》档案的照相复制品。在恩格耳斯基尔亨市恩格斯亲属的家存文件中得到恩格斯青年时代的作品和他与亲属的往来信件。

还从其他一些国家学术机关收藏的照相复制品中获得一些材料，如：从纽约公共图书馆中获得马克思、恩格斯同左尔格的通信；从不列颠博物馆中获得马克思同尼·丹尼尔逊的通信（丹尼尔逊早在1911年就把这些信件的原稿保留下来）；从德勒斯顿图书馆中获得阿·卢格的手稿遗作；还有许多是从纽约市魏德迈和施留特尔所存文献中获得的很有价值的材料。

同时，研究院在这些年代中还从欧洲各国的古董店里以及私人手中获得一些手稿和书信的原件。这样研究院就在相当大的程度上以甚至德国社会民主党档案中都缺少的材料来充实了它的档案。例如：《资本论》第一卷中一章的草稿，多·纽文胡斯、威·布洛斯等人遗留下的马克思和恩格斯的书信。

所获得的马克思和恩格斯的战友李卜克内西、倍倍尔、贝克尔及其他一些国际工人运动活动家的信件真迹和照相复制品，以及由马克思、恩格斯所创建的无产阶级革命组织共产主义者同盟、特别是第一国际的档案材料，都具有十分重大的科学价值。在那几年中，还获得三本1864—1866年和1869—1872年第一国际总委员会的记录和两本1872年海牙代表大会记录。收进档案的第一国际材料可以使人们了解国际各支部的活动，并从中看出马克思和恩格斯在国际内部对各种小资产阶级思潮进行思想斗争所起的领导作用。

研究院还获得有关法国大革命史的真本文献这样珍贵的收藏品。其中有格·巴贝夫的文献、许多欧洲国家1848年革命的史料、巴黎公社史料以及有关革命运动和工人运动的史料。

在普鲁士国家档案、德意志帝国档案、法国国家档案中，在比利时、瑞士的档案和欧美其他档案中，以及在私人手中，对这类材料也进行了广泛的挑选。普鲁士国家机密档案中的材料具有特殊意义，因为它集中了警察机构所掌握的关于马克思、恩格斯、倍倍尔、李卜克内西、共产主义者同盟和其他一些革命组织的活动家的材料。

三十年代初，研究院档案馆收存的马克思恩格斯文献已有四千三百一十六件。所收集的文献需要仔细地加以研究，首先是要辨认不清楚的字迹，这是一项非常复杂的事情。要把一份密密麻麻地写在一张纸上（通常要用十来页纸）的马克思手稿读下来，不仅需要精通外语，而且要精通马克思经济学理论，精通哲学和历史，并具有辨认手稿的本领。

在研究院中央党务档案馆所收藏的最珍贵的马克思和恩格斯的文献中，有马克思的《资本论》手稿，即恩格斯为自己战友续完第二卷和第三卷时所依据的稿本。称为"小丛书"的七本笔记包括1857—1859年写的《资本论》初稿手稿。在1861—1863年写的二十三本笔记（一千四百七十二页手稿）中，有马克思的巨著《剩余价值理论》（《资本论》第四卷）和其他经济著作。在中央党务档案馆的文献资料中还有马克思和恩格斯关于哲学、历史、政治经济学的手稿，他们的演说、政论文章及他们所创建的国际组织的文献。

很大一部分遗著是马克思同恩格斯之间的往来书信（这一时期找到的信件有一千五百封），马克思和恩格斯同国际工人革命运动活动家的往来书信，以及工人运动活动家写给马克思和恩格斯的几千封信件。

马克思和恩格斯在写作时所作的摘录和提要，共计有二百本，其中绝大部分（一百七十四本）是马克思的。在这些笔记里除摘录外还有许多评语，以及计划写作的著作草稿。这些笔记反映了马克思和恩格斯十分广泛的科学兴趣，对这些笔记的内容加以分析有助于深入了解他们的科学创作活动，了解他们作品构思的产生和发展。

在这些笔记中，有马克思在研究俄国经济状况时从关于俄国的书刊中所作的摘录以及马克思在学习俄语时所作的一大本笔记，这些材料都具有非常重要的意义。

恩格斯打算写的、但未能完成的关于爱尔兰历史的著作的十五本准备材料，以及为写《自然辩证法》和《家庭、私有制和国家的起源》一书而准备的材料，是他所作的摘录中最重要的部分。

在这一时期找到十七本马克思的札记。其中除一些零碎的札记外还有在1844—1847年的札记中发现的《关于费尔巴哈的提纲》这样重要的著作，以及唯一保存下来的信件稿、第一国际总委员会的决议和重要的传记材料。

在三十年代，德国法西斯上台后，尽管欧洲的政治形势发生了复杂的变化，但马克思和恩格斯文献的收集工作并未停止。当时获得的有：《资本论》第一卷修订稿第六章前所未知的手稿原件，马克思对他在《新莱茵报》上的文章作了修改和注释的校样，还有恩格斯《布雷的牧师》的手稿、为《共产党宣言》波兰文版写的序言，以及马克思和恩格斯写给国际工人运动活动家的大量信件。

在这几年中研究院收到了很大一批马克思留在他的外孙和曾外孙那里的遗著。

许多手稿过去是照相复制品，现在都弄到了原件，还从家书中弄到大量的马克思书信，这对于研究和探讨马克思主义理论都有巨大意义。在战前的这一时期，还获得许多活动家，如斯·门德尔森、谢·斯捷普尼亚克-克拉夫钦斯基、格·海尔维格等人保存的材料，其中就有马克思和恩格斯的书信原件，还从弗·梅林和爱·伯恩施坦的档案中得到一些文献。还弄到巴黎公社记录照相复制品，第一国际美洲分部和纽约共产主义者俱乐部的记录的照相复制品和全德工人联合会荷波根分会的记录。

苏联共产党如果不重视马克思和恩格斯遗著的收集工作，那么他们的遗著就有永远丧失的实际危险，特别是在法西斯统治德国时期。

伟大的卫国战争开始后，继续有系统地查找马克思主义创始人在国外的遗著实际上已不可能。但是，值得指出的是，尽管我国遭到困难，前线上进行着紧张、激烈的战斗，研究院还是得到一些新的材料。1942年1月从伦敦的一个图书馆获得寻找多年的第一国际总委员会1866—1868年的第二本记录的照相复制品。这样一来，研究院就拥有总委员会的全部记录。

伟大的卫国战争结束以后，研究院重新恢复了查找马克思恩格斯文献并充实马克思恩格斯档案的工作。由于战后许多社会主义国家的共产党和工人党对收集遗稿的工作给予巨大帮助，研究院档案馆充实了大量新发现的文献原件。

马克思和恩格斯的亲属曾经提供了许多文献。恩格斯给兄弟格雷培的信的原件是由恩格斯的侄孙艾米尔·恩格斯转交给研究院的。法国共产党在五十年代提供的重要材料是马克思的外孙埃德加·龙格保存下来的。马克思的曾外孙沙尔·马赛尔·龙格于1960年访问苏联时送来了大量手稿。在这两次送来的大量材料中有五本马克思的笔记、《资本论》第三卷第一章前三节的草稿、《哥达纲领批判》的手稿原件、三本马克思的诗集，其中一本是以前未发现的1836—1837年献给燕妮·冯·威斯特华伦（她后来成为马克思的妻子和忠实的终身伴侣）的诗集，还有他的女儿们珍藏的附有马克思、恩格斯和许多亲友的《自白》的纪念册。从埃德加·龙格的遗物中获得大量的马克思和恩格斯的书信。1952—1957年还送来马克思在1860—1880年的二十六份文献和二百一十三封恩格斯在1871—1895年写给保尔·拉法格、劳拉·拉法格的信件和1882—1883年给他们的一些信件，以及马克思同家属往来的书信。马克思的妻子和女儿写给马克思和恩格斯的一百二十三封信，马克思的家属写给其他人的一百四十多封信以及国际工人运动和法国工人运动活动家的一些信件，都是很重要的。恩格斯的许多信件是法国共产党中央委员会通过雅克·杜克洛同志转来的。

德国统一社会党领导人赠送给研究院的马克思和恩格斯珍贵的私人藏书，对于丰富马克思和恩格斯遗稿宝库是一个重大的贡献。这些藏书中有很大一部分是俄文书籍（六十七种），马克思曾经在这些书里作过批注和评语。这批书中有车尔尼雪夫斯基和杜勃罗留波夫、萨尔蒂科夫－谢德林、弗列罗夫斯基、柯瓦列夫斯基等人的书籍。还收集到一份马克思写过按语的"民意党"的纲领原件。稍后，在1960年又弄到马克思收藏的五百一十五卷各种外文书籍，其中有法国十八世纪启蒙学者孟德斯鸠和卢梭的著作，空想社会主义者圣西门和安凡丹的著作，英国资产阶级经济学家李嘉图、麦克库洛赫、萨伊、约翰·斯图亚特·穆勒等人的著作，还有各类科学书籍。

匈牙利社会主义工人党为收集遗著这项工作贡献了自己的力量，送来九封研究院只存有照相复制品的马克思写给匈牙利政论家瑟美列的信的原件，以及1966年找到的、佩尔采尔家存的马克思写给1848—1849年革命军将领摩里茨·佩尔采尔的信的原件。

比利时共产党中央委员会送来了马克思写给若特兰的信和一些传记性材料。

安得鲁·罗特施坦从英国送来许多新发现的原稿和照相复制品，他是马克思纪念馆的领导人之一，在寻找和提供材料方面给予我们积极的帮助。

有些文献是一些国家活动家赠给苏联的，或是一些马克思主义研究家或个人送给研究院的。例如，收藏在奥地利国家档案馆的马克思

1851年12月2日写给艾布纳的信,是奥地利首相尤利乌斯·拉布于1958年访问我国时送来的。1966年收到了日本教授向坂送来的十五份文献的照相复制品,其中有马克思家属的信,还有国际工人运动活动家的信件。

加强同各个存有马克思和恩格斯文献资料的机构在科研和事务上的联系,可以使资料更加充实。研究院档案馆通过与阿姆斯特丹社会历史研究所交换的办法获得了某些自己所没有的文献。这个研究所保存了相当一部分于1936年从德国社会民主党执行委员会购买来的马克思和恩格斯遗著原件。从米兰市费耳特里内利学院获得一些马克思和恩格斯写给意大利工人运动活动家信件的照相复制品。

在苏联的档案中也发现了一些材料。在列宁格勒普列汉诺夫纪念馆里找到了1889—1895年恩格斯写给普列汉诺夫、查苏利奇、斯捷普尼亚克-克拉夫钦斯基的信件,以及爱琳娜·马克思-艾威林的信件。在萨尔蒂科夫-谢德林图书馆也发现了一些书籍,例如马克思在校对时作过修改的法文版《资本论》第一卷。

近几年来,全体进步人类都在隆重纪念马克思诞生一百五十周年(1968年)和恩格斯诞生一百五十周年(1970年),所以对马克思主义经典作家的遗著也更为重视。研究院档案馆又获得几十份新发现的马克思和恩格斯的文献原稿和照相复制品,以及许多传记性文献。同时,还收到一些来自德意志民主共和国、美国、英国、德意志联邦共和国、法国及其他一些国家的材料。

在汉堡图书馆收藏的共产主义者同盟支部领导者马尔滕斯的文件中,找到一份很重要的文献,即由恩格斯起草的提交共产主义者同盟第一次代表大会的第一个纲领草案。这份堪称"共产主义信仰象征"的文献,是同共产主义者同盟第一次代表大会的其他材料放在一起的。研究院是从德国统一社会党中央委员会马列主义研究院那里得到这些材料的照相复制品的。

从德意志联邦共和国某些研究家那里获得一些新发现的恩格斯的信件和一些有关他生平的十分重要的文献。在恩格斯诞生地乌珀塔尔市获得恩格斯家属的信件,又从其他来源获得恩格斯的书信。

最重要的是1970年从马克思的曾外孙沙尔·马赛尔·龙格所保存的遗物中得到的材料。在一百四十八件文献原件中有些是初次发现的马克思手稿,如:在波恩时期从本·孔斯坦《论宗教》中所作摘录的两本笔记,批判德国经济学家弗·李斯特的文章草稿,给第一国际日内瓦代表大会代表的指示草稿和某些小段摘录及草稿。其中还有七封新发现的恩格斯信件和一百三十封马克思家属(马克思的妻子,女儿燕妮、劳拉和爱琳娜,保尔·拉法格和沙尔·龙格)的信件。其他二百二十封家信的照相复制品是由法国教授鲍蒂热利提供的。

这些信件大大地增加了档案馆收藏的马克思家属的材料,提供了关于他生平的许多新的实际材料和英国、法国工人运动的史料。

近年来由马克思的曾外孙罗贝尔·让·龙格把让·龙格收藏的材料转来,使得家属书信材料更加丰富了。

马列主义研究院中央党务档案馆所收藏的马克思和恩格斯的遗稿是无价之宝,现在计有六千七百五十个卷宗,共合八千多件文献,其中将近三分之一的文献是原件。

国际工人运动活动家写给马克思和恩格斯的书信约六千五百封,这些重要的材料充实了马克思和恩格斯的文献宝库,阐明了马克思和恩格斯在国际工人运动中所进行的活动和所起的作用。这些材料之所以特别宝贵,是因为其中引用或叙述了我们所不知道的马克思和恩格斯的书信以及我们从其他文献资料所未获悉的他们对许多理论问题和政治问题的见解。

收集马克思、恩格斯和他们的战友,以及当时一些杰出人物、政治活动家、社会活动家和革命战士的文献的工作还在继续进行。

由于准备用原文出版马克思和恩格斯全集,所以继续收集他们的遗著和遗稿就成了当前特别迫切的任务。加紧查找和收集现在缺少的材料,是一项国际任务。

\* \* \*

除收集工作外,出版马克思和恩格斯的遗著也是研究院最重要的任务。由于每年都有一些新发现的著作、书信和文献充实档案馆,并且有大量藏书,所以有可能大规模地开展这一工作。

单行本著作的发行,在研究院的工作中占显著地位,特别是在初期。首先出版了马克思主义宝库中最通俗最著名的著作,如《共产党宣言》《路易·波拿巴的雾月十八日》《法兰西内战》《哲学的贫困》《资本论》第一卷、《反杜林论》《社会主义从空想到科学的发展》《费尔巴哈和德国古典哲学的终结》等等。这些作品大部分已出版多次。《共产党宣言》出版量最大,几乎每年一版或数版。

1933年,为纪念马克思逝世五十周年,出版了他的两卷选集,以后还再版了多次。这两卷选集收入马克思最重要的著作,也收入阐明马克思主义学说实质的恩格斯和列宁的文章,以及马克思战友的回忆录。1948年研究院又出版了两卷选集,收入马克思和恩格斯最重要的著作。然而,最有科学价值的是1966年在全集第二版基础上编辑出版的三卷本《马克思恩格斯选集》。在这套选集中包括阐明马克思主义三个组成部分的大量作品和信件。

从三十年代起,研究院开始发行马克思和恩格斯著作的专题文集。

其中有在伟大的卫国战争前夕即1940和1941年出版的恩格斯《战争短评。普法战争纪念文集》，有在1944年战争进行期间出版的文集《马克思和恩格斯反对德国的反动派》；以后又出版了马克思、恩格斯、列宁《论无产阶级国际主义》（1957年）；马克思和恩格斯《论资本主义的殖民体系》（1959年）以及其他许多文集。

研究院还出版了关于马克思和恩格斯的回忆录。其中特别著名的是1956年出版的《回忆马克思和恩格斯》一书。这本书中有工人运动和革命运动的著名活动家保·拉法格、奥·倍倍尔、威·李卜克内西、弗·列斯纳和其他一些亲友的回忆录。这本书对了解马克思主义创始人的生平和事业、性格特点、精神品质提供了生动鲜明的材料。

《马克思恩格斯和革命的俄国》（1967年）是一本引起读者极大兴趣的文集。这本文集收入的马恩著作或片断在某种程度上都与俄国有关，还收入他们与俄国人的一些通信。在1969年出版的《俄国同时代人论马克思和恩格斯》一书是对上述文集的重要补充。这本书是以一些人们不大知道或完全不知道的材料（信件、文章、随笔）为基础编成的。这些材料表明了俄国一些著名的革命活动家、学者、进步的社会活动家对马克思主义创始人的态度。

研究院出版的马克思和恩格斯重要著作、选集、书信集、专集等，大部分都有相应的序言和必要的科学资料，这对于苏联人民的共产主义教育具有重大意义。① 研究院的这些出版物发行量都是很大的，有时竟

---

① 在三十年代，研究院曾用外文出版过马克思和恩格斯的著作。当时研究院成立了一个外文部，积极参加该部工作的有各国共产党活动家。当时曾用德文出版过《资本论》三卷、《法兰西内战》《哥达纲领批判》《英国工人阶级状况》等。研究院还用英文出版过许多著作。

达三十万份。出版物的总发行量已超过三千万份。研究院的出版物也是各加盟共和国许多出版物的依据。1970年年中仅《共产党宣言》一书就以我国七十二种民族文字出版了二千零五十多万份。马克思和恩格斯的著作在我国共用七十九种文字出版,总发行量超过九千多万份,这一事实足以说明出版工作规模之大。

研究院出版的大量书籍在相当大的程度上满足了苏联读者对马克思和恩格斯重要著作不断增长的需要,并为千百万苏联人掌握马克思主义基本思想开辟了道路。研究院出版的许多书籍译成外文发行国外,并且得到国际上的好评。

发表马克思和恩格斯那些尚未被人们知道的著作,在研究院的工作中占有重要位置。其中有许多著作一直原封不动地存放在德国社会民主党档案中。尽快地出版这些著作,使其成为公共的财富,这项任务已变得更加迫切了。这项任务在很大程度上是通过研究院的定期出版物,首先是1924年开始出版的《马克思和恩格斯文库》来完成的。

马克思和恩格斯的著作是在德国、英国、法国、比利时写的,但是,其中许多著作在我国还是首次发表。在《文库》开头几卷中曾登载了当时读者还不知道的作品,如《自然辩证法》《黑格尔法哲学批判》《流亡中的大人物》《德意志意识形态》一文最重要的部分、恩格斯写的《资本论》第一卷提要等。在《文库》头几卷中还发表了马克思同查苏利奇就俄国公社前途问题所写的往来信件,以及1881—1895年恩格斯同伯恩施坦的通信,这些信件都具有十分重要的价值。

《文库》还编入马克思和恩格斯的一系列重要材料。例如,在这一出版物中第一次登载了七十至八十年代马克思、恩格斯的通信,首先是同德国工人运动活动家的通信、《资本论》的准备材料和没有收入《资本论》第一卷的第六章《直接生产过程的结果》、马克思《法兰西内战》一文的两份草稿、《编年大事记》的手稿，以及恩格斯未完成的以草稿和摘录形式保存下来的历史著作、马克思和恩格斯在七十至八十年代初写的提纲（这些提纲说明马克思和恩格斯对俄国的极大兴趣和他们对俄国经济关系所作的研究）。在《文库》最后一卷即第十五卷中，还刊登了马克思从巴黎公社时期法国报刊中所作的第二本摘录。

研究院在出版物中发表马克思和恩格斯的那些前所未知的材料，以及与这些材料直接有关系的文献，这使许多新的马克思主义史料得以进行科学交流，加速马克思学的发展，并能更加深入地研究马克思和恩格斯的思想遗产。

研究院在出版马克思和恩格斯的重要著作和前所未知的作品，以及发表专集等方面所进行的工作具有重大的意义，博得广泛的赞扬。此时出版马克思恩格斯全集的任务已经完全有可能实现。之所以迫切需要完成这一任务，首先是因为只有研究院才能够承担这样大规模的编辑出版工作；研究院在二十年代就已经是世界上收藏马克思和恩格斯的珍贵手稿最多的机构，而且拥有从事这项工作不可缺少的科学基础。

1924年5月，党的第十三次代表大会委托"中央委员会同共产国际执行委员会协商，采取一切办法来尽快地出版俄文版及其他文版的《马克思恩格斯全集》"①。1924年7月共产国际第五次代表大会赞同了这一决议。会议向各国共产党发出了帮助研究院出版全集的号召，首先是帮助收集马克思和恩格斯的著作和文件。

研究院在查找马克思和恩格斯的新材料、辨认他们的手稿、把它们译成俄文和为出版准备好全部科学资料等方面早已做了大量工作。这样就为从1928年开始到1940年基本结束的《马克思恩格斯全集》

---

① 《苏联共产党决议汇编》中文版第2分册第501页。

第一版的编辑工作,创造了良好的先决条件(由于爆发战争,有两卷在1946—1947年才出版)。全集由二十八卷(三十三册)组成,共收入马克思和恩格斯一千二百四十七篇著作和三千二百九十八封书信。

第一版的重大意义首先在于:它把马克思和恩格斯的著作和书信收集在一起,其中许多是珍本。这样,为深入研究马克思和恩格斯学说的起源、它的形成和发展的各个阶段,使马克思主义成为国际工人运动的唯一思想武器首次创造了条件。

第一版的重要科学价值在于:全集中有四百五十多篇著作和七百七十九封书信是第一次发表的。这些新发表的著作大部分(四百二十多篇)是研究院工作人员在仔细查阅十九世纪各种期刊的过程中发现的。他们查阅了马克思和恩格斯撰过稿或可能撰过稿的数十种报刊、杂志和百科全书。结果在马克思于1848—1849年主编的《新莱茵报》中发现了一百二十九篇文章,从美国《纽约每日论坛报》发现了一百八十多篇文章,从维也纳《新闻报》发现了四十一篇文章,从《新美国百科全书》中发现了二十多篇文章,还从十九世纪四十年代德国、法国和英国各种杂志上发现十五篇文章。同时,读者还可首次读到前所未知的马克思主义创始人的手稿,例如:马克思的《我对弗·巴师夏的剽窃》一文和他给英国《地球》报编辑的公开信,恩格斯《德国的制宪问题》和他的一些没有完成的军事论文及《论日耳曼人的古代历史》和《法兰克时代》等文的大量手稿。

书信部分提供的新材料特别多。除首次发表的信件外,还有马克思和恩格斯彼此往来的信件一百八十三封和将近六百封给第三者的信件,这些信件都为马克思主义和国际工人运动的研究者,为马克思和恩格斯的传记作者提供了新的最珍贵的材料。各卷书信之所以如此珍贵,还因为其中第一次无遗漏、无错讹地发表了马克思和恩格斯的信件。这与早在1913年由伯恩施坦主编发表的马克思和恩格斯的书信遗稿有显著的不同。

第一版对我国广大读者的巨大意义在于，它除了收有一些新材料外，还收有首次译成俄文的马克思和恩格斯的大量著作和书信。这类著作约一百八十篇，其中就有《德意志意识形态》《福格特先生》这样重要的著作。至于书信，在俄文第一版出版以前，只发表过数量极少的信件。因此，研究院出版的《马克思恩格斯全集》第一版就向许多苏联读者再次揭示了马克思主义创始人的生平和创作活动，把他们的伟大学说鲜明地提供出来。这一版的科学参考资料以及1940年出版的字母顺序索引，对于研究和领会全集所收集的马克思和恩格斯的遗著和书信提供了一定的帮助。《马克思恩格斯全集》第一版的发行是整个研究院工作的一个重要的里程碑。

在第一版出版的同时，研究院还着手准备用原文出版《马克思恩格斯全集》的尝试。这一版称为《马克思恩格斯全集》国际版，其任务是"尽量准确地和系统地刊印马克思和恩格斯的所有遗著"。《马恩全集》国际版规定，要用马克思和恩格斯写作时所用的原文来发表他们的著作和信件，以及他们的手稿、草稿、略稿和摘录等等。这一版本可使研究者直接通过马克思和恩格斯的原文来进行研究，可作为各国出版的依据，有助于更加深入地研究和宣传马克思主义。

整个国际版约四十卷（两本补卷是篇目和人名索引）。从1927年到1935年共出版了十二卷。前七卷的意义尤其重大，因为这几卷全面地阐明了马克思和恩格斯观点的形成和马克思主义的起源。其中还全文刊印了许多重要的、从未发表过的马克思和恩格斯四十年代的手稿：如马克思的《黑格尔法哲学批判》《1844年的经济学哲学手稿》、直接附在《德意志意识形态》上的恩格斯手稿《真正的社会主义者》等。

因为《马恩全集》国际版的各卷是在俄文第一版相应各卷之后出版的，所以在出版前可以再进行研究工作，弄清马克思和恩格斯在四十年代的许多尚未发现的著作。这样一来，马克思和恩格斯在1848—1849年革命前夕和革命过程中所写的数十篇文章就都收入《马恩全集》国际版。国际版还发表了马克思和恩格斯的一些能说明他们观点形成的许多问题的摘录和能反映他们参与十九世纪四十年代工人运动和民主运动情况的珍贵传记材料，这些摘录和材料的发表具有重大的意义。

《马克思恩格斯全集》第一版越是快要出齐，研究院就越感到出新版的必要。这个问题之所以有现实意义，是因为在三十至四十年代就已发现马克思主义创始人的许多新的著作。第一版中存在某些不足之处也是重要原因之一。由于某些原因，马克思恩格斯一些重要著作就没有收入第一版（例如《流亡中的大人物》和《资本论》第四卷等），这不能不降低版本的科学水平。个别著作的译文欠妥，科学参考资料不足，缺乏对某些事实和事件的详细注释和说明，这都引起了读者的公正批评。

1954年苏联共产党中央委员会通过了关于研究院出版《马克思恩格斯全集》第二版的决定。第二版起初拟出版三十卷（三十二册），包括马克思和恩格斯的最重要著作。但是在出版过程中，经苏共中央同意，版本规模大大扩充，共出三十九卷（四十二册）。1956年研究院还出版了《早期著作集》，包括马克思和恩格斯1839—1844年的许多著作和部分早期书信，作为对第二版的重要补充。

研究院全体工作人员在编辑出版第二版时，运用了第一版的出版经验，大大改进了工作方式和方法，对马克思和恩格斯的遗著和手稿、十九世纪的历史状况、当时的期刊（查阅了五十多种马克思和恩格斯撰过稿的报纸）及所有发表过马恩著作和书信的外国刊物等，进行了大量的调查研究工作。因此，第二版充实了大量新著作，收入的材料比第一版有显著增加。

第二版收有马恩著作和书信约五千五百篇，比第一版几乎多一千多篇（总篇幅约一千五百印张）。把《资本论》第四卷——《剩余价值理论》收入第二版具有特别重要的意义。马克思的这一手稿曾于1905—1910年由考茨基发表过，但在许多方面显然不能令人满意，这首先是由于考茨基对原文任意颠倒、删节和遗漏所致。这一著作经马克思列宁主义研究院把被歪曲的地方改正后重新发表并收入第二版（第二十六卷）。这样一来使《资本论》首次成为一部统一和完善的著作。在新收入第二版的其他著作中，第一次用俄文全文发表的有马克思的《1844年经济学哲学手稿》《伊壁鸠鲁、斯多葛和怀疑主义哲学史笔记》《关于俄国一八六一年的改革的札记》和《法兰西内战》的两份草稿，以及恩格斯关于爱尔兰历史的手稿等。

在编辑第二版之前和编辑过程中所发现的马克思和恩格斯的文章是第二版新材料的主要部分。《新莱茵报》上的九十五篇文章和文献、《纽约每日论坛报》上的九十三篇文章、《美国新百科全书》中的四十二份材料、《新奥得报》上的三十三篇文章、《北极星报》上的十一篇文章和其他许多文章，无疑地使第二版的内容更为丰富。

《马克思恩格斯全集》第二版所发表的马克思和恩格斯的书信最全。新收入的信件约六百封。因此，这实际上是第一次实现了列宁要求把马克思和恩格斯的全部书信收集在一起的遗愿。①

第二版新发表的材料使我们对马克思主义的形成和发展了解得更多更深刻，并为研究马克思和恩格斯的生平和创作活动提供了许多新的材料。

---

① 《列宁全集》俄文第5版第53卷第211页。

在编辑第二版时，不仅特别注意收入新材料，而且还要特别注意达到高度的科学水平。这方面的努力在第二版的结构就有所体现：第二版几乎完全是根据历史主义的原则安排的。材料严格按照时间顺序排列，以便于对马克思主义的研究。每卷中材料的分配尽可能严格地按马克思主义历史时期的科学划分来确定。

对手稿进行大量的研究工作，仔细的辨认和准确的翻译等，保证了这一版的高度科学性。这一版大量采用列宁翻译的马克思和恩格斯著作的译文。整版都是采用列宁的用语。

由于进行了这种深入细致的科学研究工作，才发现并校正了第一版中所存在的许多缺陷（如在译文、参考资料等等方面）。

《马克思恩格斯全集》第二版为顺利地研究马克思和恩格斯的生平和创作活动创造了有利的先决条件。五十至六十年代，在第二版和出第二版过程中进行的研究工作的基础上，研究院出版了一系列论述马克思主义和世界工人运动的形成和发展问题的文集和集体著作。在这些极有价值的研究性著作中，就有在马克思恩格斯纪念日出版的马克思和恩格斯的科学传记。

为了纪念第一国际成立一百周年，首次全部出版了第一国际总委员会记录五卷集。这些关于国际工人运动历史的珍贵文献在出版俄文译本之后，又以原文（英文）出版。

研究院在出这两版马克思恩格斯著作的同时，还以《马克思主义和国际工人运动史》丛书的形式发表了一些科学研究著作集（总篇幅约一百印张）。研究院的工作人员还编写了第一国际史，由"思想"出版社分三部出版。

《马克思恩格斯全集》第二版正在译成乌克兰文。保加利亚、匈牙利、德意志民主共和国、波兰、罗马尼亚、捷克斯洛伐克、日本等国家也根据第二版出版了马克思恩格斯的全集。不久前已开始编辑出版《马克思恩格斯全集》英文版的工作。

最近几年，第二版还要扩充十一个补卷。其中有两卷（第四十一卷和第四十六卷）已经出版。这十一个补卷出齐后，读者就会读到马克思和恩格斯的全部著作。

目前，苏共中央马列主义研究院和德国统一社会党中央马列主义研究院正在全面进行用原文出版《马克思恩格斯全集》（国际版）的工作。

《马恩全集》国际版与以前版本不同，是由四个部分组成的：历史和哲学著作；经济学著作；书信；摘录、提纲、草稿和其他准备材料。收入《马恩全集》国际版的还有各类著作草稿、发表在不同报刊上的原著的异文、马克思和恩格斯的学生和战友在马恩参与下所写的材料、说明马克思和恩格斯在许多国家工人运动中的领导作用和含有关于他们的传记材料和对他们著作的反应的全部通信等等。《马恩全集》国际版将把马克思和恩格斯的遗著第一次详尽无遗地献给读者，为研究者完全打开通向马克思和恩格斯的创作宝库的大门。

**列宁遗著的收集和出版**

我党历来十分重视收集列宁遗著。早在研究院成立之前就开始了这项工作；当时列宁文献的收集主要由党史委员会负责。在委员会工作过的有米·斯·奥里明斯基、安·伊·乌里杨诺娃－叶利扎罗娃、潘·尼·勒柏辛斯基、米·尼·波克罗夫斯基等这样一些党的著名活动家和学者。党史委员会积极地在国内外收集列宁的遗著和党的文件。1923年初派了一批工作人员到国外专门寻找列宁及其战友侨居国外时遗留在那里的党的文献。经过两年的工作,有六大箱和二十三包材料运到莫斯科。其中有来自巴黎的"俄国社会民主工党的藏书和档案"、来自日内瓦格·阿·库克林图书馆的藏书和其他许多极珍贵的材料,其中还有列宁个人收藏的材料——"弗雷①的提箱"。在《前进报》《无产者报》《社会民主党人报》的编辑部和俄国社会民主工党中央委员会、多数派委员会常务局等机关的材料中还找到大量列宁的手稿。

由于党史委员会做了工作,才使党的许多极珍贵的文献保存下来。

列宁研究院成立后,党史委员会就把所收集的全部材料移交过去。党史委员会移交过来的文献资料是革命前列宁保存的文献的主要部分和最珍贵部分。党史委员会共移交给列宁研究院二千五百多份文献。其中有列宁的《什么是"人民之友"以及他们如何攻击社会民主主义者?》一书的第一编和第三编,《进一步,退两步》,《社会民主党在民主革命中的两种策略》等名著的手稿,以及制定党纲方面的材料和1895年后写的一些文章、书信、笔记和草稿。

列宁研究院继续进行列宁遗著的收集工作。有一大批1893—1905年的文献是娜·康·克鲁普斯卡娅交给研究院的。

在列宁研究院成立后不久,又从许多党员那里收到了一些列宁文献。这样在头两年中就收集了三千多份文献。例如亚·米·柯伦泰从挪威寄来三包列宁和克鲁普斯卡娅的信件及1915年齐美尔瓦尔德代表会议的材料和关于妇女运动的文献。全俄中央执行委员会秘书阿·萨·叶努基泽送给研究院十七个列宁的便条。阿·马·高尔基、瓦·瓦·沃罗夫斯基、列·波·克拉辛、格·李·什克洛夫斯基、米·斯·奥里明斯基、维·阿·卡尔宾斯基、格·马·克尔日札诺夫斯基、阿·瓦·卢那

---

① 弗雷是列宁的化名之一。

察尔斯基、弗·维·阿多拉茨基、弗·德·邦契-布鲁也维奇、尼·彼·哥尔布诺夫、莉·亚·福齐也娃、玛·伊·格利亚塞尔等人都交给研究院许多列宁的信件。

1929年安娜·伊里尼奇娜·乌里杨诺娃-叶利扎罗娃和玛丽亚·伊里尼奇娜·乌里杨诺娃把列宁给家属的大批信件交了出来,这些信件现在成了《列宁全集》第五版第五十五卷的主要内容。

苏联人民委员会总务处转交给研究院一万二千份列宁文献。其中有经列宁签署并作过批注和修改的苏联人民委员会和劳动国防委员会的记录。此外还有列宁与党和国家机关的往来公函、列宁私人保存的文件及书记处的档案。1927年研究院就已收集到三万四千七百四十九份文献,其中列宁文献有二万一千零十二份。寻找收集列宁文献的工作一直不断地进行,直到1941年战争爆发之前。

在伟大卫国战争开始后的年代里,中央党务档案馆还收到二千五百多份新的列宁文献,其中有的来自国家档案馆——如十月革命档案馆、苏军档案馆、国民经济档案馆,有的来自苏联外交部外交史局,有的来自苏联部长会议国家安全委员会档案馆和苏联科学院档案馆,有的来自革命博物馆,有的来自列宁格勒普列汉诺夫纪念馆,有的则来自许多个人,其中有列宁的亲属和战友。到1954年1月1日截止,收到的列宁文献已达二万九千八百份。在六十年代,中央党务档案馆每年都收到三十至四十份列宁的文献原件。

1954年从波兰送来列宁存放在克拉科夫-波罗宁的一大部分文献,这是波兰统一工人党中央委员会赠给苏联共产党中央委员会的礼物。这批文献当列宁在世时就开始寻找了。在这批文献中有许多材料反映第一次世界大战爆发前的年代里列宁所进行的大量紧张的工作。

克拉科夫-波罗宁的这部分档案的发现是伟大卫国战争后列宁文献

收集史上最重大的事件。赠给苏联的这部分文献共有一千零七十份，其中二百九十份收进中央党务档案馆第二全宗（列宁文献全宗）。在这些文献中有 1912—1913 年列宁为《真理报》撰写的、但在当时未发表的文稿，以及书信、笔记、决议草案。如《立宪民主党人带着什么参加选举?》《工人的统一与选举》《美国在选举之后》《无用的热心》等文也是 1954 年发表在《共产党人》杂志上的。

与列宁有过联系的许多人士，出于道义感，并为了表示他们对列宁的感激和敬意，把他们保存的列宁文献献给莫斯科。如德国著名的出版者狄茨的家属，就把自己所保存的文献献了出来。尽管许多收藏家要收买他们所保存的列宁信件，但狄茨家属还是把这些信件托克拉拉·蔡特金转到莫斯科。比利时著名政治活动和社会活动家卡米尔·胡斯曼也把自己所保存的文献献了出来。他不顾社会主义国际领导人愿意与否，把列宁给国际社会党执行局的信件原件献给了研究院。

列宁研究院通过交换的方式从美国哥伦比亚大学获得四封列宁书信原件，从阿姆斯特丹国际社会史研究所获得八封列宁书信原件。近二十年来从国外十八个国家收集到五百多份列宁手稿。

在纪念列宁诞辰一百周年的前夕，给中央党务档案馆寄来的列宁文献大大增加。最近五年里已收到四百五十多份列宁文献，仅 1970 年上半年就达一百份以上。新收到的文献大部分是信件、笔记、决议，以及列宁签署的许多命令、委任状和证件等等。

在画家兰科夫家中发现的列宁名著《论"左派"幼稚性和小资产阶级性》手稿是近年来收到的一件最珍贵的文物。这份手稿共有六十三页。

1968 年和 1970 年发现了两张列宁的留声机片录音演说。第一张是《无党派人士和苏维埃政权》的演说录音，录于 1921 年 4 月 25 日，是在苏联国家广播委员会录音研究所的唱片中找到的。第二张是《论粮食税和余粮的自由交换》的演说录音,录于头一张的同一天,是在列宁格勒的工程师诺维科夫收藏的留声机片中找到的。

研究院中央党务档案馆现在保存的列宁的手稿、书信和文件三万多份,照片三百九十六张,有列宁生前画面的电影胶卷八百七十四米,他的演说留声机片录音十四张。

几乎占百分之九十一的列宁文献是原件(手稿、真本)。约百分之九是各种复制品,即打印件、公文抄件和影印件等。这些复制品都是在原件遗失或无法得到的情况下才保存在档案馆的。有一千多份文献是列宁用九种外文(德文、法文、英文、意大利文、荷兰文、拉丁文、丹麦文、挪威文、瑞典文)写成的,其中有半数是用德文写的,有三分之一是用法文写的,有十分之一是用英文写的。

除列宁的文献外,中央党务档案馆还收藏一些文物,这些文物能进一步说明和揭示那些含有列宁传记材料的列宁文献的内容。属于这类文物的首先是如下一些列宁个人的证件:出生证摘抄、辛比尔斯克中学教务处发的奖状、中学毕业证书、党证、劳动手册、1917年列宁为躲避临时政府的追捕而用的化名伊万诺夫的证件、列宁参加苏维埃代表大会的代表证、全俄中央执行委员会的委员证、苏联人民委员会大厦和克里姆林宫的通行证及其他许多证件。

1898—1917年别人写给列宁的信件(二百六十八人写的七百八十七封信)是重要文件。这些信件使我们能更充分地了解列宁为了在俄国创建马克思主义政党而同"经济派""合法马克思主义者"所进行的斗争,为加强布尔什维主义的阵地而同孟什维克、调和派所进行的斗争;表明了布尔什维克在准备和进行第一次俄国革命时期的领导作用。这些信件还证实了列宁与地方党组织的广泛联系和他在党内的领导作用。这些信件同时也鲜明地描述了作为国际工人运动领袖的列宁,揭示了反对社会沙文主义者、争取国际力量的团结、争取建立齐美尔瓦尔德"左派"和第三国际,即共产国际的斗争。

构成一个专门的"弗·伊·列宁"档案全宗的是关于弗拉基米尔·乌里杨诺夫在辛比尔斯克中学和喀山大学学习、关于参加大学生集会——第一次战斗洗礼和开始革命活动、关于作为校外生参加彼得堡大学考试、关于在萨马拉做律师助理参加诉讼实践、关于流亡时期居住在国外的文献资料。此外,还有沙皇俄国的警察和宪兵机关以及临时政府警察局从1887年12月27日(1888年1月8日)直至1917年秋公开和暗中监视列宁的文件。在同一全宗里还有关于列宁生平活动各个时期的回忆录。乌里杨诺夫家庭成员的全宗也具有很大的价值。

有单独一个全宗收藏党和国家的卓越活动家,列宁的妻子、战友和朋友,列宁的第一个传记作者娜·康·克鲁普斯卡娅的文献。这里存有她写的列宁回忆录、关于列宁的文章和其他一些生动地再现这位伟大领袖和巨人的形象的文献。

党的代表大会和代表会议,党的高级机关和中央机关报《火星报》《前进报》《无产者报》《明星报》《真理报》全宗里的文献,人民委员会和劳动国防委员会、人民委员会所属的委员会(小人民委员会)和人民委员会及劳动国防委员会主席秘书处等机构的整套记录全宗里的文献,都有助于深入研究列宁的党务和国务活动。

\* \* \*

党认为列宁遗著的发表和普及有特殊的意义,所以采取一切措施使列宁遗著成为广大人民群众的财富。1920年党的第九次代表大会决定出《列宁全集》第一版。但是出版的准备工作早就开始进行了。这项工作是由国家出版局1919年9月专门成立的委员会负责。1923年列宁研究院成立后,《列宁全集》第一版的出版工作就由研究院承担。第一版共有二十卷(二十六册),收有一千五百多篇列宁的著作和书信。这是把列宁遗著收集在一起的首次尝试。

1924年1月26日苏联苏维埃第二次代表大会通过的决定写道:

"广泛地大量发行列宁的著作,使共产主义思想成为全体劳动人民的财富,将是为弗拉基米尔·伊里奇·列宁树立最好的纪念碑。苏维埃社会主义共和国联盟苏维埃第二次代表大会委托列宁研究院采取最紧急的措施用各种语言,特别是用东方语言出版供人民阅读的几百万册弗·伊·列宁选集,目的是为了使那些对广大工农有特别重要意义的著作首先出版。与此同时,还委托列宁研究院本着严格科学的精神迅速出版弗·伊·列宁同志的全集。"[①] 这一决定就表明苏维埃代表大会承认列宁遗著的收集和发表工作是国家交给的任务。

1924年至1930年初,列宁研究院的工作重点是编辑和出版《列宁全集》的第二版和第三版。

《列宁全集》第三版是最普及的版本,它对于研究列宁的思想,对于我党反对托洛茨基主义、捍卫和贯彻总路线的斗争都具有重大的作用。

这两版最初计划出二十五卷,后来增至三十卷。其中收有列宁所写的并准备发表的书籍、小册子、文章、号召书和传单,还收有一些不准备大量发行的著作、党的代表大会和其他会议的决议和决定的草案、党内事件通告、"编辑部"声明、书信(主要是研究院所收集的十月革命

---

① 《苏联苏维埃、各加盟共和国和自治共和国苏维埃历届代表大会文件汇编》第3卷;《苏联苏维埃历届代表大会文件汇编》1960年莫斯科版第37页。

前的书信)、演说和报告。

每一版约有二千七百八十篇列宁著作。其中不包括定稿前的初稿和预备稿（摘要、草稿、纲要），因为这些稿件广大读者不易理解。但其中有一部分还是收入相应的列宁著作的注释和附录中。列宁作为苏维埃国家的首脑所签署的法令、决定、命令和决议等文件也未收入这两版中。为了更好地了解列宁著作的正文，书中还附有大量的附录，其中收有该卷同时期的一些文件和资料。列宁著作的正文还附有一些注释，主要是史料性注释，可帮助读者弄清列宁所阐述的问题，不必再去找别的资料。

从1924年起，在编辑出版全集的同时，研究院开始出版《列宁文集》。《列宁文集》是首次发表列宁的手稿、材料和文献的主要出版物。《列宁文集》中收入的大多数是新发现的著作、命令、决议草案及书报摘要等等。《列宁文集》集中了关于布尔什维克党和苏维埃国家的历史、关于马列主义理论的丰富材料，表明了列宁在党和国家建设等多方面的活动及他同革命和苏维埃国家的敌人所作的不调和的斗争。《列宁文集》还鲜明地揭示弗拉基米尔·伊里奇的工作方法和创作活动，表明他在起草著作、报告和法令时一丝不苟的精神。《列宁文集》是《列宁全集》的重要补充。

1928年12月联共（布）中央作出了关于编辑供广大劳动群众使用的列宁著作科学普及版的决定。按照这项决定，研究院编辑了六卷本的《列宁选集》。这些选集收入列宁的主要著作，是供工人、农民和共青团的积极分子使用的。

为了纪念列宁逝世十周年，以列宁最重要的著作为内容的《列宁选集》两卷集问世了。这些著作总的来说论述了列宁主义的基本思想，论述了党的学说、纲领、策略和组织原则。两卷集可供广大读者使用。此外，研究院还出版一套列宁在马克思列宁主义和党史的一切主要问题上最常见的言论专题文集二十四种。

研究院还十分重视发表关于列宁生平事业的材料。例如，1930—1934年出版了娜·康·克鲁普斯卡娅写的《列宁回忆录》，弗拉基米尔·伊里奇的姐姐整理的《列宁家书集》，《列宁生平事业年表》一书（共两版，即1931年版和1933年版），编年传记《列宁在党的第二次代表大会和分裂时期》（1903年8月—1904年底）。还有列宁的战友和亲属写的回忆录和回忆文集，如：《列宁在萨马拉》《列宁在经济战线》《列宁在苏维埃政权的最初几个月》《列宁和青年》《工人和农民忆列宁》等。

1933—1939年，研究院的主要工作是编辑出版《列宁文集》和列宁著作单行本。《列宁全集》第二版和第三版的按字母顺序篇名索引和主题索引及参考资料也是在这几年出版的。

为了纪念十月革命二十周年，研究院出版了列宁的《一九一七年文集》三卷本，其中相当全面地收集了列宁从3月3日（16日）（当时他在瑞士得到俄国二月革命的最初消息）至1918年1月6日（19日），即立宪会议解散这段时期所写的著作。三卷本曾于1938年再版。

专题文集出版的有：《战争和第二国际的破产》《国内战争时期》《共产国际》《论合作制》《论妇女解放》和《论电气化》。1939年研究院出版了列宁的《关于帝国主义的笔记》和《克劳塞维茨〈战争论〉一书批注》的单行本。

伟大的卫国战争时期，特别是头两年，研究院的工作大为缩减。很多工作人员都上了前线，出版条件受到很大限制，但工作并未因此停止。1941—1945年第一次发表了列宁的一系列重要文献，这对我党前线和后方的思想政治工作起了很大作用。这段时期研究院还编辑了《列宁文集》第三十四卷和第三十五卷，第三十四卷在1942年出版，第三十五卷在1945年出版。在《列宁文集》中第一次发表了苏维埃时期（1917—1922年）的列宁文献，其中大部分是关于1918—1920年外国武装干涉时期苏维埃共和国的防御问题的。

1943年研究院出版了《列宁选集》两卷集第四版，增补了列宁在国内战争和外国武装干涉时期的著作（《列宁选集》两卷集曾于1946年再版）。当时研究院还编辑出版了列宁的《一九一七至一九二〇年军事通信集》，其中发表了许多新的列宁文献。

在那几年中，研究院首次编写的《列宁传略》也出版了。这本书扼要地叙述了列宁的生平事业，但对列宁在1918—1920年领导苏联人民战胜国内反革命与外国武装干涉所起的作用描述得极为详细。

1940年联共（布）中央作出了关于编辑出版《列宁全集》新版即第四版的决定，并把这一任务交给研究院完成。1941年新版本的头两卷出版了，第三卷也已付印，但未来得及出版，法西斯德国就开始背信弃义地进攻苏联，致使正在列宁格勒印刷装订的第三卷毁于战火。

在艰难的战争年代，研究院并未停止第四版以后各卷的编辑工作。正因为这样，1946年伟大卫国战争一结束，这一版的各卷相继出版了。1950年第四版各卷出齐。这一版共有三十五卷，收入二千九百二十七篇列宁著作，其中有五百多篇以前未曾收入全集，有八十一篇第一次发表，其中有许多重要著作，如《论所谓市场问题》《两次会战之间》《现代农业的资本主义制度》、联共（布）中央的信《大家都去同邓尼金作斗争！》及其他许多在理论上和政治上都有重大意义的著作和文件。

第一次编入《列宁全集》第四版的一些著作和文件是对《列宁全集》前几版发表过的列宁遗著的很大的补充。这些著作和文件有助于深入研究列宁主义，研究党史和其他社会科学以及列宁的理论活动和政治活动。

《列宁全集》第四版的主要优点是，在编辑过程中对原文进行了大量认真的文字校勘工作——找出全集各版用以刊印列宁著作正文的第一手材料，对这些第一手材料进行比较，从中挑出最准确的，据以核对文字，等等。对列宁著作中的全部统计资料及引文等也都作了仔细的核对。这样就为读者提供了没有笔误、刊误及不确切甚至歪曲的最确切的列宁著作文字。

《列宁全集》第四版已译成各加盟共和国的民族文字，也译成卡累利阿语（芬兰语）和鞑靼语。《列宁全集》俄文第四版在各社会主义国家以及意大利、法国、希腊、英国、日本和阿根廷等国已翻译出版或正在翻译出版。

为了便于读者阅读，研究院在1951年出版了《全集第四版列宁著作按字母顺序索引》（收进1956年出版的全集第四版索引卷〔第二部〕）。1955年《列宁全集》第四版的载有《主题索引》的索引卷〔第一部〕出版了，这是研究院科学工作人员的巨大劳动成果。

《列宁全集》第四版完成后，在五十年代和六十年代初，马克思列宁主义研究院注重于出版列宁关于社会主义建设中的迫切问题的著作专集。

在五十年代，研究院又着手进行回忆录的出版工作，主要以文集或多卷本的形式出版。1955年首次出版了文集《亲属忆列宁》。

1956年10月苏共中央决定："凡以书籍或小册子的形式出版列宁回忆录和科学的列宁传记，事先都必须通知苏共中央马克思列宁主义研究院。"此后，回忆列宁的著作主要由研究院出版。1956—1960年出版了三部《列宁回忆录》。

1955年研究院出版了《列宁传略》第二版。这本书对1942—1946年所出的各种版本作了一些补充和修订。为纪念十月革命四十周年，研究院出版了列宁在十月社会主义革命的准备和进行时期的活动年表（《列宁在一九一七年》，1957年版），这对于进一步研究列宁在这一时期的经历有很大的帮助。

1957年1月，苏共中央作出了《关于出版〈列宁全集〉第五版》的决定。研究院面临的任务是收集列宁的全部遗著，并出版五十五卷本的《列宁全集》。决定指出："《列宁全集》既要收载已完成的著作，也要收载准备材料、书信、便条等等。"中央的决定确定了这一版科学参考资料的内容和特点。决定中指出："整个参考资料应有严格的科学性，应能有助于读者研究弗·伊·列宁的著作。"苏共中央的这一决定是研究院工作的战斗纲领。

《列宁全集》第五版各卷从1958年至1965年相继出齐。这五十五卷中收载约九千篇著作和文件，其中有半数以上未收进以前各版。其中有一千多篇著作是第一次发表的。

这一版收载了几乎全部列宁所写的著作，不仅有列宁确定出版的，而且有起草时的准备材料（草稿，著作和讲演提纲，法令、决定和决议的草案，提要和摘录，等等），以及书信、便条、电报和其他书函性质的文件。

与以前各版相比，全集第五版中收进了几十篇新发表的列宁文章、他在党的代表大会和代表会议以及劳动群众的集会和大会上的发言，以及党中央、人民委员会、国防劳动委员会的决议草案和其他著作和文件。这些新发表的文章和文件中有列宁对党史和我国历史问题、社会主义和共产主义建设问题、苏维埃国家对外政策问题、国际工人运动和共产主义运动问题及其他问题的重要论述和指示。新收进全集第五版的著作和文件有助于人们更深入、全面地,更科学和客观地去研究苏共党史、苏联社会和世界革命过程中的许多问题。

全集第五版是一部真正科学的出版物。这一版又进一步进行了以前各版所进行过的文字校勘工作。有许多文件以前是按报纸上的简要报道刊载的,全集第五版则按速记记录或其他更详细的记录刊载。这一版还全文刊载了过去不是全文而是经过删节的列宁文献。对列宁著作的正文都按第一手材料重新作了核对。许多过去无日期的文章和文件也都注明或弄准确了写作日期。

全集第五版中的列宁著作是按年代排列的。列宁对党史的分期是各卷组和分卷中著作排列的依据。第一至三十四卷收载列宁从1893年至1917年10月这段时期所写的著作;第三十五至四十五卷中收载列宁在伟大十月社会主义革命后所写的著作;第四十六至五十五卷是列宁的书信。此外,第五十四卷中还有一个部分收载补充进第五版的著作和文件,这些著作和文件按写作时间本应编入相应各卷,但发现时相应各卷已出版,或者因其他某种原因而未编入。

同前几版比较,《列宁全集》第五版的科学参考资料更为完备,对读者研究列宁著作的正文有很大的帮助。每卷参考资料都有以下各个组成部分:说明、至今尚未找到的著作的目录、列宁参与编辑和翻译的作品的目录、可能是列宁写的著作的目录、注释、列宁引用和提到的著作和史料的索引、人名索引及列宁生平事业年表。

全集第五版各卷的平均印数为二十三万三千份。根据苏共中央的决定,增印了十万份,这样各卷的平均印数达三十三万三千份,而且还打算增印十万份。

《列宁全集》第五版的出版,是我党和苏联人民的思想生活及全世界共产主义运动中的一件大事。这再次明显地表现了苏联共产党对广泛宣传列宁的伟大思想遗产的关怀。

《列宁全集》第五版各卷正在译成乌克兰文、摩尔达维亚文和乌兹别克文。在国外，德意志民主共和国、匈牙利和罗马尼亚也都在翻译，南斯拉夫也准备翻译。

1959年研究院首次出版了列宁编的《〈马克思恩格斯通信集〉(1844—1883年)提要》单行本。提要作于1913年。这本书说明马克思和恩格斯的哪些书信首先引起列宁的重视，并用极其重要的意见和论点补充了列宁的遗著。

在编辑出版《列宁全集》第五版的过程中，研究院还出版了分为两部的《列宁著作编年索引》和其他一些《辅助索引》（按字母顺序索引等）。《编年索引》包括已发表的全部列宁著作，迄至1959年，为数已达一万零六百七十二件。这个《索引》对编辑《列宁全集》第五版有很大帮助。

1960—1961年研究院编辑的三卷本《列宁选集》出版了，该书收载各级党校党史研究大纲所规定学习的列宁著作。这套选集现在已出了三版。

1966年为纪念苏维埃政权五十周年，研究院再版了列宁的文集《论伟大的十月社会主义革命》。1967年研究院又出版了列宁的重要文集《反对教条主义、宗派主义和"左"倾机会主义》。

为了满足《列宁全集》第四版订购者的愿望，苏共中央在1957年2月8日的决定中指出必须出版这一版的补卷。1957—1962年研究院为全集第四版编辑并出版了五个补卷：第三十六卷收载第二版和第三版已收载但第四版的三十五卷均未收载的著作，以及列宁在1922年底—1923年初口授的最后一些信件（如《给代表大会的信》等）；第三十七卷是《列宁家书集》；第三十八卷是《哲学笔记》；第三十九卷是《关于帝国主义的笔记》；第四十卷是《土地问题笔记》。

《列宁全集》第五版出齐后，在1965—1967年研究院又为全集第四版出版了五个补卷，收载新编入全集第五版的最重要的著作和信件。第四十一卷和第四十二卷收载列宁在十月革命前后写的著作，第四十三至第四十五卷收载十月革命前和苏维埃时期的信件。这样也就有必要重版第四版的按字母顺序索引，这件工作于1969年完成。

同年，研究院编辑出版了《列宁全集》第五版的主题索引。这是该版索引卷的第一部（第二部于1970年出版）。主题索引向读者揭示了列宁的全部丰富思想宝藏。它为科学工作者、宣传教育干部和一般读者提供了很大的方便，帮助他们更深入地研究列宁的思想遗产，便于他们查阅列宁论述某些问题的著作和寻找列宁的某些言论。

研究院还为全集第五版编了几个补册。已出版的有《〈马克思恩格斯通信集〉（1844—1883年）提要》（1968年出版）、《土地问题笔记》（1969年出版）、《〈俄国资本主义的发展〉一书准备材料》（1970年出版）；正在编印的有《列宁对书籍、杂志和报纸所作的批注和评语》。

1966年和1969年，研究院出版了《国外给列宁的书信》这个集子。这个集子的材料对于研究弗拉基米尔·伊里奇的生平、研究国际工人运动和共产主义运动的历史以及列宁在其中所起的作用，都是很珍贵的。1967年研究院出版了《列宁在一九一七年》回忆录，回忆录对于了解列宁在伟大的十月社会主义革命中所进行的组织活动和领导工作具有很大的意义。

1970年4月22日苏联人民和全体进步人类隆重纪念列宁诞辰一百周年。为了纪念这一重大节日，研究院出版了一批重要书籍。其中首先要指出的是在应出的《列宁文集》第三十七卷中发表了一些新的列宁文献。这卷文集中第一次发表的文献有五百多篇，其中大部分写于苏维埃时期，如列宁的一些发言和讲演，同外国记者的谈话，党中央、苏联人民委员会、劳动国防委员会和苏维埃代表大会的许多法令、决定和决议的草案，以及提纲，草稿，书信，便条，电报，电话记录，决议，命令，札记，批注和其他一些文件。这些文献更加丰富了列宁在苏联史、苏共党史、国际工人运动和共产主义运动等问题上的思想遗产。

前面已经说过，从1924年起开始出版《列宁文集》，研究院在三十七卷《列宁文集》中第一次发表了六千二百四十篇列宁所写的文献和四百三十份他签署的文件。列宁的这些新文献，研究院除在《列宁文集》中发表外，还有系统地发表在党的定期刊物及其他刊物上。

列宁纪念日前夕还出版了《乌里杨诺夫家书集》（1883—1917年），这对研究十月革命前时期列宁的生活经历和革命活动具有重要的意义。

研究院还继续发表回忆录一类的史料，出版了德·伊·乌里杨诺夫的《回忆弗拉基米尔·伊里奇》和玛·伊·乌里杨诺娃的《忆列宁》等回忆录。为纪念弗拉基米尔·伊里奇诞辰一百周年出版了列宁回忆录五卷集。五卷集包括了许多十分精彩而又真实的回忆文章，大部分文章写于二十至三十年代。

回忆录第一卷收入列宁的亲属（他的姐姐安娜·伊里尼奇娜和妹妹玛丽亚·伊里尼奇娜，弟弟德米特里·伊里奇，以及他的妻子娜捷施达·康斯坦丁诺夫娜·克鲁普斯卡娅）写的回忆录。总的来说，这些回忆录叙述了列宁从童年起直到1919年甚至1923年的生活和活动。

第二卷包括列宁从1891年起直到十月革命前的活动，第三卷和第四卷是十月革命胜利后直到1924年1月这段时期。在这三卷中刊载了列宁最亲密的战友、布尔什维克党的老一辈活动家、1917年10月武装起义参加者、著名的军官、苏维埃国家机关工作人员、学者、经济工作者、文化和学术活动家以及会见过列宁或听过他讲演的工人和农民等人的回忆录。

第五卷收入国际共产主义运动和工人运动活动家、外国的社会活动家和国务活动家、作家和记者写的回忆录。这些回忆录说明了列宁为争取各个年轻的共产主义政党和团体的团结，为建立共产国际，为工人运动和共产主义运动的统一所进行的既反对改良主义和右倾机会主义思想，也反对"左"倾宗派主义和极端无政府主义倾向的斗争，同时也显示了列宁在亚洲和拉丁美洲各个国家的民族解放运动问题的研究上所起的指导作用。

这五卷列宁回忆录是研究列宁生平和他的组织活动，探讨苏联史、党史和国际共产主义运动史上的一些问题和各个时期的一部极其珍贵的史料。

研究院在编写列宁传记方面作了很大的努力。苏共中央在1956年作了出版新的列宁传记的决定。同时还确定了一些重要编写原则，成立了编写委员会。中央委员会还责成马克思列宁主义研究院为工人和集体农庄庄员编辑一部篇幅在四、五个印张的通俗的列宁传记。

马克思列宁主义研究院遵照苏共中央的决定，于1960年出版了一部科学的列宁传记。这本书在十年当中出了四版，总印数为七十七万五千份，并译成国内外各种文字。同以前出的各个版本相比，这是一部最完善的列宁传记，是根据列宁的著作、档案材料、党史文献及回忆录编写成的。

这部列宁传记向读者介绍了列宁生平和事业的主要事实及其最重要的思想，并且表明这些事实和思想的现实意义。

要特别指出的是为纪念列宁诞辰一百周年而出的这本书的第四版。这一版最全面地参考了各种回忆文献，描写了许多生动的事例，再现了列宁这位英明领袖、伟大理论家、同志和普通人的生动形象。

在第四版中，对于列宁在一些迫切问题上的思想和他对俄国和国际工人运动中的机会主义和修正主义的斗争都作了详尽的阐述。对于列宁在党的各个历史时期对托洛茨基主义的斗争也特别详细地作了叙述。为纪念列宁诞辰一百周年而出的这一版列宁传记，相当广泛地展现了列宁这位世界上第一个社会主义国家创建人、苏维埃政府首脑的全部活动。

在1960年出版这一科学传记的同时，还出版了以广大工农群众和各级党校学员为对象的列宁传记。这本书需要量很大，现已出了六版。最后一版，即纪念版，于1970年出版。

为纪念列宁诞辰一百周年，在列宁传记作品出版史上第一次出版了关于他的传记历史地图册，这是由研究院会同苏联部长会议所属的测绘总局一起编制的。地图册用图解法（按问题编年体例）展现了列宁生平的各个主要时期，使人对列宁的理论、政治和组织活动，对列宁主义思想的伟大胜利有一个显明的了解。

列宁给党、苏联人民和全体进步人类留下了极其宝贵的、大量的思想遗产。列宁的理论著作是马克思主义发展史上一个新的里程碑。

由于党和党中央的关怀，列宁的不巧著作成为广大人民群众的财富。

列宁的著作现在在世界上已经有一百一十八种文字的版本。

（复旦大学外文系俄语教研室译　刘功勋、姜其煌校）

# 《马克思恩格斯文库》介绍[*]

耿睿勤

《马克思恩格斯文库》（《Архив К. Маркса и ф. энгельса》）是由俄共（布）马克思恩格斯研究院在出版《马克思恩格斯全集》[①]的同时，于1924年开始出版的。它是为深入研究马克思主义创始人的遗著和科学工作方法的读者出版的一种刊物。在《马克思恩格斯文库》上刊载的是马克思恩格斯遗著的手稿、原稿、提纲、笔记、书信和札记等。这些材料既是当时出版的《马克思恩格斯全集》中尚未收入的文献，也是后来出版的《马克思恩格斯全集》的准备材料。

《马克思恩格斯文库》从1924年开始出版，到1930年共出了五卷。为了与后来出版的只发表马克思恩格斯遗著的文库加以区别，我们把这五卷文库称为旧版《马克思恩格斯文库》。这五卷文库的主编是当时马克思恩格斯研究院院长梁赞诺夫。他在第Ⅰ卷的前言中写道，出版这本刊物的目的是研究马克思和恩格斯的历史、研究马克思主义和无产阶级运动的历史。内容包括如下四个部分：（1）有关马克思恩格斯研究过

---

[*] 本文选自《马列著作编译资料》1979年第4辑。

[①] 该版全集于1923年开始出版，1923—1924年间共出四卷，后因计划改变而停止出版。

的历史问题的文章；（2）马克思恩格斯的文献；（3）有关马克思恩格斯的传记材料和书信；（4）有关马克思主义的著作书评。这五卷文库除了刊载马克思恩格斯的文献外，还发表了其他人的论文和资料。

《马克思恩格斯文库》第Ⅰ卷，于1924年出版，这一卷在第二、三部分中第一次发表了马克思的《关于费尔巴哈的提纲》《〈德意志意识形态〉序言草稿》、马克思和恩格斯的《德意志意识形态》中的《费尔巴哈》一章、马克思1881年3月8日写给查苏利奇的信及其四份草稿、恩格斯1881—1895年间写给伯恩施坦的七十九封书信。《德意志意识形态》的问世，批驳了当时那种认为马克思和恩格斯一直都是费尔巴哈主义者的观点，对进一步研究马克思和恩格斯创立辩证唯物主义的过程，起了很大的作用。

第Ⅱ卷于1925年出版，这一卷集中刊载了恩格斯的《自然辩证法》。这份手稿曾长期匿藏在德国社会民主党的档案馆里。《自然辩证法》的问世在当时的知识界，尤其是自然科学家中间，引起了很大的震动。本卷还发表了恩格斯为大化学家卡尔·肖莱马写的悼文。

第Ⅲ卷于1927年出版，这一卷刊载了马克思的《黑格尔法哲学批判》《经济学哲学手稿》及马克思的中学作文等著作。《1844年经济学哲学手稿》是马克思开始系统地研究政治经济学的第一个手稿。但这份重要的手稿在该卷文库中被编者加上了错误的标题：《〈神圣家族〉的准备材料》。

第Ⅳ卷于1929年出版，发表了马克思和恩格斯的《德意志意识形态》片断、马克思的《马基雅弗利著作摘要》和恩格斯的《卡·马克思〈资本论〉第一卷提纲》。

第Ⅴ卷于1930年出版，这一卷刊载了马克思恩格斯的《流亡中的大人物》，马克思的《评阿·瓦格纳〈政治经济学教科书〉》。

旧版五卷《马克思恩格斯文库》在二十年代发表的这些马克思恩格斯的著作，为俄文第一、二版《马克思恩格斯全集》提供了重要的文献。除了文库第Ⅳ卷中马克思的《马基雅弗利著作摘要》外，其余的著作都已收入中文版《马克思恩格斯全集》。

1931年，马克思恩格斯研究院与列宁研究院合并，称联共（布）马克思恩格斯列宁研究院。《马克思恩格斯文库》编辑部改组，编辑方针也作了一些改变。在1932年出版的《马克思恩格斯文库》Ⅰ（Ⅵ）的前言中，新任主编阿多拉茨基写道："《马克思恩格斯文库》从这一卷开始，将按照发表列宁手稿的《列宁文集》那样，只发表科学共产主义创始人未发表的文献。"此外，新版文库还一律改用红色封皮，但版本大小仍然保持原来的大三十二开本。从1932年到现在，新版《马克思恩格斯文库》共出版了十五卷。这十五卷文库开头三卷每卷都编有双卷次，即Ⅰ（Ⅵ）、Ⅱ（Ⅶ）和Ⅲ（Ⅷ），括号中的罗马数字是连接旧版五卷文库的卷次编号。从第Ⅳ卷开始去掉了括号中的卷次编号。到目前为止，《马克思恩格斯文库》总共出版了二十卷，旧版五卷，新版十五卷。

新版《马克思恩格斯文库》第Ⅰ（Ⅵ）卷于1932年出版，这一卷发表了马克思、恩格斯1870—1886年间写给德国社会民主党领导人倍倍尔、李卜克内西和考茨基等人的信件一百八十三封，其中大部分是第一次发表。这些信件都已有中译文，收在《马克思恩格斯全集》中。

1933年为纪念马克思逝世五十周年出版了第Ⅱ（Ⅶ）卷。本卷用德、俄对照的形式发表了马克思《直接生产过程的结果》（《资本论》第一卷《资本的生产过程》第六章手稿），这是马克思于1863—1865年间写的《〈资本论〉第一卷的部分准备材料》。这份手稿内容丰富，包含了许多《资本论》第一卷所没有的材料，对理解《资本论》的内容和结构具有很大价值。这份手稿的中译文已于 1964 年出了单行本。该卷发表的恩格斯著作《布伦坦诺 Contra 马克思》，已收入《马克思恩格斯全集》中文版第二十二卷。

第 III（VIII）卷于 1934 年出版。这一卷用英、俄对照的形式发表了马克思的名著《法兰西内战》及其初稿和二稿。读者可以在《马克思恩格斯全集》第十七卷中读到这一著作。该卷发表的马克思从巴黎公社时期的期刊和著作中所作的摘录，已收入 1975 年商务印书馆出版的《马克思关于巴黎公社报刊消息摘录》。

《马克思恩格斯文库》第 IV 卷于 1935 年出版。这一卷用德、俄对照的形式发表了 1857—1858 年经济学手稿中关于货币的那一章。该章已收入不久前出版的《马克思恩格斯全集》中文版第四十六卷上册。

第 V、VI、VII、VIII 卷先后于 1938、1939、1940、1946 年出版。这四卷发表了马克思的《世界史编年摘录》。这是从一世纪到十七世纪的世界历史提纲，马克思在这里主要是利用了施洛塞尔的十八卷本的《世界史》（其中有十一卷马克思都作了摘要），也利用了约翰·理查·格林的《英国人的历史》、卡洛·博塔的《意大利各民族的历史》以及多种文字的其他历史著作。从这份足有一百零五个印张的手稿中，不仅可以看到马克思是怎样选择历史事实的，而且还可以看到马克思对某些历史事件和历史人物的评述。

第 IX 卷于 1941 年出版。这一卷刊载了马克思对摩尔根《古代社会》一书的摘要。恩格斯在写作《家庭、私有制和国家的起源》一书时曾利用了这个摘要。《摩尔根〈古代社会〉一书摘要》中译本已于 1965 年由人民出版社出版。

第 X 卷于 1948 年出版。这一卷中发表了恩格斯的三组手稿。第一组关于蒲鲁东的手稿包括《对蒲鲁东的〈十九世纪革命的总观念〉一书的评论》和《评蒲鲁东〈战争与和平〉一书》。关于《十九世纪革命的总观念》的评论是恩格斯根据马克思的请求,在1851年8—10月间写出的。第二组是关于英国和爱尔兰的手稿。恩格斯为写一部爱尔兰的历史而拟定的写作提纲、有关的章节和为这些章节搜集的材料。这些手稿有一部分收在《马克思恩格斯全集》第十六卷,标题为《爱尔兰史》和《〈爱尔兰史〉片断》。关于英国的手稿包括《达布耳德〈英国财政、货币制度和统计史〉一书摘要》和《宪章运动编年史》。第三组是关于法国和德国史的材料。这里包括恩格斯对马丁《法国史》一书和居利希《商业、工业和农业的历史叙述》一书所作的摘要,也包括恩格斯写的关于德国的札记(其中大部分已收入《马克思恩格斯全集》第十八卷)。关于宗教改革运动、德国农民战争和《暴力在历史中的作用》的准备材料的手稿,有一部分已发表在《马克思恩格斯全集》第二十一卷。

第XI、XII、XIII卷先后于1948、1952、1955年出版。这三卷发表了马克思从俄国作家的著作、俄文文件中作的摘录。摘录的著作有车尔尼雪夫斯基的《没有收信人的信》、柯舍列夫的《我们的状况》和《论俄国公社土地占有制》、斯卡尔金的《在穷乡僻壤和在首都》、杨松的《关于农民份地和付款统计调查的试验》、恩格尔加尔特的《俄国农业问题》、哈克斯特豪森的《俄国的农业制度》、戈洛瓦乔夫的《改革的十年,1861—1871》和丹尼尔逊的《俄国改革后的社会经济概论》,等等。除了单独著作以外,马克思还从《开端报》和《关于赋税和税捐修订委员会的报告》上摘下了有用的材料。这三卷摘录都反映了马克思对俄国1861年改革前后的社会经济情况的研究。

第XIV卷于1973年出版。这一卷分三部分,前两部分用原文和俄译文对照的形式发表了马克思关于波兰问题的两组手稿。第一部分包括写于1863年春波兰起义期间的手稿,说明波兰问题和两个世纪来欧洲列强围绕波兰问题而进行的激烈外交斗争。第二部分包括马克思于1864年在第一国际总委员会会议上讨论波兰问题时写的手稿。第三部分是马克思在1863年一本札记簿和两本笔记本中作的评注和摘录。从这些摘录中可以看出马克思在写上面两组手稿时利用的史料。马克思关于波兰问题的前两部分手稿已译成中文,即将出版。

第 XV 卷于1963年出版。这一卷刊登了马克思在《法兰西内战》发表以后所作的有关巴黎公社的期刊和著作摘录。商务印书馆1975年出版的《马克思关于巴黎公社报刊消息摘录》一书就包括有该卷文库的内容。

《马克思恩格斯文库》俄文版在研究和出版马克思恩格斯著作中起了一定的作用。它虽然不如《马克思恩格斯全集》包括的内容丰富,也没有统一的编排体例,但是,它能以多种形式、迅速及时地把新发现的马克思、恩格斯文献提供给广大读者。旧版五卷还提供了对研究马克思恩格斯有价值的材料,例如第 I 卷在发表马克思写给查苏利奇的信的同时,还发表了查苏利奇1881年2月16日写给马克思的信,这对了解信中所谈问题、对全面理解马克思恩格斯的观点很有好处。同时也应指出,在有的卷次的说明和注释中编者宣扬一些错误观点,如1973年出版的第 XIV 卷(马克思关于波兰问题的手稿)中,编者在自己所加的某些注释中美化沙皇,为当时俄国的侵略政策进行辩护。这个问题是值得注意的。

## 《马克思恩格斯全集》俄文第二版的编辑出版情况(摘译)*

〔苏〕亚·马雷什

《马克思恩格斯全集》中文版正卷(第1—39卷)已经于七十年代出齐,剩下补卷(第40—50卷)有的卷次已经出版,有的卷次已经付排,准备年内出齐。这样,《马克思恩格斯全集》中文版的出版工作即告结束。

《马克思恩格斯全集》中文版是以苏共中央马列主义研究院编辑的《马克思恩格斯全集》俄文第二版为蓝本编译出版的。苏共中央马列主义研究院的负责工作人员亚·马雷什在《苏共历史问题》杂志1982年第10期上发表一篇题为《共产党人的思想宝库》的文章,总结了《马克思恩格斯全集》俄文第二版的编辑出版工作。这篇总结对中国读者也有一定的参考价值,现将该文摘译如下:

1955年出版了第一卷。原来打算出版三十卷。但是事隔不久便发现有可能,而且有必要实现更庞大的出版计划。考虑到这一点,苏共中央最初决定出版三十九卷,后来决定出版五十卷。

已经出版的五十卷(五十四册)共收入马克思主义创始人的两千

---

\* 本文选自《马列主义研究资料》1983年第4辑。

多篇著作和四千多封书信。除此之外，还有大约四百多件文献——卡·马克思家庭成员受马克思的委托写的信、含有马克思主义和国际共产主义运动史的重要资料的致马克思和恩格斯的信、马克思和恩格斯的未经本人审阅的演说和讲话记录、在他们的参加下起草的决议和其他文件、传记性资料等。从1926年到1946年出版的第一版只包括大约一千二百五十篇著作和大约三千三百三十封书信。

与第一版相比，第二版的篇幅大大地扩充了。这是因为它收入了迄今为止没有发表过的或不同时期在各种出版物如《马克思恩格斯文库》或苏联和外国书刊上发表的著作。许多文件是马列主义研究院在国际拍卖行及马克思和恩格斯的亲属那里获得的。有一些材料是苏共中央马列主义研究院马恩著作室和中央党务档案馆的工作人员经过调查研究在欧美各国档案馆和图书馆里发现的。这一版实际上第一次发表了迄今为止发现的马克思和恩格斯的全部书信，它们分别收入第二十七至三十九卷和第五十卷。

在这一版的准备过程中，对有可能发现马克思和恩格斯的文章的刊物作了仔细的研究。我们通读了那些马克思和恩格斯定期投稿的刊物。我们对五十多种报纸做了调查研究工作，其中包括：《莱茵报》、《新莱茵报》、《德意志—布鲁塞尔报》、《纽约每日论坛报》、《新奥得报》、《国际先锋报》、《人民报》、《新闻报》、《人民国家报》、《北极星报》、《东邮报》、《改革报》、《解放报》等等。结果，第一次考证了马克思和恩格斯的百十来篇文章，并将它们收入本版。马克思和恩格斯在报纸上发表文章和短评常常不署名。因此，考证工作是研究工作的重要部分。我们研究了许多可以作为证据的证明材料——作者本人在他们的通信中、在他们的通信人的书信中、在日记和著作中讲的有关的话和暗示，以及传记材料、关于马克思和恩格斯写作活动的各种资料、关于他们某个时候是否在某个城市居住过的材料等等。同时,我们对马克思和恩格斯的个别著作进行了原本鉴定和对比,弄清在所研究的时期他们的著作的主要论题,分析了用词习惯和文章风格。

已获得的材料表明马克思和恩格斯同最早的工人组织、英国宪章派、工人俱乐部和通讯点的联系,同时也说明在1848—1849年欧洲革命前夜和过程中马克思和恩格斯的写作活动的广度和意义。这一点尤其重要,因为正是这些著作清楚地体现了马克思主义创始人对工人阶级在社会大变动时期和在革命运动低潮时期,在反动势力嚣张的情况下革命斗争的战略和战术的看法。

第二版里面有阐述早期无产阶级政治组织,特别是共产主义者同盟和国际工人协会的科学历史的丰富材料。这些材料包括在马克思和恩格斯的著作、书信、编辑的前言和注解中。

共产主义者同盟作为德国第一个工人政党和国际工人政治组织出现在两位伟大革命家的著作中。它提出的新口号:"全世界无产者,联合起来!"现在已经成为无产阶级国际主义的基本原则,它的成员早在伦敦第一次代表大会上就宣布必须把无产阶级从资产阶级统治的桎梏下解放出来,表示相信由于历史发展本身即一极是贫困的积累和另一极是财富的积累而不可避免的社会革命已为期不远。马克思和恩格斯是共产主义者同盟的灵魂,它的纲领《共产党宣言》的作者。

多半是新的大量文件反映了马克思在第一国际里的活动,说明马克思是国际工人协会的组织者和领袖,他的灵活的策略,对无产阶级的公开的和用革命言词伪装的敌人——分裂主义者和无政府主义者的不妥协性,他善于引导群众,在困难面前不退缩,能够看出工人运动的当前的需要和前途。马克思实际上多年领导国际俄国支部。从1870年起,恩格斯参加了第一国际的领导工作。他在直接教育意大利和西班牙的第一国际的支持者方面作了伟大的贡献。

科学共产主义奠基人有关国际的著作（收入第16、17、18、44、45卷）和他们在这个时期写的书信（收入第31、32、33、50卷）的发表总的说来是迄今为止最完整的。列宁在1914年指出，马克思是第一国际总委员会的许多宣言、号召书和决议的作者，同时认为："这些材料还远未加以研究，甚至还没有完全收集起来。"① 现在，第二版已经出齐，还同时出版了第一国际总委员会和代表大会的记录，我们已经完全有理由说：这些材料已经收集起来并进行了研究。

马克思在国际里的活动是他的政治活动的顶峰。恩格斯在1883年6月24日致劳拉·拉法格的信中指出，"摩尔的一生，要是没有国际，便成了挖去了钻石的钻石戒指"②。首先有赖于马克思，革命工人运动的各国先进部队的相互声援、团结一致的原则在国际里才得到实际的体现。

直接参加第二版出版工作的工作人员根据第二版写了三卷本的第一国际史。

马克思和恩格斯草拟的共产主义者同盟和关于共产主义者同盟的文件，国际和关于国际的文件，各国第一批社会主义政党和关于它们的活动的文件集中了有关工人阶级政党在完成社会主义革命中的领导作用，它的根本特点，有关无产阶级专政政权在联合其他劳动阶级改组社会的整个经济和政治制度，以保证实际的公民权和自由方面的任务，有关保卫革命成果，免遭内外敌人的侵犯，有关为了社会及其全体成员的全面的和协调的发展而解放劳动的极宝贵的思想。这些事件构成了国际工人

---

① 《列宁全集》第1版第21卷第62页。
② 《马克思恩格斯全集》第1版第36卷第44页。

运动的一幅完整图画。

第二版的一个很大的优点、一项重大的学术成果是把马克思的主要著作——《资本论》全部发表了。第一版只发表了第一至三卷，而第四卷（《剩余价值理论》）本来打算编为第二十卷，但并没有发表。

《剩余价值理论》约占马克思在1861—1863年写的经济学手稿的一半篇幅。马克思本人忙于准备出版《资本论》头三卷，后来没有回头来搞这项工作。恩格斯也没有来得及整理出版《剩余价值理论》。他仅仅通读了手稿，改正了作者的一些笔误。

《剩余价值理论》手稿最早由卡·考茨基在1905—1910年分三卷出版，其中第二卷又分为两部分。考茨基没有把它作为《资本论》第四卷出版。考茨基认为，这个手稿缺乏内部格局和应有的顺序。因此，他认为自己"有权"任意改变马克思的著作的结构，甚至进行删减。由于这个版本有明显的缺点，所以早在1930年马克思恩格斯列宁研究院便担负起重新整理出版《剩余价值理论》的任务。但是这个任务到了五十年代才完成。当时出版的《剩余价值理论》的单行本后来成为本版第二十六卷的基础。

第二版实际上发表了《资本论》的一切不同的草稿。

早在《资本论》的提纲酝酿成熟之前，马克思在四十年代前半期就表示想要写一大本经济学著作并定下《政治和政治经济学批判》的书名。这部著作的最初的草稿显然是目前大家都知道的收入第四十二卷的《1844年经济学哲学手稿》。

马克思1850年重新开始自己的经济学研究，这时已经流亡伦敦，他没有再搞1844年手稿，似乎重新开始研究资产阶级社会的生产关系和"运动规律"。1857—1858年经济学手稿即所谓的《大纲》是这一研究工作的第一个重大的成果。研究工作者们一致认为这部著作是《资本论》的第一个草稿。它编为本版第四十六卷（两册）。从认识社会的历史，揭示资本主义以前的生产形式和资本主义本身的衰败和兴起的规律性的角度也好，从根据辩证唯物主义方法总的研究一切经济问题的角度也好，以及对阐述和表述这种方法的基本原则来说，这部著作都有不可估量的理论意义。除了《资本论》，这部著作虽然带有草稿性质，但仍堪称为马克思的第二部重要的经济学和哲学著作。

《资本论》的另一个草稿是上面提到的1861—1863年经济学手稿。它的一半是《剩余价值理论》。第二版第一次发表它的另一半，编为第四十七和四十八卷。马克思在他的巨著的这一部分里第一次和非常详细地考察了提高劳动生产力的三个循序渐进的阶段，这三个阶段同时也是资本主义生产方式形成和发展的三个阶段：合作、工厂手工业分工和"机器，或科学力量的应用"。他强调这三个阶段发展的渐进性，它们共存的可能性，它们之间没有不可逾越的鸿沟。马克思指出，各个时期之间没有不可逾越的鸿沟不仅是资产阶级社会形态，而且也是其他社会形态形成的特点。从这个意义上来说，地质形态和社会形态的发展和更替的规律性有一定的共性。

马克思在这里提出了**总规律**的概念。按照这个总规律，工艺条件和与之相应的经济结构构成下一个生产形式的物质可能性，而且是在前一个形式的范围内形成的。1861—1863年手稿里包含有资本主义基础上的科学技术进步的历史方面、相对剩余价值的生产趋于完善的历史方面的大量实际材料。马克思在整理出版《资本论》第一卷相应的章节时将这些宝贵材料的大部分省略了。在《资本论》的第一卷里历史的细节和具体的写法被比较抽象的概括性的叙述所代替。

在新发表的《资本论》的其他材料中，编入第四十九和五十卷的《资本论》第二卷草稿是值得注意的。1872—1875年经过作者校阅过的法文版第一卷的某些片断特别重要。马克思认为这个版本是第二个原著。这样的评价是完全有理由的。这本书的结构完全不同于作者生前出版的所有德文版本。对商品化的劳动的两重性、商品的拜物教性质及其秘密、资本的总公式、资本主义积累的总规律等等许多重要章节叙述得更完善了。马克思对资本主义经济中的一切新现象非常敏感,他除了正常的工业周期之外还指出"不正常的震动"的可能性和不可避免性,并提出生产"停滞"的概念。

在第二版第四十二、四十六、四十七、四十八、四十九和五十卷里新发表的经济学著作,为研究《资本论》的历史、辩证逻辑、认识论,为大大地丰富其他学科首先是资本主义和社会主义政治经济学、辩证历史唯物主义提供了重要的依据和方法。关于周转、运输和其他费用的原理,虽然是根据资本主义的原材料制定的,但是其中还是有一些有价值的论述。

第二版发表了迄今为止找到的马克思和恩格斯的所有书信,以及他们的亲属、朋友和战友受他们的委托写的和其中包含有关于马克思和恩格斯的传记性材料和他们的谈话内容的大批书信。

列宁对马克思主义奠基人的书信遗产非常关心。十月革命后,列宁积极倡导建立一个中心来收集和尽快出版这些书信。列宁委托阿多拉茨基出版马克思的书信集,甚至在病中还念念不忘此事。列宁1922年4月6日在致阿多拉茨基的信中写道:"我因病不能工作,而且还要休养一段相当长的时期。您的近况如何。特别是,关于马克思的书信,请您来信告知。这件事须搞下去并搞到底。"列宁认为,给马克思和恩格斯的书信作注释,使之为人们所理解,是一件重要的工作。

马克思和恩格斯的书信是他们的著作遗产的重要部分,是马克思主义和国际工人运动的独特的编年史。这些书信从不同的方面和不同的关系阐明了最重要的历史事件和理论问题。按照列宁的说法,它们的内容的核心是辩证法,把唯物主义辩证法原则运用于各个科学和生活本身。这些书信反映了两位天才的富有成果的友谊。

本版新发表了六百多封书信。从恩格斯的许多书信中,读者第一次知道了马克思身后留下的"放满箱子、纸包、包裹、书籍等等的这个阁楼的全部秘密"①,马克思和恩格斯1845—1846年写作关于德意志意识形态的文章的情景。从这些书信中可以了解《资本论》的历史,《资本论》第二、三、四卷手稿的情况。

马克思逝世后恩格斯写的书信编入第三十六至三十九卷。这些书信清楚地说明了恩格斯是各个工人组织和政党的领导人的朋友和顾问。这些书信有许多是论述理论问题或工人运动的战术和战略问题的完整文章。

社会学家,尤其是哲学家,非常熟悉恩格斯写给布洛赫、博尔吉乌斯、施米特和梅林的关于历史唯物主义的书信。这批书信是制定唯物主义历史观的新的重要的一页。苏共中央马列主义研究院新出版的集子《马克思列宁主义和国际工人运动的历史》(1982年莫斯科版)专门发表了这批书信,除了注释之外,还编入恩格斯的通信人的书信。

要把马克思和恩格斯的著作编入新版,首先必须进行大量的版本鉴定工作和译文的审定工作。选入每篇著作都必须决定用哪一种版本作为这一版的基础。如果作者生前出过几个版本,那么我们便采用最后出版的版本。例如,1890年由恩格斯校订过的《资本论》第一卷德文第四版和《反杜林论》德文第三版等等。一些大部头的和大家都知道的著作,这个问题不难解决。复杂的事情是一些短篇文章的发表情况并不完

---

① 《马克思恩格斯全集》第1版第36卷第31—32页。

全清楚。在这种情况下就要专门研究报刊，核对已发现的不同版本，确定在发表时是作者作了修改还是报刊编辑私自作了修改。

特别困难的工作是根据资料来验证事实。这是整理出版工作的非常必要的条件。要想准确地理解原著，常常必须弄清楚涉及某个事实的一切情况。不然，便不可能有科学的正确的译文。通过这种验证，才能弄清楚作者的笔误、刊误和其他不妥之处。确定马克思和恩格斯写信的实际日期需要花费很大的工夫。

在出版第二版的过程中，对以前发表过的译文进行了校订，对以前没有译文的著作进行了翻译。各卷的主持人和编辑为了提供最准确的译文对照原文进行四遍，有时五遍的核对。

《资本论》各卷的译文，特别是第一卷的译文——虽然它当时是由像伊·伊·斯克沃尔佐夫－斯切潘诺夫那样的杰出的马克思主义者和学术翻译大师翻译的——都作了大量的和绝对必要的修改。仅仅对第一卷的旧译文就作了几千处各种性质的修改。遇有复杂的和特别重要的地方，主持人还对照权威性的法译文和恩格斯审阅的英译文。

在整理出版马克思和恩格斯的著作手稿时，一项重要的和非常复杂的任务是正确地阅读这些手稿。特别困难的是辨认马克思的手稿。

第二版的重要特点和无可争辩的优点是每一卷都附有详细的参考资料。第一版除了前言之外没有附参考资料。编写各卷的参考资料要求历史学家、经济学家和哲学家做大量的深入的工作。

新版的各卷均以苏共中央马列主义研究院写的前言开卷。前言对有关的时期作总的经济的和社会政治的说明，阐述各卷内容的基本理论问题，有时纠正早已存在的对个别著作的不正确的评价。同时，马列主义研究院认为自己有权对个别著作中的某些论点发表自己的看法。

各卷的末尾附有篇末注和人名索引。第三十九卷还发表了书信卷（第27—39卷）的名目索引。每卷平均大约有五百条注释，其中不少是根据稀有的资料编写的。这些注释主要是篇末注，只有少量的是脚注。篇末注说明并在一定程度上补充了马克思和恩格斯的原作。它们叙述个别著作的写作过程，介绍原作中提到的报刊、政党和组织，揭示所提到的事件和历史事实。实际上，这是一部特殊的小型专题马克思主义历史著作。

为直接配合这一版，还出版了专门的索引书：编入第一至三十九卷的所有著作的目录索引，人名、报刊、引证过的和提到过的著作索引，还有两卷本的三十九卷的名目索引。现在正在编写第四十至五十卷的参考资料的第三部分，计划在这个五年计划的后期出版。

（原载苏联《苏共历史问题》杂志1982年第10期）

（艾思嘉 译）

# 为悼念列宁逝世而编印的一部列宁的全集
## ——介绍《列宁全集》俄文第二、三版*

丁世俊　陈立敬

## 一、编印经过及两版的关系

《列宁全集》俄文第二版是为悼念列宁逝世而决定编印的，是列宁逝世后编成的第一个全集版本。

1924年1月21日，无产阶级革命导师列宁逝世。26日，苏联苏维埃第二次代表大会举行专门会议，悼念列宁。会上作了一项《关于出版列宁著作》——其中包括出版全集第二版的专门决定。这项决定指出："广泛地大量地发行列宁的著作，使共产主义思想成为全体劳动人民的财富，将是为弗拉基米尔·伊里奇·列宁树立最好的纪念碑。"因此，在要求迅速、大量出版列宁的选集的同时，"还委托弗·伊·列宁研究院本着严格科学的精神迅速出版弗·伊·列宁同志的全集（按：即《列宁全集》第二版）"。①

---

\* 本文选自《马列著作编译资料》1980年第7辑。
① 《苏维埃代表大会文件汇编》1960年俄文版第3卷第37页。

同年5月召开的俄共（布）第十三次代表大会，宣布列宁研究院正式成立（该院于1923年筹建），并规定"研究院的首要任务是：十分科学地和极其严肃认真地出版列宁全集"[①]。这是重申出版《列宁全集》第二版的决定。

编印《列宁全集》第二版时的条件与第一版不同了。编印第一版，是在草创时期，首先要解决的是有无问题；编印第二版，则是要在第一版的基础上提高一步，要求具备更高的学术水平、更高的编印质量。一个有利条件是，这时已成立了列宁研究院，作为党的研究、编印列宁遗著的专门机构。列宁研究院成立后的主要活动就是编印《列宁全集》第二版。根据俄共（布）十三大关于列宁研究院工作的决定，列宁研究院的任务之一仍是大力收集、征求列宁著作的各种原件以及有关的资料。研究院院长、《列宁全集》第二版主编加米涅夫在俄共（布）十三大上关于研究院工作的发言，主要谈的就是这个问题。他认为，奠定列宁研究院的基础的一个想法"就是收集弗拉基米尔·伊里奇遗留给我们的全部东西——手稿、资料、记录、笔记"，"我们必须竭尽全力来真正收集伊里奇遗留给我们的全部材料，国际无产阶级并不是在四十年内、二十年内、十年内，而是要在以月计算的最短期间来真正科学地收集他的著作"。[②] 俄共（布）中央所发的号召书促进了收集工作的进行，在俄共（布）中央的号召下，研究院收到了大批材料。研究院从许多有列宁文献藏件的单位，如十月革命史和俄共（布）历史资料收集研究委员会、中央档案局、克拉科夫档案馆等，把大量新材料汇集起来，加以使用。据加米涅夫记载，到俄共（布）十三大时，列宁研究院收

---

① 《苏联共产党决议汇编》第2分册第502页。
② 《俄共（布）第十三次代表大会速记记录》1963年俄文版第539页。

到的列宁本人及其战友和朋友的手稿已近一万件；在俄共（布）第十三大上发给代表们的列宁研究院所藏列宁手稿的第一本目录上列出的列宁手稿近三千件。① 此外，共产国际也大力支援收集列宁著作的工作；共产国际执行委员会曾为此发出通知，要求各国共产党注意和提供列宁的著作、信件以及各种手迹。由于建立了较前充实的档案，编印第二版就比编印第一版有了更多的方便。

列宁研究院当时不仅调查了布尔什维克的文献，而且调查了国内外的一般社会主义文献。同列宁革命活动有关的一些地区的报刊，如波兰社会民主党的报刊，还有拉脱维亚、法国（主要是1907年的《人道报》）、德国、瑞士的报刊，以至第二国际的简报，等等，都着重进行了调查，找到了不少列宁的著作。

第一版尽管有许多不足之处，但它给第二版的编印提供了经验，成了第二版的基础。第二版并不是对第一版的完全否定，它自认是第一版的"补充、修订版"，这表明了它对第一版的继承性。实际上，第二版编印工作的开始和第一版编印工作的结束是交叉进行的。

俄共（布）十三大后着手准备第二版时，估计在很短的时间内——在一两年内——即可结束整个编印工作，但实际证明，这种想法没有考虑到编印工作的艰巨和复杂（首先是对正文的考证、校勘工作，其次是参考资料的编写工作），因而从1925年开始出书（第一卷在这年12月俄共（布）第十四大召开的时候问世），经过七年，到1932年才出齐全书。这期间，联共中央还采取了许多措施来加速出版进度，否则时间会拖得更长。出版进度也是极不平衡的：最少时一年出一卷，最多

---

① 见加米涅夫在俄共（布）第十三大上的发言，《俄共（布）第十三次代表大会速记记录》1963年俄文版第539页。

时一年竟出十一卷。编印中，计划也有所变动，原来打算出二十五卷，后来出了二十七卷，以后又超计划出了三卷，共为三十卷。

叙述完第二版的编印经过后，到这里应该谈谈第二版和第三版的关系。第二版和第三版，按现在出版工作中"版本"一词的意义，不是两种版本，而是同一个版本的两种不同版式。第三版各卷的扉页上有这样的字样："第三版是第二版即补充、修订版的没有变动的重印本。"第二版和第三版同时出版，内容、卷次、编排相同，所不同的只是开本、装帧、纸质和印数：第二版的开本大，装帧较考究，用优质纸印刷，印数少；第三版的开本小，装帧和纸质都较差，而印数则增加很多。换句话说，在出第二版时，考虑到降低售价，以便广大群众购买，就又同时出了一种普及本，即第三版。

因为这两个版本实际上是一个版本，我们下面作介绍时就合称它们为第二、三版。这里值得注意的一点是，这两个版本是相同的，但这两个版本的不同印刷本却有一些差异。例如，总的来说这两个版本的页码是共同的，但又不尽然，第三版第一至三卷的第一次印刷本的页码就与第二版以及第三版这几卷以后各次印刷本不同，并且第二版和第三版第二十五卷的最初两次印刷本有一部分页码（属《共产主义运动中的"左派"幼稚病》的部分）也与第二版的最后几次印刷本不同。这种情况的造成是由于增印本在内容上有所修订、调整，或者是撤掉了在进一步研究中发现并非列宁文献的材料。这是正文方面的。此外，参考资料方面如卷前的说明和卷后的注释等，以至编者署名，也有随印刷本的不同而变动的情况，而且这种情况还多一些。这些变动既有技术上的原因，也有政治上的原因，这在下面的介绍中我们还要分别具体谈到。

## 二、概　貌

《列宁全集》第二、三版比第一版扩充了内容，增加了篇幅，应该说，编印质量是提高了一步。这首先表现在分量上：第二、三版共为三十卷，比第一版多十卷，而每一卷的分量平均也比第一版大一些。

整版三十卷中第一至二十七卷为著作卷次，收载了列宁从1893—1923年的著作，包括已发表的或打算发表的书籍（大部头著作及小册子）、论文、号召书和传单，以及不打算广泛公布的著作，还有党的代表大会、代表会议的决议、决定及其草案、党内事件的通报、报刊编辑部声明、报告、演说等。第二十八至二十九卷是书信卷次，收载了列宁从1895—1922年的书信之类的材料，包括信件、电报、便条等。第三十卷为补卷，补收了因种种原因未能载入前面相应卷次的列宁各个时期的著作，包括论文、文件和演说等。

第二、三版所收列宁著作（包括文件和书信等）约为二千七百八十件。

关于取材，第二、三版给自己划定了一个较为严格的范围：收载列宁的全部已发表的或打算发表的著作，或者说列宁的正式的见诸文字的著述性东西。编者说，第二、三版的任务是"收集并向读者提供列宁的全部政治性遗著，它们尽管是不一样的，但都记载得非常可靠。后面这个条件一下子就指明了我们不能逾越的范围"①。要"记载得非常可靠"，这就是它取材严格的表现。这里首先牵涉到如何收载列宁大量的口头讲话，如演说、声明、指示等这样一个问题。这些材料在列宁一生

---

① 《列宁全集》第二版说明，见该版第1卷第VII页。

中是大量的，但这里有一个具体情况：有一定可靠记载保留下来的列宁的演说之类的东西只是十月革命后的一小部分，而十月革命后的全部演说之类东西，那是没有可靠记载的；至于十月革命前的演说之类东西，除个别经列宁本人抄录外，其余都无记载，因而未保存下来。有速记记录的，只是十月革命后列宁的一些最重要讲话——在党和苏维埃代表大会上的演说。还有一些代表大会、代表会议的决议、决定，也有速记记录。一般说来，这些决定、决议吸收了列宁有关演说、讲话的精神和成果，或者是根据列宁的草案写成的，但由于找不到列宁亲自拟写的草案，因而编者对那些记录下来的决议、决定反映列宁的思想和提法的完整性和充实性究竟如何，是持怀疑态度的。而对秘书和记者的种种记录，以及回忆录作者的记载，编者更是有理由这样怀疑。在第二、三版里收载的这一类材料是很少一部分，它们都是编者认为"记载得非常可靠的"。

第二、三版明确宣称，它所刊载的并不是全部列宁著作。它事先就确定这样两部分材料不予收载：第一部分是国务文件；第二部分是准备材料。

所谓国务文件是指列宁作为国务活动家而写的或草拟的、口授的、签署的指示、命令、电报、便条等。这类文献的数量是很大的。编者认为，要弄清楚所有这些文件的全部历史意义，就必须专门进行加工整理；要能有效地研究它们，就必须联系列宁的相应的国务活动。列宁研究院当时打算在全集之外专门编印列宁国务文件专集，因此第二、三版只从这部分文献中选收了那些具有独立的政治著述意义的文献。

所谓准备材料是指列宁为写某一著作或文章、为作某一演说或讲话而准备的提要、大纲、草稿，为研究某一题目而摘录的引文、加注的评语等等。第二、三版把收录这一部分材料的任务让给了《列宁文集》，它只从中选择了一部分具有独立意义的材料，即那些没有完成的文章和演说的提要、大纲、草稿，或者是按内容并未包括在那些已完成的文章和演说里的提要、大纲、草稿。

第二、三版中新增加的列宁文献（即不见于第一版的列宁文献）共为一千二百六十五件，这当中有五百件是书信。

第二、三版比第一版新增加的列宁文献可分为两部分。第一部分是在第一版之后作为新文献陆续发掘出来的那些列宁著作。例如列宁1919年7月11日在斯维尔德洛夫共产主义大学所作的通俗讲演《论国家》，列宁研究院在1926年收到了讲演的速记记录，而于1929年1月18日在《真理报》上首次加以发表，并把速记记录上的原标题"国家法"改为"论国家"，接着便收进了第二、三版。这是新发现的十月革命后的文献。第二、三版中的新文献，最多的是十月革命前的。它们主要刊登在当时合法的和非法的报刊上，由于研究院掌握了这些报刊并进行了调查研究，而被发现出来。列宁大量的刊登在《火星报》《无产者报》《真理报》上的文章，就是这样收进了第二、三版的。还有一些文章由于过去未能判明确系列宁所写而未收进第一版。另外，整个补卷也属于这个部分，都可算是新材料。第二个部分是第一次载入全集第二、三版，也就是第一次载入全集的书信（第一版未收书信）。它们中有的是一直被掌握的，有的是新发现的，都一齐收进了第二、三版。列宁研究院当时所收集到的书信就是这么一些。它们主要属于十月革命以前时期。列宁在十月革命后苏维埃时期的书信是大量的，限于条件，第二、三版能以收载的仅是较少一部分。书信部分不包括家书；列宁研究院当时以单行本另出了《列宁家书集》。

第二、三版的收载情况就是这样。本来，最初的打算是要把第二、三版编成列宁的"完备的著作集"（ПОЛНОЕ СОБРАНИЕ СОЧИНЕНИЙ），但从上可以看出，实际上远远没有达到。第二、三版正式出书时用的名称是"著作集"（СОЧИНЕНИЯ）。

第二、三版的内容比之第一版是丰富多了，但它仍然远未包括全部列宁遗著。撇开它不收载"准备材料"和"国务文件"一类文献、因而大为缩小收载量的情况不谈，也还可以举出两种情况。一种情况是当时对国外的一般社会主义报刊进行了一些调查，但调查得还很不够，尤其是还没有很好调查第二次世界大战期间的瑞士报刊（列宁在这些报刊上发表过不少文章），这不能不影响收载量。另一种情况是对已收集起来的列宁手稿的研究工作（主要是辨认和核对）赶不上出版进度。据大略的计算，当时档案馆里保存的尚未发表的手稿至少还可以编成十五至二十册，而且新发现的手稿还在继续送来存档。如果要等到档案馆里收藏的全部列宁手稿都经过整理、加工并发表之后，那全集的出版必将推迟。

## 三、考订、校勘和体例

《列宁全集》第二、三版在编印过程中，以第一版作基础，进行了大量的科学研究工作。关于正文的科学研究工作，在这里想谈两个方面。

第一个方面是考订作者或者说鉴别材料。首先，第二、三版对第一版所收的全部列宁著作进行了复查，判断有否误收。结果，发现第一版有若干篇不是列宁所写的著作。对这些著作进行了处理：或者从全集中剔出去（同正文无关的）或者挪到附录里去（同正文有关的）。限于条件，第二、三版未能把第一版错收的非列宁著作都发现出来。有几件，既为第一版所误收，也为第二、三版所误收。有一些列宁著作（包括文件），由于地下革命斗争条件，发表时署化名，更多的是不署名，无手稿，无法确定是否确属列宁，原来未能收进全集。第二、三版通过考证，收进了大量的确系列宁所写的这样的著作；另外在新发现的材料中也有不少被确定为列宁著作因而收进了第二、三版。当然，在第一次收进全集的著作中也混进了几篇非列宁著作。但总的说来，第二、三版考订作者的工作是有成就的，因为这一工作而使第二、三版新增了许多列宁文献。还有一种情况，如第六卷收载的 1904 年 8 月的《告全党书》（第 353—359 页）基本上是列宁所写而由"二十二个布尔什维克的会议"通过的，但亚·波格丹诺夫和会议的其他成员也可能参加了写作。因此，第二、三版把它作为列宁文献收载，同时也指出它在一定程度上可看成集体创作（后来的第四版和第五版都作为列宁文献收载）。

另一个方面是校勘文字。编者说："刊印在本版中的全部列宁著作重新同最初的文本作了核对：凡我们掌握有手稿的，就用手稿核对；无手稿的，则同最初的版本核对。如果有手稿或有几种版本，总是把手稿或时间上最接近手稿的那种版本作为基础，并引用以后各种版本的异文。"[①] 第二、三版的文字校勘工作，通常是按这个原则做的，它比第一版取得了更大的成就。它在编印过程中一直注意这项工作，尽量使全集采用更准确的文字。如第六卷中所收的传单《五一节》（第 337—340 页），系列宁于 1904 年 4 月所写，用中央委员会和《火星报》编辑部的名义刊登，但新《火星报》编辑部当时为孟什维克所掌握，刊印传单时给列宁的文字加进了一些话。找到列宁的手稿后，第二、三版在补卷中重新刊载了该传单（第 30 卷和 73—77 页），用手稿的文字代替了原来的文字。再如第 20 卷收载的写于 1917 年 3 月的《论俄国社会民主

---

[①] 《列宁全集》第二版说明，见该版第 1 卷第 XI 页。

工党在俄国革命中的任务的报告》，是按译自德文（载于苏黎士的社会民主党报纸《民权报》）的文字刊印的。第 20 卷出版后，列宁研究院获得了列宁为这个报告自拟的摘要，德文就是根据这个"自拟报告摘要"翻译的。因此，第二、三版按照手稿把这一报告摘要重新刊登在补卷（第 30 卷第 315—319 页）里。文字校勘是一项复杂而细致的工作，有时原始材料的文字也不是完整、准确的，如列宁在 1912—1914 年发表在《真理报》上的文章，以及 1917 年发表在《真理报》上的部分文章，在编辑方面和印刷方面都有许多歪曲了原意的错误，第二、三版只得尽可能去恢复原来的文字。所以不是在任何情况下都必须以手稿或最初的版本为依据。例如小册子《共产主义运动中的"左派"幼稚病》（1920 年 4—5 月间），因有手稿，最初是按手稿收载的（第 25 卷第 165—250 页），把单行本的异文放在脚注内，后来又觉得单行本反映的是列宁的最终形成的思想，以单行本的文字作基础会更准确些，因此到第 25 卷增印时便改按单行本刊载了。再如，列宁 1920 年 10 月 2 日在俄国共产主义青年团第三次全国代表大会上的演说《青年团的任务》，第二、三版最初是按刊登在《真理报》上的原文收载的（见第 25 卷第 348—397 页），后来又改按同年出版的单行本第二次收载于第 30 卷（整版补卷），因为它认为刊登在《真理报》上的文字不如后出的单行本准确（后来的第四版是按《真理报》收载，第五版是按单行本收载）。

对列宁的演说进行文字校勘，困难是比较大的，第二、三版在这方面做了大量认真而细致的工作。列宁演说的速记记录是不完美的，不进行整理，就无法使用。首先必须把速记记录拿来相互核对（如果有两份记录）；再就是用报纸报道等刊印过的文本同速记记录核对；还有就是用列宁相应文章中的提法来进行印证。通过这样许多途径加以综合考察，才能弄清那些模糊不清的地方，才能纠正记录错误的词句，才能补上删节和遗漏。这样，才能使一篇演说最接近于原貌、最完全、最确切。

在编排体例上，第二、三版同第一版一样，实行的是按时间顺序的原则。时间，指的是写作时间；如果搞不清写作时间而只知刊印时间，则改按刊印时间；只知道写于这一年或这一月，而不能掌握更确定的写作时间时，则编排在这一年或这一月之末。第二、三版认为，编列宁的全集时实行按时间顺序的原则是用不着论证的，因而它宣称要做得比第一版更严格。从实际看来，它比第一版做得的确严格多了，但要比之后的第四版和第五版，却仍有太多的变通之处。如第六卷收载了《关于中央机关与党决裂的声明和文件》（第377—386页），第七卷收载了《地方自治派的运动和〈火星报〉的计划》（第1—20页），前者写于1904年12月，后者写于1904年11月，按时间顺序应为前者在后，后者在前。但编者觉得，后者按时间应在前，但内容却同第七卷的材料联系较密切，因而不编在第六卷而移入下一卷，这样就离开了按时间顺序的原则。此外，第十一卷中的《俄国社会民主工党在选举运动时期的策略》（第121—125页），按写作时间（1907年3月2日），本应排在第十卷，但该文是在第十卷编印之后才发掘出来的，未来得及编入第十卷，只得按刊印时间（1907年4月4日）编入第十一卷。这是离开按时间顺序原则的另一种情况。

关于编排体例，这里要专门说一下书信的情况。上面已经提到，第二、三版把书信集中编在第二十八、二十九两卷。但是，前面的著作卷次中也收进了若干书信。分别收进前面著作卷次的书信，有一些是列宁生前公开发表过的或指定要发表的，有一些是用书信形式写的党的指示、给组织的呼吁书，还有一些其中阐述了相应文章中没有形成的思想，总之，它们具有重大的政治和理论意义。例如第五卷收载五封列宁给《火星报》俄国组织的信，是为了表明列宁用自己的大量书信参加了建党活动；第七卷收载九封列宁书信，是因为它们都具有独立意义，可看作文件。集中编在第二十八、二十九卷中的书信，是按时间顺序排列的，但又作了机动处理。它们的编排是按年代分为若干历史阶段，如1895年——彼得堡时期，1897—1899年——流放时期，等等。每个历史阶段作为一个部分，在每一部分前都加有小的说明。在某几个部分内，又按收信人把这个历史阶段的书信分为若干组，如1900—1903年为"《火星报》和《曙光》杂志时期"，这一时期的书信按收信人分成"给在国外的俄国社会民主主义组织和社会民主主义人士的信件"以及"给在俄国的社会民主主义组织和社会民主主义人士的信件"这样两个部分（见第28卷第47—288页）。而在1917—1922年的"苏维埃时期"内，则是按主题把这一历史阶段的书信分为四个部分：1. 管理组织问题；2. 经济和文化建设问题；3. 国防问题；4. 国际革命问题（见第29卷第367—522页）。可以看出，第二、三版书信的编排体例是不完全一致的，也是与以后的第四版和第五版不同的。

## 四、参考资料

在《列宁全集》第二、三版的准备工作中，编写"参考资料"付出了较大的精力。第一版的"参考资料"是简陋的，而第二、三版的"参考资料"则恰恰与之形成鲜明的对照，它分量庞大，材料详尽。按篇幅计算，它在各卷中占五分之一到三分之一，个别卷甚至达二分之一。这当然是就总的方面而言，不是说其中的每个项目都是如此，第二、三版"参考资料"项目的繁简并不平衡。

第二、三版的"参考资料"同第一版一样,也分为两部分:一卷书前面的《说明》和后面的"附录"。"附录"又包括多种项目,在各卷中并不完全相同,归纳起来有这样一些:1. 未找到的列宁著作的目录;2. 可能为列宁所写的著作的目录;3. 列宁参加编辑的出版物的目录;4. 列宁的作品的目录;5. 文献索引;6. 文献和资料;7. 注释;8. 人名索引;9. 列宁生平大事;10. 事件年表;等等。下面,我们着重提一下其中的几项。

**关于《说明》**(предисловие)。和第一版不同,第二、三版有一个整版的总《说明》,冠于第一卷之首,由主编加米涅夫撰写并署名;各分卷也都有《说明》。各分卷的《说明》都比较简略,对该卷的内容作了介绍,但更偏重于对该卷的编辑工作作技术性交代。需要指出的一点是,第二版的前几卷(第一、二、四卷),最初刊载的不是《说明》,而是主编加米涅夫所编撰的属于这一卷历史年限的《列宁的活动和思想》(ЛЕНИН,ФАКТЫ И ИДЕИ,如第一卷为《列宁一八七〇至一八九六年的活动和思想》,以下类推),篇幅庞大,内容详明,类似一评传片断。但从第五卷开始(即1927年以后),加米涅夫显然由于被免去主编职务而未继续编撰下去,并且已刊在这几卷上面的几篇在以后不同的印刷本中也被撤掉而代之以另外写的《说明》。

**关于《文献和资料》**。第一版的某些卷零碎地收载了一些与该卷正文有关的文献和资料,而第二、三版各卷(不包括书信卷次)的"参考资料"都列有《文献和资料》一项,其中收载了大量的材料,对相应的正文作了补充,它们有列宁文中提到或进行批判的文献,有某些革命组织的纲领、宣言、号召书,有俄共(布)代表大会、代表会议及其他会议的决议、决定等,有国际性组织及其各种会议的有关文件,有苏维埃政权的重要法令、指示等,有其他人对列宁著作的评论。个别卷还有其他人对列宁的回忆和写给列宁的信件等。这些材料可以作为理解列宁正文的相应地方的补充和参考，它们提供了列宁著作的历史背景资料和列宁生平活动的资料。《文献和资料》是第二、三版"参考资料"中内容丰富的一个项目，应该说：它保存了大量有价值的至今有用的史料。

**关于《注释》**。第二、三版的注释不是按同一体例编排的，前面的著作卷次是统一编在一卷之末（即卷末注，这是全集各版所采用的体例），后面的书信卷次则是分别附在一篇之后（即篇末注）。另外，从第五卷开始的著作卷次还专门有一个《按俄文字母顺序排列的重要注释索引》。根据大致的估计，第二、三版的注释共七千余条。第二、三版的注释，总的说来是细致的，包含有大量资料。编者明确提出，写注的目的在于为更好地理解列宁的正文提供必要的实际的历史性参考材料，而不是叙述或解释列宁正文中提到的观点和问题。列宁写作某一著作的"准备材料"，第二、三版是不收载的，但它们有一部分被用到注释中了，还有一些回忆录的记载也写进了注释，这就大大增加了注释的篇幅。如第三卷收载的是《俄国资本主义的发展》一书，这一卷的注释中包含了许多有关该书写作的历史背景材料，第一个注（即该书的题注）长似一篇论文，其中资料是不少的。

**关于《人名索引》**。第二、三版各分卷的《人名索引》在全集各版中占有一定地位。在全集各版中，第一版有《人名索引》，但人名下无传记；第四版根本无人名索引；只有第五版不仅有《人名索引》，而且人名下有传记。第二、三版和第五版的《人名索引》并驾齐驱而又各具特色。第二、三版的《人名索引》条目估计总数在二千五百个以上，尽管总数比第五版少，传记资料的详简不如第五版整齐、平衡，但以相应条目作对比，就可以看出，第二、三版的许多条目的内容都比第五版的详尽。举第二、三版第十三卷的"波格丹诺夫"一条为例,这个条目的分量为第五版的一倍,长约一千二百字。它的分量不下于苏联大百科全书中的一个人名条目,在写法上它已接近于一个简明的人物评传。

## 五、编者和对版本的评价

《列宁全集》第二、三版的主要编者前后有加米涅夫、布哈林、莫洛托夫、斯克沃尔佐夫-斯切潘诺夫、萨韦利也夫、阿多拉茨基等人。在第二、三版的编辑过程中,主要编者经历了较大的变动。按第二、三版开始出书时征求预订的广告①,第二、三版的主编为加米涅夫。1925年出版的第一卷以及1926年出版的第二卷和第三卷,在扉页上所署的编者名字也仅为加米涅夫一人。从1927年起(从第四卷起)的以下各卷,不再署加米涅夫的名字,换成布哈林、莫洛托夫、斯克沃尔佐夫-斯切潘诺夫、萨韦利也夫数人集体署名(除莫洛托夫外,其他三人都是分别参加某些卷)。从1930年起所出各卷,编者的署名中又少了布哈林,补进了阿多拉茨基。到1932年第二、三版的编印工作全部完成时,《真理报》上发表的介绍第二、三版的文章②中正式宣称第二、三版的主编是阿多拉茨基、莫洛托夫、萨韦利也夫。到后来重印第二、三版时,又从已署加米涅夫和布哈林名字的各卷上勾

---

① 见1925年11月22日《真理报》。

② 《关于〈列宁全集〉第二版》,载于1932年5月7日《真理报》;该文作者弗·哥·索凌是第二、三版编辑工作的参加者,加米涅夫称他为"我的最亲近的助手"之一(见《第二版说明》)。

去了两人的名字。

从主编的署名中先后勾去加米涅夫和布哈林的名字，是由于政治上的原因。加米涅夫和布哈林是联共党内地位很高的人物，除政治活动外，都进行过理论宣传活动，一直担任俄共（布）理论宣传部门的要职。列宁逝世后，他们先后成为著名的反对派，随着政治地位的丧失，也丢掉了主编《列宁全集》的职务。

从编者的问题我们进而再谈对版本的评价。

《列宁全集》第二、三版的编印是处在苏联历史上的这样一个时期，即从列宁时期到斯大林时期的过渡。在这个历史时期中，苏联的政治形势以及联共（布）党内的斗争是错综复杂的，而这些又和当时理论战线上的尖锐斗争，尤其和二十年代末至三十年代初在苏联广泛开展的理论大辩论交织在一起。这些情况不能不对第二、三版的编印发生一定的影响。

第二、三版全部出齐之后过了几年，联共（布）1938年11月14日《关于〈联共（布）历史简明教程〉出版后党的宣传工作》的决议，曾对第二、三版作了评价——主要是政治评价。联共（布）的决议批评主持《列宁全集》第二、三版编辑工作的联共（布）中央马恩列研究院的工作不能令人满意，指出第二、三版的好几卷的附录、注释犯了极其有害的严重的政治错误；联共（布）中央责成马恩列研究院尽快纠正这些错误，另出新版《列宁全集》。①

联共（布）中央的决议提到第二、三版有几卷犯政治错误时专门指出了第十三卷（该卷收载《唯物主义和经验批判主义》）。为了了解联共（布）中央的政治评价，我们就以第十三卷的注释（属于决议中

---

① 参看《苏联共产党决议汇编》第4分册第56页。

所说的"附录")为例来作些说明。

先看第十三卷的注二,这是《唯物主义和经验批判主义》一书的题注,这个注在叙述列宁写作该书和研究哲学(直到写作该书以后)的经过时,有两处提到了加米涅夫。一处是讲加米涅夫1909年2月25日(旧历12日)在《无产者报》上发表文章批判卢那察尔斯基、波格丹诺夫等人当时宣传"造神说"的错误(见第2版第13卷第342—343页)。另一处是讲1914年1月31日由列宁、季诺维也夫、加米涅夫署名写给《真理之路报》编辑部的一封信,信中表明列宁对波格丹诺夫的最新哲学言论持批判态度(同上书,第344—345页)。这两处都是从下面、从肯定方面提到加米涅夫的。而第十三卷出书时,加米涅夫在联共(布)党内斗争中正受批判,已被撤去列宁研究院院长、《列宁全集》第二、三版主编的职务,到联共(布)中央就全集的问题作决议时,加米涅夫又已作为"人民公敌"而被处决(参看《联共(布)历史简明教程》第12章第4节)。根据这种情况,不能不认为第二、三版注释这样写是一个"政治问题"。再看第十三卷的另一条注释——注三。这个注的情况不同于上一个注,它涉及的是如何正确对待马克思主义,如何具体地历史地分析马克思恩格斯的某些论点的问题。列宁在该书的第一版《序言》中写道:"正统派在反对马克思的过时见解(例如梅林反对某些历史论点)时,总是把话说得非常明确、非常详细,从来没有人在这类论著中找到过一点模棱两可的地方。"(见《列宁选集》第2卷第13页)第二、三版第十三卷的注三就此加以说明:"大概列宁指的是梅林的一个意见:1850年2月,马克思和恩格斯曾预料巴黎无产阶级会举行起义,或者反动的东方大国将会入侵法国首都;1850年4月,他们曾预料新的商业危机会到来,——他们两次都大错特错了。"列宁提到梅林所反对的马克思和恩格斯的"某些历史论点",不知是否就是这条注释里所引用的①,但这样作注本身就是大胆、尖锐的。第四版在此处根本不加注释,就说明是出于与第二、三版不同的政治上的考虑。

编印列宁的全集,是一项政治性很强的学术工作。但编印中的问题哪些是政治方面的,哪些是学术方面的,还是应该有所区别。第二、三版自有其缺点、不足之处,乃至错误(这些已分散地在上面提到了),但这些错误是不是就应该和政治问题相联系?编者在政治上出了问题,能不能因此就从政治上去否定整个这一出版物?对第二、三版进行评价,牵扯到对第二、三版的编印所处的那个历史时期的评价。苏联在那个历史时期中,随着经济建设的大规模开展(执行第一个五年计划),学术理论活动(包括出版工作)日趋活跃,但当时的政治局面却给学术、理论活动带来了消极影响,把政治问题和学术、理论问题混为一谈,随意指斥学术、理论问题上的缺点、错误为"反党倾向",这样就使生气勃勃的学术、理论活动逐渐凝固、消沉了。《列宁全集》第二、三版的编印,以及主持编印工作的马恩列研究院的活动,无不带上这个历史时期的印记。

作为一个历史文献,联共(布)中央的决议对《列宁全集》第二、三版的评价,我们必须注意到。但这不妨碍我们使用第二、三版。在《列宁全集》的几个版本中,第二、三版的作用不是其他版本所能完全代替的,它至今不仅具有出版史上的、书志学上的意义,而且具有参考价值。不说它的正文,这里还是要提一下它的"参考资料"。它的"参

---

① 在第二、三版的不同印刷本中,这个注的内容有变动。与此不同的另一种注文所提到的是梅林在《德国社会民主党史》中对德国工人运动中某些代表人物如拉萨尔、施维泽的活动所作的评价同马克思有分歧。

考资料"繁琐是勿庸讳言的,但并不因此就毫无用处。以"附录"中的《文献和资料》为例,其中有许多文献很有价值,尚未译成中文,不被我国读者所知。再专门看一下犯有"政治错误"的第十三卷的"参考资料"。1957年我国出版《列宁全集》中文版第十四卷(收载《唯物主义和经验批判主义》)时,就未按第四版的编排内容,而采用了第二、三版第十三卷"附录"中所载涅夫斯基的论文《辩证唯物主义和僵死的反动派的哲学》作为该卷的"附录",因为列宁曾把这一论文作为他的这一著作的附录编入单行本第二版。另外,中文版第十四卷还特意选译了第十三卷的一部分注释、人名索引、书报索引,编为"附册",供参考、使用。

# 德国学者谈《马克思恩格斯全集》德文版的现状和历史[*]

徐 洋

《马克思恩格斯全集》德文版（MEW，因其封面为蓝色，国际通称"蓝皮本"）是除《马克思恩格斯全集》历史考证版第二版（MEGA$^2$，曾译作"国际版"或"原文版"）之外马克思恩格斯的著作集中最权威和最接近经典著作原貌的版本。考虑到MEGA$^2$至今大约只出版了总计114卷中的一半，考虑到MEGA$^2$显然在短时间内不能出齐，《马恩全集》德文版依然是国际学术界学习研究马恩著作的最好版本。德文版《马恩全集》由原民主德国统一社会党中央马列主义研究院编辑、柏林狄茨出版社出版，正卷39卷（按照《马恩全集》俄文第二版划分卷次，同《马恩全集》中文第1版一致），补卷则只出版了4卷（第40和41卷分别为马克思和恩格斯的早期著作，第42卷为《1857—1858年经济学手稿》，第43卷为《1861—1863年经济学手稿》补卷第1册）。苏东剧变后，德文版补卷的出版工作中断了，计划中的第44卷即《1861—1863年经济学手稿》补卷第2册一直没有出版。同时，《马恩全集》德文版中的一些卷次长期脱销，人们无从购买。随着时间推移，人们研究马恩著作的热情逐渐恢复，德国国内和国际上对《马恩全集》

---

[*] 本文选自《国外理论动态》2010年第5期。作者单位为中共中央编译局。

德文版的需求也增长起来。在这种情况下，德国罗莎·卢森堡基金会组织了《马恩全集》德文版继续出版的工作（由柏林卡尔·狄茨出版社出版）。到21世纪第一个10年的后半期，人们自1989年以来第一次可以买到全套《马恩全集》德文版（第1—43卷）。① 据有关材料报道，从未出版的补卷第44卷也在编辑之中。②

2007年1月16日，德国《青年世界》报刊登了这项出版工作的参加者、德国学者罗尔夫·黑克（Rolf Hecker）写的文章《阅读经典作家》，报道了相关信息，回忆了民主德国当年出版《马恩全集》德文版特别是其中的马克思恩格斯早期著作的艰辛过程，披露了苏联对《马恩全集》德文版编纂工作的影响。现将文章译介如下。需要说明的是，尽管德文Marx-Engels-Werke（MEW）在中文里习惯被译作"《马克思恩格斯全集》德文版"，但是该德文词组并不包含"全集"的意思，本来应该翻译为"马克思恩格斯著作集"，由于《阅读经典作家》一文谈到了MEW同真正的全集版本的区别，所以本文不按照习惯将MEW译为"《马克思恩格斯全集》德文版"，而是译为《马克思恩格斯著作集》。

根据德国统一社会党中央1953年为纪念马克思作出的决定，1957年1月柏林狄茨出版社出版了《马克思恩格斯著作集》（MEW）第1卷。到1968年马克思诞辰150周年的时候，这一迄今为止以德文收载马克思恩格斯著作和书信最多的著作集就已经出齐了。甚至从现在的眼光来看，这个版本在学术编辑、出版和装帧设计方面也具有很大的成就。

民主德国乃至联邦德国的几代学生都利用"蓝皮本"即《马克思

---

① http://www.dietzberlin.de/index_2.html.

② http://www.marxforschung.de/mew.htm#oben.

恩格斯著作集》来学习马克思主义。39卷正卷和4卷补卷平均每卷印刷4到5次,销售6—8万册,总计超过300万册。《马恩著作集》不仅成为许多图书馆和研究机构的藏书,而且也被收藏于无数的私人书架。此外,《马恩著作集》还出口到大约30个国家。

## 《马克思恩格斯著作集》的前史

1945年第二次世界大战结束,在德国成立了苏占区,这就为苏联和苏占区(以及后来的民主德国)重新出版马克思恩格斯的著作提供了机会。20世纪30年代《马克思恩格斯全集》历史考证版第一版(MEGA[1])由于斯大林主义的影响而被迫中断,而《马克思恩格斯全集》俄文第一版也没有出齐。现在莫斯科马克思恩格斯列宁研究院终于能够着手进行《马恩全集》俄文第二版的编纂工作了。同时,苏联影响扩展到德国一部分领土上,这就为马克思恩格斯的著作在他们的出生地并用他们的母语传播提供了机会。马恩著作是马列主义极为重要的组成部分,它们将在德国共产党(以及后来的德国统一社会党)建设一个新的、反法西斯主义的和民主的社会制度的过程中发挥重大作用。

马克思恩格斯的著作,主要是《共产党宣言》《哥达纲领批判》《雇佣劳动与资本》《社会主义从空想到科学的发展》,截至1946年春,在一年的时间里,由不同的出版社发行了200万册以上。

1946年,狄茨出版社成立,接手了马恩著作的出版工作。该出版社最初以莫斯科马恩列研究院30年代的各种版本为依据,出版了《资本论》普及版,两卷本的《文选》,四卷本的《通信集》。还根据MEGA第一版出版了《英国工人阶级状况》《反杜林论》《政治经济学批判大纲》。德国统一社会党规定,在执委会下成立一个科学社会主义的研究机构,其主要任务是"出版马列主义经典作家的著作和德国革命工人运动的伟大导师的著作"。1949年9月1日,马克思恩格斯列宁研究院开始工作。

关于着手编纂马恩著作的困难,研究院院长约瑟夫·温特尼茨1949年9月20日向统一社会党中央书记汇报说:"没有受过专门训练的人员,就无法开展这项工作。……要编纂马克思恩格斯的著作,就必须有精通俄语的同志,以便有可能充分利用莫斯科研究院的工作成果。……编纂全集的第一个前提条件,就是仔细核查29卷的俄文版全集收了哪些文献。……再在此基础上作出决定,全集以什么样的顺序出版。"

在必须具有的人员条件之外,还必须具备相应的物质条件。必须同莫斯科的研究院建立工作关系,而这只有通过当时的统一社会党总书记瓦尔特·乌尔布里希特才可能做到。下面这封信是温特尼茨的继任者伯恩哈德·道姆1950年8月30日写给莫斯科的同行的,这封信清楚地表明柏林的同志所面临的困难:"但是完成这一任务〔指出版马克思恩格斯的著作〕的前提条件,只有在你们的帮助下才能具备,因为我们既没有马克思恩格斯手稿的原件,也没有影印件。……因此,我们请求你们给予我们全面的支持,尽可能为我们提供影印件……(如果有可能,也提供文本的抄件),因为没有这些就根本谈不上用德文出版马克思恩格斯的著作。"柏林的研究院开始时只是像挤牙膏一样得到必要的资料。

莫斯科方面的同志的支持是怎样的一种情形,这从莫斯科的研究院院长1952年2月4日呈送苏共中央委员会书记M. A.苏斯洛夫的一份报告中可见一斑:"根据您的指示,〔我们的〕研究院已经为〔柏林的〕研究院……准备好了马克思恩格斯的手稿和刊印稿的复印件和缩微胶卷，但不包括如下根据研究院的意见不可在德国出版的著作。"报告列举了这些著作，包括马克思的《巴枯宁〈国家制度和无政府状态〉一书摘要》、马克思的未发表的手稿《波兰人、普鲁士人和俄国》《普鲁士人——无赖》。随后声明说："研究院认为，从政治上看这些手稿和未完成的著作不宜在德国公开发表。"其中还包括1882年2月7日恩格斯致卡尔·考茨基的信，因为信中含有"错误的、未被历史证明的关于统一的斯拉夫各民族的民族解放运动的作用的说法"。恩格斯1885年6月22日致倍倍尔和1889年9月15日致考茨基的信也不得发表，因为在这些信中包含了对考茨基和伯恩施坦的正面评价，但他们辜负了这些评价。

这份文件在措辞上稍作"淡化"后也发给了道姆。文件反映了柏林的研究院在编辑工作之初就遇到的意识形态方面的困难。

1953年初柏林的马克思恩格斯列宁斯大林研究院（斯大林的名字是在他逝世后加上的）成立了马克思恩格斯室。马恩室的成立同德国统一社会党中央委员会出版《马克思恩格斯著作集》的决定密切相关。1954年的工作计划写道："出版重要的单篇著作是对党的总体工作的支持，同时是出版《全集》的准备工作的一部分。"准备工作之一是建立了"马克思恩格斯资料室"，任务是收集、保存马克思恩格斯的全部著作和初版，手稿、书信等的影印件，以及制作这些资料的卡片索引。

随着党中央作出的出版《马恩著作集》的决定和准备工作的开始，柏林和莫斯科两个研究院的关系不断深化，从性质上看柏林的同志更多的是扮演乞求者的角色。1956年3月2日的一封信可以为例。信中说道："《马克思恩格斯著作集》的第1卷现在就要完成了，3月底将送到出版社付排。第2卷和第3卷我们还有一些困难，即搞不到马克思恩格斯使用和引用的原始材料。……由于没有你们的帮助，简直就不可能搞到大部分这类材料，因此我们提议，在编辑第2卷和第3卷的时候，我们以MEGA［第一版］为基础，而如果马克思或恩格斯的出自各种报纸或书籍上的引文经你们确认有实质性的差异，而且在你们的版本中已经作了更正，那么恳请你们把这方面的情况通知我们。"

针对这封颇有自知之明、但也就事论事的信函，恩格斯的传记作者、副院长E. A. 斯捷潘诺娃1956年7月25日答复说："关于《马克思恩格斯著作集》的第2卷，应当注意的是，我们现在不是以MEGA，而是以原始版本为基础。另外，我们在编辑《英国工人阶级状况》时，并不是像MEGA那样以1844年的版本为基础，而是以1892年的版本为基础。……至于向你们提供马克思恩格斯所引用文献的缩微胶卷一事，则只能逐步办理，特别是根据我们照相室扩展的情况来办理，目前我们的照相室因工作太多而不堪重负。"

1956年5月15日，研究院院长路德维希·恩里克向中央委员会书记库尔特·哈格呈送了一份12页的关于马克思恩格斯著作集的工作报告，其中谈到版本的性质时说："新版的《马克思恩格斯著作集》预计有30卷（大约35册）。这一版将是普及版，并不囊括马克思恩格斯的全部著作。例如，一些早期著作就不包括在内。"谈到编辑工作时报告说："为了完成用德文出版马克思恩格斯著作集的工作，必须做一系列重要的准备工作。……(1)核查全部以前的德文版本（单行本）。(2)核查各卷中出现的全部事实和日期。(3)全部引文同有关原始文献进行核对。(4)可能译自另一种语言的文字也要同原文进行核对。(5)为德语读者准备各种可能的新注释。(6)对例如拉丁文概念给出脚注。(7)资料工作。核查人名、年代、事实。"报告特别强调了获得高水平工作人员的重要性，因为在总计12名工作人员中，只有两位高水平人员，三位中级水平人员。因此,提出了"按照以后从事我们马恩室工作的方向培养高水平大学生"的要求。

## 《马克思恩格斯著作集》的结构和特征

《马克思恩格斯著作集》并没有被明确划分为若干部分,全部39卷是按顺序编号的,补卷则接着正卷编号。但仔细观察便能看出,著作集中的文献可分为三部分:第1—22卷为著作和文章,第23—26卷为三卷《资本论》和被称为《资本论》第4卷的《剩余价值理论》手稿,第27—39卷为马克思恩格斯的书信。各部分文献则按照第一次发表的时间或者手稿完成的时间的先后编排。书信部分则又将马克思恩格斯之间的书信与马克思恩格斯致第三者的书信分开编排,这种编排方法突出了第一类书信的作用和重要地位,但不利于了解书信在时间上和内容上的联系。

按照计划,《马克思恩格斯著作集》作为学习版,包括全部完成的、在马克思恩格斯生前发表的著作和文章,同时也选收一部分他们遗留下的手稿、草稿和准备著作。该著作集收入将近1700篇著作,除了极少数例外,几乎包括全部已查明的马恩生前发表的著作,以及大量未发表的手稿。其中有许多当时不为人知的著作——第1—22卷就有400多篇。此外书信部分收入4171封书信,马恩致第三者书信是第一次全部收入,其中有三分之一的书信第一次被翻译为德语(同样也是新事物)。在《马克思恩格斯著作集》编纂之前,这两位作者的著作集在德语区没有任何一个版本具有这样的规模。

在对《马克思恩格斯著作集》进行评价的时候,常常听到这样的责难,说该版本没有囊括马恩的全部著作。但可以肯定的是,全部收录的原则只适用于全集版本。学习版差不多总是具有选择性，只能根据学习版本身的基础原则来评判。为正确评价《马克思恩格斯著作集》，首先需要搞清楚它的版本类型。尽管存在多种中间类型和过渡类型，但自70年代以来马恩著作的出版逐渐形成了编辑学上的三种"基本类型"：历史考证版、学习版和选集版。从内容和规模方面又可以划分为全集、著作集、专题选集和单行本。

《马克思恩格斯著作集》很明显属于学习版类型，本身是一种有代表性的著作集。从1956年德文版的前言可以看出，《马克思恩格斯著作集》的编者在一定程度上把该版本看作选集版和学习版的结合："这个版本将为我们的劳动人民、广大党员，首先是大中学生提供一个无尽的知识宝库。……我们的科学家，无论他们在哪个领域工作，都会在这个版本中找到丰富的科学知识、革命性的发现、大胆的、指引未来的思想和灵感。"

将《马克思恩格斯著作集》归类并理解为"学习版"，只是随着时间的推移才得到认可。然而可以肯定的是，尽管最近几十年来学习版的标准有了显著提高，但是《马克思恩格斯著作集》仍然在很大程度上符合今天的编辑标准。

## 早期著作

在将马克思恩格斯到1844年的早期著作收入第1卷时，便遇到了巨大的困难。莫斯科的同志是这样对柏林的同行说明他们为什么在有限的范围内挑选马克思恩格斯著作的："有必要把马克思恩格斯1842—1846年期间写的全部重要著作收入前两卷中，因为第3卷应当收载《德意志意识形态》。"

但是在俄文版的前言里的说法是：本版不是完备的、学术性的版本，因此"一些从唯心主义的、左派黑格尔主义立场出发撰写的早期著作……没有收进来：马克思的博士论文，恩格斯反对谢林的论战文章和一些政论文章，马克思未完成的《经济学哲学手稿》，等等。这些早期著作，只有范围很小的专业人员感兴趣，将在专门的文集中出版"。由此，第1卷只收入了马克思恩格斯早期著作的很小一部分。

这就是《马克思恩格斯著作集》这个版本的非常不幸的开端，由此带来的"有意隐瞒"这一颇受诟病的缺点——（主要是联邦德国的）新闻出版界和学术界就是这样说的——在《马克思恩格斯著作集》出版期间就一直如影随形，尽管此后出于意识形态考虑而导致的这样规模的删除再也没有出现过。在两卷补卷把第1卷没有收入的全部著作都收录出版很久以后，这个例子还一再被有些人不厌其烦地提出来，以说明《马克思恩格斯著作集》的不完备。

对第1卷的做法的批评不仅出现在西方国家，而且也出现在苏共二十大上。在这次会议上，俄文第二版遭到指责，说其中没有青年马克思的重要著作，而这些著作曾被收入俄文第一版。这本来有可能成为《马克思恩格斯著作集》克服此类障碍的契机，何况除删去重要的手稿之外，这种做法也违背了所宣布的发表全部刊印著作的原则。但是统一社会党领导层在这一方面缺乏基本的政治—意识形态的坚定性。

即使是在民主德国，对《马克思恩格斯著作集》第1卷的做法也有大量批评。在统一社会党的理论杂志《统一》上，当时年轻的法学家、民主德国后来重要的法哲学家海尔曼·克雷纳发表了一篇评论，指出："在我看来可商榷的是，把我们的经典作家的著作缩减到30卷出版。……没有道理的是，偏偏《经济学哲学手稿》被删去了。……一部大型的马克思恩格斯著作集版本的重要性恰恰在于，要完整反映从青年马克思到老年恩格斯的发展历程。"甚至统一社会党中央马列主义研究院马恩室也感到去掉很多早期著作是一个重大缺陷。人们起初期盼所预告的专门文集,这个文集1956年在莫斯科出版,印数很小,而且也是一个选集本。因此,这个专门文集遭到了一致排斥。

鉴于上述种种情况,当人们看到下面的做法时一开始不免吃惊:1963年书信卷第1卷即第27卷出版时,马克思恩格斯年轻时的书信依然没有收进来。如果把马克思恩格斯年轻时的书信收进来,就会改变按照俄文第二版进行卷次划分的做法,而这是应当尽可能予以避免的事情。具有决定意义的是,就在这个时候,编辑补卷的工作已经有了很大进展,并且可望马上完整出版。当时决定不按照正卷卷次编号,而是按照时间顺序完整分两卷发表马恩的早期著作,不论他们在第1、2卷和第27卷中是否已经发表。但是狄茨出版社从出版方面考虑坚决反对这一做法,出版社要求,补卷只发表正卷没有收入的著作。同时,中央委员会书记库尔特·哈格也提出建议,在《马克思恩格斯著作集》的编辑出版工作结束之后,再把马恩的早期著作作为补卷出版。这样一来,两卷补卷的出版又推迟了5年。

卡尔·狄茨出版社现在将已经脱销的第1卷重新出版发行,并配上新的前言。马克思和恩格斯的早期著作一如既往拥有大量读者。首先是对青年马克思的著作的考证研究具有独特的重要性,在这些著作当中可以看到哲学论述方面的内在联系,而这种形式的联系在后来的著作中就变得模糊了。马克思恩格斯青年时代的思想发展在体现出多样性与多层次的同时又合乎逻辑的认识进程,与此相联系的自我理解进程——对很多思想表现出开放性,而不是固定于一个方向——为每一个新的历史形势提供了契合点,激发了进一步的提问和思考,至今仍具有迷人的魅力。

# 马克思恩格斯选集和选读本在美英的出版[*]

梁 明

一

马克思恩格斯生前许多著作用英文写成，主要是在美英报刊上发表，出版成书的很少。但到恩格斯逝世前，《资本论》第1卷、《共产党宣言》《社会主义从空想到科学的发展》《英国工人阶级状况》等主要著作都有了英文译本。到本世纪20年代马克思恩格斯的许多著作陆续译成英文，已有20余种英文本在美国英国出版，同时还出版了艾琳娜编辑的几种专题论文集，如《德国的革命与反革命》《东方问题》等。然而，由于缺少无产阶级政党有组织的出版活动，马克思恩格斯著作在美英的编译出版明显地落后于德国。1902年在德国已有梅林编辑的第1部选集《马克思恩格斯遗著集》问世，在美国和英国直到1926年才出现了两种仅200多页的选读本小册子《马克思论文选》和《马克思基本著作》。

---

[*] 本文选自《马克思恩格斯研究》1993年总第15辑。编选时未收该文附录部分。——本丛书编者注

从上世纪90年代到本世纪初纽约的劳动新闻公司、芝加哥的查理·H.凯尔出版公司是美国马克思恩格斯著作的主要出版商,在英国则是阳光出版公司和马丁·劳伦斯出版公司等。这期间出版了《资本论》(1—3卷)、《政治经济学批判》《费尔巴哈和德国古典哲学的终结》《哲学的贫困》《哥达纲领批判》等英译本。第一次世界大战期间社会主义图书的出版受到压制。战后1924年美国共产党在纽约建立了国际出版社,开始有计划地出版马克思恩格斯著作和其他社会主义著作。前面提到的《马克思论文选》就是由这家出版社和英国的出版社在纽约和伦敦两地出版的。这本书摘编了《黑格尔法哲学批判》和《论犹太人问题》等早期著作7篇。另一本纽约前卫出版社出版的《马克思基本著作》只包括《共产党宣言》《雇佣劳动与资本》《工资、价格和利润》3篇和恩格斯的序言。1932年美国共产党人麦·伊斯特曼编辑的选读本小册子《资本论·共产党宣言及卡尔·马克思的其他著作》摘编了《德意志意识形态》《哲学的贫困》《政治经济学批判》《法兰西内战》和《哥达纲领批判》等,同时第一次编入了列宁著《马克思主义的三个来源和三个组成部分》一文。

纽约的国际出版社一成立就同莫斯科的马克思恩格斯研究院建立了密切的联系。它协助研究院在美国搜集马克思恩格斯活动的文献,同时大量编译出版或重印莫斯科外国工人出版社(1939年以后为外文书籍出版社,1963年以后为进步出版社)出的英文版的马克思恩格斯著作。从20年代末到40年代编辑出版的《马克思主义文库》丛书中包括马克思恩格斯著作20余种。1937年编译出版《马克思恩格斯论美国内战》文集,至1969年出了5版,还有《西班牙革命》(1939年)等专题文集。1936年英共在伦敦建立了劳伦斯和威沙特出版社。从此莫斯科、纽约、伦敦三家出版社开始长期合作,同时也各自独立工作,编译出版马克思恩格斯各种著作的英文本。常常同一本书在三地以三个出版社的名义分别出版，只是序言不同或作些个别修订。

二

1933年马克思逝世50周年纪念，在苏联第一次出版了由阿多拉茨基编辑的《马克思选集》两卷集俄文版。此后不久由英共领导人帕·杜德编译的该书英文版在莫斯科（1935年）、纽约（1936年）和伦敦（1942—1943年）先后出版。这是在30年代至40年代在英语国家最有影响流传最广的马克思恩格斯选集，也是当时唯一比较完整的选集本。

阿多拉茨基的《马克思选集》两卷集包括马克思恩格斯著作28篇，书信38封，还编入列宁、斯大林、拉法格、威·李卜克内西论马克思恩格斯和马克思主义的文章7篇。全书按主题编排，第1卷为理论著作，包括有关马克思主义世界观理论基础、辩证唯物主义、历史唯物主义、经济理论、无产阶级政党学说、无产阶级战略策略、无产阶级历史使命以及自然辩证法等方面的著作14篇，书信10封。其中《资本论》只摘编第1卷第24章第7节和德文第1版序言，第2版跋。第2卷中的著作按5个历史时期编排：1848年革命前，1848—1849年革命、反动时期到19世纪60年代、第一国际和巴黎公社、巴黎公社以后。阿多拉茨基编的这部选集未收马克思恩格斯青年时代的著作和《反杜林论》《家庭、私有制和国家的起源》等恩格斯的著作。第二次世界大战后，1946和1947年在英国出版了由I. B. 拉斯克改编的这部选集的第2版一卷本。

1948年苏共研究院重新编辑出版了《马克思恩格斯选集》两卷集，1949—1950年莫斯科出版了英文版，但未见有该书的英美版本。这新编两卷集收著作 35 篇，书信 20 封，分别按写作年代编排，一改过去专题编排的方法。此后，苏共又编有两种选集的英文本：60 年代末的一卷本和三卷本，都没有采用专题编排。一卷本有美英 1968 年重印版，编入著作 23 篇、书信 8 封和列宁的 3 篇文章，三卷本选集无美英版本。

## 三

自 50 年代到 70 年代几种过去没有全译成英文或没译成英文的马克思恩格斯著作在莫斯科、纽约和伦敦陆续出版。其中有《剩余价值理论》（1952 年）、《神圣家族》（1956 年）、《1844 年经济学哲学手稿》（1959 年）、《德意志意识形态》（1964 年）、《政治经济学批判大纲（1857—58 年经济学手稿）》，1973 年）。与此同时，前苏共中央马列主义研究院同英共美共两家出版社和莫斯科进步出版社合作开始编译 50 卷英文版《马克思恩格斯全集》（1975 年开始出版）。马克思恩格斯青年时代的许多著作和书信第一次全文译成英文，这些都有力地推动了选集、选读本和多种专题文集在美英的编译出版。

60 年代在美国和西欧兴起的新社会运动使马克思恩格斯著作的出版和研究出现了空前的热潮。马克思恩格斯著作在美英大量出版和重印，如 T. 帕托莫尔和 M. 吕贝尔所编译的《马克思社会学和社会哲学文选》（1956 年伦敦第一次出版），从 1961 年到 1968 年再版和重印达 16 次。甚至 20 年代出版的由 H. 斯坦宁编的选读本小册子《马克思论文选》也重印了。据统计自 60 年代初到 1988 年在美英新编马克思恩格斯的各种选集、选读本、专题文集、早期著作集、书信集达 50 余种。这些书大都是一卷本，其中综合性的选集、选读本有 10 种，主要有 R. 塔克、F. 本德、D. 麦克莱伦编的 3 种一卷本和 D. 费恩贝奇编的《政治著作》三卷集以及80年代J.埃尔斯特编的《马克思读本》。书的编者大多是美英学者、大学教授、讲师，作为教学参考书出版，主要的阅读对象是大学在校生。编者在书中都写有长篇序言和题解，站在各自的立场上联系当代世界问题，特别是"二战"后资本主义和社会主义世界发生的种种变化对马克思主义理论及各流派作广泛的评述。

这些选集、选读本在编辑上有一些重要特点。首先，不同于莫斯科版本以原著写作年代编排的方法，美英版选集（根据莫斯科版再版本除外），大多是以专题编排。常常把马恩著作节录分别置于多个专题之下。专题一般为"方法论""唯物史观""哲学""人的异化""经济理论""阶级斗争""革命策略""国家和法""社会主义民主""共产主义社会"等。有的书还编选了"帝国主义""殖民主义""非暴力革命""反对个人崇拜"等专题，表现了编者的不同着眼点。如《马克思基本著作》的编者F.本德就表示该书是以"异化"为重点，并用"历史地、系统地"撰写题解使马克思后期著作成为早期"异化"理论的"再现"。

特别值得一提的是1971—1977年由S.帕多弗编译的一套七卷专题文集《卡尔·马克思文库》，这是美国迄今为止篇幅最大的一套马克思著作丛书。各卷的专题分别是：论革命、论美国内战、论第一国际、论出版自由和书报检查、论宗教、论教育妇女和儿童、论历史和人民。《文库》原计划编16卷，计划中的第8和第9卷合并为第7卷，原第7和第10—16卷论哲学、论英国、资本论、经济学著作、论异化、论文化、家书集等未出版。每卷书中都在许多小标题下摘编马克思著作和书信数十篇（封），并有长篇序言和年表、书目、索引、插图等辅助资料。编者曾历经7年两度访问阿姆斯特丹国际社会史研究所并在马克思故居工作，在德国考察收集大量文献资料。书中大部分过去无英译文的书信、报刊评论、重要论文均为编者新译。这套《文库》中的文字常为美英其他选集、选读本编者所采用。

30年代阿多拉茨基编辑的一书名为《马克思选集》，实际上是马克思恩格斯二人著作选集。但是，美英学者编选的马恩著作选集本除少数版本外（如弗伊尔和塔克编的两种），都只包括马克思一人和马克思恩格斯合写的著作，普遍忽视和不编选恩格斯的著作。甚至书名、著者题名中也没有恩格斯的名字。但在英国曼彻斯特还是专门出版了一部篇幅不大的恩格斯著作摘编选集。把马克思和恩格斯著作严格分开，这是同西方某些学者提出所谓马克思同恩格斯的观点相矛盾有关的。

其次，这些选集和选读本在选材上特别重视早期著作，重视《资本论》和经济学手稿。这也不同于莫斯科的版本。苏联版选集除《关于费尔巴哈的提纲》和《德意志意识形态》第1章以外，几乎未收1848年以前的著作。D.麦克莱伦在他所编的《马克思文集》前言中就提出莫斯科选集版本的两个缺陷：忽视马克思早期著作和收录几乎全部政治著作，而经济著作只是简单的摘要。他认为，"近年来，在马克思的阐释者中主要兴趣集中在他的方法论和他对政治经济学的科学贡献。因此，《大纲》《剩余价值理论》连同《资本论》应当是马克思著作的核心部分。"美英50—70年代出版的几种选集和选读本编入马克思早期著作和书信多在10篇以上，主要是《克罗茨纳赫笔记》《黑格尔法哲学批判》、发表在《德法年鉴》上的著作和书信、《巴黎笔记》《1844年经济学哲学手稿》《詹姆斯·穆勒〈政治经济学原理〉一书摘要》等。60—70年代又出版了马克思早期著作专集4种，其中伊斯顿和古达特编译的《青年马克思关于哲学和社会的著作》收录早期著作、摘录和书信25篇（封）。这几种早期著作集都多次重印，最新为1992年的版本。

美英编辑的几种马克思恩格斯选集和选读本编选《资本论》的章节都比莫斯科版本多。莫斯科的两卷集和一卷集只选编了《资本论》第 1 卷和第 2 卷序言，第 1 卷第 24 章第 7 节，莫斯科的三卷集英文版摘编多些，但未在英美出版。麦克莱伦则编选了《资本论》第 1 卷的 13 个章节，第 3 卷的 4 个章节，总共约占他所编这本《选集》篇幅的 1/3。塔克和埃尔斯特的版本也都编选了《资本论》第 3 卷的章节，此外，这些美英学者编的选集本几乎也都编选了《政治经济学批判大纲》的篇章。

最后，关于这些选集和选读本的译文，除了马克思恩格斯生前的译文和"二战"前原有译文外，主要是采用纽约国际出版社和伦敦劳伦斯与威沙特出版社的译文，只有少数编者提到利用了莫斯科版本的文字。帕托莫尔所编《马克思社会学和社会哲学文选》中少数著作采用原有英译文但也作了改动，其他大部分为编者自译。据认为旧的英译文有些呆板和不准确。马克思的早期著作、经济学手稿和书信多是编者自译，而不采用美共、英共和莫斯科版本的文字，如《1844 年经济学哲学手稿》的译文就有帕托莫尔（1961）、伊斯顿和古达特（1967）、米里根（1970）、麦克莱伦（1971）和本顿（1974）5 种之多。

\*　　　\*　　　\*

1988 年在英国出版了 A. 伍德编辑的《马克思文选》，作为麦克米伦出版社《伟大的哲学家》丛书之一，实际上是一部马克思的哲学著作选集。编者在书中写道："马克思的学说有着永恒的魅力，影响着现代文化，不论最终同意或不同意它，都必须了解它。它虽然在欧洲大陆上已经历了几代人，但只是在最近 20 年马克思才在英语国家哲学界得到受尊重的地位，被视为对社会思想传统的重要贡献者。"这固然是西方资产阶级学者的观点。但所说最近 20 年也正是西方新社会运动兴起后的 20 年,它使马克思恩格斯的著作得到更广泛的传播。

应当说 80 年代末在西方国家马克思恩格斯著作的编辑出版进入低潮。1988 年以后未见有美英版本的新编选集出现,但是已有的著作集仍在不断再版,如费恩贝奇编《马克思政治著作》(三卷集)和埃尔斯特编《马克思读本》至今还在再版重印。正如一些选集、选读本的编者所说:"对于马克思恩格斯著作的了解是当代有教养的人们必不可少的,无论其社会地位和社会哲学观点如何。马克思恩格斯的思想已深刻影响着历史、社会、经济、意识形态、文化和政治各个方面。"(R.塔克)"马克思主义在理论上和政治上是极其多样性的,会有许多新变化和综合,但任何变化永远不会使它过时。"(F.本德)"马克思的理论对于历史运动的巨大影响是任何思想家所无法比拟的。……每一代人都看到对马克思的社会学的批驳,然而每一代人最后又看到新的马克思主义的复兴。"(L.弗伊尔)

## 略谈《马克思恩格斯全集》英文版卷末注释的特点和参考价值[*]

李俊聪

为了配合《马克思恩格斯全集》中文第 2 版的校订工作和编写卷末注释,我们先后译出了《马克思恩格斯全集》英文版第 1、2、3、4、12 卷的卷末注释。

在译校第 12 卷的注释时我收集了一些资料,作了一些必要的归纳和整理,分析了这些资料的特点。我发现英文版有些注释的写法很值得我们借鉴,不仅有助于我们更好地理解正文,甚至还可以帮助我们纠正不确切的译文。

《马克思恩格斯全集》英文版第 12 卷大致相当于中文版第 9 卷(英文版第 12 卷另外增加了马克思恩格斯在 1854 年写的 11 篇文章)。中文版第 9 卷原有注释 422 条,英文版第 12 卷除去新增加的 11 篇文章的注释外,共有注释 370 条,总数比原来减少 52 条;370 条注释中有 63 条是英文版编者编写的新注。减少的注释大多涉及书名和报刊杂志的名标,这些注释按照英文版的编辑体例,全部移入卷末的《期刊索引》。减少的另一部分牵涉一些地名和专有名词,如"针线街""印刷所广场""印度大厦""克勒蒙特宫""圣约翰和伍德切尔西区"等等,

---

[*] 本文选自《马克思恩格斯研究》1993 年总第 15 辑。

这些注释在该卷中被彻底删掉。

新增加的注释有相当大一部分是"题注",它们多半只说明某篇文章原来曾以什么标题在什么地方发表过。其余的注释则包含有说明性质的内容,如对某些历史事件的叙述,对正文中某句话或某段话的解释性提示,等等。

《马克思恩格斯全集》中文版第9卷中原有的注释虽然绝大部分被保留下来,但是原封不动的比较少。它们都或多或少作了一些修改,从中我们大致可以看出下面这样一些特点:

一、对一些政治团体或派别重新作了评价。下面举两个例子来说明。

例1:在《马克思恩格斯全集》中文版第9卷中有一条关于"爱尔兰旅"的注释,注文是这样的:

"爱尔兰旅是大不列颠议会中的爱尔兰议员所组成的派别。在十九世纪五十年代,这一派中的大部分成员是民族运动中的**右翼和妥协派的代表,他们代表着爱尔兰资产阶级上层分子、大地主和天主教教权派集团的利益**(着重号是笔者加的,下同。——编者注)……"①

英文版第12卷对同一条注释改写为:

"……1847年这个派别一直由丹尼·奥康奈尔领导。在托利党和辉格党势均力敌的情况下,爱尔兰旅同自由贸易论者一起,能够左右议会中的力量对比,在某些情况下甚至能决定政府的命运。"②

新注文对爱尔兰旅在英国议会中的作用和原注文中的评价一样,但对爱尔兰旅的性质,则避免作带有明显政治倾向的评价,避免简单地给

---

① 《马克思恩格斯全集》第1版第9卷第637页。
② 《马克思恩格斯全集》英文版第12卷第644—645页。

它打上反动或进步的标志,而只是对它的历史作了极其概括的介绍。

例2:在《马克思恩格斯全集》中文版第9卷中,在给"共产主义者同盟"作注时,提到了"共产主义者同盟"的前身——"正义者同盟"。关于这个组织,注释中的提法是这样的:正义者同盟是"工人和手工业者的阴谋组织,德国、法国、瑞士和英国都有它的支部"。①

这段注释在英文版中改为:"它是工人和手工业者的一个秘密协会,出现于19世纪30年代。这个协会在德国、法国、瑞士和英国都设有分会。"②

对"正义者同盟"的性质的这两种评价,区别是一目了然的。

二、对报刊、事件、言论的评介淡化政治色彩,删掉一些倾向性的论断和夸张的言词。在《马克思恩格斯全集》中文版第9卷的注释中经常出现"进步的""爱国的",或"反动的""侵略性的""卑鄙的"等褒贬的字眼,这些用语在英文版中不是被删掉,就是被代之以其他比较温和的措词。

例如:

关于《纽约每日论坛报》,中文版第9卷注释中有这样一句评语:"在四十至五十年代,该报站在进步的立场上反对奴隶占有制。"③ 在英文版注释中,这句话改成:"在40年代和50年代,该报采取了反对奴隶制的坚定立场。"④

在阐述马志尼的拥护者1853年发动的起义时,中文版注释指出

---

① 《马克思恩格斯全集》第1版第9卷第688页。
② 《马克思恩格斯全集》英文版第12卷第644—645页。
③ 《马克思恩格斯全集》第1版第9卷第623页。
④ 《马克思恩格斯全集》英文版第12卷第635页。

"起义者大多数是意大利的爱国工人"①,英文版注释改为"起义者大多数是意大利工人"②,从而避免了对这次背景复杂的米兰起义间接作出政治性评价。

马克思在《君士坦丁堡的乱子。——德国的招魂术。——预算》这篇文章中批评英国阿伯丁联合内阁时指出"……它一只手拿着拒绝实行议会改革的决定,另一只手则拿着奥地利提升它担任大陆警察局主要情报员之职的证书"。③对这句话中文版注释所作的解释是:"指阿伯丁联合内阁……对侨居在英国的政治流亡者所持的**反动立场**……"④ 英文版注释删掉了"反动立场"几个字,而代之以"对侨居英国的政治流亡者的态度"。⑤

有一条注释在说明英国外交大臣帕麦斯顿对1847年英希冲突所采取的立场时说,他"在议会上发表**侵略性的演说**,为英国的行动辩解"。⑥ 英文版注释删去了"发表侵略性的演说"这几个字,而代之以帕麦斯顿"在议会为英国的行动辩解"。⑦

在《揭露科隆共产党人案件》这篇文章的"题注"中有这样一句话:"在这篇文章中,马克思**痛斥了**普鲁士警察国家迫害共产主义运动的活动家的**卑鄙手段**。"⑧ 英文版注释删掉了"痛斥了……卑鄙手段"

---

① 《马克思恩格斯全集》第1版第9卷第629页。
② 《马克思恩格斯全集》英文版第12卷第639页。
③ 《马克思恩格斯全集》第1版第9卷第85—86页。
④ 《马克思恩格斯全集》第1版第9卷第640页。
⑤ 《马克思恩格斯全集》英文版第12卷第646页。
⑥ 《马克思恩格斯全集》第1版第9卷第656页。
⑦ 《马克思恩格斯全集》英文版第12卷第658页。
⑧ 《马克思恩格斯全集》第1版第9卷第687页。

这样的词句，而只是扼要地叙述了这篇文章写作的时间、出版经过、传播过程中遭遇的困难，以及在美国的出版情形。①

另外，如"疯狂的司法迫害"改为通常使用的用语"审判"，"反动的哈布斯堡帝国"改称"哈布斯堡帝国"等，这样的例子不少，这里不一一列举。

三、英文版注释对中文版注释中提到的某些年代、日期和数字作了若干更正。

正像《马克思恩格斯全集》英文版编者在每一卷的《前言》中所说明的那样，他们在准备每一卷的正文、编写注释和索引时，都对有关的日期重新作了核对，对作者所使用的大部分原始资料也都一一进行了校勘。这项工作的成果也反映在第12卷的注释中。在该卷注释中，这类更正共有3处，它们是：

①关于英国宪章派全国协会的会员人数，中文版第9卷注释中说，在宪章运动高涨年代，会员达4万人。② 英文版注释改为5万人。③

②关于1850年俄国、奥地利、英国、法国、瑞典和丹麦等国代表在伦敦举行的一次会议的日期，中文版第9卷的有关注释中说是在1850年7月4日④，英文版第12卷的注释将此改为8月2日⑤。

③关于梅努特（爱尔兰）神学院创办的年代，在中文版第9卷注

---

① 《马克思恩格斯全集》第1版第9卷第687页，参看英文版第12卷第685页。
② 《马克思恩格斯全集》第1版第9卷第653页。
③ 《马克思恩格斯全集》英文版第12卷第657页。
④ 《马克思恩格斯全集》第1版第9卷第639页。
⑤ 《马克思恩格斯全集》英文版第12卷第645页。

释中标明为1846年①，在英文版第12卷注释中改为1795年。②

不言而喻，经过校勘后的数字和日期应当是更精确的，因而是更可信的。

四、修改后的注释，阐述更扼要，表达更简洁，解释更准确。

下面仅举两个例子来说明这个特点。

例1：关于"共产主义者同盟"的注释，在中文版第9卷中可以说是一篇洋洋大观的文章，长达2700多字，这在《马克思恩格斯全集》的注释中是相当罕见的。这条注释对"共产主义者同盟"的历史、它的发展、它在各时期的活动的叙述面面俱到，注文冗长而松散。对于想研究"共产主义者同盟"历史的人来说，这条注释太短了，不够详尽；而对于普通读者来说，它又太长了，过于琐碎。在英文版第12卷中这条注释被压缩到500字左右，它提纲挈领地阐述了同盟的性质、纲领、成立经过、活动情况、内部的分歧、解散过程以及历史作用等，层次分明，结构严谨，使人读后对"共产主义者同盟"能获得一个全面而清晰的概念。

例2：马克思在《累亚德的质询。——围绕着十小时工作日法案而斗争》一文中曾提到十小时半工作日法律，关于这条法律，中文版第9卷中加了一条注释，主要内容如下：

"1850年8月5日议会通过一项法律，规定女工和童工的工作日为十小时半，并确定了工作日的起止时间。**这项法律所以能够通过，是因为工人们抗议高等控诉院所作的**关于工厂主违反1847年的十小时工作

---

① 《马克思恩格斯全集》第1版第9卷第637页。
② 《马克思恩格斯全集》英文版第12卷第644页。

日法律一案的**决定**,这项决定事实上是准许了这种犯法行为……"①

这条注释有几点含混不清的地方:

①这项法律的通过既然是工人抗议工厂主违反了十小时工作日法律的结果,为什么它反而将工作日延长了半小时,而不是缩短半小时,或者更多呢?

②高等控诉院对工厂主的违法行为作出了什么决定?为什么工人对此提出抗议?

③为什么说该项决定事实上准许了工厂主的犯法行为?

我们看一看英文版第12卷中这条注释的措词,这些疑点就会消释。在那里这条注释是这样写的:

十小时半工作日法律"指1850年8月5日通过的一项法律。这是对工人们就高等控诉院在1850年2月8日对一批被指控违反十小时工作日法律的工厂主宣判无罪的裁决所提出的抗议的答复。这种统治手段开创了一个先例,并等于废除某项法律。……"②

修改后的注释至少说明以下两点:

①高等控诉院对工厂主的违法行为作出的决定实际上是高等控诉院宣布工厂主的违法行为无罪的裁决。这个裁决引起了人们的抗议。为了平息工人们的愤怒,统治阶级作了一点让步,对工厂主的违法行为稍加约束,但允许他们多剥削半小时。这就是对工人们的抗议的答复。

②原注释中显然把高等控诉院的决定和议会批准的十小时工作日的法律混为一谈了,因为是这项新的法律才事实上准许了工厂主的"犯法行为"。这就是,它允许工厂主强迫女工和童工每天工作十小时半,而

---

① 《马克思恩格斯全集》第1版第9卷第655页。
② 《马克思恩格斯全集》英文版第12卷第658页。

不是原来法定的十小时,这样一来,旧的十小时工作日法律在很大程度上就名存实亡,事实上被废除。

可见,英文版的这条注释写得简明扼要、条理清晰,克服了原注中的一些缺点。

# 马克思恩格斯著作在法国的编译出版史简述[*]

郑天喆

[摘 要] 本文试图对马克思恩格斯著作在法国的编译出版史作一简略梳理,指出其中的系统化、学术化和科学化趋势,同时大致勾绘出政党出版活动与民间出版活动这两条线索时而交织、时而相背、蜿蜒前进的画卷。

马克思一向与法国结有不解之缘。无论是法国对于马克思,或是马克思对于法国,都具有非常重要的意义:一方面,马克思密切关注和思考当时的法国局势,用法语写作,与法国人论战;另一方面,马克思长期深刻地影响法国思想界,为法国的政治运动提供概念工具和思想武器。考虑到这种相互作用,研究马克思和马克思主义在法国的发展将是

---

[*] 本文选自《马克思主义与现实》2012 年第 3 期。作者系中央编译局马克思主义研究部助理研究员、哲学博士。

原题注:本文缘起于笔者对法国 GEME 工程的接触了解以及 2012 年 2 月底在巴黎与 GEME 小组主要负责人伊莎贝尔·加罗(Isabelle Garo)和让-努马·迪康热(Jean-Numa Ducange)及社会出版社的里夏尔·拉加什(Richard Lagache)的访谈会面,资料方面得到中央编译局李其庆、鲁路、张红山等人的帮助,也受益于中央编译局图书馆的西文馆藏资源,在此表示感谢。

十分有趣和富有启发意义的，而对于这一研究必不可少的环节是回顾马克思恩格斯著作在法国传播的历程，了解马克思思想不同时期在法国被接受的状况。本文试图对马克思恩格斯著作在法国的编译出版历史作一个简略的梳理，指出其中的系统化、学术化和科学化趋势，同时大致勾绘出政党出版活动与民间出版活动这两条线索时而交织、时而相背、蜿蜒前进的画卷。

马克思恩格斯著作在法国编译出版的进展很不均衡，根据版本数量和质量、各家出版社的参与程度、政党发挥的作用等因素，不同时期呈现出各自特有的面貌，据此这段历史大致可以分为以下四个阶段。

## 第一阶段：从19世纪70年代到"一战"结束

第一部正式在法国出版的马克思恩格斯著作大概要上溯到马克思用法语写作的《哲学的贫困》，1847年由巴黎的弗兰克（Franck）出版社出版。不过马克思恩格斯著作在法国的编译出版史应当始于19世纪70年代，其标志是约瑟夫·罗伊（Joseph Roy）翻译的《资本论》第1卷，由马克思亲自审阅，于1872—1875年间由莫里斯·拉沙特（Maurice Lachâtre）出版。①

时值巴黎公社引起的动荡局势，物资匮乏，人心涣散，马克思恩格斯著作的传播进展缓慢，第二次出版要等到1891年里尔的工人印刷社

---

① 本文仅对马克思恩格斯著作传播史进行一项国别的研究，只涉及法国的编译出版事业，暂不考虑其他国家出版的法文马克思恩格斯著作。因此，早于罗伊译《资本论》第1卷、1871年在布鲁塞尔出版的《法兰西内战》不计在内。同理，下文第三阶段也不涉及莫斯科的前进出版社（Les Éditions du Progrès）所出版的法文马克思恩格斯著作集。

出版的《路易·波拿巴的雾月十八日》。1893年卡雷（Carré）出版社出版了恩格斯的《家庭、私有制和国家的起源》。1895年贾尔和布里埃（Giard et Brière）出版社出版了爱德华·福廷（Édouard Fortin）翻译的《黑格尔法哲学批判》，第二年出版了由恩格斯作序的《哲学的贫困》，1899年出版《工资、价格和利润》，1900年出版《德国的革命和反革命》。1899—1900年施莱歇兄弟（Schleicher frères）出版社出版了《政治经济学批判》和《1848年至1850年的法兰西阶级斗争》《路易·波拿巴的雾月十八日》。《资本论》第2卷和第3卷于1900年和1901—1902年由贾尔和布里埃出版社出版。1901年《巴黎公社》由查理·隆盖（Charles Longuet）翻译并作序和注释，在巴黎出版。《共产党宣言》在1895—1912年分别由几家不同出版社出版，大部分以恩格斯审阅过的劳拉·拉法格（Laura Lafargue）译本为依据。恩格斯的《反杜林论》部分章节于1880年开始陆续出版，完整版则在1911年由贾尔和布里埃出版社出版。①

马克思恩格斯著作在法国传播的最初阶段，虽然受到时局和物质条件的制约，人们对马克思理论也不够重视，但是仍有不少重要著作被译成法语，此外还出版了一些宣传小册子，报刊上也登载不少译文。这个时期毕竟与思想发生的时刻最为接近，某些译本是马克思和恩格斯还在世时所审阅过的，具有一定的可靠性。参与翻译出版的力量起初是热衷于社会活动的积极分子，例如莫里斯·拉沙特（Maurice Lachâtre）、莱昂·德尔沃（Léon Derveaux）、亨利·奥里奥尔（Henri Oriol）这样的

---

① 以上列举的出版情况参见 Jean-Numa Ducange："Les traductions et publications de Karl Marx et Friedrich Engels en français avant 1914", *Cahiers d'histoire. Revue d'histoire critique*, 114/2011, Complément。

出版者，其意图主要是宣传社会主义，后来有一些专业出版社加入进来，例如贾尔和布里埃出版社，使得马克思恩格斯著作的翻译出版开始进入严肃的社会科学领域。①

## 第二阶段：两次世界大战之间

20 年代法国共产党成立后，领导编纂局（Bureau d'édition）和国际社会出版社（les Editions sociales internationales）进行马克思恩格斯著作的翻译工作。前者在 1938—1939 年出版了《资本论》第 1 卷，而后者在 1933 年出版《法兰西内战》、1935 年出版《1848 年至 1850 年的法兰西阶级斗争》和文集《哲学研究》、1936 年出版文集《论宗教》和《马克思恩格斯论文学和艺术》。这种努力一直持续到"二战"法国的抵抗运动时期，法共还重新出版了《共产党宣言》和《工资、价格和利润》等著作。

1927 年开始，在梁赞诺夫的努力下，最初的《马克思恩格斯全集》（现在通常称为 MEGA¹）编辑工作在苏联展开，俄文版的《马克思恩格斯全集》也开始翻译出版，而法国在同期出现了类似的举措——在法共的工作之外，科斯特（Costes）出版社开始对马克思恩格斯著作进行较为系统的编译工作，主要译者是雅克·莫里托（Jacques Molitor），在 1924 年到 1954 年间系统出版了一套马克思恩格斯著作集。这部著作集分为两部分："马克思全集"和"恩格斯全集"，其中"马克思全集"包括：《马克思恩格斯书信集》9 卷，《资本论》3 卷（14 册），《经济

---

① 参见 Jacqueline Cahen, "Les premiers éditeurs de Marx et Engels en France (1880 – 1901)", *Cahiers d'histoire. Revue d'histoire critique*, 114/2011, pp. 20 – 37。

学说史》3卷（8册），《哲学著作集》8卷，《共产党宣言》，《德国的革命和反革命》，《政治著作集》8卷，《福格特先生和路易·波拿巴的雾月十八日》3卷；"恩格斯全集"包括：《反杜林论》3卷，《家庭、私有制和国家的起源》，《英国工人阶级状况》2卷，《德国维护帝国宪法的运动和农民战争》，《1870—1871年战争短评》，《恩格斯书信集（1884—1895）》2卷。这是法国首次系统编译出版的马克思恩格斯著作集，共计46卷53册①，其中首次翻译成法文的有《1844年经济学哲学手稿》和《德意志意识形态》，以及到1867年为止的马克思恩格斯书信集。

可以看出，这套马克思恩格斯著作集的体例与俄文版或德文版马克思恩格斯全集不同，不是按统一编号安排全部著作，而是既有单行本，又有文集，看似一套著作之间彼此无关联、仅外在形式一致的丛书。这种体例沿用至今，在后来社会出版社的两次大规模马克思恩格斯著作集出版工程中都没有改变。这一法兰西风格虽然在出版和发行上有灵活自由的优势，但是缺乏全局性，给卷册的统计也造成了困难，也许正因为如此，法国的马克思恩格斯著作集始终很难被称作"马克思恩格斯全集"。

---

① 这套著作集年深日久，难以查证，此处的数据是根据中央编译局藏书统计得到，不知是否有疏漏。据迪康热统计是"50多册"，Jean-Numa Ducange,"Editer Marx et Engels en France: mission impossible?", *La Revue Internationale des Livres et des Idées*, 06/05/2010。而据塞夫的统计，该出版社从1924年至1939年出版马克思恩格斯著作集"70册"，参见 Lucien Sève, "Sur la publication de l'oeuvre de Marx et d'Engels en France", Georges Labica, 1883 – 1983, *l'oeuvre de Marx: un siècle après*, PUF, 1985, p.160。

马克思恩格斯著作在这个时期的翻译出版受到俄国十月革命的鼓舞和影响,与对俄国领导人(例如季诺维也夫、托洛茨基和列宁)著作的译介密不可分。其负面影响是,马克思在一种列宁主义、甚至是斯大林主义的思想背景下得到理解,这种思想承继关系的颠倒造成了对马克思的严重误解,在法国人心目中塑造了一个同情资产阶级的人道主义者和社会民主党人的马克思形象。另一方面,莫里托的翻译差强人意,编纂的分类理念也由于其任意性而受到后人指责,更遑论考证、注释和索引等工作的欠缺。因此,虽然在这个阶段,马克思恩格斯著作的传播得到政党力量的有力支持,而且开始了系统的编译工作,但是时代局限性和编纂上的种种缺陷,在某种程度上成为马克思在法国长期遭受误解的主要根源。

## 第三阶段:"二战"后到20世纪末

"二战"结束时,法国马克思恩格斯著作的总体出版状况呈一盘散沙的局面,一些著作在不同出版社重复出版或再版,而另一些著作却难得一见。①

此时,法共领导下的社会出版社(les Editions sociales)继承了原先编纂局和国际社会出版社编译马克思恩格斯著作的任务,旗下人才济济,包括埃米尔·博蒂盖利(Emile Bottigelli),吉尔贝·巴迪亚(Gilbert Badia),让·莫尔捷(Jean Mortier),让-皮埃尔·列菲弗尔(Jean-Pierre Lefebvre)等著名译者。社会出版社于1950—1960年出版

---

① 例如,1945—1949年间《路易·波拿巴的雾月十八日》有四个版本,而《德意志意识形态》却只有科斯特出版社的独家版本。

了《资本论》3卷本①，1952年出版《自然辩证法》，1954年出版《家庭、私有制和国家的起源》，1957年出版《〈政治经济学批判〉序言》，1962年出版《1844年经济学哲学手稿》，1963—1971出版了《〈新莱茵报〉文集》。吕西安·塞夫（Lucien Sève）于1970—1982年期间担任社会出版社社长，在他的发动下，社会出版社开始全面系统地出版马克思恩格斯著作集。从1971年开始在巴迪亚和莫尔捷主持下编译出版《马克思恩格斯书信集》②，1974—1978年出版了巴迪亚主持翻译的《剩余价值理论》，编为《资本论》第4卷，1975年出版《黑格尔法哲学批判》，1979年出版《1861—1863年手稿》，1980年出版由列菲弗尔翻译的《1857—1858年手稿（政治经济学批判大纲）》，等等。80年代，社会出版社继续经营马克思恩格斯著作的出版，尤其是出版了一系列便于携带且价格低廉的普及版"口袋本"丛书。③ 直至1993年社会出版社破产为止，出版的马克思恩格斯著作集共计45卷52册④，其中马克思著作有15卷22册：《资本论》4卷（11册），《黑格尔法哲学批判》，《〈政治经济学批判〉序言》，《路易·波拿巴的雾月十八日》，《1848年至1850年的法兰西阶级斗争》，《法兰西内战》，《1844年手稿》，《1857—1858年手稿（政治经济学批判大纲）》2卷，《1861—1863年手稿》，《哲学的贫困》，《雇佣劳动与资本，工资、价格和利润》；恩格斯

---

① 后来社会出版社又出版了巴迪亚主持重译的《资本论》第2、3卷和列菲弗尔主持重译的《资本论》第1卷。

② 预计出版20卷，但到1993年为止只出版了12卷，1874年10月以后的书信未能出版。

③ 以上社会出版社的出版情况参见 Lucien Sève, "Sur la publication de l'oeuvre de Marx et d'Engels en France", pp. 159 – 163。

④ 这一数据是根据社会出版社最新提供的书目统计的。

的著作有7卷：《反杜林论》，《自然辩证法》，《德国农民战争》，《路德维希·费尔巴哈和德国古典哲学的终结》，《家庭、私有制和国家的起源》，《英国工人阶级状况》；马克思和恩格斯合著的有23卷，《马克思恩格斯书信集》12卷，《哥达纲领批判和爱尔福特纲领批判》，《德意志意识形态》，《给库格曼的信》，《关于〈资本论〉的信》，《关于自然科学和数学的信》，《哲学研究》，《论宗教》，《马克思、恩格斯与第三共和国》，《〈新莱茵报〉文集》3卷。

  20世纪60、70年代是马克思思想在法国传播的黄金时代，许多出版社都进入这一领域，马克思恩格斯著作的翻译出版呈现井喷状况。其中社会出版社的工作从数量和质量上都最为显著，取得了公认的成就。据统计，1958年到1969年这十年间出版的100多种马克思恩格斯著作中，社会出版社的出版物大约占据三分之二。一方面，社会出版社的马克思恩格斯著作集收文相对完整，除了未收入1874年10月以后的马克思恩格斯书信之外，其完整程度基本与《马克思恩格斯全集》德文版（MEW）相当①。另一方面，社会出版社的翻译力求客观且精益求精，例如，《资本论》第1卷尽管有马克思亲自审阅过的罗伊法译本，他们还是根据恩格斯1890年修订过的德文第4版推出了新译本，由列菲弗尔领导的研究小组负责翻译，1983年出版，这一译本得到普遍认可，1993年还被著名的法国大学出版社（PUF）重新出版。此外，社会出版社的马克思恩格斯著作集在实用性和工具性上也有所加强，与科斯特版本的马克思恩格斯著作集相比，不但有人名索引，还新增了出版物和

---

① Kolja Lindner:Die Editionsgeschichte der Werke von Marx und Engels in Frankreich und ihr Neubeginn mit der Grande Edition Marx et Engels(GEME),In:Marx-Engels-Jahrbuch 2008,S.106.

主题索引。

除此之外，在这个领域颇有影响的是马克思学家马克西米利安·吕贝尔（Maximilien Rubel）和马克思恩格斯著作翻译家罗歇·当热维尔（Roger Dangeville）的贡献。

吕贝尔被誉为"最著名的马克思著作法文版编纂者"①，他主持编译了4卷本的《马克思文集》，分别于1963年、1968年、1982年和1994年在加利马尔（Gallimard）出版社"昴星团藏书"系列出版。这套文集不是按照时间或著作顺序编排，而是按照内容分为经济学、哲学和政治三大类，经济学类分两卷，哲学和政治类各一卷，原计划出版的政治第2卷和书信卷由于吕贝尔1996年的去世而终未实现。这套文集流传甚广，在某些方面填补了社会出版社工作的空白，而且首次将阿姆斯特丹和莫斯科收藏的一些未发表档案资料公之于众。但是这套文集却一直饱受争议。首先是编纂理念的问题：其分类有悖常理，例如《共产党宣言》《哥达纲领批判》和《1844年经济学哲学手稿》被收入经济学卷；同时删节比较严重，所收入的《资本论》3卷，卷卷均遭删节，《德意志意识形态》也被有意删节。第二，编纂问题的背景事实上正是吕贝尔强烈的个人色彩，这套文集体现了他在马克思学方面的研究，或者不如说成为他传达个人见解的工具，这在他所撰写的长篇导论中更是显露无遗。他坚持马克思思想的纯粹性，力图清除社会民主党和共产党意识形态的影响，这种努力在某种意义上带给人们一种新颖的视角，但

---

① 转引自 Kolja Lindner, Die Editionsgeschichte der Werke von Marx und Engels in Frankreich und ihr Neubeginn mit der Grande Edition Marx et Engels( GEME) , In: Marx-Engels-Jahrbuch 2008, S. 107。不过作者认为这一评价"有些轻率"，原因见下文论述。

是过犹不及，他甚至将恩格斯思想从马克思思想中分离出来①，完全脱离了恩格斯的马克思学是否能够还原出真正的马克思，这是相当令人怀疑的。他所塑造的一个几近无政府主义、具有伦理学倾向的社会学家马克思的形象也难免偏颇，无法令人信服。②

在社会出版社和加利马尔出版社之外，马克思恩格斯著作翻译家当热维尔在人类（Anthropos）出版社、马斯佩罗（Maspéro）出版社和10/18出版社等其他地方也出版了他的众多译著。他以独特的视角进行选择，他所编译的马克思恩格斯文集大多是以前从未在法国出版过的：《1857—1858年手稿》于1967—1968年在法国的首次出版就是他的译本；他翻译了《〈资本论〉未发表的一章》；他将马克思恩格斯在报刊上发表的一些政论文章按照国别编成文集，例如《俄国》《中国》《美国内战》等等；还按照一些从未被涉及过的主题选编文集，例如《军事著作》《德国的社会民主》等。③ 他十分高产，从1967年至1978年这10余年间共出版马克思恩格斯译著15部，还不计算他所翻译的其他作者的著作，然而他由于翻译得过于仓促而遭受批评。此外，他有很明确的政治倾向，属于国际共产主义左翼，信奉列宁主义，是个博尔迪加主义者，他在所译马克思恩格斯著作的导论和注释中从不掩饰自己的政治立场，这很容易将读者带入歧途，使他的译本如同吕贝尔的译本一样缺乏科学性和客观性。

---

① 为此，他甚至拒绝恩格斯对《资本论》第2、3卷作出的整理，而采用自己的分类，加利马尔出版社于2008年出版的《资本论》就采用了他的分类。

② 关于这套文集存在问题的详细讨论，参见 Eustache Kouvélakis, "Marx encore! Questions d'édition de l'œuvre marxienne", *Futur Antérieur* 30 -31 -32;4/1995。

③ 参见 Jean-Numa Ducange, "Editer Marx et Engels en France: mission impossible?", *La Revue Internationale des Livres et des Idées*, 06/05/2010。

总体上说，这个时期马克思恩格斯著作的编译工作取得了不菲的成就：社会出版社给大众提供了体例一致、可靠性高、实用性强、且不断在更新和补全的马克思恩格斯著作集，译者通常是历史学家和日耳曼学家等专家学者，对马克思恩格斯思想的译介结合了各自的专业研究，可以说，一个专业化和科学化的编译阶段开始了。另一方面，吕贝尔和当热维尔的译介从超越意识形态的视角对社会出版社的工作进行了补充和拓展，在很大程度上扩大了马克思恩格斯思想的影响，也促进了马克思恩格斯著作编译事业的繁荣。不过这两方面并非总是相互促进，有时甚至是争锋相对的。正如雅克·格朗容克（Jacques Grandjonc）所指出的"MEGA 困境"①，可以说，政党支持下的主流出版活动与民间其他出版活动二者互有得失，前者失于意识形态的独断，而后者输在见地偏颇和翻译质量的良莠不齐。

## 第四阶段：本世纪开始至今

由于科斯特出版社和社会出版社的消失，上个世纪法国那两次系统编译马克思恩格斯著作集的成果随着时间的流逝在市面上已经很难看到，更不用说购买阅读了。这些著作集就覆盖面而言，在马克思恩格斯的全部著作中占不到三分之二，留下不少空白，有许多文章和重要手稿没有收录，1874 年后的书信也没有整理。更重要的是，这些著作集的编译工作与国际上《马克思恩格斯全集》历史考证版第 1 版或第 2 版（简称 MEGA¹ 和 MEGA²）的工作几乎没有关联。除了流通问题，法国

---

① Schöttler Peter, "Une troisième MEGA? Entretien avec Jacques Grandjonc", *Genèses*, 11, 1993. p. 143.

的马克思恩格斯著作集在完整性和权威性上，也是颇为欠缺的。尤其考虑到 2007 年法国官方指定的大学预科课程教纲所列相关参考书目采用的是吕贝尔的富有争议的译本，这种欠缺所造成的负面影响将是深远的。①

因此在现阶段，对于法国的马克思恩格斯著作编译事业而言，相对重要的，一是再版以前的马克思恩格斯著作集，恢复其流通性，二是根据 MEGA² 的工作补全、修订甚至是重译马克思恩格斯著作。前者正在由重建后的社会出版社实现，而后者有可能由 GEME 工程实现。

社会出版社在 1997 年得到重建，新的社会出版社继承了旧版马克思恩格斯著作的所有权，将原先书籍重新上架出售，对售罄部分则有计划再版。目前已经再版的有 2011 年发行的 1980 年版列菲弗尔译《1857—1858 年手稿（政治经济学批判大纲）》，计划中再版的有 2012 年即将发行的《德意志意识形态》和《英国工人阶级状况》。

新的社会出版社同时进行马克思恩格斯著作集的重译和补卷出版工作，于 2008 年出版由索尼娅·达扬-赫茨布伦（Sonia Dayan-Herzbrun）新译的《哥达纲领批判》，2010 年出版塞夫等人新译的《第六章：资本论第 1 卷的 1863—1867 手稿》，预计于 2013 年出版《纽约每日论坛报文章，第 1 卷（1852—1853）》和《恩格斯青年时期著作选（1837—1844）》。② 这是在 GEME 工程的框架下进行的，与之紧密关联。

GEME 工程是马克思恩格斯著作法文版编译工程（Grande Edition

---

① 这诚然与近年来法国右翼政府的思想工作相关，但是缺乏公正客观的译本也是不容置疑的原因。

② 该出版计划由社会出版社的拉加什提供。

des oeuvres de Marx et Engels en français)①，由法国共产党发起的加布里埃尔·佩里基金会赞助，最初的倡导者正是 70 年代启动马克思恩格斯著作集出版工程的原社会出版社社长塞夫，目前主要由伊莎贝尔·加罗（Isabelle Garo）和让－努马·迪康热（Jean-Numa Ducange）等人负责组织翻译，译者团队由来自日耳曼学、共运史学、哲学、政治经济学等不同学科背景的一些专家学者构成。

GEME 工程的目的是为来自各种不同学科的众多学者及受过良好教育的广大公众提供全面可靠、既具有可读性又方便研究的马克思恩格斯著作集。他们依托德国 MEGA 小组的工作进行法文版的补卷工作，由于资金和人力所限，不能亦步亦趋地跟从 MEGA 小组将马克思恩格斯全集的历史考证版全部译出，只能力所能及地设计自己的蓝图，避免卷帙浩繁。GEME 工程与 MEGA² 的主要差别在于：（1）关于马克思恩格斯著作的不同版本，只是以附录的形式展示各种版本之间的显著差异，《资本论》第 1 卷收录德文第 4 版和罗伊版法译本。（2）马克思恩格斯之外的人写给马克思和恩格斯的信，除了特别重要的一些以附录的形式给出，其余均不收录。（3）不收录 MEGA² 第四部分收录的马克思恩格斯笔记，只是选择重要的文本以附录形式给出，例如马克思关于瓦格纳的笔记、关于巴枯宁《国家制度和无政府状态》的笔记等。GEME 工程的工作分为三个部分：第一部分包括著作、论文和手稿，基本按照时间顺序编辑，兼顾文本之间的密切关联；第二部分是作为专门著作的《资

---

① 关于 GEME 工程的详细内容，引自 Isabelle Garo, Jean-Numa Ducange, "Une grande édition des œuvres de Marx et Engels en français", *Cahiers d'histoire. Revue d'histoire critique*, 105 - 106/2008, pp. 261 - 264; Isabelle Garo, "Le defi d'une grande edition des oeuvres de Marx et d'engels en français: Entretien réalizé par Lucien Degoy", *L'humanité*, 16 avril 2008。

本论》，从1857—1858年手稿到第3卷的最后一版；第三部分是按时间顺序编排的马克思恩格斯书信。三个部分由不同的编译小组负责，同时进行整体协调。

除了具有补充全集的性质和借助历史考证版的权威性之外，与之前法国的马克思恩格斯著作编译出版工作相比，GEME工程有三个特点：一是翻译的统一性。现有的许多法译本在很大程度上不统一，时常引起争议，GEME工程试图系统和深入地解决马克思恩格斯全集翻译中的问题，通过定期举办的研讨班，建立一套整体一致原则，将已达成共识的翻译方案在全部著作中进行统一，尤其留意在作者那里不同年代的语言演变。二是建立索引。之前版本的马克思恩格斯著作集缺乏整体性的目录索引，GEME工程要逐章逐卷乃至为全集建立包括人名、概念和出版物在内的目录索引，以便读者进行定位和查阅。三是电子化。GEME工程的译本电子版和纸质版并行。电子版保证了一种开放性，可以随着研究的加深而接受必要的修订；电子版可以轻易实现索引与各章各卷乃至全集的关联，同时提供关键词与其详细解释的链接；更重要的是，电子版相对于纸质版的独立性减轻了对出版社的依赖，突破单一出版社投资的局限，从而向更多出版社敞开合作的可能性。①

这些特点反映了马克思恩格斯著作在法国编译出版的趋势：翻译活动突破个体行为和单一学科的局限，通过多学科专家学者的共同研讨提

---

① 马克思恩格斯著作传播的电子化是近年来这项事业的新进展，其中一项重大的工程是"马克思恩格斯数字图书馆"（Bi-NumME），正在由法国"人文科学之家"的主席塞尔日·沃利科（Serge Wolikow）在勃艮第大学主持筹建，计划为"二战"以前各种版本的马克思恩格斯著作（除所有法文版著作外，还包括德、英、意、西等语种的出版物）、国际共运的文献档案和马克思主义相关研究资料建立电子数据库，以便在网上提供查阅和下载，预计2012—2013年开放使用。

高翻译的学术水平，增强翻译的统一性；译本的工具性和科学性大大加强，便于各种学科的研究者使用，向广大公众开放。然而，这项事业也延续了先前的困难，仍然是人力物力上的捉襟见肘，以致 GEME 工程实际上并没有一个长期而具体的工作进程表，将来的发展方向也难以预测。

回顾马克思恩格斯著作在法国编译出版的历史，从最初积极分子的零星出版活动开始，到法国社会民主党和共产党的先后介入，这一领域的出版活动逐渐得到政治力量的支持和推动，尤其是共产党通过社会出版社发挥了显著的作用，以至于马克思恩格斯著作的出版在 60、70 年代、尤其是 1968 年五月风暴前后达到了鼎盛局面。随着共产党力量和影响的衰退，这项事业从 70 年代末开始到 80、90 年代逐渐走下坡路，1993 年社会出版社的破产对马克思恩格斯著作出版的影响十分重大，而这种破产本身未尝不是一个意味深长的信号。直至如今，新社会出版社虽然联合了高校的专家学者和研究机构，依靠亲共的基金会运作，开始重兴马克思恩格斯全集大计，但是明显力不从心。马克思恩格斯著作在法国 100 多年来的编译出版史，不仅记载着马克思思想得到接受、思考、挑战和超越的历程，更是反映了政治局势的起伏和政党力量的兴衰，出版者的政治观点和路线对于马克思恩格斯著作的翻译和阐释也有很大影响，正如塞夫所说："马克思著作的出版史在某种意义上是工人运动的历史。"①

关于这段历史的研究，还有许多方向可以继续深入，从而对于我国的相关研究有所启发：马克思恩格斯著作在不同国家的编译出版史比较

---

① Gilbert Badia et Lucien Sève, "Dossier Editer Marx-entretien avec Gilbert Badia et Lucien Sève", *Le magazine littéraire*, 1973.

研究，尤其是与我国的马克思恩格斯著作编译事业相比较；法国共产党诞生及发展轨迹对马克思恩格斯著作编译出版活动的影响研究；政党支持下的主流出版活动和民间的非主流出版活动在马克思恩格斯著作传播史中作用的比较研究；一些关键词在不同语种下的翻译争议和演变及其在马克思恩格斯基本思想理解上引起的差异研究[1]；等等。而这些需要历史学、政治学、文献学、翻译学等不同学科研究者的共同努力，正如马克思恩格斯著作的编译出版需要多学科专家的合作一样，这从来也不是个人的事业。

---

[1] 例如 Mehrwert（剩余价值）是译作"plus-value"还是"survaleur"，等等。

# 罗扬论《1844年经济学哲学手稿》的来龙去脉[*]

## 吴达琼

《国外社会科学动态》1983年第3期刊载的《马克思在林兹宣告开始》一文，曾提到荷兰国际社会历史研究所的于·罗扬"根据马克思自己的笔记"整理了马克思撰写《1844年经济学哲学手稿》的顺序并发表了长篇论文《所谓〈1844年经济学哲学手稿〉的来龙去脉》。《国外社会科学动态》又于1983年第8期发表了荷兰S.莱盖纳、J.沃尔海尔的文章《把老年马克思和青年马克思区别开来是毫无根据的。——对马克思巴黎手稿的新解释》。作者介绍了他们在纪念马克思逝世一百周年时同于·罗扬就他重新编排《1844年手稿》顺序问题举行的座谈纪要。

罗扬于1983年1月6日在奥地利林兹举行的工人运动历史学家国际会议上发表了他的论文《所谓〈1844年经济学哲学手稿〉的来龙去脉》。现将这篇论文的内容扼要介绍于后，供研究工作者参考。

罗扬的论文侧重于对马克思《1844年经济学哲学手稿》原稿的写作顺序、写作方式等进行研究、鉴别。用他自己的话来说，以史料考证的观点来分析《手稿》。

---

[*] 本文选自《马列主义研究资料》1984年第2辑。

他首先介绍了《1844年手稿》最初发表的经过。1927年，苏联达·波·梁赞诺夫在《马克思恩格斯文库》中以《〈神圣家族〉的准备材料》为标题用俄文第一次发表了手稿即以后所谓《第三手稿》的大部分。1932年，《马克思恩格斯全集》国际版旧版第1部分第3卷第一次按原文（德文）发表了《手稿》，编者冠以《经济学哲学手稿》的标题。手稿被编为四部分，其中三部分以《国民经济学批判》为题，第四部分是黑格尔《精神现象学》的摘录，以附录形式发表。同年，德国的齐·朗兹胡特和J. P. 迈尔出版马克思的早期著作集，其中收集了《1844年手稿》。他们对《手稿》采用了下述标题：《国民经济学和哲学。论国民经济学同国家、法、道德和市民生活的关系（1844年）》。

罗扬用一定篇幅概述了《手稿》发表以来各国学者对《手稿》的评价。从弗·维·阿多拉茨基、齐·朗兹胡特和J. P. 迈尔、亨·德曼、赫·马尔库塞、奥·科尔纽、A. 科热弗、捷·卢卡奇、克·勒维特、埃·蒂尔、海·波皮茨、雅·霍姆斯、P. 比戈、Y. 卡尔费茨、埃·弗洛姆、D. 贝尔以及大·麦克莱伦等等都相继从《手稿》中得出自己对青年马克思的思想的评价。罗扬指出，尽管人们对《手稿》的理论内容多年来作了不少研究，进行了长期的争论，但是都忽视了《1844年手稿》原稿的具体背景，不考虑对《手稿》资料来源进行必要的考证。罗扬认为："马克思主义不仅是一种历史理论，而且本身也是一种历史现象；历史学试图通过对起源的研究来阐明马克思的一些观点的意义；然而历史学不只是首先根据马克思自己的著作——不论是他已发表的著作还是遗著——进行研究，还必须尽可能以著作的原稿，即以马克思亲自写在纸上的东西为依据来进行研究。"

关于《1844年手稿》的版本问题。罗扬主要提出了《马克思恩格斯全集》国际版旧版和齐·朗兹胡特和J. P. 迈尔编的版本。他认为前者比后者有较多的优点。《马克思恩格斯全集》国际版旧版关于《手稿》的说明，一般说来是正确的，但是不充分，而且没有提到它所依据的是二十年代的复制品①，所以，它所谓的版本准确性是不足为凭的。朗兹胡特和迈尔所编的版本，尽管编者在辨读《手稿》方面下了功夫，但没有提供关于《手稿》史料的基本情况等等，这个版本的说明不仅不充分，而且有许多不准确的地方。罗扬认为，按照《马克思恩格斯全集》国际版旧版对《手稿》的编排，使人产生一种印象：《手稿》是一部特别的"著作"，以后大多数研究者也认为是这样，即《手稿》从形式上看，是片断、未完成的，而从内容上看，是一个整体。既然《手稿》从形式上看是未完成的和无关紧要的，因此，有些人就认为《手稿》的形式可以是Ⅲ、Ⅰ、Ⅳ部分，有些人认为是Ⅰ—Ⅲ部分，有些人则认为是Ⅰ—Ⅳ部分。罗扬指出，这是由于研究《1844年手稿》的人都对《手稿》的史料考证认识不足。

1968年，苏联的尼·伊·拉宾在《马克思的青年时代》一书中指出了至今流行的错误看法：马克思首先完成那些摘要，然后才在《手稿》中确立自己的观点。拉宾认为，马克思继第一批摘要（萨伊、斯卡尔贝克、斯密）后完成第一手稿，然后继一批新的摘要（麦克库洛赫、普雷沃、恩格斯、德斯杜特·德·特拉西、李嘉图、穆勒）之后完成其他篇章。罗扬认为，拉宾对史料考证的精确性作了研究，无疑是迈出了重要的一步，但是由于他仍然是在莫斯科的复制品基础上进行研究，因此不可能对《手稿》得出明确的概念。罗扬继而指出，根据阿姆斯特丹国际社会历史研究所掌握的《手稿》原件进行研究，才为

---

① 莫斯科马克思恩格斯研究院曾把二十年代德国社会民主党党务档案中保存的大部分马克思恩格斯遗著制成复制品。

《手稿》的史料考证这项独特的研究工作找到了出发点。同时，罗扬在撰写这篇论文时注意到《马克思恩格斯全集》国际版新版在准备各卷的工作过程中发表的有关《手稿》的文章。如格·阿·巴加图利亚的《马克思主义政治经济学的辩证唯物主义方法论的开始形成。〈经济学哲学手稿〉的方法论特点》（1976年）；英·陶贝尔特的《〈经济学哲学手稿〉写作日期质疑》（1978年）；H. C. 鲁勉策瓦的《关于〈马克思恩格斯全集〉国际版新版第4部分第2卷中发表的马克思的巴黎笔记》（1980年）；以及1981年出版的《马克思恩格斯全集》国际版新版第4部分第2卷中发表的马克思的巴黎摘要笔记。①

罗扬在论文中用相当的篇幅说明自己对阿姆斯特丹国际社会历史研究所保存的《马克思恩格斯遗著》中的《1844年手稿》和摘要笔记所作的史料考证。

**关于《手稿》部分**。罗扬仔细考证了《手稿》的纸张性质和大小，页数，标明页码的数字和顺序，书写方式，分册合订起来的《手稿》封面是否有标题，《手稿》正反页是都有书写还是留有空白页以及手稿佚失情况，等等。对所谓《第一手稿》，他详细说明马克思分三栏或两栏书写时所用的标题：〔A〕"工资"、〔B〕"资本利润"（"资本盈利""资本的盈利""诸资本的盈利"）、〔C〕"地租"，说明马克思在书写时各栏标题顺序的变化和起讫页码（例如，《手稿》第Ⅰ—Ⅻ页上分栏的顺序为A—B—C，第ⅩⅢ—ⅩⅣ页上为A—B，第ⅩⅤ页上为C—B，第ⅩⅦ—ⅩⅪ页上为A—C—B），说明《异化劳动》部分在手稿的三栏中是连贯写成的。罗扬还提到马克思在《手稿》中所作摘要的著作名称、

---

① 《马克思恩格斯全集》国际版新版第1部分第2卷收入《1844年经济学哲学手稿》，罗扬写论文时该卷尚未出版。

版本、卷次。他认为，所谓《第二手稿》由两张零散的纸张构成，共4页，是连贯写成的。所谓《第三手稿》是由十六张纸订起来的没有封面的册子，其中有几页已经佚失。罗扬还将《手稿》原稿的页码同《马克思恩格斯全集》国际版旧版编排的《手稿》页码顺序进行对照。所谓《第四手稿》是无页码、不分栏、连贯写成的，内容是黑格尔《精神现象学》的摘要，即《绝对知识》这一章。

**关于摘要笔记部分**。罗扬首先介绍了马克思1843—1845年在巴黎居住期间所写的摘要笔记，详细说明摘要笔记摘自哪些著作，马克思在作摘要时所写的评语的长短以及马克思自己对所作摘要的译文等，当然也包括对摘要笔记的纸张性质、大小、页码、书写方式、标明页码的数字等的考证。

罗扬认为，无论从马克思的摘要笔记本的纸张性质和大小的情况、从摘要笔记本的书写方式还是从摘要笔记本标明页码的方式来考证，都不应当把这些笔记本同《手稿》划分开来。《手稿》不仅包含马克思的文字，而且这些文字例如在《第一手稿》中是由大量摘录组成的，而在所谓《第四手稿》中，则纯粹由摘录组成。其他几本摘要笔记中不仅有摘录，而且还有马克思自由阐释的文字，有的篇幅还很长。甚至从摘要笔记产生的时间来看，也无法把《手稿》同这些笔记本划分开来。因此，没有理由把《手稿》本身是一个真正的综合体这一观点当作出发点。

罗扬进一步根据马克思在1843—1844年的写作活动，同卢格、费尔巴哈、康培、亨·伯恩施太因、恩格斯等的书信往来的内容和时间补充说明马克思这些摘要笔记本的写作时间和顺序，说明马克思当时打算占有大量材料，以便着手写一部有关政治经济学的著作。同时，罗扬还对《手稿》中所谓第一、二、三手稿的写作时间顺序进行考证。例如，他认为对黑格尔《精神现象学》的摘录，如果不早于《第三手稿》，那就可能是在写《第三手稿》期间完成的。罗扬考证了所谓《第二手稿》的四页同所谓《第三手稿》的页码都是同时标明的，因此，他指出，几乎可以认为，《第二手稿》是紧接着《第三手稿》的，并且可以进一步假定，《第二手稿》的这四页就是马克思的《第三手稿》一开始引用的正文的结尾。关于《第一手稿》，罗扬详细地把《手稿》同摘要笔记结合起来考证这两者写作的时间顺序和内容方面的联系。

罗扬通过上述对手稿和摘要笔记的分析和对照，描述了马克思研究国民经济学的前后过程，作读书摘要时写评论的情况（最初是一两句评论，以后发展到整段以至整页的评论）。他试图通过对《第一手稿》和摘要笔记的考证，弄清楚马克思从什么时候开始研究国民经济学。为此，他通过对《第一手稿》和相应的摘要笔记的仔细考证，认为马克思对色诺芬、勒瓦瑟尔、萨伊、许茨、李斯特、奥西德尔的著作所作的摘要是在1844年初着手拟定对黑格尔法哲学进行批判的过程中写成的，就是说是马克思决定利用在巴黎居留期间撰写国民公会史以前写成的。以后，最早是在1844年5月，马克思又重新致力于研究国民经济学。

罗扬对《第二手稿》与摘要笔记相关的页码进行比较后，认为《第二手稿》的四页是马克思在摘要笔记B23c中的文章的终结。他认为，第XXXVI页是从私有财产的客体方面深入研究了私有财产，第XXXIX页则深入研究了无财产的群众和财产的对立，其次深入研究了自我异化的道路，第XXXX页即《第二手稿》第1页深入研究了自我异化发展的顶点——劳动只是一种商品。

关于《第三手稿》，罗扬认为不是按照预先制定的计划写的，而是像《第一手稿》那样，是一个自发过程的结果。马克思把自己想到的一切立即写下来，这说明，他没有利用摘记。《第三手稿》的前一部分①的内容属于国民经济学批判范围，而关于共产主义部分，即"1)"至"5)"的内容涉及马克思以前没有表述过的论题——自我异化在共产主义中的扬弃。马克思概略地阐述了自己的见解，以此同以往那些表述自我异化的扬弃"道路"的社会主义或共产主义学说区别开来。但是在"6)"中，马克思突然反对"现代批判运动"，就是说，详细追述到布·鲍威尔，讨论了黑格尔辩证法。罗扬认为，这不是由马克思前面所写的东西决定的，而是当时燕妮·马克思和格·荣克给马克思的信不断坚定了他原来打算对布·鲍威尔进行批驳的决心。接下来，马克思就把主要精力用于批判黑格尔。罗扬认为，马克思在《第三手稿》中对黑格尔的批判不是他对国民经济学研究的出发点，而是这种研究的结果。就是说，马克思只是在研究了国民经济学之后才感到有必要对黑格尔的辩证法进行相应的批判。罗扬认为，当时马克思对黑格尔哲学的批判就是他对国民经济学研究的结果之一。

总之，罗扬最后认为，《1844年经济学哲学手稿》是摘记综合体的一个组成部分。马克思于1843年底开始、1844年5月又重新对国民经济学进行认真的批判研究后写下了《手稿》。《手稿》并不是马克思在《序言》中计划要写的那篇著作，甚至也不是那篇著作的粗略的草稿。《手稿》的整个摘记（有逐字逐句的摘记、概括性的意译、批判性的注释、自己的思考、重新作的摘记和再思考）反映了马克思在几个月内主要对国民经济学进行批判研究时的认识过程。马克思在研读国民经济学著作的过程中，随时写下自己头脑中涌现的思想，不可能按照一个预定计划来写读书笔记、作摘要。马克思固然要制定国民经济学批判的计

---

① 估计是指"补入第XXXV页"部分。

划,但这项工作需要付出十分艰巨的劳动,决不是1844年所能完成的计划。因此,不能把《1844年手稿》看作是马克思的"最主要的著作"。

当然,马克思在1844年摘记中所论述的各种问题,在他思想上并不是没有联系的,但不能因此认为,马克思打算建立一个"体系"。检验马克思当时阐述的思想,哪些已被写进他后来的著作中,是有意义的,但是这种检验应当是集中分析他后来所写的著作。对于马克思在1844年所作摘记的内容,应当根据当时的背景来作出推论,随意地孤立地看待《1844年手稿》的各个部分,把《1844年手稿》同马克思当时的其他摘要笔记分割开来,都会使对《手稿》的研究步入歧途。

# 马克思的美学笔记的俄译本不久前问世[*]

锁 贵

马克思在他的一生中，对许多学科做过读书摘记，其中著名的有经济学、哲学、人类学、历史学笔记，这些笔记已陆续发表，供人们研究。然而对于马克思的美学和文学史笔记，至今人们知道的还不多。今年7月，苏联《对话》杂志首次把马克思对弗·泰·费舍《美学》一书所做的笔记公之于世。无疑，这个笔记的发表扩大了马克思的美学思想研究领域，为马克思主义美学的研究者提供了不可多得的材料。

马克思对弗·泰·费舍《美学或美的科学》一书的摘要包含在1857年的笔记本中。苏共中央马列主义研究院中央党务档案馆收藏有该笔记本的拷贝，其原件存荷兰阿姆斯特丹国际社会史研究所。马克思的美学笔记的俄译本就是根据这个笔记本的拷贝翻译刊印的。

1857年的笔记本共有55页。除了对费舍一书的摘要外，还包括：（1）摘自各种百科辞典的美学笔记；（2）摘自埃·弥勒《古代各民族艺术理论史》（1834—1837年版）一书的不长的笔记（4页）；（3）摘自图克《价格史》、巴克迈斯特《彼得大帝史论丛》、麦克劳德《银行

---

[*] 本文选自《马克思恩格斯研究》1990年总第4辑。

业的理论与实践》等的笔记,以及《独立报》《泰晤士报》和《新闻报》等许多报纸的摘要。

马克思开始研究费舍的美学是在1857年的上半年。50年代后半期,马克思对艺术问题产生了强烈的兴趣。当时,人们正就拉萨尔的戏剧《弗兰茨·冯·济金根》展开热烈讨论,马克思自己在《〈政治经济学批判〉导言》中发表的关于艺术的重要见解还有待深化。

关于马克思在1857年研究美学的问题,在有关的文献中存在着几种说法。多数研究者倾向于下述观点:马克思对费舍、弥勒的著作和迈耶尔百科词典所做的摘要同马克思打算为《美国新百科全书》撰写《美学》条目有直接的联系。

1857年,马克思为《纽约每日论坛报》撰写文章,间接地促使他集中地思考某些美学问题。查·安·德纳在这时约请马克思为他编纂中的《美国新百科全书》写一篇解释美学的条目。马克思为其建议所动,阅读并摘录了费舍的《美学》和其他一些美学著作。

对马克思的这个美学笔记,乔·卢卡奇在《马克思与费舍》一文中做过专门的研究和分析。他指出,马克思的这个笔记有三个重要特点。第一,马克思颇注意费舍的4卷著作的结构和材料编排情况,他不仅对这部作品所涉及的美学的各种问题感兴趣,而且认为费舍分册出版一部卷帙浩繁的著作的办法很值得仿效的,他设想把自己的经济学著作也以分册形式呈献给读者。第二,马克思着重研究的是费舍美学体系中艺术与生活关系最为密切的部分,是处于生活和艺术边缘的一些问题,如主观与客观的相互关系,"美的环节",滑稽与丑陋,等等。这些问题使马克思思考事物的本质及其审美价值的关系。马克思从费舍的著作中转录了康德对这些问题的论述,这样,他就以费舍的《美学》为媒介,转入对康德的《判断力批判》的研究。第三,马克思的笔记中占很大篇幅的是费舍美学中讨论神话的部分。费舍作为一个黑格尔主义者，也把神话看作是一个已经消失的、特殊的历史时期的表现。

关于"美的环节""崇高"和喜剧等问题，在马克思的美学笔记中占有相当大的篇幅。这使我们想到，马克思早年接受黑格尔的美学，早已注意到"崇高"以及与之有辩证关系的"量"和"度"的概念。早在博士论文的准备材料中，他就对"尺度的辩证法"作过论述。关于"崇高"，马克思在《1857—1858年经济学手稿》中有以下一段精辟的论述："一方面，稚气的古代世界显得较为崇高。另一方面，古代世界在人们力图寻求闭锁的形态、形式以及寻求既定的限制的一切方面，确实较为崇高。"①

马克思在费舍《美学》一书中发现了某些问题在历史上的具体实例以及有关论述的丰富材料。在卢卡奇看来，马克思对费舍的两点见解颇感兴趣："一是费舍在某种程度上赞同历史地评价黑格尔美学的有关章节；二是费舍的现代'非宗教自由'幻想的观点与'宗教倾向'幻想的对立。"② 卢卡奇指出："毫无疑问，马克思对费舍发生兴趣的主要因素是主体积极参与美的再现问题。"③ 只要考虑到人的主客体的生产活动这一概念在马克思的经济学和哲学中起着什么样的作用，就不难理解马克思从费舍美学一书中摘录的席勒下述一段话的意义：美既是客观事物，又是主观境界。美既是形式——当我们判断它的时候；又是生活——当我们感觉它的时候。它既是我们存在的状态，又是我们的创造。

---

① 《马克思恩格斯全集》第1版第46卷上册第486—487页。
② 乔·卢卡奇：《19世纪文学理论和马克思主义》1937年莫斯科版第129页。
③ 乔·卢卡奇：《19世纪文学理论和马克思主义》1937年莫斯科版第83页。

马克思对费舍《美学》一书做摘要时，不是按着书的顺序死板地摘抄，而是把费舍论述的内容划分为几个部分。除此之外，在摘要的结尾处，马克思根据费舍叙述的内容，自己编制了一个表格，这一切对于研究马克思的思想和美学观点的形成和发展都是很有价值的。

# 恩格斯《社会主义从空想到科学的发展》德文本的写作和出版情况*

《社会主义从空想到科学的发展》是恩格斯第一部以在德国工人运动中大量散发为目的而写的论述科学社会主义的基础和特征的著作。他说明，社会主义的发展取决于历史和经济条件以及工人阶级的成熟程度，社会主义由于马克思的功绩而变成了科学。恩格斯以此将科学社会主义与空想社会主义、容克资产阶级的"国家社会主义"以及小资产阶级社会主义观念等所有其他非科学的"社会主义"概念区别开来，并促进了只有马克思主义是工人阶级革命解放斗争的科学理论这样一种认识。这部著作的传播使"科学社会主义"的概念成为社会民主党人共有的精神财富。

恩格斯认为科学社会主义从其产生开始就其本质而言是国际性的。在强调科学社会主义的理论来源中的德国古典哲学，特别是黑格尔的辩证法的同时，他用工人阶级的科学的世界观来反对资产阶级思想，指出资产阶级思想已宣布脱离其自己的进步传统并陷入折中主义（见第659页）。

《社会主义从空想到科学的发展》是恩格斯从《欧根·杜林先生在科学中实行的变革》中抽出三章组成的、1880年经保尔·拉法格翻译

---

\* 本文选自《马克思恩格斯研究》1995年总第23辑。

以《空想社会主义和科学社会主义》为标题发表的小册子①的德文版。这部小册子有助于向党的广大干部和成员介绍《反杜林论》中关于马克思和恩格斯创立的工人阶级科学世界观的本质和结构的基本思想，同时，它本身也是科学社会主义的入门读物。

反社会党人法颁布以后，德国社会主义工人党在极其困难的情况下保持了革命的性质，巩固了自己的影响。在1881年10月的帝国议会选举中，在投票总数下降的情况下，该党尤其是在大城市的工业工人中间仍然保持并部分地扩大了自己的地位。这是一个巨大的成就。此时，为了社会民主主义目标需要更大范围地争取工人，为此尤其需要向将取代遭驱逐者和受迫害者的年轻一代干部传授理论知识。在这种情况下，需要使大家都认识到工人阶级的斗争必须以自己的科学世界观为依据，需要传播这种世界观的本质和结构。更深入地探究科学社会主义，宣传科学社会主义学说成为当务之急。

为了对付统治阶级变化了的策略，掌握和创造性地运用工人阶级的科学世界观也变得十分必要。统治阶级从1881年底开始奉行"甜点和皮鞭"的政策。将血腥镇压与宣布社会改良——实施意外事故、疾病、老年和残疾的保险法配合起来。随着剥削的变本加厉，这些措施无论如何都是必要的。采取这些措施是要将工人阶级束缚在统治制度上，削弱社会民主党人的影响。

这个政策伴随着大规模的思想宣传运动。资产阶级思想家试图证明，已宣布的社会改良有助于解决"社会问题"，俾斯麦政府所实行的铁路国有化和计划实施的烟草垄断都是向社会主义的迈进。

---

① 《马克思恩格斯全集》历史考证版第1部分第27卷第545—580、1256—1269页。

统治阶级狡猾的策略使社会主义工人党面临着严峻的考验。奥古斯特·倍倍尔和威廉·李卜克内西等马克思主义的革命力量的代表在党的中央机关报《社会民主党人报》上将许诺实施的保险法与俾斯麦国家的总的政策相对照,揭露了保险法的阶级性质。与此同时,主要以议会党团为其喉舌的机会主义力量则屈服于"国家社会主义"鼓惑宣传的影响。他们将最近的措施看作可以用法律手段解决"社会问题"的证明,他们要求放弃与俾斯麦国家势不两立的态度,满足于民主的社会改良的要求,取消社会主义目标。他们认为,这样便可达到取消反社会党人非常法的目的。保守势力许诺,如果能够使工人运动与现存制度和俾斯麦国家一体化,那么反社会党人非常法将会取消。

因此,党的性质及其对剥削者国家的态度这个原则性问题在宣布社会改良之后又被以新的方式提了出来。在这个问题上存在着两种截然不同的观点。马克思主义力量和机会主义力量之间围绕着《社会民主党人报》的立场及其在党内的地位问题展开了应走什么道路的争论。

按照恩格斯的建议,① 中央机关报将党员吸引到争论中来。在全国各地举行的许多次秘密集会上,参加者表示拥护《社会民主党人报》所代表的革命政策。围绕着党的原则性态度第一次展开了如此广泛的讨论。讨论的结果使议会党团中的机会主义力量承认了《社会民主党人报》是党的正式机关报。机会主义力量因此受到遏制,但是并没有被击败。争论不得不继续进行下去。

在讨论过程中已明显看出,需要从理论上论证现实斗争和出版相应的著作。例如,人们强烈要求《社会民主党人报》将来更多地刊登学术文章,报纸要经常出版学术副刊,或者像从前《前进报》那样,为

---

① 《马克思恩格斯全集》第 1 版第 35 卷第 255—259 页。

了宣传目的出版特刊。① 人们在这样考虑时,回想到《反杜林论》发表的情形也可能起了一定的作用。

人们认为现有的社会民主党人著作的大部分,包括斐迪南·拉萨尔的著作都已不再适用。因此,人们表达了这样一种愿望,"倒不如出版一部小册子,从通俗地描述当今的腐朽状态出发,用生动通俗的语言向所有感兴趣的人阐明社会主义的最终目标"。② 在编辑部的评论中还需补充说明,另外迫切需要辨别对社会主义本身的种种歪曲。③

在这种情况下,1882年7月初伯恩施坦向恩格斯提出建议,出版《空想社会主义和科学社会主义》的德文版来满足对新的宣传著作的普遍要求,"或许再加上一篇简短的分析俾斯麦社会主义的结束语"。④

"关于**德文**版《空想社会主义和科学社会主义》,我也早就在考虑",恩格斯在复信中说,"特别是自从我看到这本书在许多优秀的法国人的头脑中引起了真正的革命以来。我高兴的是我们在这方面的意见一致"。⑤ 恩格斯问什么时候能够付印,并且打算马上开始工作,但是后来未能如愿。⑥

---

① 《关于……的讨论。1月22日来自巴门的通讯》,载于1882年2月2日《社会民主党人报》(苏黎世)第6号。

② 《一个现实的问题》,载于1882年5月11日《社会民主党人报》(苏黎世)第20号。

③ 《一个现实的问题》,载于1882年5月11日《社会民主党人报》(苏黎世)第20号。

④ 1882年7月7日爱德华·伯恩施坦致恩格斯的信。

⑤ 《马克思恩格斯全集》第1版第35卷第343页。

⑥ 《马克思恩格斯全集》第1版第35卷第355页。

1882年8月19日至21日,议会党团和党的领导以及《社会民主党人报》的编辑部和管理机构在苏黎世的会议上聚在一起,在党的性质问题上发生了激烈的争论。倍倍尔和李卜克内西在伯恩施坦等人的支持下,强调了社会民主党人决不能放弃革命的社会变革的观点。《社会民主党人报》的立场最终得到赞同。

在辩论过程中还讨论了重新以小册子形式出版著作的必要性。同时,人们表达了为了启蒙年轻同志出版便宜的小册子的愿望,并且对拉萨尔的著作是否仍然适用的问题进行了争论,伯恩施坦在李卜克内西的支持下提出的观点是,拉萨尔的许多著作能够得到所有国家社会主义者的赞同,因此,不宜再版。之后,伯恩施坦建议出版恩格斯已表示愿意编辑的《空想社会主义和科学社会主义》德文版。根据讨论的结果,会议决定重新以小册子形式出版著作。为此目的指定了一个由倍倍尔、李卜克内西和威廉·哈森克莱维尔组成的委员会,该委员会应考察一下哪些小册子可以出版。

1882年9月1日,伯恩施坦向恩格斯报告了苏黎世党的会议的结果。他说他在会上说明了恩格斯愿意为《空想社会主义和科学社会主义》的德文版作准备,对此,人们"普遍愉快地表示欢迎。这本小册子非常合乎时宜,能够马上开始印刷"。伯恩施坦建议在这部著作中加入对俾斯麦的"国家社会主义"的批判,这个建议也获得通过,伯恩施坦再次详细地向恩格斯论证了这种批判的必要性,尤其是,"在德国,由于拉萨尔的宣传,强烈的国家崇拜在我们的队伍中作祟"。

然而恩格斯认为在序言中论述这个问题不太合适,因为这样一来序言就会弄得太长了。为此,他向伯恩施坦建议,写一系列关于这个题目的文章,这些文章以后或者从一开始就可以出版小册子,他请伯恩施坦提供必要的资料。① 但是后来他放弃了这个计划，② 而是在他的著作的第三编中加上一个较长的脚注来表明对俾斯麦的国家社会主义的看法。③ 他在这里对1880年2月继《空想社会主义和科学社会主义》之后立即撰写的《俾斯麦先生的社会主义》④ 一文中已经包含的思想进行了加工，并指出俾斯麦的国有化和烟草垄断"无论如何不是社会主义的步骤"，⑤ 而仅仅是通过损害劳动者来维护统治阶级的利益。

伯恩施坦表示同意将《空想社会主义和科学社会主义》保持原状。他建议德文本也像法文版那样，附上一篇由出版者签名的导言，马克思曾经写了一篇简短的恩格斯的生平简介作为法文版的导言。⑥ 伯恩施坦想以此使年轻一代了解恩格斯在革命工人运动中的活动，驳斥将恩格斯说成"议会社会主义者"的捏造。⑦ 但是恩格斯断然拒绝了在由他自己出版的小册子中加上这样一篇"书开头的介绍"。⑧

恩格斯很可能是在1882年9月14日开始准备这份手稿的。⑨ 他与9月22日的信一起寄去了一篇新的注明日期为1882年9月21日的序言和经过修订的第一节和第二节。他在给伯恩施坦的信中写道，第三节及

---

① 《马克思恩格斯全集》第1版第35卷第356页。
② 《马克思恩格斯全集》第1版第35卷第426—427页。
③ 《马克思恩格斯全集》第1版第19卷第239页。
④ 参看《马克思恩格斯全集》第1版第19卷第191—200页。
⑤ 《马克思恩格斯全集》第1版第19卷第239页。
⑥ 参看《马克思恩格斯全集》第1版第19卷第259—263页。
⑦ 1882年9月15日爱德华·伯恩施坦致恩格斯的信。
⑧ 《马克思恩格斯全集》第1版第35卷第360页。
⑨ 《马克思恩格斯全集》第1版第35卷第355页。

结尾的注解《马尔克》①也已经完成，但是，他想再好好地润色一遍。②直至11月中，恩格斯一直在搞第三节。1882年11月17日伯恩施坦证实收到了手稿。他同时建议恩格斯，将结尾处的概述刊登在《社会主义者报》上，同小册子的预告刊登在一起。③

从1882年11月2—3日恩格斯给伯恩施坦的信中可以看出，伯恩施坦对序言作了修改，然后恩格斯删去了提到维登党代表大会的话。修改的地方可能是在《马克思恩格斯全集》第19卷第345页第二段，在这里描述了出版德文版的详细情形。

从一开始，恩格斯就清楚出版他的小册子的德文版有些困难："但是写一个比较简练的德文本，比起那个写得比较自由的法文本来，困难要大得多。把这个东西写得通俗又不损害内容，也就是要使它能够成为人人易懂的宣传性的小册子，任务是艰巨的……"④他告诉倍倍尔，《反杜林论》的头两章被"大加修订和通俗化"了。⑤

恩格斯并不是简单地照着《反杜林论》来写，他写出了一份新的付印手稿，这份手稿很可能是以为《空想社会主义和科学社会主义》的翻译所起草的草稿为基础的。他采用了法文本的结构及所有的、特别是第三节中重要的补充，其中包括结尾处的概述。此外，他还对全文进行了认真细致的修改。

在著作的第1版序言中，恩格斯谈到形式和内容上所作的修改是必

---

① 参看《马克思恩格斯全集》第1版第19卷第351—369页。
② 参看《马克思恩格斯全集》第1版第35卷第360、365页。
③ 《马克思恩格斯全集》历史考证版第1部分第27卷第1315页。
④ 《马克思恩格斯全集》第1版第35卷第343页。
⑤ 《马克思恩格斯全集》第1版第35卷第365页。

要的，因为原来的《反杜林论》不是为了直接在群众中进行宣传而写的。① 形式上的修改包括恩格斯用德文词代替外来词（例如，用"Kapitalisten"代替"Bourgeois"，用"Kundgebung"代替"Manifestationen"），或者对外来字作出解释（例如，"苦修苦炼的、禁绝一切生活享受的……共产主义"）。② 补充了引文出处，消灭了错误，采用了现代的拼写方法和标点符号。此外，还包括作了一系列修辞上的修改，分了新的段落和添加了大量的着重号，恩格斯用这些着重号说明重要的思想。从广义上来说，形式上的问题还包括这部著作德文版的外观形式。恩格斯根据发表在《社会主义评论》上的最初的法文本，将三节标上罗马数字，将结尾处的概述另起一页，从而使三个章节更加明显地划分开来。

去掉了专门为法国读者所作的解释。例如对启蒙学者的时代世界"用头立地"这句话的注解（第589页第19行）为德国读者作了补充。例如，讽刺性的反问：难道不应当用反社会党人法去反对黑格尔的危害公众的"颠覆学说"吗？③

在超出法文本之外所作的内容上的补充从整体上来看服务于更清楚地论述科学社会主义本质的目的。

与法国工人运动相比，德国工人关于社会主义和共产主义先驱的知识要少得多，恩格斯认为让德国工人了解科学社会主义的来源具有十分重要的意义。标题的改动可能也是出于这个愿望。在着眼于社会主义向

---

① 《马克思恩格斯全集》第1版第19卷第345页。
② 《马克思恩格斯全集》第1版第19卷第205页第3行、第207页第6行和第10—11行。
③ 《马克思恩格斯全集》第1版第19卷第206页。

科学的"发展"的同时，他还强调了对理论先驱们的延续性。在谈到空想社会主义和德国古典哲学的主要代表人物的序言中他特别指出了这一点。① 在一些地方，他把他关于空想社会主义的表述更精确化了。② 恩格斯着眼于德国工人运动的历史并以这种方式强调历史唯物主义的延续性和新的质，同时向国际工人运动的先锋德国工人运动阐明了无产阶级世界观的科学性。

在评价了三位伟大的空想主义者之后，恩格斯紧接着又加上了法文本中没有的《反杜林论》引论第一章中的一段和进一步精确的说明。③ 在这一段中，他论述了此后社会主义思想的衰落和"折衷的不伦不类的社会主义"的形成。④ 论述科学社会主义与空想社会主义的一脉相承和区别对恩格斯来说同时也是将马克思创立的社会主义与所有其他流派区别开来的手段。这些流派当时以科学性自居，诋毁社会主义的先驱们，而同时它们自己则远远地落后于这些社会主义的先驱。

恩格斯对科学社会主义的理论来源辩证法赋予特殊的意义。他在自己小册子的德文本中更为详尽地解释了自然、社会和思想的总体联系。⑤ 同时，他指出必要地搜集自然科学和社会科学的材料是理论概括的前提，⑥ 由此更加突出地强调了总体和个别的联系。

恩格斯在写作《自然辩证法》时所强调的一个中心思想是现代自

---

① 《马克思恩格斯全集》第 1 版第 19 卷第 347 页。
② 《马克思恩格斯全集》第 1 版第 19 卷第 207 页第 19 行和第 226 页第 18—20 行。
③ 《马克思恩格斯全集》第 1 版第 19 卷第 217 页和第 217 页第 15—16 行。
④ 《马克思恩格斯全集》第 1 版第 19 卷第 218 页。
⑤ 《马克思恩格斯全集》第 1 版第 19 卷第 219 页。
⑥ 《马克思恩格斯全集》第 1 版第 19 卷第 220 页。

然科学提出的一个证明,即自然也有其历史。他将这一思想补充到《社会主义从空想到科学的发展》中,指出了查理·达尔文在这个方面的功绩。① 他没有将这个段落像《社会主义从空想到科学的发展》中所作的其他补充那样收入后来出版的《反杜林论》版本中,因为此处提到达尔文的重要性在其他地方已作了详尽评价。

作一系列补充是为了使人们更深入地领会历史进程的辩证法,其中包括对证明阶级社会的历史的暂时的性质具有重要性的论断,即除原始状态外,以往的历史都是阶级斗争的历史。② 这里反映出,恩格斯将这一时期对史前史的研究成果吸收到论文中来。他还与马克思就这个问题交换过看法,他肯定接受了马克思的这方面的建议。③ 通过将唯物辩证法用于法国革命(1789—1795)中的阶级斗争,恩格斯对无财产群众的行动的意义和局限性作了更精确的评价。④

在德文本中恩格斯在探讨了历史和理论前提之后得出结论:社会主义是无产阶级和资产阶级间斗争的必然产物,它的任务就在于研究历史的经济的过程,并把由此造成的经济状况视为解决冲突的手段。⑤ 在这个方面恩格斯出色地运用了辩证唯物主义历史观。

恩格斯在第三节中作了最大量的补充。他这样做显然是想更具体历史地、同时也更形象地揭示资本主义生产方式及其矛盾发展的复杂过程。在一些地方恩格斯依据该世纪的资料把关于资本主义生产方式的开

---

① 《马克思恩格斯全集》第1版第19卷第222页。
② 《马克思恩格斯全集》第1版第19卷第225页。
③ 《马克思恩格斯全集》第1版第35卷第120—121页。
④ 《马克思恩格斯全集》第1版第19卷第209—210页。
⑤ 《马克思恩格斯全集》第1版第19卷第226页。

端的论断精确化了。①

在解释资本主义的基本矛盾及其表现形式方面，恩格斯作了进一步的补充。德语术语"Grundwiderspruch"②和法文本中的"antagonisme、fondamental"③在这里都是第一次使用。

恩格斯清楚易懂地解释了劳动的社会性，详细具体地论述了分工与商品生产之间的联系。在这里他添加了好几个较长的段落。他再次用具体的例子解释了中世纪简单商品生产中农民和手工业者之间的交换。他将社会中自发的无计划的分工和工厂中有计划的分工区分开来，指出在市场上个体生产如何被社会化的生产所击败。④

恩格斯还更为详尽地探讨了占有问题。他阐明，中世纪产品的所有权以自己的劳动为基础；随着生产的集中和生产资料的变化，劳动资料的占有者继续占有产品，而这个产品从这时起已经完全是别人的劳动产品了。⑤在一个脚注中，他指出了占有的性质与占有形式的区别。⑥

其他的补充是有关现代无产者即终身的雇佣劳动者的产生问题，以及有关商品的无政府状态问题。⑦

关于商品生产的产生的概括阐述沿用了法文本，并进行了进一步精

---

① 《马克思恩格斯全集》第1版第19卷第230页第2—3行。
② 《马克思恩格斯全集》第1版第19卷第246页。
③ 《马克思恩格斯全集》历史考证版第1部分第27卷第579页第17—18行。
④ 《马克思恩格斯全集》第1版第19卷第230页。
⑤ 《马克思恩格斯全集》第1版第19卷第231页。
⑥ 《马克思恩格斯全集》第1版第19卷第232页。
⑦ 《马克思恩格斯全集》第1版第19卷第232页第11—12行、第15—17行，第233页第4—7行。

确的论述。① 社会力量的作用与自然力量的作用的比喻也同样出自法文本。② 同时，恩格斯还用更为精确的术语强调了自然发展与社会发展之间的区别。在当时的社会观中达尔文学说占有重要地位，并对工人运动产生了影响。在科学地论证社会主义的努力中人们一再追溯到达尔文主义。在这方面人们将达尔文所描述的"生存斗争"等自然现象用于社会。③ 恩格斯从一开始就反对将"生存斗争"用于社会发展并由此论证阶级斗争。恩格斯在描述资本家的竞争时曾经使用了"生存斗争"的概念来说明这种竞争仍处于动物状态。而在《社会主义从空想到科学的发展》中，他用"个体生存斗争"代替了"生存斗争"。④

另外一系列补充是在阶级和国家的问题上。在这里恩格斯同样沿用了《空想社会主义和科学社会主义》中关于阶级分裂的经济条件的一个较长的段落。⑤ 针对无政府主义废除国家的要求，他阐述了国家消亡的思想。⑥

德文版最大篇幅的补充是附录《马尔克》⑦。恩格斯利用这篇附录是要使德国工人了解关于土地公有制历史的长期的历史研究成果。他以此来支持党的争取农民为同盟者的努力，⑧ 并满足在重新以小册子形式出版著作的要求中所表达出的为全国宣传提供资料的愿望。

---

① 《马克思恩格斯全集》第1版第19卷第233页。
② 《马克思恩格斯全集》第1版第19卷第241页。
③ 参看《马克思恩格斯全集》历史考证版第1部分第27卷第1039页。
④ 参看《马克思恩格斯全集》第1版第19卷第234、245页。
⑤ 《马克思恩格斯全集》第1版第19卷第243页。
⑥ 《马克思恩格斯全集》第1版第19卷第242页。
⑦ 参看《马克思恩格斯全集》第1版第19卷第351—369页。
⑧ 参看《马克思恩格斯全集》历史考证版第1部分第27卷第1342—1343页。

较晚些时候，恩格斯还补充了一个对序言所作的说明。① 在这个说明中他强调了科学社会主义的国际性，它除了黑格尔的辩证法之外，还把英国和法国的发达的经济和政治状况同等地作为前提。从第2版开始，将这个说明改为序言的脚注。

恩格斯1882年就曾建议拉法格根据包括《马尔克》在内的德文版出版新的法文版，② 从中可以看出，恩格斯认为在修订德文版时所作的改动和补充是十分重要的。

尽管伯恩施坦在9月1日的信中便已保证将立即开始印刷小册子，但是印刷过程还是多次拖延。③ 11月1日伯恩施坦寄出第一批校样，恩格斯于11月3日收到这批校样。④ 1883年2月初他不得不严肃地进行催促。⑤ 3月7日他仍旧未拿到样本。⑥

1883年2月22日《社会民主党人报》第9号以《一本新的宣传小册子》为题发表了一篇对这部即将问世的著作所写的简短书评。这篇文章向读者介绍了内容，还详细引用了结尾处的概述。⑦ 1883年3月初，

---

① 《马克思恩格斯全集》历史考证版第1部分第27卷第627页。
② 《马克思恩格斯全集》第1版第35卷第381—382页。
③ 《马克思恩格斯全集》第1版第35卷第369—372页，并参看1882年10月26日爱德华·伯恩施坦致恩格斯的信；1882年12月1日爱德华·伯恩施坦致恩格斯的信。
④ 《马克思恩格斯全集》第1版第35卷第382—387页。
⑤ 《马克思恩格斯全集》第1版第35卷第426—429页，并参看1883年2月24日爱德华·伯恩施坦致恩格斯的信。
⑥ 《马克思恩格斯全集》第1版第35卷第450—452页。
⑦ 《马克思恩格斯全集》第1版第35卷第404页。

这部著作以 1500 册的印数出版，① 1883 年 3 月 8 日《社会民主党人报》第 11 号预告了这部著作的出版。1883 年 3 月 21 日柏林王室警察总监命令禁止出版这部小册子。

《社会主义从空想到科学的发展》处于由 1883 年 3 月 29 日至 4 月 2 日哥本哈根党代会开创的传播马克思主义的思想和理论攻势的开端。在这次党代会上又与党内机会主义力量展开了激烈的争论。争论的结果是大会作出了以与容克资产阶级剥削体系作不妥协的阶级斗争为宗旨的决定。大会决定扩大社会民主主义宣传，销售影响广泛的小册子。

恩格斯的著作尽管遭到禁止，仍然特别迅速地传播开来。这个事实表明，恩格斯以他的著作极大地迎合了群众的现实需要。1883 年 4 月，第 1 版已卖掉半数。② 此后不到一个月，伯恩施坦于 1883 年 5 月 17 日写信给恩格斯说，这一版已经"**全部售出**"，并且手上还有 600 份新的订单。伯恩施坦在 3 月份就曾建议出版第 2 版。③ 4 月份开始印刷第 2 版。④ 到 5 月底已印出高达 3000 册，⑤ 并在 6 月 7 日《社会民主党人报》第 24 号上作了预告。8 月底，这一版也几乎售光了，⑥ 结果又开始

---

① 1883 年 3 月 7 日爱德华·伯恩施坦致恩格斯的信；1891 年 4 月 22 日尤利乌斯·莫特勒致恩格斯的信。
② 1883 年 4 月 22 日爱德华·伯恩施坦致恩格斯的信。
③ 1883 年 3 月 7 日爱德华·伯恩施坦致恩格斯的信。
④ 《马克思恩格斯全集》第 1 版第 36 卷第 13—14、16 页。
⑤ 1883 年 5 月 31 日爱德华·伯恩施坦致恩格斯的信；1891 年 4 月 22 日尤利乌斯·莫特勒致恩格斯的信。
⑥ 1883 年 8 月 30 日爱德华·伯恩施坦致恩格斯的信。

印刷第 3 版。① 到 3 月底达到了 5000 册的高印数。② 1883 年 10 月 11 日《社会民主党人报》第 42 号上通知这一版已印刷完毕。结果《社会主义从空想到科学的发展》1883 年连续出版了三版，共 9500 册，其中有 4500 册是在上半年之内售出的。

通过论述科学社会主义的基础和特征，恩格斯不仅满足了德国工人运动的迫切需要，而且还满足了国际工人运动的迫切需要。在随后几年中根据德文版出版了许多种译本这一事实说明了这一点。1884 年 1 月至 2 月《社会民主党人》（哥本哈根）杂志以连载的形式发表了丹麦文译文，一年之后在那里又出版了小册子。维拉·伊万诺夫娜·查苏利奇将这部小册子翻译成俄文，1884 年在日内瓦出版，受到恩格斯的高度评价。荷兰文译文于 1886 年和 1889 年在海牙出版。这部著作被从 1884 年俄文版译成保加利亚文，于 1890 年在加布罗沃发表。

在 1890 年迫于群众压力废除了反社会党人法之后，出版了经过修订的德文第 4 版。在重新获得合法地位的条件下，党所面临的重要任务之一就是制定符合党的发展状况和新的合法斗争条件的新的马克思主义纲领。

在这一时期，党的领导机构决定重新出版马克思和恩格斯的一系列著作。费舍将这一决定告诉恩格斯，并请他在这方面对党予以支持。在重新出版的著作中他首先提到《社会主义从空想到科学的发展》一书。③ 恩格斯当时除了正在撰写《资本论》第 3 卷手稿之外，还在为他的著作《家庭、私有制和国家的起源》的新版作准备，但他立即接受

---

① 《马克思恩格斯全集》第 1 版第 36 卷第 65 页。
② 1891 年 4 月 22 日尤利乌斯·莫特勒致恩格斯的信；1891 年 2 月 27 日理查·费舍致恩格斯的信。
③ 1891 年 2 月 20 日理查·费舍致恩格斯的信。

了这一任务，正如他所写道的那样，因为"拉萨尔的那些胡言乱语在不停地翻印，必须用一些东西来加以抵制"。① 修订很可能是在1891年4月底和5月中之间。② 恩格斯为新版写了一篇序言，注明的日期是1891年5月12日，并作了"各种小的改动"。③ 他只在两个地方作了较重要的补充——"第一章中有关圣西门的地方，对他的论述与对傅立叶和欧文的论述相比过于简短，还有第三章结尾处有关在此期间变得重要起来的新的生产形式'托拉斯'的地方"。④

恩格斯的著作《社会主义从空想到科学的发展》的德文第4版在柏林出版了10000册。⑤ 1891年至1895年期间，在这版的基础上产生了其他译文。1892年在巴黎和伦敦出版了波兰文版。1892年还发表了俄文第2版，这一版在1893年又进行了秘密再版。1891年在纽约出版的英译文受到恩格斯的尖锐批评之后，爱德华·艾威林搞出一个英译本，经过恩格斯的同意，于1892年在伦敦和纽约出版。⑥ 1894年，亚美尼亚文译本在维也纳出版，德文第4版在苏黎世重印。

（原载《马克思恩格斯全集》历史考证版第1部分第27卷）

（朱霞 译）

---

① 《马克思恩格斯全集》第1版第38卷第43页，并参看第50—51页。
② 《马克思恩格斯全集》第1版第38卷第82—91页；1891年4月14日理查·费舍致恩格斯的信。
③ 《马克思恩格斯全集》历史考证版第1部分第27卷异文588.40—589.1.19。
④ 《马克思恩格斯全集》历史考证版第1部分第27卷异文588.40—589.1。
⑤ 1891年2月27日理查·费舍致恩格斯的信。
⑥ 参看《马克思恩格斯全集》历史考证版第1部分第32卷。

# 恩格斯《空想社会主义和科学社会主义》法文本的写作和出版情况*

恩格斯的《空想社会主义和科学社会主义》这部著作由《欧根·杜林先生在科学中实行的变革》中的三个章节构成,即《引论》的第一章(一、概论)及第三编《社会主义》的前两章(一、历史和二、理论)。写这部著作是为了配合成立于1879年的法国工人党的思想澄清过程,但是其意义远远超出了这个范围。

恩格斯在这部著作中探讨了科学社会主义产生的规律性,它的基础和特征。他揭示了为认识向社会主义发展的基本规律和未来社会特征提供了客观必然性和可能性的社会经济、政治和理论前提。马克思称这部著作为"**科学社会主义的入门**"。①

正如这部著作的标题所表明的那样,恩格斯探讨了科学社会主义和空想社会主义的关系,从而联系到在法国依然活跃的关于空想社会主义者的传统意识,明确指出他们的贡献和客观局限性。他同时还论证了科学社会主义同空想社会主义和共产主义的根本区别。

鉴于70年代以来出现了小资产阶级社会主义的新的变种,全面评

---

\* 本文选自《马克思恩格斯研究》1995年总第23辑。

① 《马克思恩格斯全集》历史考证版第1部分第27卷第542页第25行。

价科学社会主义、阐明科学社会主义的本质具有越来越重要的意义。马克思主义之前的社会主义者曾经对正在兴起的资本主义社会制度进行了无情的批判，甚至对这个制度表示怀疑，他们天才地预见到未来社会的基本特征。不过由于社会关系尚不发展，他们的思想必然局限于空想。而他们的小资产阶级后代在进步的历史条件下，在科学社会主义产生之后，仍然将对资本主义的批判与乌托邦式的未来构想联系在一起，他们的批判没有触及资本主义生产方式的基础。他们因而远远地落后于伟大的空想主义者，他们反对将科学社会主义与工人运动联系起来，并走向反动。

在19世纪的后三十多年中，在先进的资本主义国家中，建立革命政党已被历史地提到议事日程上来。在法国，建立革命政党的过程是在复杂的条件下进行的。1871年巴黎公社被镇压之后，反动派实际上已经取消了资产阶级民主自由。直至1876年，巴黎始终处于戒严状态。史无前例的迫害和镇压严重削弱了工人运动，但是，资产阶级始终不能完全扼杀工人运动。如果说重建的工人组织最初大多具有工会的性质，主要致力于经济斗争，那么，70年代中期在维护共和制度的斗争中政治斗争则日益活跃，运动出现了新的高涨。1872—1875年《资本论》法文版①的出版对法国工人运动的理论澄清过程是一个有力的支持。

由于小资产阶级社会主义传统仍在持续发生影响，《资本论》的法文版出版显得尤其重要。各种学派的社会主义学说，尤其是蒲鲁东的思想流行很广，并显示出顽强的生命力。鉴于法国资本主义发展的特殊性，这些学说总是具有社会的温床，因为在法国，资本主义生产日益集中的过程相对缓慢，占主要地位的小生产对无产阶级的生存条件和无产

---

① 《马克思恩格斯全集》历史考证版第2部分第7卷。

阶级觉悟的形成都不无影响。除了改良思潮之外，还流行着形形色色的无政府主义和宗派主义。

同时，富有政治经验的资产阶级还在民族统一、阶级和睦相处与合作的口号下策划一场大规模的资产阶级的激进主义宣传。此外，根深蒂固的社会主义传统意识又有时与恩格斯后来尖锐地指出的那种民族主义故步自封态度结合在一起。恩格斯说："许多法国社会主义者一想到以法兰西思想造福世界的、拥有思想垄断权的民族，文明中心的巴黎，现在忽然要接受德国人马克思的现成的社会主义思想，就觉得非常可怕。"①

1876年9月，茹尔·盖得从流亡地日内瓦回到巴黎。70年代后半期，法国工人运动中的革命力量开始团结在盖得的周围。1877—1878年，他出版了共6种专刊的《平等报》的第一种专刊。除了马克思主义观点之外，无政府主义观点和空想社会主义观点也见诸报端，反映了那个时代工人运动的思想状况。在法国工人运动的形成和宣传马克思主义方面起到重要作用的是保尔·拉法格。他在1882年4月初之前一直作为政治流亡者生活在伦敦，他使马克思和恩格斯与法国社会主义者建立了联系。他热切地关注法国的形势，始终与社会主义运动的领导人保持通信联系，并为法国报刊撰写了大量著作和文章，加布里埃尔·杰维尔在马克思主义力量形成方面起了重要作用。1876年底，他曾请求马克思同意发表通俗易懂的《资本论》节选。

鉴于当时的任务是在革命和科学的基础上有组织地开展运动，1879年10月20日至31日在马赛召开的工人代表大会上作出的成立一个独立的工人政党（工人党）的决定是一个巨大的成就。在大会上，要求

---

① 《马克思恩格斯全集》第1版第35卷第221页。

生产资料公有化的所谓的集体主义派赢得了多数。他们使大会通过了一项决议，这项决议宣布土地、矿藏、生产资料和极其重要的原料公有化是工人运动的目标。团结在盖得和《平等报》周围的力量因而在大会上获得承认。蒲鲁东派失去了优势地位，改良主义和无政府主义观点被击退。

马赛代表大会在法国工人运动基础上建立政党的进程中是一个重要的里程碑。马克思评价说，"法国真正的工人党的第一个组织"① 是从它开始建立的。

党建立之后，首要任务是，从组织上巩固党，扩大群众的影响，传播科学社会主义的基本思想。盖得十分冷静地评价了马赛代表大会之后一个时期工人阶级的思想状况："我们工人阶级只有一小部分是集体主义者和共产主义者，而且是表面上的集体主义者和共产主义者。他刚刚开始而且只是隐约地感到解决这个问题的必要性……"② 此外，法国工人运动的领导力量也没有形成一致的看法。除了盖得和拉法格周围的革命的马克思主义力量之外，还存在着一个越来越明显地采取改良主义立场的集团，这个集团不久便在保尔·布鲁斯和贝努瓦·马隆的领导下形成可能派，3 年之后导致了党的分裂。

马克思和恩格斯与马克思主义派的领导人保持着直接的联系，他们通过私人接触、通信、发表文章，尤其是通过协助制订党的纲领等多种多样的方式支持思想澄清过程。马克思撰写了党纲理论部分的导言。③

---

① 《马克思恩格斯全集》第 1 版第 35 卷第 111 页。
② 1879 年 12 月 6 日茹尔·盖得致保尔·拉法格的信。藏于莫斯科原苏共中央马列主义研究院中央党务档案馆。
③ 《马克思恩格斯全集》第 1 版第 19 卷第 264 页。

在制订纲领的同时，《社会主义评论》分3部分连载了《空想社会主义和科学社会主义》。这部著作同样具有纲领的性质，可以用来阐述马克思主义世界观的基础，马克思和恩格斯为了这个目的还利用了《社会主义评论》这份由马隆出版的党的理论机关刊物。马克思在这个刊物上发表了《工人调查表》①。马隆在这一时期至少口头上拥护科学社会主义，马克思主义力量最初还能够对杂志产生重大影响，这对马克思和恩格斯为杂志撰稿起到了决定性作用。

马隆曾经是国际工人协会的成员、巴黎公社的重要参加者，此后，他作为政治流亡者侨居意大利和瑞士，是巴枯宁派的"社会主义民主同盟"的创始人之一。正如马克思所写道的那样，1879—1880年马隆"虽然还带有同他的折衷主义本性分不开的不彻底性——也不得不声称自己……信仰现代科学社会主义，即**德国的**社会主义"②。

《社会主义评论》从1880年1月至4月作为月刊出版，5月至8月每月出版两期。为这个刊物撰稿的主要有拉法格、盖得、杰维尔以及《平等报》周围的起领导作用的马克思主义者。外国撰稿人还有爱德华·伯恩施坦、卡尔·考茨基和格奥尔格·亨利希·福尔马尔。这个杂志在其"纲领"中称，它的宗旨是要通过发表社会学、哲学、经济学、美学、政治和历史方面的文献共同为科学社会主义的形成作出贡献。③鉴于日益增长的社会主义影响，杂志这样写道："……现在社会主义也需要有一个自己的学术刊物来阐述和集中体现社会主义思想……"④

---

① 《马克思恩格斯全集》第1版第19卷第250—258页。
② 《马克思恩格斯全集》第1版第34卷第450—451页。
③ 《纲领》，载于1880年1月20日《社会主义评论》（巴黎）第1期第7页。
④ 《纲领》，载于1880年1月20日《社会主义评论》（巴黎）第1期第7页。

第1期中收入了有关经济问题，尤其是地产所有权问题的各类文章，提供了其他国家开展运动的情况以及社会主义文献的情况。在一篇关于社会主义和查理·达尔文的理论的文章中，就自然科学家对社会主义的攻击进行了辩论，并以达尔文的学说为依据宣传了社会主义观点。值得一提的是，在探讨平等问题时，作者让人参阅《反杜林论》中的几页，在这几页上，恩格斯阐述了平等要求的历史发展和具体历史的局限性。马隆的《社会主义史》多次征订，对社会主义历史的兴趣还反映在对伊加利亚共产主义的研究上以及欧文主义者的活动上。

很可能是马隆考虑到当时对社会主义宣传著作的需要而直接提议撰写《空想社会主义和科学社会主义》一文。在出版《社会主义评论》的计划方面，他在给拉法格的信中阐述了如何使法国社会主义者熟悉欧洲，尤其是德国的思想财富的考虑。他打算搞一个《资本论》摘要或者《哲学的贫困》的概要。他问拉法格是否认识一位能够分析恩格斯主要著作的人。为此除了《政治经济学批判大纲》和《英国工人阶级状况》之外，他还提到《反杜林论》。① 拉法格的复信没有保存下来，不过，这些考虑还可能是拉法格求助于恩格斯，请他本人承担这类工作的原因。

在《反杜林论》刚刚出版不久，就已经有人向恩格斯提出了将书中一些段落"什么时候重新介绍给读者"的想法，这些段落包括引论和"社会主义"一编中的没有与杜林论战内容的开头部分。② 人们也已经公开谈论恩格斯将给法国社会主义报刊以支持。生活在巴黎的社会民

---

① 1879年12月11日贝努瓦·马隆致保尔·拉法格的信。藏于莫斯科原苏共中央马列主义研究院中央党务档案馆。

② 1878年7月19日欧根·奥斯渥特致恩格斯的信。

主党政论家卡尔·希尔施在写给马克思的信中表示希望恩格斯为《平等报》撰稿时说,"据说恩格斯将抨击法国的杜林"①。

恩格斯本人评价说:"在法国革命者的头脑中充满了错误的思想和漂亮而空洞的言词",他同时强调了社会主义宣传的必要性。② 因此,可想而知,他立即同意了拉法格所转达的建议。他可能大约在1879年12月中答应了此事。他所作的评价也是在这个时间。他指望《社会主义评论》能起好的作用,原因之一是那些法国撰稿人将设法"使一切沿着正确的航道前进"③。

正如后来恩格斯在回顾此事时所写道的那样,他根据他的朋友拉法格的请求,将《欧根·杜林先生在科学中实行的变革》中的3个章节编成一个小册子,由拉法格翻译,1880年以《空想社会主义和科学社会主义》的标题出版。④ 这个小册子的内容主要摘自《反杜林论》,同时,恩格斯删去了为了与杜林直接论战而写的段落。通过对原文重新编排、修改和补充,形成了一部独立的完整的著作。

恩格斯将《反杜林论》《引论》第一章《概论》的前几页用作这部著作的第一节的开头。在这几页上,他概括阐述了科学社会主义的社会

---

① 1878年2月6日卡尔·希尔施致马克思的信:见1878年4月13日卡尔·希尔施致恩格斯的信。

② 1880年1月保尔·拉法格致茹尔·盖得的信。《法国工人运动活动家书信》,载于《法兰西年鉴。有关法国史的文章和资料。1962年》1963年莫斯科版第459页。

③ 《马克思恩格斯全集》第1版第34卷第407页。

④ 《马克思恩格斯全集》第1版第19卷第345页和第20卷第12页;参看恩格斯《空想社会主义和科学社会主义》1892年伦敦和纽约版第VII页。

经济前提及其在从法国启蒙学者到空想社会主义者的理论思考中的反映。① 在谈及三个伟大的空想主义者时，他加上了《反杜林论》第三编第一章《历史》中对他们的详尽论述，② 然后以第一章《概论》中对空想主义者的概括评价作为结尾。③ 在《空想社会主义和科学社会主义》的第二节中，他利用了《反杜林论》的《引论》第一章中对科学社会主义的理论来源，即从德国古典哲学发展到最高形式的辩证法的阐述，包括对马克思的两大发现使社会主义变成了科学的唯物主义历史观和剩余价值理论的高度评价。④ 第三节相当于《反杜林论》第三编第二章《理论》。⑤ 在这一节中，恩格斯从唯物主义历史观出发，阐述了无产阶级革命的规律性和特征。

为了出版这部小册子及将这部小册子译成法文，恩格斯自己起草了一份草稿，拉法格撇开德文原版根据这份草稿进行翻译。这份为翻译起草的草稿没有保存下来。恩格斯本人的表述，还有法文本中不同之处的篇幅及特征证明了曾经有过这样一份草稿。

劳拉·拉法格可能像在其他情况下一样在很大程度上参加了翻译。恩格斯本人也积极地参与了译文的完成。正如他后来所写道的那样，译文是在他的"大力帮助"下完成的，因为拉法格"无论如何也不想向他自己的妻子学习德文"⑥。两个标有"译者注"和"保·

---

① 《马克思恩格斯全集》第 1 版第 20 卷第 19—21 页。
② 《马克思恩格斯全集》第 1 版第 20 卷第 281—289 页。
③ 《马克思恩格斯全集》第 1 版第 20 卷第 22 页。
④ 《马克思恩格斯全集》第 1 版第 20 卷第 22—30 页。
⑤ 《马克思恩格斯全集》第 1 版第 20 卷第 292—308 页。
⑥ 《马克思恩格斯全集》第 1 版第 35 卷第 394 页。

拉"的解释正文的脚注很可能是恩格斯加的。①

法文本中的叙述不太紧凑,"比较自由"②。这首先和与杜林的直接论战有关。恩格斯删去了所有与此有关的地方,或者说,选择了其他的措词来代替杜林的话,例如,用"乌托邦的幻想"代替"疯狂的念头"。③

德国特有的事件用较简单的词翻译出来,例如,用"德国的改革"代替"德国宗教改革和农民战争时期"。④法文本中无意地保留了"自由的人民国家"的用语,⑤这个用语在德国社会民主党的宣传中起中心作用。

可能主要出于政治考虑,恩格斯在法文本中删去了《反杜林论》中的一个较长的段落。在这一段中,他概括描述了空想社会主义的抽象唯心主义和非历史性的特征,并说明空想社会主义如何通过每个学派的创始人变成一种"折衷的不伦不类的社会主义",这种社会主义在法国和英国社会主义工人中十分盛行。⑥在法国,通过马赛代表大会不仅在克服宗派主义方面,而且在从根本上确立工人阶级需要一个坚定的政治组织这个认识方面都迈出了重要的一步。在法国,现在需要继承前辈的优良传统,在科学社会主义的基础上阐明党的纲领路线。

---

① 《马克思恩格斯全集》历史考证版第1部分第27卷第551页第20—29行、第552页第38—41行和第558页第40—41行。
② 《马克思恩格斯全集》第1版第35卷第343页。
③ 《马克思恩格斯全集》历史考证版第1部分第27卷第555页19行。
④ 《马克思恩格斯全集》历史考证版第1部分第27卷第552页第35—36行。
⑤ 《马克思恩格斯全集》历史考证版第1部分第27卷第576页第23—24行。
⑥ 《马克思恩格斯全集》第1版第20卷第22页和《马克思恩格斯全集》历史考证版第1部分第27卷第559页。

法国所特有的事物也被用较简单的词翻译出来：用"哲学家"① 代替"启蒙学者"，加上"des lumieres"（启蒙）一词对法国读者来说完全是多余的；傅立叶的"crise pléthorique"（过剩危机）② 概念对法国读者来说也不需作任何解释。

较简单的表述方式部分地是由两种语言对术语的不同处理所造成的。"正好在那时发展成为资产者的中等市民的理想化的悟性"只翻译为"资产者的理想化的悟性"，这肯定也是因为德语中的"Bürger/Bourgeois 只有语义不同的一对法语概念"Citoyen/bourgeois"与之相对应。

有许多地方，法文本比德文本更为详尽。这主要是指对复杂事物的具体解释，例如，对观察自然和历史时个别和一般之间的联系的阐述，③ 或对乔治·威廉·弗里德里希·黑格尔的唯心主义思考方法的论述。④ 有些地方专门为法国读者作了解释，例如，前面提到的对黑格尔的世界"用头立地"的表述所作的脚注就是这种情况。⑤ 与《反杜林论》相比，一些地方在内容上作了进一步扩展。这主要是指第三节补充的有关资本主义生产方式发展的部分。

正如拉法格所写道的那样，"为了使资本主义生产的经济力量的辩证运动更容易为法国读者所理解"⑥，恩格斯在此处作了大量补充。同

---

① 《马克思恩格斯全集》历史考证版第 1 部分第 27 卷第 551 页第 9 行。
② 《马克思恩格斯全集》第 1 版第 19 卷第 237 页。
③ 《马克思恩格斯全集》历史考证版第 1 部分第 27 卷第 560 页第 13—17 行。
④ 《马克思恩格斯全集》历史考证版第 1 部分第 27 卷第 563 页第 15—25 行。
⑤ 《马克思恩格斯全集》历史考证版第 1 部分第 27 卷第 551 页第 21—29 行和第 552 页第 38—41 行。
⑥ 《马克思恩格斯全集》历史考证版第 1 部分第 27 卷第 549 页第 5—7 行。

时，在对科学地创立社会主义具有特殊重要性的一些问题上，他进一步阐述了他的思想。在描述资本主义生产的发展过程时，他补充说明，在法国大革命时期（1789—1795年），以分工为基础的工场手工业是欧洲大陆上占统治地位的生产方式。① 也许是考虑到法国资本主义发展的特殊性，他以《资本论》为出发点，对生产力和生产者日益社会化的过程进行了更为详尽的阐述，② 他更为广泛地描述了中世纪社会生产的有限性和商品生产的逐步扩大及其后果。③ 此外，他还阐述了资本主义生产资料必然具有资本属性，以及在这种生产方式遭到破坏之后社会发展的可能性。④

为了证明无产阶级革命的合乎规律性，与自然规律相对照来阐述社会规律的作用方式⑤是当时讨论的热点。恩格斯认为是否控制作用于社会的生产力是衡量新的生产方式的重要标准。在这里，他利用闪电中的电与电报机、火灾与为人服务的火之间的鲜明对照来说明被驯服和被控制的自然力的作用方式。

恩格斯还详细考察了消灭阶级的前提条件，他阐明，这不取决于人们的愿望而取决于经济条件。他强调，不论阶级的存在，还是阶级的消

---

① 《马克思恩格斯全集》历史考证版第1部分第27卷第566页第31—33行。
② 《马克思恩格斯全集》历史考证版第1部分第27卷第567页第16—31行。
③ 《马克思恩格斯全集》历史考证版第1部分第27卷第569页第21行至第570页第18行和《马克思恩格斯全集》第1版第20卷第297页。
④ 《马克思恩格斯全集》历史考证版第1部分第27卷第573页第28—30行和第35—39行。
⑤ 《马克思恩格斯全集》历史考证版第1部分第27卷第575页第14—28行。

灭，都与社会劳动生产率的发展、分工和阶级分化有联系。①

在术语的翻译上，情况不尽相同。一些不同之处是语言造成的，一些不同之处是翻译造成的。例如，"Bürgertum 和 Bourgeois（"bürgerlich"和"Bourgeois"）均译为"bourgeoisie"和"Bourgeois"是语言造成的。"Feudaladel"译成"Féodalite"②，"Feudalismus"也译成"Féodalite"③。"Stand"分别按照意思翻译，例如，把"Standesgenossen"④译成"bourgeois"，因为法语的"état"或"ordre"在19世纪还仅仅是一种历史主义。"Klassengegensätze"⑤和"Klassenlage"⑥也都译为"lutte des classes"；"Klassenkampf"也译为"guerre de classes"，⑦这些是翻译上的不同。恩格斯同时使用了"Produktionskräfte 和 Produktivkräfte"两个词，而《空想社会主义和科学社会主义》中只使用了"forces produc-

---

① 《马克思恩格斯全集》历史考证版第1部分第27卷第576页第30行至第577页第14行。

② 《马克思恩格斯全集》历史考证版第1部分第27卷第552页第22行和第229页第16行。

③ 《马克思恩格斯全集》历史考证版第1部分第27卷第553页第23行和第230页第16行。

④ 《马克思恩格斯全集》历史考证版第1部分第27卷第559页第2行和第432页第9行。

⑤ 《马克思恩格斯全集》历史考证版第1部分第27卷第551页第5行和第226页第5行。

⑥ 《马克思恩格斯全集》历史考证版第1部分第27卷第555页第6行和第428页第1—2行。

⑦ 《马克思恩格斯全集》历史考证版第1部分第27卷第564页第28行和第236页第7行。

tives"一词。① "Produktionsweise"一词则译为"mode de production"② "forme de production"③，或仅仅译为"production"④。可见，有时法文本中术语显得比原稿统一，有时法文本中同一术语又做了不同的处理。

此外，为了适合广大读者阅读，还使用了修辞手法。例如，添加了"闻所未闻的情况！"⑤ 之类的话或修辞上的套语："让我们用人们更容易理解的方式来表达这一点。"⑥ 或者提问："这个现象意味着什么呢？"⑦

翻译上的成功之处尤其表现在对具有感情色彩、论战性的和富有表现力的段落以及德语惯用语的翻译上。例如，将"扔到垃圾堆里"⑧ 译作"扔到顶阁楼里"⑨，将"（抛到）垃圾堆里"⑩ 译作"埋藏到历史的

---

① 《马克思恩格斯全集》历史考证版第1部分第27卷第566页第36行和第566页第41行至第567页第1行。

② 《马克思恩格斯全集》历史考证版第1部分第27卷第427页第26行和第554页第33行。

③ 《马克思恩格斯全集》历史考证版第1部分第27卷第436页第15—42行和第567页第1行。

④ 《马克思恩格斯全集》历史考证版第1部分第27卷第427页第22行和第554页第29行。

⑤ 《马克思恩格斯全集》历史考证版第1部分第27卷第573页第23—24行。

⑥ 《马克思恩格斯全集》历史考证版第1部分第27卷第569页第19—20行。

⑦ 《马克思恩格斯全集》历史考证版第1部分第27卷第566页第13行。

⑧ 《马克思恩格斯全集》第1版第20卷第20页第3行。

⑨ 《马克思恩格斯全集》历史考证版第1部分第27卷第552页第6行。

⑩ 《马克思恩格斯全集》第1版第20卷第21页第19行。

坟墓里"①，将"托庇于拿破仑的专制统治"②译作"在拿破仑专制主义的军刀之下"③，将"欺诈"④译作"合法诈骗"⑤，将"具有真正法国人的风趣……的批判"⑥译作"完全高卢人的富于激情……的批判"⑦。

因此，可以概括地讲，《空想社会主义和科学社会主义》是一部理论上独立的文献，也是一部语言方面值得重视的文献。

这部著作手稿的写作可能在1879年12月就已经开始了，1880年1月肯定正在写作，可能直到1880年4月底才完稿。无法确证恩格斯何时撰写了此文和拉法格何时将它翻译出来。拉法格是1880年2月知道了《反杜林论》中相应章节的内容。⑧在保存下来的一封未注明日期的拉法格给恩格斯的信中这样写道："我惊喜地从马克思那里得知，你完成了这部新的科学著作的导言，但是你没有告诉我。"这可能指的是完成那份为翻译撰写的手稿，但是也可能指的是校订译稿。

1879年12月底，马隆致信拉法格，希望他已经着手研究马克思的《资本论》和评论恩格斯的著作，并用尽可能清楚的语言写出来，在

---

① 《马克思恩格斯全集》历史考证版第1部分第27卷第553页第24行。
② 《马克思恩格斯全集》第1版第20卷第281页11行。
③ 《马克思恩格斯全集》历史考证版第1部分第27卷第554页第2—3行。
④ 《马克思恩格斯全集》第1版第20卷第282页第5行。
⑤ 《马克思恩格斯全集》历史考证版第1部分第27卷第554页第14—15行。
⑥ 《马克思恩格斯全集》第1版第20卷第284页第15行。
⑦ 《马克思恩格斯全集》历史考证版第1部分第27卷第556页第3—4行。
⑧ 保尔·拉法格《发展——革命》第1—3篇，载于《平等报》（巴黎）第2种专刊1880年2月18日、25日、3月2日第5—7期。参看《马克思恩格斯全集》历史考证版第1部分第27卷第1264—1265页。

《社会主义评论》头几期上发表。① 1880年1月底,盖得请拉法格将他翻译的恩格斯的著作寄给他,② 马隆告诉拉法格,他在等介绍恩格斯的文章。③

其他人也热切期待着这篇文章的发表。"将军的第一篇文章什么时候发表?"1880年2月10日西班牙社会主义者霍赛·梅萨这样问拉法格,拉法格请求马克思,让恩格斯看一看梅萨的信:"这封信将会使他高兴,因为人们热切期待着他的文章的发表……"④

1880年2月11日马隆在给拉法格的信中说:"……谢谢你这么快给我寄来恩格斯的文章……"⑤ 他显然是要以此证实收到了第一篇文章。

这篇手稿立即被从编辑部所在地巴黎送往里昂的印刷厂。2月12日马隆告知,他已委托印刷人将文章寄给拉法格,拉法格必须马上将文章寄回里昂,以便在第3期上发表。⑥ 因为在第3期上没有发表拉法格的任何稿件,所以这里所说的文章只可能是指恩格斯的文章。马隆告知

---

① 1879年12月31日贝努瓦·马隆致保尔·拉法格的信。藏于莫斯科原苏共中央马列主义研究院中央党务档案馆。

② 1880年1月27日茹尔·盖得致保尔·拉法格的信。藏于莫斯科原苏共中央马列主义研究院中央党务档案馆。

③ 1880年1月30日贝努瓦·马隆致保尔·拉法格的信。藏于莫斯科原苏共中央马列主义研究院中央党务档案馆。

④ 1880年2月10日霍赛·梅萨致保尔·拉法格的信和保尔·拉法格给马克思的附言。藏于莫斯科原苏共中央马列主义研究院中央党务档案馆。

⑤ 1880年2月10—11日贝努瓦·马隆致保尔·拉法格的信。藏于莫斯科原苏共中央马列主义研究院中央党务档案馆。

⑥ 1880年2月12日贝努瓦·马隆致保尔·拉法格的信。藏于莫斯科原苏共中央马列主义研究院中央党务档案馆。

谢尔盖·波多林斯基关于达尔文主义和社会主义的文章将放在拉法格文章的前面证实了这一点。①

1880年3月2日，拉法格在《平等报》上一组很大程度上以《空想社会主义和科学社会主义》的内容为依据的文章的第三篇中预告《社会主义评论》即将发表三篇文章。②

这三篇文章中的第一篇发表在1880年3月20日《社会主义评论》第3期上。拉法格为这篇文章加了下面的引言："我们这里发表的三篇文章摘自弗·恩格斯《在科学中实行的变革》一文，这篇文章首先发表在工人报纸《人民国家报》上，并已编辑成书。保·拉。"第二篇文章发表在4月20日第4期上。第一篇和第二篇文章都用了"Le Socialisme utopique et le Socialisme scientifique"的标题，第三篇文章1880年5月5日以"Socialisme utopique et Socialisme scientifique"为标题发表。

在最初考虑出版《社会主义评论》时，马隆就已经有了再出版一些小册子的想法。恩格斯的著作使他的计划得以实现。为了答复拉法格一封没有保存下来的信，马隆3月17日在给拉法格的信中说："恩格斯的文章将像你所希望的那样去处理，除非没有必要制版。我们将发行2000册（这是我的意见）；请把你希望发行的数目告诉我。"③ 在计划出版的社会主义丛书中还准备出版一本马克思《资本论》的摘要。在

---

① 1880年2月19日贝努瓦·马隆致保尔·拉法格的信。藏于莫斯科原苏共中央马列主义研究院中央党务档案馆；参看谢尔盖·波多林斯基《社会主义和达尔文理论》，载于1880年3月20日《社会主义评论》第3期第129—148页。

② 保尔·拉法格《发展——革命》第3篇，载于1880年3月2日《平等报》第二种专刊第7期。

③ 1880年3月17日贝努瓦·马隆致保尔·拉法格的信。藏于莫斯科原苏共中央马列主义研究院中央党务档案馆。

斐迪南·拉萨尔的著作《资本和劳动》与阿尔伯特·埃伯哈德·弗里德里希·谢夫莱的《社会主义精髓》已经翻译出版之后，马隆认为："恩格斯的小册子及《资本论》的摘要将对科学社会主义的普及起到很好的补充作用……"① 这表明了对阐明科学社会主义的需要。同时，马隆将拉萨尔、谢夫莱和恩格斯的著作一古脑地归入科学社会主义，从中也可以清楚地看出阐述科学社会主义的迫切性。

马隆在一封未注明日期（肯定是写于1880年4月20日之后和5月4日之前）的信中进一步考虑了单行本应以何种形式出版的问题。他阐述了对计划出版的《社会主义评论》丛书的前六辑的内容的设想，他首先提到恩格斯的著作。② 他对出版者戴弗奥克斯的努力抱有很大希望。③

恩格斯为了出版他的著作的单行本，进行了一些修改，他去掉了每一节的罗马数字，除了更正拼写错误和标点符号之外，他主要在写作风格上作了修改。

最重要的补充是小册子结尾处的概括说明。在这里，恩格斯简练地总结了前面第三节的思路。他概述了从中世纪开始经过资本主义生产方式的发展直至无产阶级革命的世界历史进程，在这个进程中，随着机器化大生产的形成，生产越来越具有社会性。他第一次这样集中地从历史

---

① 1880年3月17日贝努瓦·马隆致保尔·拉法格的信。藏于莫斯科原苏共中央马列主义研究院中央党务档案馆。

② （1880年4月20日与5月4日之间）贝努瓦·马隆致保尔·拉法格的信。藏于莫斯科原苏共中央马列主义研究院中央党务档案馆。

③ 1880年5月18日贝努瓦·马隆致保尔·拉法格的信。《法国工人运动活动家书信》，载于《法兰西年鉴。有关法国史的文章和资料。1962年》1963年莫斯科版第470页。

发展的角度科学地论证了无产阶级革命的规律性和特征。在这段概述中，恩格斯第一次使用"基本矛盾"这个术语，① 来说明带来资本主义社会其他一切矛盾的基本矛盾。

拉法格对单行本进行了校对，当时根据马隆的请求，他可能是在一天之内完成了校对。② 保存下来的一本第4期《社会主义评论》上有他修改的笔迹，证明他更正了拼写错误和标点符号，并在风格上作了改动。此外，有些修改肯定是恩格斯作的。不能排除他也作了上面提到的风格上的改动。鉴于印刷质量欠佳，马隆答应亲自对出版人打算付印的前两篇文章的校对予以监督。③

马隆在这封信中请求立即把恩格斯的第三篇文章寄给他："……请把第三篇文章尽快寄来……"④ 第二篇文章于4月20日发表，就在杂志的样本上为出版单行本进行了校对，而第三篇文章是1880年5月5日发表在《社会主义评论》上，因此，马隆所要得到的第三篇文章可能指的还是在杂志上发表的手稿。在这种情况下，估计手稿是在1880年4月底完成的。

同时在上面提到的信中马隆还表示打算附上一篇简短的介绍恩格斯

---

① 《马克思恩格斯全集》历史考证版第1部分第27卷第579页第17—18行。
② 1880年4月2日贝努瓦·马隆致保尔·拉法格的信，藏于莫斯科原苏共中央马列主义研究院中央党务档案馆。
③ 〔1880年4月20日与5月4日之间〕贝努瓦·马隆致保尔·拉法格的信，藏于莫斯科原苏共中央马列主义研究院中央党务档案馆。
④ 〔1880年4月20日与5月4日之间〕贝努瓦·马隆致保尔·拉法格的信，藏于莫斯科原苏共中央马列主义研究院中央党务档案馆。

的前言。为此,恩格斯请求拉法格根据马克思的草案亲自写这篇前言。①马隆通知小册子将在 5 月 10 日出版。1880 年 6 月 5 日《社会主义评论》第 7 期的封面上才初次出现这本小册子的预告。

《空想社会主义和科学社会主义》首先在法国本地,然后经过翻译在许多其他国家都产生了特殊影响。1880 年,《平等报》第二种专刊,尤其是通过刊登拉法格撰文对传播这部著作的思想起了重要作用。

恩格斯的思想和论据在《社会主义评论》上发表之前就已经体现在分为三部分的一组文章中,这组文章的作者可能是拉法格。在第一篇文章中,他未说明出处,引用了恩格斯的辩证法定义,还有《反杜林论》第三篇第五章中关于宗教本质的阐述。②在第二篇文章中出现《空想社会主义和科学社会主义》第一节和第三节中的一些思想:蒸汽和工具机的作用;德国、英国和法国无财产的群众的革命运动;强调这样一种观点,即只要不具备实现的经济条件,共产主义就不可能实现,而现在已具备这种条件;用螺旋比喻人类的发展。③在第三篇文章中,拉法格在描述资本主义生产力的发展及其越来越具有社会性时和在将无政府状态与个别工厂中的生产相对比时都完全以恩格斯的阐述为依据。像在前两篇文章中一样,他同时还让人们参阅《资本论》中的一些地方以及即将发表在《社会主义评论》上的三篇文章,他说读者将从中看到

---

① 参看《马克思恩格斯全集》历史考证版第 1 部分第 27 卷第 1247 页和第 541—542 页。
② 保尔·拉法格:《发展——革命(一)》,载于 1880 年 2 月 18 日《平等报》(巴黎)第二种专刊第 5 期。
③ 保尔·拉法格:《发展——革命(一)》,载于 1880 年 2 月 25 日《平等报》(巴黎)第二种专刊第 6 期。

"生产力的辩证发展"。① 后来拉法格在对单行本的导言所作的补充中也使用了类似的措辞。②

后来,《平等报》的文章或多或少地反映出《空想社会主义和科学社会主义》中的思想,这些文章同样可能是拉法格写的。例如,这些文章说明生产社会化的过程也由于小工业的存在而起决定作用,高度评价了合作社的创始人罗伯特·欧文及其尝试的历史功绩;表明了阶级斗争的本质和消灭阶级的客观前提。对1825年以来反复发生的周期性危机的特征的描述似乎也受到《空想社会主义和科学社会主义》的影响。拉法格在他的随后被广泛阅读的著作《懒惰权》中,也是依据恩格斯的著作论述了危机及其后果。他让读者参阅发表在"社会主义丛书"中的单行本并引用了相应的地方,同时还借用了关于德国铁工业的损失的脚注,用来说明对产品的破坏。③

在随后的一段时间里,许多文章都逐字逐句地引用了《空想社会主义和科学社会主义》。这主要是有关科学社会主义先驱的地方,报纸用很多版面介绍他们。报纸的副刊用数月时间发表了一篇对16世纪德国农民的研究。在最后一篇中,作者以关于德国、英国和法国的现代无产阶级先驱的独立的运动的一个段落作为结尾。④

在"社会主义画廊"中发表了格拉古·巴贝夫、昂利·圣西门和

---

① 保尔·拉法格:《发展——革命(一)》,载于1880年3月2日《平等报》(巴黎)第二种专刊第7期。
② 《马克思恩格斯全集》历史考证版第1部分第27卷第549页第6—7行。
③ 保尔·拉法格:《懒惰权》,载于1880年7月7日和7月14日《平等报》(巴黎)第二种专刊第25期和第26期。
④ 维克多·马鲁克:《德国十六世纪的农民》,载于1880年7月7日《平等报》(巴黎)第二种专刊第25期。

罗伯特·欧文等人的简介,这可能受了《空想社会主义和科学社会主义》的影响。这种影响毫无疑问地表现在沙尔·傅立叶的简介中。这篇简介引用了关于那些决定了空想社会主义者的观点并使他们天才的思想萌芽得以显露的不成熟的历史条件的地方。①

恩格斯的著作还被用来在国家问题上与无政府主义观点进行争论,例如恩格斯关于国家是为了维护剥削条件而建立的剥削阶级的组织的定义。②

小册子第三节的思想体现在拉法格很可能写于1880年5月中和7月初之间的《法国工人党宣言》的草稿(上面还保存有马克思的亲笔评注),尤其体现在它的以《工业财产的发展》为标题的第一部分。③

《空想社会主义和科学社会主义》在《社会主义评论》上也产生了直接的反响。马隆6月初引用了最后一节,用来论证法国工人党必须具有无产阶级特征。④

产生直接反响的另一个证明是乔治·朱利安·哈尼给恩格斯的信。他在信中强调了《空想社会主义和科学社会主义》的写法,提出了对无产阶级辨明方向十分重要的一个问题,即应该以一个什么样的组织来取代国家管理生产资料。⑤

---

① 《沙尔·傅立叶》,载于1880年8月4日《平等报》(巴黎)第二种专刊第29期。

② 《工人党和资本主义国家》,载于1880年8月11日《平等报》(巴黎)第二种专刊第30期。

③ 《马克思恩格斯全集》历史考证版第1部分第25卷第468—476页。

④ 贝努瓦·马隆:《社会主义者联盟。利木赞公民给〈社会运动评论〉总编的复信》,载于1880年6月5日《社会主义评论》第7期346—347页。

⑤ 1880年8月10日乔治·朱利安·哈尼致恩格斯的信。

在保存下来的一本小册子的第 22、23 和 27 页上有些地方划了线，而这些地方不太可能是马克思划出来的。① 这些地方涉及剩余价值的产生、使社会主义变成科学的两大发现的设想，也与《资本论》有关。

在小册子发表两年之后，恩格斯可以断定，"这本书在许多优秀的法国人的头脑中引起了真正的革命"②。在具备相应的经济物质前提的情况下，拉法格准备将这本小册子作为新的社会主义丛书的首批出版物之一再版。③

杰维尔于 1883 年发表了一本《资本论》概要并在这本概要之前附上一篇关于科学社会主义的论文。④ 他在书中以《空想社会主义和科学社会主义》为依据，并引用了此书。

"这部小册子对于法国社会主义思想的形成具有决定性影响"，1884 年拉法格这样写道，并列举了许多种译本来证明这部著作的影响。⑤ 1881 年在日内瓦出版的社会主义杂志《黎明》就已开始发表波兰语译文；1882 年在日内瓦发表了完整的波兰语译文。用俄文发表的一系列节选同样都以法文稿为基础，例如 1882 年在《大学生》杂志上发表的节选就是如此。这些节选大都被继续秘密重印。

1882 年，根据伯恩施坦的请求，恩格斯写了一个德文本，1883 年以《社会主义从空想到科学的发展》为标题在苏黎世出版。⑥ 从此以

---

① 柏林原马列主义研究院图书馆。
② 《马克思恩格斯全集》第 1 版第 35 卷第 343 页。
③ 1882 年 11 月 1 日保尔·拉法格致恩格斯的信。
④ 《马克思的〈资本论〉概要。附科学社会主义概述》。
⑤ 1884 年 2 月 15 日保尔·拉法格致恩格斯的信。并参看 1885 年 7 月 12 日、1894 年 6 月 26 日保尔·拉法格致恩格斯的信。
⑥ 《马克思恩格斯全集》第 1 版第 19 卷第 201—247 页，并参看《马克思恩格斯全集》历史考证版第 1 部分第 27 卷第 583—627 页和第 1305—1315 页。

后，德文本主要用作翻译成其他语言的基础。恩格斯曾经建议根据这个版本，出版新的法文版，[①] 从中可以看出恩格斯是多么重视这个版本。

1883 年，帕斯夸勒·马尔提涅蒂将这部著作根据法文本译成意大利文。恩格斯亲自审阅了译文，并一再劝告他要参考德文本翻译。[②] 1883 年译文在贝内万托发表，1884 年在那不勒斯重印，1892 年在米兰发表了经过恩格斯审阅的新的版本。

此外，法文本还是 1886 年在马德里发表的西班牙语译文（从中作的节选发表于 1894 年）和 1890 年在布加勒斯特发表的罗马尼亚语译文的基础。罗马尼亚语译文又于 1891 年重印了两次。根据 1882 年波兰文本，1891—1892 年它又被译成乌克兰语在里沃夫发表，1892 年再版。

（原载《马克思恩格斯全集》历史考证版第 1 部分第 27 卷）

（朱霞 译）

---

① 《马克思恩格斯全集》第 1 版第 35 卷第 381—382 页。
② 《马克思恩格斯全集》历史考证版第 1 部分第 30 卷。

## 《家庭、私有制和国家的起源》①1892年斯图加特第四版出版的前前后后*

1884年《起源》第1版问世。扉页上标明的版次有：1886年为第2版，1889年和1890年为第3版。至迟在1890年4月中旬，恩格斯最终决定重新修订他的著作。促使他这样做的既有学术方面的原因，也有政治方面的原因。这时了解人类原始历史和古代史的资料大为增加。19世纪80年代中期，这门学科已经走出初创时期，并稳固地建立起来。相邻学科的代表人物——恩格斯特别指出"比较法律学家"——"有的提供了新的材料，有的提出了新的观点"②。在刚刚形成的马克思主义历史学里，原始历史和古代史已具有一定传统，这个传统是恩格斯创立的，并与卡·考茨基、保·拉法格、布·舍恩兰克和亨·库诺等人的名字连在一起。

1890年废除社会党人法后，对德国社会主义工人党来说出现了新的斗争条件。这些新的斗争条件需要大力宣传马克思主义，由于重新获得的合法地位使这项工作变得容易做了。人们对科学社会主义思想的兴

---

\* 本文选自《马克思恩格斯研究》1995年总第23辑。
① 以下简称《起源》。——译者注
② 《马克思恩格斯选集》第2版第4卷第17页。

趣日益浓厚。许多新党员涌入党内，他们需要熟悉党的宗旨。一个适应在德国工人阶级的马克思主义群众性政党内贯彻科学社会主义任务的新党纲正在酝酿之中，这项任务尤其是在统治阶级现在比以前越发加强对人民群众的思想影响时，就更加意义重大。党在90年代初充分满足了广泛宣传马克思主义思想的需要。对此，《起源》的修订和增补从一开始就起到了重要作用。

## 准备性的研究工作

《起源》第4版包含有大量的文献研究成果。这些研究成果一部分来源于对资料所进行的不断的、早已开始的研究，一部分来源于在直接准备新版过程当中有明确目的的研究。恩格斯还研究了读者提出的问题，吸收了学术上交换意见的成果，并且依据了亲身的经历和经验。

恩格斯显然从未忘记重新修订和扩充其著作的想法。例如，他在1884年秋就准备可能同泰·蒙森就罗马氏族的外婚制性质（enuptio gentis）进行讨论，蒙森曾在一部旧作里对这种性质表示怀疑。① 恩格斯从李维的历史著作《罗马建城以来的历史》中作了摘记，后来他用一个标题为《家庭的起源。摘要》②的封皮，把这个摘要与同类的资料合并在一起。他在关于休·豪·班克罗夫特的《北美太平洋沿岸各州的土著民族》一书（1875年伦敦版第1卷）的摘要里（该摘要早在1882年就已经有了，并在《起源》第1版中加以使用③），在"氏族"这个条目

---

① 参看《马克思恩格斯全集》第1版第36卷第224页。
② 参看《马克思恩格斯全集》历史考证版第1部分第29卷第718页。
③ 参看《马克思恩格斯全集》历史考证版第1部分第29卷第588—589页。

下作了一些补充。这恐怕也是在1884年做的。关于班克罗夫特著作的这些摘要也放进了上述封皮里。

显然，在同一时期恩格斯还深入研究了约·雅·巴霍芬的主要著作《母权论》（1861年斯图加特版）。早在1882—1883年恩格斯与考茨基讨论史前史问题并写信评论考茨基在《宇宙》杂志上发表的《关于婚姻问题的文章》①时，就对该书的性质和意义有了一个一般性的看法。而他在《起源》第1版里在评论巴霍芬的功绩方面也已超出了摩尔根的《古代社会》。但是，第4版叙述巴霍芬的篇幅远比第1版要多。例如，恩格斯认为巴霍芬把"初夜权"解释为群婚的残余（survival）是他的第四个伟大功绩。② 他以前认为这种联系是自己的推测。③ 然而恩格斯在写作第4版的增补时，手头还没有巴霍芬的书。那段唯一逐字逐句摘录并注明出处的引文，④ 出自他让劳拉·拉法格抄写的一个抄本，⑤ 他说他"已经很久没有看"⑥ 这本"大部头著作"⑦ 了。读这本著作的时间可能在1884年夏天，即5月26日《起源》一书脱稿后。因为8月中旬恩格斯还往苏黎世寄了两个脚注，⑧ 这些脚注据推测同阅读巴霍芬

---

① 参看《马克思恩格斯全集》历史考证版第1部分第29卷第590页。
② 参看《马克思恩格斯选集》第2版第4卷6页，《马克思恩格斯全集》第1版第21卷第62页。
③ 参看《马克思恩格斯全集》历史考证版第1部分第29卷第30、588页。参看《马克思恩格斯全集》第1版第35卷第120页。
④ 参看《马克思恩格斯全集》第1版第21卷第62—63页。
⑤ 参看《马克思恩格斯全集》历史考证版第1部分第29卷第718页。
⑥ 《马克思恩格斯全集》第1版第38卷第111页。
⑦ 《马克思恩格斯选集》第2版第4卷第8页。
⑧ 参看《马克思恩格斯全集》第1版第21卷第156页。

的书有关。①

  1884年秋，恩格斯研究了古斯堪的纳维亚原文的《老艾达》②。他在1884年11月23日给劳拉·拉法格的信里还请求寄回卡·约·西姆罗克译的《艾达》和《贝奥伍耳夫》的德译本，因为他除了达尔文的主要著作《物种起源》（1859年伦敦版）外，迫切需要这两本书。提到安·克·班克和索·布格的引起许多争论、也已译成德文的著作③表明恩格斯一贯关注斯堪的纳维亚的专业书籍。沙·博尼埃在1890年6月16日致恩格斯的信里表示反对马克思对理·瓦格纳的歌剧《尼贝龙根的戒指》中有关原始历史观点的批评，恩格斯在《起源》里引用了马克思的批评。他因此扩充了那条脚注，与此同时他再次使用了《老艾达》这部诗集。④

  此外，马尔克公社以及农村公社及其解体的历史也是恩格斯经常关注的对象。例如在1884年11月23日致劳拉·拉法格的信里请求归还的书，还有茹·帕凯的著作《路易十一登基时旧法国的省和市政机构以及全国的各组织》（1860年巴黎版）。在1886年2月4日致斐·多·纽文胡斯的信里提到了约·雷伊的著作《苏格兰农村公社》[发表在1885年11月1日《双周评论》（新辑）第227期上]，由此可以看出，即使相对冷僻的文献恩格斯也研读过。他在1890年6月10日致尼·弗·丹尼尔逊的信里凭着昔日的知识，对于印度、爱尔兰和苏格兰的社会情况发表了看法。他注意到南方斯拉夫人的家庭公社（扎德鲁加）⑤，并发

---

① 参看《马克思恩格斯全集》第1版第36卷第205页。
② 参看《马克思恩格斯全集》第1版第36卷第242页。
③ 参看《马克思恩格斯全集》第1版第21卷第157页。
④ 参看《马克思恩格斯全集》第1版第21卷第49页。
⑤ 鲁道夫·海尔曼·迈耶尔1884年12月25日致恩格斯。

表了有关塞尔维亚人和保加利亚人的氏族共产主义残余的见解。① 在他看来，俄国的农村公社（米尔）具有特殊的意义，因为它依然具有现实的意义，它的命运对马克思来说就已经成了一个中心问题。恩格斯密切注视俄国的经济和社会发展，② 而俄国学者马·马·柯瓦列夫斯基最终也促使他重新仔细考虑关于马尔克公社形成的观点。③

恩格斯很有可能是知道亨·施利曼在特洛伊和迈锡尼的考古发现的，这些发现为希腊早期史创造了全新的基础。对此的直接证据是，爱·福尔坦1885年12月25日写信给恩格斯询问这些考古发现对"英雄时代"有什么实用性。恩格斯的复信没有保存下来，《起源》第4版也没考虑施利曼的成果。那时还没有搞清楚这些出土文物的环境和时间编排，因此无法从中得出充分的结论。

1890年4月中旬关于《起源》新版的意见和协商都有了具体方案。恩格斯不顾工作负担显然过重，仍承担下这个新任务，肯定有其重要的理由。他自己在新版序言里所说的理由是科学上的进展，他写道："自本书初版问世以来，已经有七年了；在这几年间，对于原始家族形式的认识，已经获得了很大的进展。因此，在这里必须用心地加以修订和补充。"④ 虽然摩尔根的某些假说"被动摇，甚至站不住脚了"，但是恩格斯却断定："不过，新搜集的资料，不论在什么地方，都没有导致必须用其他的观点来代替他的卓越的基本观点。"⑤

与此密切相关的是，恩格斯力争使具体的表述更加准确，以防止对

---

① 参看《马克思恩格斯全集》第1版第36卷第548页。
② 参看《马克思恩格斯全集》第1版第36卷第298页。
③ 参看《马克思恩格斯全集》第1版第37卷第44页。
④ 《马克思恩格斯选集》第2版第4卷第4页。
⑤ 《马克思恩格斯选集》第2版第4卷第17页。

历史唯物主义理论作肤浅的庸俗经济学的解释,防止试图用单一原因的阐述方法取代基础和上层建筑的辩证法。这一点在恩格斯1890年9月21—22日致约瑟夫·布洛赫的信里说得特别明确,这封信与《起源》的问题关系密切。但在同一时期的其他的书信(例如1890年10月27日致康·施米特的信)里恩格斯也谈到过这个问题。

另一个动机是,由于已创立的"史前史学派"闭口不提摩尔根的功绩,所以应该对摩尔根的功绩,在某种程度上还有巴霍芬的功绩给以适当评价。在新版序言里可以看到这一点。因此,他同时也提供了一个可以比较容易地理解接下来的系统阐述的历史背景。这表明,为此需要再次研究大量的文献。①

再有,恩格斯打算加进自己对中世纪和现代家庭史的进一步研究。1890年期间,于1884年在苏黎世印刷、然后由狄茨承担的5000册中的最后一些书已售完。②恩格斯在署明日期为1891年6月16日的新版序言里说,这本书"在差不多半年以前就脱销了"③。鉴于排印需要铸成铅版,他清楚地知道,现在是最后一次机会进行计划中的修改和扩充,并在文笔风格上给1844年仓促写成的这部著作一个最终的形式。

然而,恩格斯直到1891年5月中旬只能偶尔研究这个课题。他的精力要首先用于完成别的任务。他对保·拉法格告诉他的摩尔根的最后一部大部头著作《美洲土著的住房和家庭生活》(1881年华盛顿版)一书的兴趣,首先表明他开始搜集资料了。④1890年5月29日他请左尔

---

① 参看《马克思恩格斯全集》第1版第38卷第108页。
② 约·亨·威·狄茨1890年4月7日致恩格斯;卡·考茨基1891年3月9日致恩格斯;参看《马克思恩格斯全集》第1版第38卷第54页。
③ 《马克思恩格斯选集》第2版第4卷第4页。
④ 参看《马克思恩格斯全集》第1版第37卷第403页。

格搞到这部著作,因为他为了《起源》的第 4 版需要该书。1890 年 7 月 3 日左尔格把书寄往欧洲,这是他克服许多困难才从旧书商那里买到的,不过他认为,恩格斯不会像对摩尔根的《古代社会》那样对此书感到高兴的。① 恩格斯确认收到了 1890 年 7 月 30 日和 8 月 9 日的信。新版里没有引用该书。

后来,柯瓦列夫斯基《家庭及所有制的起源和发展概论》(1890 年斯德哥尔摩版)一书给他的研究以重要的推动。估计是他自己所拥有的书被保存下来了,书中有他亲笔勾划的线。

他与保·拉法格讨论过这本书。当拉法格在书中发现"没有什么新鲜东西"② 时,恩格斯则在该著中发现"有一点很重要"。"我的书再版时,我将谈这个问题。"③ 除了安·霍伊斯勒外(恩格斯是经柯瓦列夫斯基而认识他的),柯瓦列夫斯基是新版序言里提到的"比较法律学家"④ 之一。"很重要"指的是试图证明家长制家庭公社(恩格斯至今只认为它是南方斯拉夫人那里和法国部分地区的特殊情况)是普遍盛行的过渡阶段,就是说既在家庭的发展中,又在马尔克公社或农村公社形成之时的过渡阶段。恩格斯可能还直接通过口头交换思想得到进一步的建议,他在 1890 年 8 月 27 日给保·拉法格的信里提到过这些建议。恩格斯利用这些新的阐释的可能性⑤ 的前后情况表明,他在阅读之后紧接

---

① 弗·阿·左尔格 1890 年 6 月 17、24、30 日以及 7 月 3 和 9 日致恩格斯。
② 保·拉法格 1890 年 8 月 24 日致恩格斯。参看《恩格斯与保尔·拉法格、劳拉·拉法格通信集》1981 年人民出版社版第 416 页。
③ 《马克思恩格斯全集》第 1 版第 37 卷第 447、448 页。
④ 《马克思恩格斯选集》第 2 版第 4 卷第 17 页。
⑤ 参看《马克思恩格斯全集》第 1 版第 21 卷第 72—73、153—154 和 160—162 页。

着就进行词源学的研究,并重新研究了日耳曼民族法(野蛮人法典)和中世纪早期的其他史料,他早在准备撰写《马尔克》一文时就曾研究过这些资料。

恩格斯还在1890年9月就研究过在《起源》里占有一席地位的一些问题。他在1890年9月21—22日给布洛赫的信中答复其9月3日的询问时谈了对希腊的家庭和托勒密时代埃及的家庭问题的看法。他在这些问题上以威·瓦克斯穆特的《从国家观点研究希腊古代》(1846年哈雷修订和增订版第2卷)以及格·弗·舍曼的《希腊的古迹》(1855年柏林版第1卷)两书所提供的资料为依据。在《马克思恩格斯全集》历史考证版第177—178页(见《马克思恩格斯选集》第2版第59—61页。——译者注)上他对雅典和斯巴达的婚姻的准确和展开的阐述就是以这两位作者为依据的。

1891年2月恩格斯研究了柯瓦列夫斯基最新的著作《俄国现今的风俗和古代的法律(1889—1890年在伊尔彻斯特的演讲)》(1891年伦敦版)[①],并做了一些勾划,尤其是在关于俄国的农村公社一章。然而,《起源》里没有可以证明使用这些资料的明确迹象。

恩格斯像处理《自然辩证法》[②]的资料那样,后来把在不同时期写的、与《起源》新版有直接关系的一系列摘要和类似的资料,用一个封皮收录在一起,标上第27号,并写上标题《家庭的起源。摘要》和如下著作:

**关于:家庭的起源**

1)摘自班克罗夫特《土著民族》;

---

① 参看《马克思恩格斯全集》第1版第38卷第27页。
② 参看《马克思恩格斯全集》历史考证版第1部分第26卷第570页。

2）关于在氏族以外结婚的权利；

3）摘自阿加西斯和班克罗夫特《美国史》的摘要；

4）摘自巴霍芬《母权论》的序言；

5）麦克伦南、拉伯克、拉甫罗夫的摘要。

具体有下述一些摘记：

1. 摘自休·豪·班克罗夫特《……土著氏族》（1875年伦敦版第1卷）的摘要。摘要（12页）绝大部分在1882年就完成了。① 标明"后加的"以"氏族"为题的补充（10行）估计是在1884年写的。这些摘要既在第1版使用过，也在第4版的增补中使用过。

2. 摘自李维关于"在氏族以外结婚的权力"中以及"与外人结婚"的资料汇编（1页）。这些是爱·艾威林从两本百科词典中收录的。恩格斯根据这些从李维著作中摘录的资料自己写了李维著作中的有关段落，并把这些段落按时间顺序排列（2页）。这些资料肯定用来反击蒙森学派可能的抨击，是在1884年10月20日完成的。② 它是恩格斯插进第六章里的与泰·蒙森论争的出发点。

3a）摘自让·路易·鲁道夫·阿加西斯和伊利莎白·卡博特·阿加西斯的《巴西旅行记》（1868年波士顿、伦敦版）（摘要里为1886年波士顿、纽约版）一书的摘要，而且直接接下来的是：

3b）摘自乔治·班克罗夫特的《从美洲大陆发现以来的美国历史》（1888年纽约版第3卷）一书的摘录（总共3页）。摘记时间可能在1890年和1891年之间。引自阿加西斯的一段引文被用于第4版。摘自

---

① 参看《马克思恩格斯全集》历史考证版第1部分第29卷第588页。

② 《马克思恩格斯全集》第1版第36卷第224页。

乔治·班克罗夫特的摘要可能是想作为对有关肖尼人①的一些阐述的说明，但未予考虑。

4. 由劳拉·拉法格摘自巴霍芬的《母权论》（1861年斯图加特版）一书的摘要（3页）。摘要可能在1891年6月14或15日完成。② 恩格斯一写完新版序言就询问劳拉·拉法格（她有他那本巴霍芬的书），在涉及"淫游婚"的问题上他表示赞成将巴霍芬放在首要地位是否妥当。显然是立即寄给他的这个摘要证明了他的看法。恩格斯在第二章③里引用了摘要里的一句话。

5a）摘自约翰·弗格森·麦克伦南的《原始婚姻》一书（1865年爱丁堡版）的摘要，是根据后来的版本作的。一个未加改动、但在附录里收进作者新著的再版本于1876年在伦敦出版，题为《古代史研究。附重印的〈原始婚姻。关于婚礼中抢劫仪式起源的研究〉》。1886年在伦敦和纽约以同一标题又出版了一本未加改动的、作者身后才出版的再版本。恩格斯的摘记（1页）出自这一版本。因为在他看来，再版本与原版的一致是重要的，所以他在开头写下："序言注明日期65年1月"。恩格斯个人使用的那册藏书也保存下来了，④ 书中有眉批和勾划的线，这些勾划之处在很大程度上同摘记是相符的。对麦克伦南的研究可能是在1891年5月29日之前，因为在恩格斯于这个日期致保尔·拉法格的信里提到了这些研究。新版序言里对麦克伦南的批判性评价反映了这些研究。当然，恩格斯在序言里还深入探讨了1876年版那些补充的著作，

---

① 参看《马克思恩格斯全集》第1版第21卷第68页。
② 参看《马克思恩格斯全集》第1版第38卷第107页。
③ 参看《马克思恩格斯全集》第1版第21卷第62—63页。
④ 藏于柏林工人运动史研究所图书馆。

也是根据1886年的版本。

5b）摘自约翰·拉伯克的《文明的起源和人的原始状态》一书（1882年伦敦第4版）的摘要（1页）。该摘要可能写于麦克伦南著作的摘要以后不久，在新版序言中也派上了用场。

5c）摘自彼得·拉甫罗夫的《人类生存》（1894年日内瓦版）的摘要（15行）。该书从1888年2月起分册出版。摘要取自该书第765页，内容是家庭形成中的母亲—子女关系的意义。这是恩格斯自己译自俄文的译文；插入了俄语单词。从题目看，该摘要是加进第4版①中增补的对家庭早期形式的探讨，但是该摘要未被使用。

恩格斯没有在目录索引里列出下述著作：

6. 摘自亚历克西斯·日罗－特隆的《家庭的起源》（1874年日内瓦、巴黎版）一书的摘要（1页）。该摘要很可能于1891年6月上旬写成②。恩格斯在浏览该著的修订版（《婚姻与家庭的起源》1884年日内瓦、巴黎版）时发现，作者声称他在1874年就已率先提出了摩尔根的某些发现。恩格斯对此表示怀疑，他请拉法格核对一下这个事实，或暂借这本书一用。书寄给了恩格斯，恩格斯摘录了几处，证实了他的怀疑，并于6月13日写信给劳拉·拉法格说："日罗－特隆和他们中间的所有其他英国人同样恶劣和同样巧妙。"在《起源》新版序言里有相应的提示（《马克思恩格斯选集》第2版第4卷第14和16页）。对此还可参看《马克思恩格斯全集》历史考证版第1部分第29卷第122页第10行和相应的注释。

---

① 参看《马克思恩格斯全集》历史考证版第1部分第29卷第153—157页。
② 参看《马克思恩格斯全集》第1版第38卷第101—103、110—113页。

7. 第 1 版第二章中恩格斯考虑进行修改和扩充的段落目录大多是修改意向的说明。①

## 写作经过

从 1888 年起就有书信往来酝酿《起源》的再版或新版。② 狄茨建议出版一个探讨宇宙起源学、地球史和达尔文学说的文集，把《起源》也收进去，使文集更为完备。恩格斯的答复就不得而知了，但可能是（尤其是 1884 年的版本还有一些库存）否定的，或者至少是拖延未答。③

1890 年 4 月 7 日狄茨又写信给恩格斯。他说，相当长一段时间以前他通过考茨基征求过恩格斯的意见，是否准备出一个新版。现在是时候了。库存已经很少。他请恩格斯告知他的条件，询问是否计划作修改、补充并写篇新的序言，并希望把该著列入"国际文库"。他还提了一些有关装帧和书价的建议：平装书 1 马克、精装 1.50 马克。他说，如果不打算作进一步修改的话，他请求新版序言于 7—8 月交稿。恩格斯的复信只保存了写在狄茨来信上的草稿："回复 4 月 10 日的信。应该因稿费（付给党的经费）之事提些建议——印数大小？"从狄茨 1890 年 4 月 22 日的复信和恩格斯 1890 年 4 月 11 日致考茨基的信可以看出，有修改的打算。可见这个新版，即现在的第 4 版④从 1890 年 4 月中旬起就

---

① 参看为《起源》第 4 版作准备的笔记。《马克思恩格斯全集》历史考证版第 1 部分第 29 卷第 121—122、708—712 页。
② 约·亨·威·狄茨 1888 年 5 月 16 日致恩格斯。
③ 参看约·亨·威·狄茨 1888 年 6 月 2 日致恩格斯。
④ 《马克思恩格斯全集》第 1 版第 38 卷第 110 页。

明确列入恩格斯的工作日程。狄茨估计很快就可完成:"如果修改、补充在大约 10 周内完成,第 2 (应为第 4) 版就可望在 1890 年 9 月问世。"①

然而,恩格斯认为他无力做到,主要由于健康原因。此外,理·费舍对匆忙出版《起源》新版有疑虑。因此恩格斯在 1890 年 8 月 5 日告诉狄茨,他还想等等,直到这一切使各方面都满意为止。② 不过他继续在做着准备工作。

1890 年 12 月 16 日狄茨向他打听此事进展情况。恩格斯的直接答复不得而知。1891 年 2 月 23 日他请考茨基告诉狄茨,他正在修订《起源》,但同时还告诉他一个新的困难,他在写"三篇新的序言"。由于这三篇"序言",他很快就有了三个重新修订的任务,这将耗去他的全部工作精力。三篇要修订的文章是马克思的《法兰西内战》《雇佣劳动与资本》和恩格斯的《社会主义从空想到科学的发展》第 4 版。他承担了这项任务,"因为拉萨尔的那些胡言乱语在不停地翻印,必须用一些东西来加以抵制"③。恩格斯在 1891 年 3 月 4 日给左尔格的信里没有提到《起源》。然而不久以后就确定哪几章不会有变动或变动不大④,也就是说恩格斯渐渐明确修改的方针。

恩格斯 1891 年 3 月 7 日致菲·屠拉梯的信里谈到有四篇著作需要校订,这就是说其中也包括《起源》。在这期间狄茨已心急如焚。⑤ 但是其他三部著作却要先行校订。"这项工作一完成,我就开始搞《起

---

① 参看约·亨·威·狄茨 1870 年 4 月 22 日致恩格斯。
② 《马克思恩格斯全集》第 1 版第 37 卷第 428 页。
③ 《马克思恩格斯全集》第 1 版第 38 卷第 43 页。
④ 参看《马克思恩格斯全集》第 1 版第 38 卷第 47 页。
⑤ 卡·考茨基 1891 年 3 月 9 日致恩格斯。

源》，准备工作几乎已经就绪。"① 4月30日恩格斯打算"下星期"就开始修订《起源》，这是"**绝对必要**"②的。他在4月30日给考茨基的信里请考茨基把亨·库诺的系列文章寄来，在新版里考虑用这些文章。③ 他在6月13日确认已收到这些文章。④ 5月初，恩格斯结束上述最后一篇著作的重新修订工作。"《发展》（《社会主义从空想到科学的发展》——编者注）数日后随即送去。但是今后，一切要求都不要再提了。我答应准备《起源》新版已有一年了，这是应当完成的，在此以后，整理完《资本论》第三卷手稿之前，**我绝不着手任何新的工作**。"⑤ 然而没过多少时间，恩格斯便告知："如果没有其他事情，明天我终于可以着手准备《家庭的起源》了。"⑥

事实上直接着手撰写新版序言和修订正文的工作可能始于1891年5月20日。这项工作一直持续到1891年7月22日新版完成，其间有几次间断。⑦ 恩格斯在9月份的最后几天看校样时⑧还加了一个补充，叙述了他的（从1891年8月至大约9月23日）苏格兰和爱尔兰之行的印象⑨。

恩格斯首先集中写新版序言。因此显然需要麦克伦南、拉伯克和拉

---

① 《马克思恩格斯全集》第1版第38卷第51页，并参看第54页。
② 《马克思恩格斯全集》第1版第38卷第80页。
③ 《马克思恩格斯全集》历史考证版第1部分第29卷第175页。
④ 参看《马克思恩格斯全集》第1版第38卷第107、289页。
⑤ 《马克思恩格斯全集》第1版第38卷第90—91页。
⑥ 《马克思恩格斯全集》第1版第38卷第100页。
⑦ 参看《马克思恩格斯全集》第1版第38卷第132页。
⑧ 参看《马克思恩格斯全集》第1版第38卷第163页。
⑨ 参看《马克思恩格斯全集》第1版第21卷第152页脚注。

甫罗夫著作的摘要，不过，可以看出这些摘要与第二章《家庭》有关系。研究日罗-特隆著作的新版本用意是同样的，这一研究促使他在1891年5月29日向保尔·拉法格提出询问，并作相应的摘记。恩格斯在6月10日写道："我正埋头准备《家庭的起源》一书新版，为此，我重新翻阅了八年来有关这一问题的全部文献，并将其精华写进书中。这不是一件轻而易举的事，特别是在工作时常中断的情况下。不过，最繁重的工作已经过去……"① 三天后，新版序言脱稿，恩格斯把序言提供给考茨基在斯图加特的《新时代》上先行发表。狄茨也不需再长期等待。"在修订《起源》的过程中，须参阅有关的全部文献，这占用了我很多时间。再没有一个比原始社会史学家勾结得更紧的互助保险公司了。这是一伙败类，他们在国际范围内结党营私，排斥异己，因这些人为数尚少，所以这种做法能够得逞。不过目前出现了新的因素，即有了从事比较法律学的法学家，尽管他们有其消极的方面，但或许可以击破这个老朽的小集团。"② 这些阐述在新版序言里作了有限的对比。

恩格斯没有立即寄出序言。更确切地说，他先向劳拉·拉法格（他那本巴霍芬的书在她那里）打听，在一个专门问题上将巴霍芬放在首要地位是否妥当，"一收到你的回信，手稿便可寄出……"③ 立即作答复的信是巴霍芬一书的摘要，后来恩格斯把这些摘要放在写着《家庭的起源。摘要》的封皮里。恩格斯认为他的阐述得到了证实，于是把序言手稿寄给考茨基："附上手稿一份。这份手稿，是**全部**发表，还是只从第二页上的横线以下，即正文开始的地方起发表，完全请你酌定，标题似

---

① 《马克思恩格斯全集》第1版第38卷第104页。
② 《马克思恩格斯全集》第1版第38卷第108页。
③ 《马克思恩格斯全集》第1版第38卷第111页。

可定为：《关于原始家庭的历史——巴霍芬、麦克伦南、摩尔根》，作者弗·恩格斯，或者采用某种类似的标题，加上《起源》一书某版的序言等字样。"① 这篇序言，恩格斯注明日期也是 6 月 16 日，9 月份在《新时代》（1891 年第 9 年卷斯图加特第 2 卷第 41 期第 460—467 页）上发表，有些无关宏旨的改动，题目是《关于原始家庭的历史（巴霍芬、麦克伦南、摩尔根）》。

  序言完成后，恩格斯立即着手修订正文。他在 1891 年 6 月 16 日致考茨基的信里写道："此事不宜再拖延了。"② 重点首先是第二章的修订工作。从 1891 年 6 月 13 日给劳拉·拉法格的信可以看出，恩格斯当时正在研究沙尔·让·玛丽·勒土尔诺的《婚姻和家庭之进化》一书（1888 年巴黎版）。恩格斯在具体修订时使用了一张纸条，上面写有修订方案。③ 的确由于现实原因，修订工作出现了中断："我刚刚怀着幸福和满意的心情坐下来研究群婚制，党的纲领又落到了我的头上，而这也是我**应当做**的事。"④ 恩格斯显然正在修订第二章中关于普那路亚家庭这一节，他在修订时，根据澳大利亚的洛·法伊森和阿·威·豪伊特的研究，在一个重要的地方修改了摩尔根的观点。⑤ 在对《准备笔记》的补充里也反映了对上述二人的重要著作《卡米拉罗依人和库尔纳依

---

① 《马克思恩格斯全集》第 1 版第 38 卷第 113—114 页。
② 《马克思恩格斯全集》第 1 版第 38 卷第 114 页。
③ 参看《马克思恩格斯全集》历史考证版第 1 部分第 29 卷第 121—122、708—712 页。
④ 《马克思恩格斯全集》第 1 版第 38 卷第 119 页。另参看第 124 页。
⑤ 参看《马克思恩格斯全集》第 1 版第 21 卷第 54—57 页（从"当摩尔根写他的著作的时候"起，至"目下摆在我们面前的……研究领域"）。

人》(1880年墨尔本—悉尼—阿德莱德—布里斯班版)的研究。①

几天后，可能在7月3日，恩格斯重新着手修订《起源》。此时这项工作已接近尾声："我正在结束《起源》第四版的修订工作。将有大量的重要补充，首先是写了一篇新序言……其次是家庭一章有重大补充。我想，你看了是会感到满意的。路易莎在很大程度上是我的启发者，她对这个问题有许多明晰和独到的见解。"② 7月20日恩格斯正在写最后一个增补，并希望到7月22日前脱稿。③ 显然手稿也是在7月22日寄给狄茨的，因为恩格斯在当天对稿费作了新的支配④：现在可以把这笔钱——每印1000册，付50马克——平均分配作为德国和奥地利的党的经费使用。

过去大家对新版的主要条件已经取得一致意见，例如就收入"国际文库"系列也早已达成一致意见。⑤ 现在把印数定为2000册，根据需要可重印，须标明"未作改动"，印数相同。⑥ 按照恩格斯的愿望，在每次印刷时的扉页上均须注明印行的总册数。⑦ 1891年底狄茨着手印刷。⑧ 9月初恩格斯已看了6个印张的校样。⑨ 将近月底，大约在9月

---

① 参看《马克思恩格斯全集》历史考证版第1部分第29卷第121页。
② 《马克思恩格斯全集》第1版第38卷第126页。
③ 参看《马克思恩格斯全集》第1版第38卷第132页。
④ 参看《马克思恩格斯全集》第1版第38卷第133页。
⑤ 约·亨·威·狄茨1890年4月7日致恩格斯。
⑥ 约·亨·威·狄茨1891年7月24日致恩格斯。
⑦ 约·亨·威·狄茨1891年8月15日致恩格斯。
⑧ 约·亨·威·狄茨1891年7月24日致恩格斯。
⑨ 参看《马克思恩格斯全集》第1版第38卷第144页。

23日他从苏格兰和爱尔兰旅行归来后,看完剩余的校样,① 并借此机会又在校样上作了一处增补。② 11月初恩格斯就得到已印好的书,③ 尽管扉页上印的年份是"1892"。

## 对第一版的改动

重新钻研材料,结合深入的文献研究④导致进行了相当大的修改和扩充。

在重印的1884年版序言里就有一个小小的、但却重要的更加准确的阐述。恩格斯当时写的是:"根据唯物主义观点,历史中的决定性因素,归根结蒂是直接生活的生产和再生产。"⑤ 这个阐述引起了误解,因为从这个阐述中可以作出否定上层建筑的积极作用的理解。恩格斯在1890年9月21—22日致约·布洛赫的信里反对这样的解释:"根据唯物史观,历史过程中的决定性因素**归根到底**是现实生活的生产和再生产。无论马克思或我都从来没有肯定过比这更多的东西。如果有人在这里加以歪曲,说经济因素是**唯一**决定性的因素,那么他就是把这个命题变成毫无内容的、抽象的、荒诞无稽的空话。"⑥ 于是他把上面引用的序言里的这句话增补了"归根结蒂"⑦。

---

① 参看《马克思恩格斯全集》第1版第38卷第163、164页。
② 参看《马克思恩格斯全集》第1版第21卷第152页脚注。
③ 参看《马克思恩格斯全集》第1版第38卷第230页。
④ 参看《马克思恩格斯全集》第1版第38卷第104、107、110页。
⑤ 参看《马克思恩格斯全集》第1版第21卷第29页。
⑥ 《马克思恩格斯选集》第2版第4卷第695—696页。
⑦ 《马克思恩格斯全集》第1版第21卷第29页。

恩格斯要求把新版序言放在1884年版序言的后面。这篇序言的主要部分是一篇完整的科学史论文。恩格斯之所以要写这篇序言，"主要是因为带有沙文主义情绪的英国史前史学派，仍然尽一切可能闭口不提摩尔根的发现在原始历史观中所引起的革命，同时却丝毫不客气地把摩尔根所得的成果，掠为己有"①。他着手从人们开始把家庭理解为历史现象，就是说从发展史的角度来观察家庭这一点上进行研究。他相应地评价了巴霍芬观点中的合理内核，在1882—1883年批判《宇宙》杂志发表的卡·考茨基《有关婚姻问题的文章》时，他就已认识到这个合理内核。② 他以巴霍芬对埃斯库罗斯的《奥列斯特》三部曲按照母权制理论所作的阐述为基础，对于这部作品作了自己的解释。然后，他研究了欧洲的史前史学派代表人物，主要是研究麦克伦南，同时还研究了拉伯克和日罗-特隆，并指出他们囿于自己制造的成见而不能自拔。他把摩尔根的功绩与此相对照指出："确定原始的母权制氏族是文明民族的父权制氏族以前的阶段的这个重新发现，对于原始历史所具有的意义，正如达尔文的进化理论对于生物学和马克思的剩余价值理论对于政治经济学的意义一样。"③ 正像恩格斯所证实的那样，摩尔根有一些假说"被动摇，甚至站不住脚了"④（这首先是指他对最早的家庭形式的考证），但是，这个发现经受了时间的考脸，成了民族志学和历史编纂学的重要启发式原则。

---

① 《马克思恩格斯选集》第2版第4卷第4页。
② 参看《马克思恩格斯全集》第1版第35卷第447—450页。
③ 《马克思恩格斯全集》第2版第4卷第14—15页。
④ 《马克思恩格斯全集》第2版第4卷第17页。

恩格斯在第二章①的一段较长的、在《准备笔记》②里就已处于萌芽状态的补充里，探讨了人类最早的家庭形式，同时部分地追述了1882—1883年针对考茨基所发表的论点，例如对嫉妒动机的否定。他得出的结论是："脱离动物状态的原始人类，或者根本没有家庭，或者至多只有动物中所没有的那种家庭。"③这样，他就摆脱了摩尔根曾进行过的过于充满信心的考证，找到了一条解决说明群婚制产生的新路。

恩格斯在同一章④里使用了法伊森和豪伊特《卡米拉罗依人和库尔纳依人》一书，他们的研究受到了摩尔根的启发。现在他认为，澳大利亚的婚配级别制度（他在第1版里只是简单地谈及这一点）是母权制氏族的可能的出发点。这样，后来证实是幻象的所谓普那路亚家庭便失去了摩尔根所赋予它的作为普遍的过渡阶段的意义。恩格斯这时把普那路亚家庭看作是"最高的、典型的……形式"⑤，只不过仍然是群婚的一个特殊情况，他逐渐认识到这种群婚形式的多样性："……在这里，目下摆在我们面前的还是一个刚刚敞开而尚未有人进入的研究领域。"⑥此后，他自己也研究了这个问题，例如在斯图加特《新时代》杂志第11年卷（1892—1893年）第2卷第12期上发表的《新发现的群婚情况》一文。

同样，在第二章⑦还把妇女在时间上有限制的献身解释为群婚的残

---

① 《马克思恩格斯全集》第1版第21卷第43—48页。
② 《马克思恩格斯全集》历史考证版第1部分第29卷第121页。
③ 《马克思恩格斯全集》第1版第21卷第45页。
④ 《马克思恩格斯全集》第1版第21卷第53—58页。
⑤ 《马克思恩格斯全集》第1版第21卷第54页。
⑥ 《马克思恩格斯全集》第1版第21卷第57页。
⑦ 《马克思恩格斯全集》第1版第21卷第62—64页。

余，这一点在1882—1883年的讨论中就曾是争论的一个问题。恩格斯现在像在新版序言里评价的那样，把它评价为"巴霍芬的第四个伟大的发现"。在这个地方他加进了劳拉·拉法格为他抄写的摘自巴霍芬的《母权论》的一段直接引文。① 另外，他还使用了摘自阿加西斯夫妇所著《巴西旅行记》（1868年波士顿和伦敦版）一书的摘要，② 再次使用了他摘自班克罗夫特的《北美太平洋沿岸各州的土著民族》一书的摘要，③ 并引用了阿拉贡王朝历史上的一个文件。他以此证实了群婚制的残余在不同地区，如南美、北美以及中美洲和西欧仍继续存在着。

恩格斯在新版序言里已指出"比较法律学家"④ 的日益增长的重要性。这首先指的是柯瓦列夫斯基和他在《家庭及所有制的起源和发展概论》（1890年斯德哥尔摩版）里提到的那些作者，其中有安·霍伊斯勒。恩格斯首先从家庭组织的角度评价了柯瓦列夫斯基的成果。这涉及家长制家户公社或家庭公社的作用，以往人们曾把它视作南方斯拉夫人的特殊发展。现在柯瓦列夫斯基证明，这种家长制家庭公社乃是一个由群婚中产生的母权制家庭和现代世界的个体家庭之间的过渡阶段。⑤ 恩格斯相当详细地阐述了柯瓦列夫斯基的论断，并得出结论："无论如何，实行土地的共同占有和共同耕作的家长制家庭公社，现在就具有了和以前完全不同的意义。"⑥ 在他看来，重要的显然是，又可以把这一表面上孤立的现象纳入世界历史普遍发展的道路中。

---

① 参看《马克思恩格斯全集》历史考证版第1部分第29卷第718页。
② 参看《马克思恩格斯全集》历史考证版第1部分第29卷第718页。
③ 参看《马克思恩格斯全集》历史考证版第1部分第29卷第718页。
④ 《马克思恩格斯选集》第2版第4卷第17页。
⑤ 参看《马克思恩格斯全集》第1版第21卷第70页。
⑥ 《马克思恩格斯全集》第1版第21卷第72页。

对希腊的专偶制的阐述作了相当大的扩充和具体化。① 恩格斯从舍曼的《希腊的古迹》(1855年柏林版)和瓦克斯穆特的《从国家观点研究希腊古代》(1846年哈雷版)的经典著作里选用这方面的资料。他无须对基本的评价作任何修改。

恩格斯还比以往更详细地阐述了起源于群婚的妇女暂时的献身变为职业性的卖淫。② 在阐述当中,他以他在《准备笔记》③ 里写的思想为出发点。他还根据这一现象,比以往更明确地突出了这种进步的矛盾性质:"由此可见,群婚制传给文明时代的遗产是两重的,正如文明时代所产生的一切都是两重的、口不应心的、分裂为二的、自相矛盾的一样:一方面是一夫一妻制,另方面则是杂婚制以及它的最极端的形式——卖淫。"④

一个重要的补充是同样在《准备笔记》里就已预示过的有关妇女在现代社会中的地位和未来社会主义制度中婚姻的前景的补充。⑤ 这一段里,可能特别把个人的经验和现实的讨论都写了进来,其中也有路易莎·考茨基的建议,对此恩格斯在1891年7月7日致劳拉·拉法格的信里谈到过。恩格斯极为明确地强调指出,妇女的完全平等不是法律问题,而是经济问题,也就是说,是由妇女在生产中的地位和对于生产资料的关系决定的。因此,他插入了对自古以来个人性爱的形成的长篇研究。他把性爱看做是唯一合法的,因为是合乎道德的动机,当然这个动机只有在消除了由阶级社会设置的障碍后才能完全有效。"到那时候,

---

① 《马克思恩格斯全集》第1版第21卷第74—76页。
② 《马克思恩格斯全集》第1版第21卷第78—79页。
③ 《马克思恩格斯全集》历史考证版第1部分第29卷第121—122页。
④ 《马克思恩格斯全集》第1版第21卷第79页。
⑤ 《马克思恩格斯全集》第1版第21卷第85—97页。

除了相互的爱慕以外，就再也不会有别的动机了。"① 然而，他避免预测未来的婚姻形式："这样的人们一经出现，对于今日人们认为他们应该做的一切，他们都将不去理会……"②

恩格斯基本上没有修改第三、四章和第五章。他在第六章里插入了与德国重要的古代史学家蒙森的长篇论战，③蒙森把罗马氏族说成最初是实行内婚制的。恩格斯在论战中追述了他在1884年，即《起源》第1版完成后不久获得的材料。④ 他还补充提到了路·朗格的《罗马的古迹》（1856年柏林版第1卷）一书。这本书他是继承马克思的私人藏书得到的。

恩格斯在第七章里增补了一些有关欧洲以外民族中氏族制度的残余的说明。⑤ 在这一章里提到了麦克伦南和柯瓦列夫斯基。他在一则脚注⑥里用自己的观点描述了爱尔兰民族意识中继续存在民族观念。

恩格斯在同一章里还收进自己的日耳曼研究和斯堪的那维亚研究的成果。他研究了日耳曼语对"氏族"一词的表达，⑦ 并从《女预言者的预言》（《老艾达》中的一首诗歌）中找出了在日耳曼人那里曾经存在过氏族亲属关系的证明。⑧ 由于柯瓦列夫斯基的论断的推动，并根据公元5—8世纪的日耳曼氏族法的重新研究，他仔细考虑了他以往关于古

---

① 《马克思恩格斯全集》第1版第21卷第95页。
② 《马克思恩格斯全集》第1版第21卷第96页。
③ 《马克思恩格斯全集》第1版第21卷第139—144页。
④ 参看《马克思恩格斯全集》历史考证版第1部分第29卷第718页。
⑤ 参看《马克思恩格斯全集》第1版第21卷第149页。
⑥ 参看《马克思恩格斯全集》第1版第21卷第152页脚注。
⑦ 参看《马克思恩格斯全集》第1版第21卷第155页。
⑧ 《马克思恩格斯全集》第1版第21卷第157页。

代日耳曼时期和民族大迁徙时期的土地制度的观念。这个最重要的结果是，他摆脱了主要由格·路·毛勒创造的、而在今天已被认为是不恰当的观点，即把中世纪的马尔克公社以及农村公社的存在"追溯到塔西佗时代"①的观点。土地的原始共同所有制这个事实仍是无可争议的。现在的问题就在于确定这种所有制的形式。恩格斯认为未来研究的任务就在这里。②

在最后的两章里，恩格斯只作了一些无关紧要的改动。

这样恩格斯就使自己的书适应了新影响的要求，加进了最新的研究情况，同时对这一研究提出了新的任务。

## 关于直接影响和传播

《起源》的修订版比以前发挥了更大的作用。狄茨在对亨·库诺的《澳大利亚黑人的亲属组织》一书（1894年斯图加特版）的出版预告里说："这本书在德国极为成功，现在出的第6版就是一个具有说服力的证明。"《起源》被朋友和敌人都视为马克思主义的基本著作。传播和接受它的思想，成了在德国革命的社会民主党内贯彻马克思主义的一个组成部分，而且推动了德国工人阶级的马克思主义群众性政党的形成和发展。它对国际工人运动，首先是对法国和俄国工人运动的作用也应给以高度评价。

《起源》与《共产党宣言》《资本论》等著作，属于使1891年10月在爱尔福特党代会上通过的德国社会民主党新的马克思主义党纲具有

---

① 《马克思恩格斯全集》第1版第21卷第161页。
② 《马克思恩格斯全集》第1版第21卷第154、161页。

特色的马克思恩格斯著作。《起源》对于深化历史唯物主义思想，阐明私有制的作用，从理论上论证工人阶级掌握政权的必要性，把妇女解放理解为无产阶级解放斗争的组成部分等，均作出了自己的贡献。对此，爱尔福特纲领包含有马克思主义的陈述。

《起源》对德国社会民主党纲领的影响，反映在解释党的新纲领的文章之中。这些文章是受党的执行委员会委托撰写的，旨在使广大党员理解马克思主义的战略和策略。这些著作是以《起源》的修订版为基础的。1892年，卡尔·考茨基的《爱尔福特纲领。对原则部分的解说》出了三版。在序言里他称恩格斯的《起源》一书是现代社会主义基本著作之一。他阐述了私有制在历史上的作用，并依据原始共产主义社会得出社会主义未来的结论。在阐述资本主义国家经济的统治手段和论证生产资料转为社会所有的必要性时，他也引用了恩格斯著作中的思想。他根据《起源》阐述了在资本主义和社会主义里的婚姻和家庭的本质，并指出，妇女在工业中的生产劳动是妇女平等的基础。1892年以《社会民主党的原则和要求。对爱尔福特纲领的解说》为题，发表了一篇简明扼要地阐述纲领的小册子。考茨基在第一部分概括了他在《爱尔福特纲领。对原则部分的解说》一书中的阐述。舍恩兰克在第二部分对纲领的最近的要求作了评注。为此，他引用了《起源》中的这个论断：从原始社会解体以来，男人统治了家庭。他吸收了恩格斯在第4版里关于妇女法律平等的必要性和局限的阐述。这本小册子在1892年发行了120000册。

在国会的"未来国家的辩论"中，首先在倍倍尔1893年2月3日和6日的演说里突出显示了《起源》对党的纲领及把纲领付诸实践的作用。倍倍尔在演说里称《起源》是马克思恩格斯的给党的斗争指明方向的基本著作之一。他特别深入地论述了国家形成的历史及其在各个社会形态中的职能。社会民主党发行了这两篇国会演说的单行本（《社会民主党的"未来国家"》1893年柏林版）至少100000册。另外，倍倍尔2月3日的演说发行了170万册（《奥古斯特·倍倍尔：未来国家和社会民主党》柏林版，无出版年份）。社会民主党的报纸也刊登了这些演说。《起源》的思想在直到1895年以前这段时间里的这场辩论当中得到了最广泛的传播。

《起源》一书促使保尔·拉法格继续撰写自己的书。他把他的《财产的起源和发展》①一书献给恩格斯。

列宁一开始在俄国工人运动中进行革命活动时，就利用了恩格斯的著作。他在与彼·伯·司徒卢威和尼·康·米海洛夫斯基的论战中以这部著作为依据。1894年春，他自己翻译了几段与他的《什么是"人民之友"以及他们如何攻击社会民主主义者?》（1894年版，未注明出版地点）有关的章节。他在1895年于圣彼得堡发表的《民粹主义的经济内容及其在司徒卢威先生的书中受到的批评》里也援引了《起源》。这时他手头已经有了不久前出版的该书的俄文版，而且注意到翻译中的几处缺陷。

《起源》在资产阶级当中也越来越受到重视。如果说1888年在迈耶尔的《百科全书》里还客观地提到《起源》的话，那么，鉴于《起源》的思想对德国社会民主党的影响和德国工人运动的壮大，资产阶级的马克思主义批判现在也把《起源》列入他们攻击的范围之内，往往是与诽谤马克思的《资本论》相结合。边际效用学派和青年历史学派的经济学家、哲学家、社会学家和自然科学家都反对《起源》。这在下述一

---

① 保尔·拉法格：《财产。起源和发展。共产主义的论题。伊夫·居约的反驳》1895年巴黎版第301—532页。

些著作里显得尤为明显：路·约·布伦坦诺《国民经济及其具体的基本条件》①、弗·保尔森《哲学概论》（1893年柏林第2版第326—327页）、欧·菲力波维希《政治经济学大纲》②、韦·桑巴特《弗里德里希·恩格斯（1820—1895年）。社会主义发展史的一页》（1895年柏林版第21—22页）、阿·瓦格纳《政治经济学教科书。第一部分：政治经济学的基础》③、保·韦森格林《形形色色的历史观》（1890年莱比锡版第27—28页）。

弗赖堡大学教授齐格勒从自然科学立场出发来抨击《起源》。④ 对此倍倍尔写信给恩格斯说：“从书名看，这本书是针对我的，实际上却**毋宁说是针对你的**，对你的攻击凶得很哪！”⑤ 齐格勒概括说：“我认为已经证明，就妇女在原始社会中的地位而言，就家庭的起源而言，就人口增殖而言、就生存斗争而言、就国家的起源而言和就人类平等的理论而言，社会民主党的学说根本背离了自然科学的观点，或者说与自然科学的观点相对抗；另外，我已指出，国际趋势和共产主义观念与自然科学毫无关系。”⑥ 倍倍尔1895年在《妇女与社会主义》第25版的序言

---

① 载于《社会和经济史杂志》1893年弗赖堡、莱比锡版第1卷第77和第101—148页。

② 《普通国民经济学》1893年弗赖堡、莱比锡版第50页。

③ 1892年莱比锡版第1部分第1册第10—11页。1894年莱比锡版第2部分第15—16和第191页。

④ 亨·恩·齐格勒：《自然科学和社会民主主义理论。根据达尔文和倍倍尔的著作阐述对这个理论的理解。同时促进对当代社会民主主义理论的科学批判》1893年斯图加特版。

⑤ 《恩格斯和倍倍尔通信集》1985年人民出版社版第887页。

⑥ 齐格勒：《自然科学和社会民主主义理论》1893年斯图加特第239页。

里直接援引恩格斯的著作来驳斥对《起源》的这些攻击。①

反社会党人法废除以后大量出版的大批反社会主义的诽谤性文章都把矛头指向《起源》的这些思想。它们以自己的方式证明，《起源》的思想在那些年的社会思维中得到了广泛的传播。

在几乎所有悼念恩格斯的文章里都称《起源》同《英国工人阶级状况》和《反杜林论》一样是他的主要著作。克·蔡特金尤其对《起源》修订第4版里有关妇女的社会地位问题的大量增补记忆犹新，她在1895年8月21日《平等》杂志第17期上发表的悼念恩格斯的文章里写道："但是，无产者妇女应特别怀着感激之情纪念他。他不仅为作为被剥削者的她们的解放斗争，也为作为妇女的她们的解放斗争创造了科学基础……他扩展、深化了摩尔根和巴霍芬的著作，把他们的著作作为杰出逻辑的和明确的结构的组成部分加以整理。恩格斯依据这些著作，科学地无可辩驳地证明，家庭像其他任何社会产物一样在经济关系和所有制关系的动力下发展和变化，其形式经历了不断形成和消失的过程。他的卓越的论著《家庭、私有制和国家的起源》对整个女性的解放斗争具有根本的意义。"

在随后的年代里，主要是由于修正主义的产生，对《起源》这部著作除了由于科学的进步而产生的必要的修正以外，也不乏其人企图进行意在篡改其革命内容的"修正"，尽管如此，作为国际工人运动中的历史教科书，作为从方法论上推动科学的源泉，《起源》仍然是生气勃勃的。

第4版2000册书（6001—8000）很快销售一空，以致1892年便发

---

① 奥·倍倍尔：《关于第25版的序言》，全文载于《妇女与社会主义》纪念版（经校对、修改并具有新资料）1895年斯图加特第25版第7—24页。

行了第 5 版（8001—10000）。1894 年出了第 6 版（10001—12000）。《起源》也是恩格斯在世时他的传播最广的著作之一。

1893 年在第 4 版的基础上法译本在巴黎问世，由昂利·腊韦翻译、劳拉·拉法格校订，并经恩格斯审阅。①

1893 年在斯利文出版了保加利亚文的译本。俄译本于 1893 年在塔尔图秘密出版。第一个合法的俄译本于 1894 年 3 月 10 日在圣彼得堡问世，加上 1894 年 10 月 17 日补印（印数为 2000 册）和改动不大的 1895 年 6 月版（3000 册）。该版表明有书报检查的干涉。恩格斯知道该版的准备情况。②丹尼尔逊给他寄去一册俄译本。③西班牙译本于 1894 年在马德里出版。

（原载《马克思恩格斯全集》历史考证版第 1 部分第 29 卷）

（胡慧琴 译）

---

① 参看《马克思恩格斯全集》历史考证版第 1 部分第 29 卷第 447—569、809—829 页。
② 《马克思恩格斯全集》第 1 版第 38 卷第 313 页。
③ 《马克思恩格斯全集》第 1 版第 39 卷第 243 页。

## 实现亡友的遗愿

### ——《家庭、私有制和国家的起源》（1884年霍廷根—苏黎世版）的写作和流传情况[*]

《家庭、私有制和国家的起源。就路易斯·亨·摩尔根的研究成果而作》（1884年霍廷根—苏黎世版）在恩格斯看来，"在某种程度上是实现遗愿"[①]。他在整理马克思的遗著时发现了对摩尔根的重要著作《古代社会，或人类从蒙昧时代经过野蛮时代到文明时代的发展过程的研究》（1877年伦敦版）所作的内容丰富的摘要，其中还有马克思插入的许多评语。粗略翻阅就使他确信，马克思"曾打算联系他的——在某种限度内我可以说是我们两人的——唯物主义的历史研究所得出的结论来阐述摩尔根的研究成果，并且只是这样来阐明这些成果的全部意义"[②]。但马克思本人已不再可能来全面评价摩尔根的著作了。

---

[*] 本文选自《马克思恩格斯列宁斯大林研究》1996年第2辑。
[①] 《马克思恩格斯选集》第2版第4卷第1页。
[②] 《马克思恩格斯选集》第2版第4卷第1页。

## 关于写作以前的情况

对摩尔根著作的摘要,是撰写《起源》的出发点和直接基础。马克思注意到这本书,是在1879年秋和1880年夏之间他因研究土地所有制的历史而通读柯瓦列夫斯基的《公社土地占有制,其解体的原因、进程和结果》(1879年莫斯科版第1卷)①的时候。柯瓦列夫斯基后来说,摩尔根这本书是1880年他从美国带去并借给马克思的。②然而和他的说法不同,马克思在摘要里写的出版地点是伦敦,可见马克思使用的不是1877年纽约的版本,尽管它与伦敦的版本印刷相同。

马克思大概在1880年夏天开始研究摩尔根的《古代社会》。他从中做了内容丰富的带有批注的摘录,一个八开本的笔记本,密密麻麻写了98页。③摘要表明,马克思赞赏摩尔根的功绩,但是也看到了他的局限性。马克思至少部分受柯瓦列夫斯基和摩尔根的著作的启发,在同一笔记本里摘录了莫尼的《爪哇,或怎样管理殖民地》(1861年伦敦版)、约·巴·菲尔的《印度和锡兰的雅利安人村社》(1880年伦敦版)、鲁道夫·索姆的《法兰克法和罗马法》(1880年魏玛版)和亨·萨·梅恩的《古代法制史演讲录》(1875年伦敦版)。笔记本最后是爱德华·霍斯皮特利尔《现代物理学。电的主要用途》(1881年巴黎版)一书的摘录。此外,与马克思1880—1881年研究民族学和原始史问题有关的还

---

① 参看汉斯-彼得·哈斯蒂克编:《马克思论资本主义前的生产形式》1977年法兰克福(美因河畔)—纽约版第222页。

② 《两种生活》,载于《欧洲通报》1909年圣彼得堡版第7期第11页。

③ 阿姆斯特丹国际社会史研究所:《马克思恩格斯遗著》第1—98页。

有约·拉伯克《文明的起源和人的原始状态》(1870 年伦敦版)一书的摘录。①

从思想上对这一摘要加以消化吸收,是马克思在 1881 年 3 月 8 日给维·伊·查苏利奇的信的几个草稿里写下的那些理论探讨的基础之一。他在该信的第一个草稿里从摩尔根的书的第 552 页上援引了摩尔根经过对私有制的批判作出总结的那段话,在这段话中摩尔根表示,期望现代社会所趋向的新制度,将是古代类型社会——就是在公有制基础上的氏族社会——在一种更高级的形式下的复活。②

《起源》汇集了马克思和恩格斯多年的研究成果,他们的研究总离不开彼此之间深入交换意见。对资本主义生产方式之前诸社会形态的研究,日益具有现实的和理论的重要意义。比较现存不发达的民族来研究史前史文化和上古史文化所得出的结果表明,以往社会没有对妇女的压迫、没有生产资料私有制、没有阶级因而也没有国家。因此,马克思恩格斯及其战友重视和分析了主要在 60 年代和 70 年代由资产阶级研究搜集的、大多是从进化论角度评价的材料。考茨基 1881 年 3 月底和 6 月底之间以及 7 月初,在伦敦曾拜访马克思和恩格斯,并谈到他在准备撰写《婚姻和家庭的起源》这组文章时所作的原始历史的研究,得知他们两人也在研究原始历史和民族学问题。如考茨基后来回忆的那样,从此他们对这些问题便开始进行"热烈的探讨"③。

马克思和恩格斯在 1881 和 1882 年期间对原始历史问题交换意见的

---

① 阿姆斯特丹国际社会史研究所:《马克思恩格斯遗著》第 1—8 页。
② 参看《马克思恩格斯选集》第 2 版第 3 卷第 763 页。
③ 《马克思主义的早期。恩格斯与考茨基通信集》由卡尔·考茨基出版和注释。1935 年布拉格版第 39 和 52 页。

一个反映,是恩格斯在《资本论》第1卷第3版中做的注:"后来对人类原始状况的透彻的研究,使作者得出结论:最初不是家庭发展为氏族,相反地,氏族是以血缘为基础的人类社会的自然形成的原始形式。由于氏族纽带的开始解体,各种各样家庭形式后来才发展起来。"①

这个概括并不一定是在恩格斯详细了解马克思的摩尔根研究的前提下做出的。不过后来他回忆说,马克思那时与他谈到过摩尔根,并写道:"……但是,当时我正在思考别的事情,而以后他也没有再回头研究。"②

恩格斯1882年12月8日写给马克思的这封信直接证明了他们的思想交流。恩格斯在信中告诉马克思,他从班克罗夫特著作《北美太平洋沿岸各州的土著民族》(1875年伦敦版)第1卷里作了一些摘要,③以弄清楚北美土著居民和塔西佗描写的公元1世纪的日耳曼人之间的相似之处。他得出的答案是:"在这个阶段,生产方式不像部落的旧的血缘关系和旧的两性(sexus)相互共有关系之解体程度那样具有决定性的作用。否则前俄罗斯美洲地区的特林基特人就不可能与日耳曼人极其相似,而且,大概比你的易洛魁人与之更加相似。"④ "你的易洛魁人",显然就是指马克思的摩尔根研究。恩格斯在《起源》的序言里明确表达了在这封信里阐述的思想:"劳动越不发展,劳动产品的数量、从而社会的财富越受限制,社会制度就越在较大程度上受血族关系的

---

① 《马克思恩格斯全集》第1版第23卷第389—390页脚注(50a)。
② 《马克思恩格斯全集》第1版第36卷第112页。
③ 阿姆斯特丹国际社会史研究所:《马克思恩格斯遗著》,并参看《马克思恩格斯全集》历史考证版第1部分第29卷第718页。
④ 《马克思恩格斯全集》第1版第35卷第120页。

支配。"①

恩格斯阅读了班克罗夫特《北美太平洋沿岸各州的土著民族》一书后还进一步得出两点认识，在摘记中有所记载，并且在1882年12月8日的信里也告诉了马克思："那里面解答的另一个谜是：由妇女承担主要劳动和非常尊敬妇女，两者是如何很好地协调起来的。其次，我为我的推测找到了证据，即在欧洲，最初在克尔特人和斯拉夫人那里发现的初夜权是旧的两性共有关系的残余：在两个相距很远并且起源不同的部落中，部落的代表萨满都有初夜权。"② 这两点探讨被直接写进《起源》里了。③ 后来恩格斯确信，《母权论》（1861年斯图加特版）一书的作者巴霍芬已先于班克罗夫特从另一途径对"初夜权"做了同样的、尽管是饰以神秘色彩的解释（该书第 XIX 页）；恩格斯在《起源》第4版中认为这是"巴霍芬的第四个伟大的发现"④。

最后，恩格斯在1882年12月8日给马克思的信中表明了他当时的兴趣所在："我从这本书里学到许多东西，关于日耳曼人的问题暂时感到满足了。墨西哥和秘鲁我不得不放得更靠后些。"⑤ 这里隐隐约约地预示了恩格斯的一个构想，他打算把他对日耳曼—早期德意志史的研究当作对阶级社会前和早期阶级社会之间的衔接点进行比较研究的出发点。这个计划在形式上略加改变后，通过《起源》得到了实现。

恩格斯获悉摩尔根的《古代社会》后，在"氏族"这个主题词下通过摘录主题扩展了班克罗夫特著作的摘要。后来，他把这个摘要与其

---

① 《马克思恩格斯选集》第2版第4卷第2页。
② 《马克思恩格斯全集》第1版第35卷第120页。
③ 参看《马克思恩格斯选集》第2版第4卷第46—47页。
④ 参看《马克思恩格斯选集》第2版第4卷第47页。
⑤ 《马克思恩格斯全集》第1版第35卷第120页。

他用于准备第4版的材料一起放在一个纸袋里，上面写着"关于家庭的起源。摘录"①。另外，在写作《起源》以前，恩格斯还与考茨基讨论过后者发表在达尔文主义的杂志《宇宙》（斯图加特）第6年卷第12卷（1882年10月至1883年3月）上《婚姻和家庭的起源》一组文章中的《淫游婚》《抢劫婚姻和母权制。克兰》《买卖婚姻和家长制家庭》以及《妇女统治》。②

考茨基以他借用巴霍芬的术语而称之为"淫游婚"的原始状态为出发点。他以达尔文为依据，设想淫游婚为"原始的专偶制"，而原始的专偶制则是以男子的嫉妒作论据的。恩格斯不同意这一观点，他写道，他"还坚持我过去的看法"，"共妻（和对妇女来说共夫）是部落内部性关系的起点"③。用嫉妒去作解释，就是硬把后来的看法扯进去，这种解释被成百的事实所驳倒。"达尔文在这方面并没有什么权威，正如在经济学方面一样——他的马尔萨斯主义就是从经济学中弄来的。"④此外，恩格斯还提醒不要从灵长目动物的性行为来进行毫无根据的推论，不要过于匆忙地去总结对现存民族的考察。他运用在12月8日给马克思的信中和后来（部分是效法巴霍芬和摩尔根）在《起源》里所运用的从残存的制度（survival）进行推论的方法："可以肯定地得出结论说，凡是在强制放牧下土地定期重新回到共有状态的地方，原先都实行过完全的土地共有制，我认为，可以同样肯定地得出结论说，凡是妇

---

① 阿姆斯特丹国际社会史研究所：《马克思恩格斯遗著》。参看《马克思恩格斯全集》历史考证版第1部分第29卷第718页。

② 参看《马克思恩格斯全集》第1版第35卷第432—433、447—450页和第36卷第61页；1883年3月15日和8月5日考茨基致恩格斯的信。

③ 《马克思恩格斯全集》第1版第35卷第432页。

④ 《马克思恩格斯全集》第1版第35卷第432页。

女定期回到——实际地或象征性地——共有状态的地方，原始时期都实行过共妻。"①

恩格斯针对考茨基在关于"婚姻问题"的第二篇文章里的回答，表述了一个对理解《起源》很重要的思想，这个思想显然概括了他迄今为止主要是从克尔特人、日耳曼人、斯拉夫人和美洲印第安人的实例中获得的有关阶级社会前的认识："凡有共有制的地方——不管是土地的、或者妻子的、或者任何东西的共有制——，共有制就必定是原始的、来源于动物界的。后来的全部发展就是这种原始共有制的逐渐**消亡**的过程；无论何时何地，我们都找不到一个例子能证明，共有制是作为派生现象从最初的个人占有发展来的。"② 恩格斯认为这个论点是无可辩驳和具有普遍意义的。③ 恩格斯在给考茨基的信里当然尚未研究出关于家庭或者说关于原始社会的历史的完整理论。"虽然克尔特的 Clan，罗马的 gens，德意志的 Geschlecht——都是一个部落的分支，但是它们之间存在重大的差异，而且它们的起源肯定也是不同的"④，这种看法同后来的、受摩尔根关于最初按母系组织的氏族是普遍的组织单位的发现影响而形成的观点相矛盾。

通过阅读考茨基"关于婚姻问题"的文章，恩格斯也批判地评价了考茨基所利用的文献，他写道："您……太看重了所谓人类学家的意见，这些人我看全都患有一种讲坛社会主义的斜眼症。"⑤ 这里指的是，考茨基的主要资料来源：约·弗·麦克伦南、约·拉伯克、爱·伯·泰

---

① 《马克思恩格斯全集》第 1 版第 35 卷第 432 页。
② 《马克思恩格斯全集》第 1 版第 35 卷第 448 页。
③ 《马克思恩格斯全集》第 1 版第 35 卷第 448 页。
④ 《马克思恩格斯全集》第 1 版第 35 卷第 449 页。
⑤ 《马克思恩格斯全集》第 1 版第 35 卷第 449—450 页。

勒和亚·日罗－特隆,可见恩格斯那时虽然没有专门研究过这些人,却可以对他们作出评价了。考茨基也引用了摩尔根的著作《人类家庭的血亲制度和姻亲制度》(1871年华盛顿版),然而不同意书中所描绘的早期的家庭形式,认为那是不适用的。恩格斯没有讨论这个评断。相反有一处谈到巴霍芬的地方却值得注意,这段话与恩格斯在《起源》里对巴霍芬所做的既是批判性的、又包含着充分尊重的评价完全一致,他写道:"即使您把巴霍芬使性的共有制神圣化和神秘化的说法驳斥得体无完肤,而性的共有制仍然是事实。"①

最后,恩格斯忠告他这位通信人:"要取得某些真正的成就,只有经过多年的工作才是可能的。""否则像《资本论》这样的著作就会是很多很多的了。"② 后来他把摩尔根的主要著作《古代社会》就评价为这样一本书。③

恩格斯1883年9月18日给考茨基的信提到爪哇这一情况可能表明,恩格斯那时已经掌握了这本包括有马克思《摩尔根摘要》的笔记本,该笔记本第二个内容就是莫尼的《爪哇,或怎样管理殖民地》著作④的摘要。然而对他来说,在接下来的几个月里,进行深入的研究简直是不可能的,这主要由于他的健康状况不佳所致。

肯定的是,他在1884年1月已获悉《摩尔根摘要》,研究了这本摘要并认识到它的意义。对此第一个明确的提示,是他准备回信时在考茨基1884年2月2日的来信上所写的注"摩尔根,莫尼,爪哇"。恩格斯

---

① 《马克思恩格斯全集》第1版第35卷第450页。
② 《马克思恩格斯全集》第1版第36卷第61页。
③ 参看《马克思恩格斯选集》第2版第4卷第1页。
④ 参看本文"关于写作以前的情况"一节第2段。

在2月16日给考茨基的信里建议用莫尼关于爪哇一书的"实例来说明猖獗一时的国家社会主义",并继续说道:"在论述社会的原始状况方面,现在有一本像达尔文学说对于生物学那样具有**决定**意义的书,这本书当然也是被马克思发现的,这就是摩尔根的《古代社会》(1877年版)。……摩尔根在他自己的研究领域内独立地重新发现了马克思的唯物主义历史观,并且最后还对现代社会提出了直接的共产主义的要求。他根据蒙昧人的、尤其是美洲印第安人的氏族组织,第一次充分地阐明了罗马人和希腊人的氏族,从而为上古史奠定了牢固的基础。假如我有时间,我倒想利用马克思的札记来把这些材料加加工,为《社会民主党人报》的杂文栏或《新时代》写点东西,但是,目前不可能去考虑这一点。泰罗、拉伯克及其同伙所搞的整个骗局,不管是族内婚、族外婚,还是其他各种荒诞无稽之谈,现在都被彻底揭穿了。这些先生们在这里拼命抵制这本书,它是在美国印刷的,五个星期以前我就订购了这本书,但直到现在还没有收到!虽然在扉页上还印着一家伦敦书局作为共同出版者。"[①] 从"五个星期以前"这个时间可以看出,他可能在一月份的上半月仔细通读了马克思的《摩尔根摘要》。

恩格斯1884年1月18日给奥·倍倍尔的信证明,他大概在同一时期还研究了马克思的莫尼摘要。不久以后,他大概整理了在同一个笔记本里的梅恩著作的摘要[②]以及有马克思的拉伯克著作的摘要[③]的摘要笔记。

---

① 《马克思恩格斯全集》第1版第36卷第112、113页。
② 参看本文"关于写作以前的情况"一节第2段。
③ 同上。

1884年2月底至3月3日伯恩施坦访问伦敦。① 他后来回忆说,恩格斯那时"全神贯注地审阅和整理"马克思的文献遗产,"以便使公众尽可能多地了解使用自己朋友的著作"。他写道:"现在他一个晚上一个晚上地直到深夜给我读这些手稿和他以马克思摘自美国人路·摩尔根的《古代社会》的摘要为依据写的一本书的草稿。"② 伯恩施坦关于"一本书的草稿"的说法显然是错误的。因为在他返回苏黎世后,他向考茨基详细谈了与恩格斯的谈话,同时专门讨论了摩尔根。在听了伯恩施坦谈的情况以后,考茨基仍然认为恩格斯没有时间来加工摩尔根的书,他阐述了自己的宣传这本书的计划。③ 然而,无可怀疑的是,恩格斯在2月底和3月初正紧张地研究马克思那些民族学摘要笔记。他在1884年3月7日给弗·阿·左尔格的信中的提示也证明了这一点,他写道:"请读一读摩尔根(路易斯·亨·)的《古代社会》,是1877年在美国出版的。他巧妙地展示出原始社会和原始社会共产主义的情景。**他独立地重新发现了马克思的历史理论,并且在自己著作的末尾对现时代作出了共产主义的结论。**"④

大约3月中旬恩格斯从旧书商那里弄到一本摩尔根的《古代社会》,这本书同马克思使用的书一样,附有伦敦麦克米伦书局的出版说明⑤。现在他终于确信,工作负担再重,也要把摩尔根的这本书介绍给德国读者。他在3月24日写信给考茨基说:"一有工夫,我就把这本书

---

① 《马克思恩格斯全集》第1版第36卷第114页。
② 爱·伯恩施坦:《一个社会主义者的回忆录。第一部 我的流亡岁月〈在各国人民中〉》1918年柏林版第182页。
③ 1884年3月12日考茨基致恩格斯的信。
④ 《马克思恩格斯全集》第1版第36卷第127页。
⑤ 参看《马克思恩格斯全集》第1版第36卷第132页。

为你给《新时代》作一番加工，但你们一定要出单行本（搞成以后，大概有三个印张）；我本人对马克思担负着这项义务，我可以利用他的札记。"① 考茨基立即被恩格斯的计划所鼓舞。② 然而，显然是一些外界干扰使得恩格斯未能在3月底前着手这项工作。③

## 关于工作进展情况

可以认为恩格斯是于1884年4月初着手写初稿的。肯定地说，他在4月11日前便开始了这项工作。他写作了约8个星期，直至5月26日。

最初他想利用马克思的"札记"单纯概括摩尔根的成果。他在1884年4月11日给考茨基的信里说："关于摩尔根的书，希望在下星期能写好"，"这是我最后一本著作，要把内容如此丰富、但写得如此糟糕的书概括起来，可不是闹着玩儿的事"。④

如果说恩格斯觉得摩尔根的书"写得如此糟糕"，那么这大概主要指材料的组织方法而言。马克思早已脱离开这种方法，并对这些问题作了不同的编排。

恩格斯在1884年4月22日写信给考茨基说："最近我要多写些，加紧研究摩尔根，直到今天我才能够重新写它。"⑤ 现在思想上紧张地

---

① 参看《马克思恩格斯全集》第1版第36卷第132页。
② 1884年4月7日考茨基致恩格斯的信。
③ 参看《马克思恩格斯全集》第1版第36卷第127—128、132、133—135页。
④ 《马克思恩格斯全集》第1版第36卷第136页。
⑤ 《马克思恩格斯全集》第1版第50卷第478页。

分析思考问题的阶段结束了,《〈家庭、私有制和国家的起源〉的准备笔记》可能就是在这个时期写的。这个时期的结果是,恩格斯放弃了只是"概括"摩尔根的计划,转而采取超越摩尔根进行独立阐述的方法。他在1884年4月26日给考茨基的信里解释这个变化时写道:"我曾经打算,并且在这里也对大家谈过,要作弄一下俾斯麦,写一篇他绝对无法查禁的东西(摩尔根)。愿望虽好,但是做不到。关于一夫一妻制那一章,以及关于私有制是阶级矛盾的根源和破坏古老公社的杠杆的那最后一章,我根本**不可能**写得适合反社会党人法的要求。正如路德说的:宁可让我去见鬼,我也不能改变!如果只是'客观地'叙述摩尔根的著作,对它不作批判的探讨,不利用新得出的成果,不同我们的观点和已经得出的结论联系起来阐述,那就没有意义了。这对我们的工人不会有什么帮助。总之,写得好,就一定被查禁;写得坏,就得到许可。可是按后一种做法,我办不到。"

恩格斯预计,他大概到"下星期"可以完成,并写道:"足足有四个印张,甚至更多。"①

他在这段时间还被马克思在《摩尔根摘要》中的一条批语②所启发而打算证明,"傅立叶早就天才地想到了摩尔根谈的很多问题。而傅立叶对文明时代的批判,则由于摩尔根而显示出它的全部天才"。③ 由于时间原因他终于放弃了这项费时的工作。④

1884年5月10日他第一次草拟了标题。他写信给保·拉法格说:

---

① 《马克思恩格斯全集》第1版第36卷第143—144页。
② 《马克思恩格斯全集》第1版第45卷第366页。
③ 《马克思恩格斯全集》第1版第36卷第144页。
④ 参看《马克思恩格斯选集》第2版第4卷第178页脚注。

"……我要完成一部重要的著作——《家庭、私有制和国家的起源》。我想在下周末搞完它,在此之前还得苦干一番。"①

他在5月17日告诉伯恩施坦:"稿子今天写完,还要再校阅一遍并作最后的润色,这需要几天的时间。随后即寄给你们。……现在稿子使我不得安生,为此我把其他一切事情,甚至最紧急的事情都搁下了。文章很长,约一百三十页八开纸,而且写得很密,标题是《家庭、私有制和国家的起源》。"② 从而最终确定了标题。篇幅与4月26日说的计划相比增加了一倍。随后5月22日,稿子寄往苏黎世,"最后一章还需要校订,暂缺"③。考茨基立即证实稿子收到了。④ 5月26日恩格斯说这项工作搞完了,并打算次日把最后几个印张寄出。⑤ 5月29日最后几个印张也到了苏黎世。⑥ 8月中旬恩格斯还寄了一个包括有两条脚注的增补,由考茨基放入手稿中。⑦ 根据考茨基8月26日的信判断,其中一条脚注是关于梅里格尔的,即第七章作者加的那个脚注的前半部分,⑧ 而后半

---

① 《马克思恩格斯全集》第1版第36卷第147页。
② 《马克思恩格斯全集》第1版第36卷第147页。
③ 《马克思恩格斯全集》第1版第36卷第148、149页。
④ 1884年5月24日考茨基致恩格斯的信。
⑤ 《马克思恩格斯全集》第1版第36卷第155页。
⑥ 1884年5月29日伯恩施坦致恩格斯的信;1884年5月29日考茨基致恩格斯的信。
⑦ 1884年8月18日和8月26日考茨基致恩格斯的信。1884年8月26日伯恩施坦致恩格斯的信。
⑧ 《马克思恩格斯选集》第2版第4卷第137页脚注。另参看《马克思恩格斯全集》第1版第36卷第205页。

部分则是另一条脚注,也是引自希腊历史学家狄奥多鲁斯的著作。①

## 前提、资料和工作方法

《起源》经过3个月酝酿成熟下了决心以后,在8个星期里写成。恩格斯是在具体的工作过程中才完成最终构思的。因此,在写这部著作之前并没有专门的、有目的的准备工作。但是,如果说材料的基础不足,恐怕不妥。该著作的结构和内容一方面是由摩尔根的书和马克思的《摩尔根摘要》所决定的。恩格斯尽可能地遵照摘要的方式所规定的重点,也注意一些细小的、例如用感叹号和问号表示的提示,并尽力"在本书中有关的地方"②引用马克思的批语。另一方面,这部著作大量的科学内容又是以恩格斯在这之前进行的研究为依据的。这些研究是恩格斯能在如此短暂的时间内写成《起源》的重要前提。他在撰写该著作时还依据了马克思和他本人所写的著作。例如他参阅了《德意志意识形态》③,并在不止一处进一步展开了《反杜林论》④中的思想,而且在撰写第九章时援引了马克思的《资本论》⑤。他在《劳动在从猿到人转变过程中的作用》一文里曾详细探讨了人起源于动物界的问题。⑥

从60年代起恩格斯不断密切注视考古学的迅速发展,尤其是西欧、

---

① 《马克思恩格斯选集》第2版第4卷第137页脚注。另参看《马克思恩格斯全集》第1版第36卷第205页。
② 《马克思恩格斯选集》第2版第4卷第2页。
③ 《马克思恩格斯全集》第1版第3卷第11—640页。
④ 《马克思恩格斯全集》第1版第20卷第3页及以下几页。
⑤ 《马克思恩格斯全集》第1版第23卷。
⑥ 《马克思恩格斯全集》第1版第20卷第509—522页。

中欧和北欧的考古学的迅速发展,这不仅为研究原始历史,而且也为研究纪元初几个世纪和中世纪早期提供了丰富的新资料。他熟谙根据岩石、青铜和铁这些材料划分的考古学的分期方法,并在《起源》里使用了这一方法。

家庭史的传统观念认为,男人占统治地位的专偶制是原始时代就已经有了的。60年代初,巴霍芬对于这种观念产生了怀疑。恩格斯最晚是在1883年初知道巴霍芬的《母权论》这部代表作的基本思想的,① 摩尔根也曾引用该书来论证他的论点。很可能巴霍芬的书在1881年春和初夏恩格斯与考茨基进行的讨论中起过作用。② 恩格斯在《起源》里一再强调巴霍芬的功绩,因为巴霍芬被专业研究者视为不必认真对待的局外人。

恩格斯在爱北斐特上文科中学时,就已经熟悉希腊史和罗马史的主要内容以及相关的史料。③ 可以证明他从原著阅读过荷马的《伊利亚特》。④ 其他著作家的著作如希罗多德和修昔的底斯的希腊历史,李维的罗马历史,他读的也应该是原著。他在30年代中期就已概括了解阿提卡的剧作家和辩论家的最重要的著作,他恐怕也不会不熟悉普卢塔克写的希腊和罗马名人的传记。后来恩格斯又进行了深入的研究。可以认为,他熟谙奥·贝克尔和巴·格·尼布尔的主要著作,在这些著作的影响下,古代史的研究也逐渐侧重于研究社会结构和经济学问题。阿道

---

① 《马克思恩格斯全集》第1版第35卷第447—450页。
② 1882年5月11日考茨基致恩格斯的信。
③ 恩格斯:《历史笔记1。古代史》,载于《马克思恩格斯全集》历史考证版第4部分第1卷第472—510、511—532页。
④ 恩格斯:《历史笔记1。古代史》,载于《马克思恩格斯全集》历史考证版第4部分第1卷第472—510、511—532页。

夫·茹尔·塞扎尔·奥古斯特·杜罗·德拉马尔的《罗马人的政治经济学》（1840年巴黎版第1、2卷）一书，马克思十分推崇，他研读了这本书以后，便把它寄给了恩格斯，而且在准备写作《资本论》时曾多次引用过。① 这本书对于他们两人对罗马阶级斗争问题的看法有所影响，因而也影响到了《起源》。

1861年2月27日马克思给恩格斯的信也与此有关。马克思读了受当时语文学界贬损的历史学家阿庇安著作的希腊文原本，赞赏阿庇安要"穷根究底地探索"罗马内战的"物质基础"——这便是争夺当时最重要的生产资料即土地的斗争。马克思在《资本论》里详细阐述了这个思想，恩格斯则把这一思想写进了《起源》。②

马克思和恩格斯批判地密切注视19世纪下半叶德国最著名的古代历史学家泰·蒙森的著作。恩格斯认为可以想象，"蒙森学派想在罗马史问题上"跟他"为难（这**在形式上**是很可能的，在实质上却是办不到的）"，在《起源》脱稿后不久，他就准备进行一场论战。③ 论文集《罗马研究》（1864年柏林版第1卷）起先是马克思的私人藏书，后来是恩格斯的私人藏书，而且大有可能的情况应该是，马克思和恩格斯并不是读了摩尔根著作以后才知道蒙森这部有多种版本和译本甚至在专业范围以外也广为传播的主要著作《罗马史》的。马克思在《摩尔根摘要》中多次独立地批判了蒙森关于罗马早期的观点，恩格斯完全同意马克思的这些见解。④

---

① 《马克思恩格斯全集》第1版第27卷第332页。
② 参看《马克思恩格斯选集》第2版第4卷第120页第9—11行。
③ 《马克思恩格斯全集》第1版第36卷第224页。
④ 参看《马克思恩格斯全集》第1版第45卷第535—539页和《马克思恩格斯选集》第2版第4卷第126页。

恩格斯摘自恩·库尔齐乌斯《希腊史》(1869年柏林第3版)的摘要①是他研究古希腊的明证。恩格斯在《反杜林论》和《起源》里都使用过库尔齐乌斯的一个资料。②

恩格斯和马克思一道，共同建立了有关希腊和罗马阶级社会的特征以及第一个以发达的私有制为基础的社会形态的世界历史地位的坚定观念。他在《反杜林论》里针对杜林进行道德说教的考察方法，强调了历史的必然性，即古希腊罗马的奴隶制、基本生产关系的原始进步作用，并尖锐地指出："没有古代的奴隶制，就没有现代的社会主义。"③恩格斯在《自然辩证法》草稿里撰写了关于奴隶制对有关公社的后果以及关于废除奴隶制的种种形式的思考。④ 他在《起源》里用具体资料进一步阐述了这些思想。

恩格斯对爱尔兰、苏格兰和威尔士的克尔特人的历史、文化拥有精深的知识，这些知识主要是他于1869—1870年写爱尔兰史时获得的。当时他与马克思进行频繁的思想交流，而马克思不断地给他以提示。⑤这些提示部分地——不论是直接的，还是通过进一步的史料研究介绍的——已写进《起源》。⑥ 1869年11月29日和12月16日以及1870年1月25日、2月9日、5月8日、5月15日和7月6日恩格斯给马克思的信也与《起源》第七章开头叙述的题材密切相关。恩格斯从第二手

---

① 现存阿姆斯特丹国际社会史研究所（《马克思恩格斯遗著》，sign J4s/J21）。
② 参看《马克思恩格斯选集》第2版第4卷第168页脚注1。
③ 《马克思恩格斯选集》第2版第3卷第524页。
④ 参看《马克思恩格斯全集》第1版第20卷第676页。
⑤ 参看《马克思恩格斯全集》第1版第32卷第383—388、396—400、488—490、492—494页。
⑥ 参看《马克思恩格斯选集》第2版第4卷第130—131和131—132页。

文献中作了内容丰富的摘要。他还研究了凯撒的《高卢战记》中的有关篇章，并摘录了《古制全书》第2卷《财产扣押法》（1869年都柏林、伦敦版）以及《威尔士的古代法律和规章》（1841年版，未注明出版地点）的史料典籍。《起源》里直接使用了上述后两种摘录。①

恩格斯专门研究过日耳曼史、法兰克史和中世纪早期的德意志史。最早期的主要史料，即凯撒的《高卢战记》第4卷和第6卷里的章节以及塔西佗的《日耳曼尼亚志》都是学校教材。恩格斯多次研究过这两部著作，而这两部著作在马克思和恩格斯关于早期土地关系的思想交流中经常谈到。② 通过研究原著或译本，尤其是从他搞到了《德文本日耳曼古代史史学家》文集（1849年柏林版第1卷）以后，③ 恩格斯又阅读了其他一些古希腊罗马著者，如狄奥多鲁斯、斯特拉本、韦莱·帕特库尔、老普林尼、狄奥·卡西乌斯、阿米亚努斯·马尔塞利努斯和普罗科皮乌斯等人的著作。卡斯帕尔·措伊斯的《德意志人和邻近各部落》（1837年慕尼黑版）这部对研究日耳曼人具有开创性的著作是他的私人藏书。他研读过卡·弗·维贝尔格的《古典民族通过商业对北方各国的影响》（1867年汉堡版）和保·罗特的《从上古到十世纪的采邑制度史》（1850年埃朗根版）。

他特别详细地研究了慕尼黑法的历史学家格·路·冯·毛勒的大量著作，毛勒赋予马尔克公社理论以典型形式。通过毛勒他还研读了对《起源》来说有重要意义的一类史料：日耳曼民族法（野蛮人法典）。

---

① 《马克思恩格斯选集》第2版第4卷第130—132页。
② 《马克思恩格斯全集》第1版第32卷第51—54页，第35卷第111—113页。
③ 《马克思恩格斯全集》第1版第35卷第111—113页。

这种种研究在写作《论日耳曼人的古代历史》和《法兰克时代》① 时都有所反映，恩格斯在《起源》第七和第八章以及《社会主义从空想到科学的发展》一文的附录《马尔克》② 里使用了这些研究的成果，恩格斯称《马尔克》一文是"几年来我研究德国历史的第一个成果"③。在《马尔克》一文里也有这样一个论点，它最清楚地概括了恩格斯在接受摩尔根思想前关于原始历史关系的观念，同时表明，他看到他的观点通过摩尔根的成果得到了证明："有两个自发产生的事实，支配着一切或者几乎一切民族的古代历史：民族按亲属关系的划分和土地公有制。"④

《起源》的直接依据是摩尔根的《古代社会》。摩尔根⑤在40年代的科学生涯始于对他的家乡纽约州西部的易洛魁人的田野研究。他在这里遇到了他日后研究的出发点和中心点，即最初按母系组织起来的氏族和与描述不同的分等级的亲属制度。他在其有影响的著作《霍德诺索尼人或易洛魁人的联盟》（1851年罗切斯特、纽约、波士顿版）里概述了这些成果。50和60年代，由于职务和政治活动繁忙，他只有少量时间从事学术工作。尽管如此，他仍然经常与国内外的学者保持联系，其中有巴霍芬和不列颠重要的史前史学家，他到美国中西部作实地考察，最后，利用精心拟订的调查表借助国家机构的支持进行世界范围的调查，以获取他在这期间成熟起来的关于家庭形式和亲属制度关系的理论资料。他在《人类家庭的血亲制度和姻亲制度》这部广博的著作里公布

---

① 《马克思恩格斯全集》第1版第19卷第478—538、第539—599页。
② 《马克思恩格斯全集》第1版第19卷第351—369页。
③ 《马克思恩格斯全集》第1版第35卷第416页。
④ 《马克思恩格斯全集》第1版第19卷第353页。
⑤ 有关摩尔根的生平见《古代社会》（新译本）1977年商务印书馆版第7—11页。

了调查结果，它的主要部分是亲属称谓对比表。摩尔根就这样掌握了资料和方法论前提，在这个基础上，他便可以利用他的民族志学知识来阐明人类上古史，从而在《古代社会》一书里给他的研究确定一个历史范围。

摩尔根将他的书编排如下：

"第一编　各种发明和发现所体现的智力发展

第一章　人类文化的几个发展阶段　　　　　　　　3

第二章　生存的技术　　　　　　　　　　　　　　19

第三章　人类发展进度的比例　　　　　　　　　　29

第二编　政治观念的发展

第一章　以性为基础的社会组织　　　　　　　　　49

第二章　易洛魁人的氏族　　　　　　　　　　　　62

第三章　易洛魁人的胞族　　　　　　　　　　　　88

第四章　易洛魁人的部落　　　　　　　　　　　　102

第五章　易洛魁人的联盟　　　　　　　　　　　　122

第六章　加诺万尼亚族系其他部落中的氏族　　　　151

第七章　阿兹特克联盟　　　　　　　　　　　　　186

第八章　希腊人的氏族　　　　　　　　　　　　　215

第九章　希腊人的胞族、部落和民族　　　　　　　235

第十章　希腊政治社会的建立　　　　　　　　　　256

第十一章　罗马人的氏族　　　　　　　　　　　　277

第十二章　罗马人的库里亚、部落和民族　　　　　300

第十三章　罗马政治社会的建立　　　　　　　　　323

第十四章　世系从女系到男系的转变　　　　　　　343

第十五章　人类其他部落中的氏族　　　　　　　　357

第三编　家族观念的发展

第一章　古代家族　　　　　　　　　　　　　383

第二章　血婚制家族　　　　　　　　　　　　401

第三章　伙婚制家族　　　　　　　　　　　　424

第四章　偶婚制家族和父权制家族　　　　　　453

第五章　专偶制家族　　　　　　　　　　　　468

第六章　与家族相关的制度的顺序　　　　　　498

[附录] 回驳约·弗·麦克伦南先生的《原始婚姻》　509

第四编　财产观念的发展

第一章　三种继承法　　　　　　　　　　　　532

第二章　三种继承法（续前）　　　　　　　　537"

摩尔根从古希腊罗马的文化发展学说以及同时代进化论的观念出发，试图阐明人类是怎样从原始初期（这个时期的特点是极端依赖于周围自然界）上升到古代及现代"文明"的高度的。"最近关于人类早期状况的研究，倾向于得出下面的结论，即人类是从发展阶梯的底层开始迈步，通过经验知识的缓慢积累，才从蒙昧社会上升到文明社会的。"① 与所有种族主义的理论相反，人类的统一性在他看来是一个理所当然的前提。他把进步视为历史的规律，它无须详细论证，他说："人类历史的起源相同，经验相同，进步相同。"② 他没有提出进步的动力问题。因此，他最终在该书的最后一句话里谈到"上帝为从蒙昧人发展到野蛮人、从野蛮人发展到文明人而制订的计划"③ 时，他便同他的唯物主义

---

① 摩尔根：《古代社会》1977 年商务印书馆版第 3 页。

② 摩尔根：《古代社会》1977 年商务印书馆版第 1 页。

③ 摩尔根：《古代社会》1977 年商务印书馆版第 558 页。

的初始论点——人类是自发地发展的,完全对立起来了。

然而,摩尔根《古代社会》的根本点在于,摩尔根成功地阐述了一个没有国家,只在氏族制度基础上运转的社会和该社会变为以私有制、男人居统治地位的专偶制和国家制度为特点的文明的转变形式,并把可以进行逻辑论证的关于家庭史的假说与此联系起来。尽管他在这方面采取的基本立场是唯心主义的,他在强调国家和专偶制家庭的形成中财产的作用时,却接近于唯物主义的认识,他写道:"财产观念在人类的心灵中是慢慢形成的……对财产的欲望超乎其他一切欲望之上,这就是文明伊始的标志。"①

但是,摩尔根更进了一步:他把自己的生活经验与其研究成果结合起来作出了对于现时代的结论。他的科学工作使他认识到"文明"对土著居民的影响,教会他憎恶"文明人"所使用的殖民伎俩。他在自己的职业活动中,捍卫过地方上"小"资本的利益,反对自60年代中期起首先在交通事业中出现的波士顿和纽约两大都会的大资本的垄断倾向;他的政治活动使他目睹了在金钱和权力的交织中他的民主主义理想受到破坏;最后是1871年欧洲之行的经历:旅欧使他在公社遭到镇压以后来到巴黎,旅欧向他昭示了种种社会矛盾,而这些矛盾在美国仍被开放的西部边界的"安全阀"所抑制——这一切使他觉得现存的社会制度至少从发展的趋势来说是成问题的。这里,他的进步信仰与现实相抵触。他在这本书的结尾阐述了自己的担忧:"只要进步仍将是未来的规律,像它对于过去那样,那么单纯追求财富就不是人类的最终的命运了。……社会的瓦解,即将成为以财富为唯一的最终目的的那个历程的

---

① 摩尔根:《古代社会》1977年商务印书馆版第6页。

终结，因为这一历程包含着自我消灭的因素。"① 他寄希望于人的良知和理性的完善。马克思②和恩格斯③有理由把他与傅立叶相比。虽然根据他的全部立场来看，摩尔根是一个"共和党人美国佬"④，而且"是不可能有革命倾向的嫌疑的"⑤，但他仍然得出"直接的共产主义的要求"⑥。他描写未来的社会制度（下一个更好的社会阶段）时说："这将是古代氏族的自由、平等和博爱的复活，但却是在更高级形式上的复活。"⑦ 这句话表明，摩尔根的思想具有无疑是辩证法的特征。马克思在他的摘要⑧里用着重号强调所引用的上述这句话，并且在给查苏利奇复信的初稿⑨里以赞同的口吻引用了这句话；恩格斯在他的《起源》一书的末尾也引用了这句话，并同样加了着重号。⑩

马克思十分专注地研读了摩尔根的《古代社会》。他对每一章都几乎同样重视；只是对第一编第三章有所忽视。显然，他在摘录开始前就已读过或至少是浏览过这本书，因为他把第三编和第四编的摘要放在了第二编摘要的前面。这样做就使得马克思有可能去遵循历史的顺序，因

---

① 摩尔根：《古代社会》1977年商务印书馆版第556页。
② 《马克思恩格斯全集》第1版第45卷第366页。
③ 《马克思恩格斯选集》第2版第4卷第178页脚注，《马克思恩格斯全集》第1版第36卷第144页。
④ 《马克思恩格斯选集》第2版第4卷第104页。参看《马克思恩格斯全集》第1版第45卷第510页。
⑤ 《马克思恩格斯选集》第2版第3卷第763页。
⑥ 《马克思恩格斯全集》第1版第36卷第113页。
⑦ 摩尔根：《古代社会》1977年商务印书馆版第556页。
⑧ 《马克思恩格斯全集》第1版第45卷第398页。
⑨ 《马克思恩格斯选集》第2版第3卷第763页。
⑩ 《马克思恩格斯选集》第2版第4卷第179页。

为摩尔根试图从"石化的"亲属制度中推导出的早期家庭形式,时间上是在氏族完全形成之前;同时马克思还揭示出了所有制形成和国家产生之间的逻辑历史关系。

摩尔根《古代社会》各编在(马克思的笔记中——译者注)《摩尔根〈古代社会〉一书摘要》里的相应位置如下:第一编,第1—4页;第三编,第4—20页;第四编,第20—29页;第二编,第29—98页,其中关于易洛魁人的第二至五章在第32—52页,关于希腊的第八至十章在第67—81页,关于罗马的第十一至十三章在第81—93页,以及第十五章中有关日耳曼人一节的摘录在第95—98页。

马克思在作摘要时着重于实质性的东西,略过一些繁琐的地方,特别是摩尔根大量的道德上的评价。许多边线和着重线以及所加的问号和叹号都表明了马克思的态度。然而具有特别重要意义的是补充的那些语句;这些补充特别集中在关于希腊和罗马的那些章节。马克思往往给予摩尔根那些表述常常有些含糊不清的思想以准确的形式,把它们加以概括并剥出内核,从而进一步阐明。有时他也不同意摩尔根的观点。他对摩尔根所使用的第二手文献(其中主要是蒙森和格罗特)的大量评注,有时措辞尖锐,带有论战的味道。也有一些与摩尔根所提供的材料作历史对比的提示。

除了摩尔根的东西外,马克思在摘要里还引用了其他文献。例如,他以相当大的篇幅引用了格·弗·舍曼的《希腊的古迹》(1855年柏林版第1卷),因为该书汇编了根据史料加以论证的不少事实。他虽然对这位著作家评价不佳,称他为"学究"[1],但是,他同时也从他那里找出材料,纠正了摩尔根的部分受格罗特自由主义严重影响的有关希腊史

---

[1] 《马克思恩格斯全集》第1版第45卷第526页。

的观点。

另外，马克思审核了摩尔根和舍曼使用的古希腊罗马的史料，从原文查对这些史料，加以补正或用原文或译文补充新的证据。就希腊历史而言，这方面涉及的有荷马的史诗《伊利亚特》、埃斯库罗斯的《七雄攻忒拜》和《求援女》、修昔的底斯的史书以及普卢塔克的提修斯和梭伦传记（《比较传记》），有关罗马史的有狄奥尼修斯（哈利卡那苏的）《古罗马史》和普卢塔克的庞皮利乌斯·努马传记。

摩尔根只是在第二编第十五章（《人类其他部落中的氏族》）里简单地记述了日耳曼的情况。因此，马克思不久便完全放下了摩尔根，并回过头来研究原始史料，即凯撒的《高卢战记》和塔西佗的《日耳曼尼亚志》。其他古希腊罗马著作家的材料，他是从他所使用的约·奥·厄内斯特的塔西佗版本（1772年莱比锡版）的评注中开掘出来的。关于日耳曼人的摘录是《摩尔根摘要》的最后结尾。

恩格斯在序言里说明了他的研究方法："在后面的叙述中，读者大体上很容易辨别出来，哪些是属于摩尔根的，哪些是我补充的。在关于希腊和罗马历史的章节中，我没有局限于摩尔根的例证，而是补充了我所掌握的材料。关于克尔特人和德意志人的章节，基本上是属于我的；在这里，摩尔根所掌握的差不多只是第二手的材料……经济方面的论证，对摩尔根的目的来说已经很充分了，对我的目的来说就完全不够，所以我把它全部重新改写过了。最后，凡是没有明确引证摩尔根而作出的结论，当然都由我来负责。"①

恩格斯力求尽可能充分考虑《摩尔根摘要》所给出的提示，他写道："我这本书，只能稍稍补偿我的亡友未能完成的工作。不过，我手

---

① 《马克思恩格斯选集》第2版第4卷第3页。

中有他写在摩尔根一书的详细摘要中的批语,这些批语我在本书中有关的地方就加以引用。"① 甚至马克思所做的一些小小的区分和一些细微差别,也被恩格斯采纳了。例如,马克思在"控制"② 一词后用问号和感叹号来表示他对摩尔根的"达到了绝对控制食物生产的地步"③ 这一说法的怀疑。与此相应,恩格斯写道:"……达到了几乎绝对控制食物生产的地步。"④

与《起源》直接有关的用红笔画的边线和着重线证明了恩格斯对《摘要》的研究。在马克思对梅恩著作的摘录⑤里有类似的按语;在那里边有标记的地方也都与《起源》的论题有关,然而,其中只有一部分得以使用。恩格斯从拉伯克著作的摘要里引用了一些文献说明。⑥

从《起源》的章节划分就可以看出《摩尔根摘要》的影响。恩格斯在开头第一章(与摩尔根的第一编相应)之后,按照马克思的作法,在第二章就研究了家庭史,而摩尔根在第三编里才研究这个问题。第三至第八章用不同的篇幅写了摩尔根《古代社会》第二编以及《摩尔根摘要》相应章节的内容。易洛魁人是摩尔根研究的出发点,恩格斯以此为例(第三章)来阐述一个正常运转的氏族社会的结构。从恩格斯1882年12月8日给马克思的信中提到的情况来看,马克思与恩格斯恰恰谈论过易洛魁人。希腊,特别是雅典(第四和第五章)和罗马(第六章)使恩格斯有可能借助一目了然的材料来阐述氏族社会变为国家组

---

① 《马克思恩格斯选集》第2版第4卷第2页。
② 《马克思恩格斯全集》第1版第45卷第332页。
③ 摩尔根:《古代社会》1977年商务印书馆版第18页。
④ 《马克思恩格斯选集》第2版第4卷第18页。
⑤ 参看本文"关于写作以前的情况"一节第2段。
⑥ 《马克思恩格斯选集》第2版第4卷第37—38页。

织的社会。这是马克思也特别关注的问题。他的补充和批注大量出现在《摩尔根摘要》的相应章节里。克尔特人（第七章）和日耳曼人（第七和第八章）是恩格斯完全独立地探讨的。他在摩尔根那里只发现一些微不足道的提示和线索。马克思在摘要里也很少使用摩尔根，而是回过头去研究第一手材料。结尾的第九章在摩尔根那里没有，因而在《摩尔根摘要》里也没有直接相应的内容了。恩格斯在这里把从具体的历史例证中获得的认识汇集起来，做出理论总结。像马克思在《资本论》（恩格斯在这里明确地提到它①）里用英国这一典型例子来阐述和概括资本主义生产方式的产生过程一样，恩格斯分析了当时已知的欧洲土地上最早的对抗性社会形态的形成，并展示了在世界范围内消灭剥削制度的前景，以此结束了全文。

可见，恩格斯的写作方法在各章都有所不同。在第一章（史前各文化阶段，《马克思恩格斯选集》第2版第4卷第18—24页）里，他总的来说是严格以摩尔根为依据的，但是作了两处重要的改动：第一，他明确地以人类起源于动物界为出发点，而摩尔根则不谈这个引起争议的问题，只是谈到"人类是从发展阶梯的底层开始迈步"②。第二，他认为"蒙昧时代"和"野蛮时代"之间的重大转折不是由于制陶术的发明（这虽然是重要标准之一，但却是从属的标准），而是由于猎人、渔民、采集者获取食物的经济方式转向农夫和畜牧者生产食物的经济方式。③他在题为"根据摩尔根"④的笔记里，已经写下了这个思想的萌芽。实

---

① 《马克思恩格斯选集》第2版第4卷第158页。
② 摩尔根：《古代社会》第3页。
③ 《马克思恩格斯选集》第2版第4卷第24页。
④ 《马克思恩格斯全集》历史考证版第1部分第29卷第3页。

际上今天那场开创新石器时代的"生产力的农业革命"被视为人类历史上的一个决定性转折,因为在这段时期,创造了形成稳固的剩余产品的先决条件。

恩格斯使这一章具有绪论和导向的性质。就社会性的结果,即该书的本题来说,他指出这是"我们此次邀游终了时将展现在我们面前的那幅图景";只是在那个时候,才能"充分看到从野蛮时代到文明时代的过渡以及两者之间的显著对立"。①

恩格斯在第二章(家庭,前引书第24—82页)里首先解释了摩尔根从所考察的亲属制度去推断以前存在过的家庭形式的推断方法,然后概括了他对家庭最早的发展阶段的假说。他用了比摩尔根更大的篇幅阐述巴霍芬的研究成果,并强调指出,原始的杂乱性关系、母系和妇女统治的发现是巴霍芬的三大功绩。② 正如早在1883年3月2日给考茨基的信中所做的那样,恩格斯把巴霍芬研究的科学内容同他给予这些研究的神秘形式区分开来。

恩格斯把注意力集中在导致现代家庭形成的"新的、**社会的**动力"③ 上。摩尔根已经着重指出财产及财产继承的作用。马克思用罗马人的例子强调了巨大的社会关系:"现代家庭在萌芽时,不仅包含着servitus(奴隶制),而且也包含着**农奴制**,因为它从一开始就是同田野耕作的**劳役**有关的。它以**缩影**的形式包含了一切后来在社会及其国家中广泛发展起来的对抗。"④ 恩格斯引用了这段话,⑤ 而且把它作为自己进

---

① 《马克思恩格斯选集》第2版第4卷第24页。
② 《马克思恩格斯选集》第2版第4卷第27、38、46页。
③ 《马克思恩格斯选集》第2版第4卷第50页。
④ 《马克思恩格斯全集》第1版第45卷第366页。
⑤ 《马克思恩格斯选集》第2版第4卷第55页。

行分析的基础。他密切关注从古代、中世纪直到现代的婚姻的发展，最后提出婚姻发展前景的问题。他认识到，把无产者妇女吸收到生产过程中去，是恢复妇女平等地位的基础，从而认识到以相互尊重和爱慕为基础的未来两性关系的可能性。

第三章（易洛魁人的氏族，前引书第82—97页）在很大程度上是以摩尔根的第二编第二至五章为根据的。恩格斯一再利用机会来与他早就感兴趣的日耳曼人的情况相比较。① 对他来说重要的是，他在这里有可能去叙述"还不知有国家"的，因此也还不知有"与全体固定成员相脱离的特殊的公共权力"的社会，毛勒研究了这种公共权力在中世纪德国逐渐"从马尔克、乡村、农户、城市等最初的组织中产生，和与之并行产生的情形"②。

但是与摩尔根不同，恩格斯还看到了这个社会的局限性，因为它的前提是"人类差不多完全受着同他异己地对立着的、不可理解的外部大自然的支配"。"这种自然形成的共同体的权力必然要被打破，而且也确实被打破了。不过它是被那种使人感到从一开始就是一种退化……的堕落的势力所打破的。"③ 可见他在这里就已经突出了社会进步的矛盾性。

恩格斯在第四章（希腊人的氏族，前引书第97—107页）里探讨了希腊史的氏族根源，对此摩尔根曾第一次依据易洛魁人的氏族做过阐释。马克思和恩格斯（追随马克思）发展了摩尔根的论证，他的论证是针对在欧洲学者那里流传的把贵族的和君主政体的统治形式非历史地

---

① 《马克思恩格斯全集》第1版第35卷第120页。
② 《马克思恩格斯选集》第2版第4卷第94页。
③ 《马克思恩格斯选集》第2版第4卷第96、97页。

回溯到原始时代。马克思按照摩尔根的观点把以王(巴赛勒斯)、议事会(bule)和人民大会(agora)为特征的荷马时代的社会制度理解为"**一种军事民主制**"①,恩格斯赞同马克思的意见。② 随着"军事民主制"这个概念的出现便找到了一个在氏族制度和国家制度之间的过渡阶段中适用范围广泛的术语。马克思和恩格斯认识到,"荷马时代",即公元前8世纪,是希腊阶级社会和国家形成的条件业已成熟的转折点。

恩格斯在第五章(雅典国家的产生,前引书第107—118页)里研究了这个过程。他写道:"各种形式的更替,基本上已由摩尔根描绘出来了;我所要补充的,多半是引起这种形式更替的经济内容。"③ 因此,恩格斯详细阐释了商品生产和货币经济的产生,导致生产者失去了对自己的产品的支配权力,社会分裂为穷人和富人。他指出,梭伦的改革打通了向古希腊罗马类型的国家发展的道路。

恩格斯决不怀疑国家的镇压功能,即国家作为统治阶级的权力机构的性质。但是,他同样也指出了国家的必要性,它的进步的历史作用。最后,他认识到雅典迅速崩溃的原因:"所以,使雅典灭亡的并不是民主制,像欧洲那些讨好君主的学究们所断言的那样,而是排斥自由公民劳动的奴隶制。"④

恩格斯在第六章(罗马的氏族和国家,前引书第118—129页)里叙述得比较简单,因为同希腊发展的大量相似之处是显而易见的,况且早期的原始资料既贫乏又不可靠。恩格斯根据马克思和蒙森的论战⑤突

---

① 《马克思恩格斯全集》第1版第45卷第512页。
② 参看《马克思恩格斯选集》第2版第4卷第105页。
③ 《马克思恩格斯选集》第2版第4卷第107页。
④ 《马克思恩格斯选集》第2版第4卷第117—118页。
⑤ 参看《马克思恩格斯全集》第1版第45卷第539页。

出了早期罗马的"王政"的氏族职能。同在雅典一章里的做法一样，他强调指出从氏族社会向组织为国家的社会过渡的革命性质，他认为其原因就在于平民和 populus 之间的斗争。他扼要地叙述了以大土地所有者的胜利而告终的共和国内的阶级斗争；同希腊一样，罗马也是由奴隶制而引起危机的，因此，恩格斯在最后一句话里就过渡到罗马帝国的征服者，"德意志野蛮人"① 了。

恩格斯在第七章（克尔特人和德意志人的氏族，前引书第129—146页）里，提到摩尔根的地方就很少了。他可以依据自己多年研究所获得的材料。② 有些具体的地方，他也使用了马克思的梅恩著作摘要，还在1883年他就认为："虽然克尔特的 clan，罗马的 gens，德意志的 Geschlecht——都是一个部落的分支，但是它们之间存在重大的差异，而且它们的起源肯定也是不同的。"③ 这时他则强调现有的或流传下来的制度及其残余的共有的氏族性质。

关于日耳曼人（按照当时仍流行的术语称"德意志人"）一节，恩格斯是以语言学研究开始的。他从日耳曼民族法（野蛮人法典）的术语中推断出氏族继续存在到中世纪早期。然后，他根据塔西佗的著作叙述了公元1世纪日耳曼人中典型的氏族社会的特征。他从所列举的文化成就——同样也是根据塔西佗的著作——得出的结论是，日耳曼人"刚从野蛮时代中级阶段进到高级阶段"④。恩格斯在叙述直到民族大迁徙时代以前手工业的进步时，使用了他在过去的研究中所获得的考古学

---

① 《马克思恩格斯选集》第2版第4卷第129页。
② 参看本文"前提、资料和工作方法"一节第8—10段。
③ 《马克思恩格斯全集》第1版第35卷第449页。
④ 《马克思恩格斯选集》第2版第4卷第143页。

知识。

恩格斯在第八章（德意人国家的形成，前引书第146—157页）里也以很大的篇幅使用了他在研究其他问题时已经开掘的资料。[①] 另外，他利用了厄·泰·高普的《罗马帝国西部各行省的日耳曼移民区和土地分配……》（1844年布雷斯劳版）一书。

恩格斯在概述了公元1世纪由日耳曼部落和部落联盟移民的地区内的发展情况后，颇为详细地探讨了罗马帝国后期西部诸行省的社会经济状况，这些行省就成为早期日耳曼国家成立的场所。他指出了以奴隶制为基础的社会制度所陷入的深刻危机："……奴隶制在经济上已经不可能了，而自由民的劳动却在道德上受鄙视。……只有一次彻底革命才能摆脱这种绝境。"[②] 因此，打碎罗马后期的国家机构便提到议事日程上来了。

日耳曼占领者在5世纪打碎了这个国家机构。他认为，日耳曼人能使西欧从罗马帝国后期的停滞状态摆脱出来并返老还童的关键，就在于日耳曼人的氏族制度。他以此进一步阐发了他在《法兰克时代》[③] 中写的西欧封建主义形成的理论，同时反驳了对罗马—日耳曼关系所作的民族主义解释，这种解释是为了给威廉帝国时期针对法国的世仇宣传寻找历史根据服务的。

恩格斯在第九章（野蛮时代和文明时代，前引书第158—179页）里做了理论总结，他汇集了国家的各种历史发展路线，并研究了国家在

---

① 参看本文"前提、资料和工作方法"一节第8—10段。
② 《马克思恩格斯选集》第2版第4卷第150页。
③ 《马克思恩格斯全集》第1版第19卷第539—599页。

过去和现在的一般特征。他在本章一开始就指出，马克思的《资本论》① 是他写这一章的主导思想。他研究了"那些在野蛮时代高级阶段已经破坏了氏族社会组织，而随着文明时代的到来又把它完全消灭的一般经济条件"②。恩格斯在叙述"文明时代"，即阶级社会和国家产生的条件时，也揭示了它们作为历史的，因而也是暂时的产物的性质。这样他便成功地比以往更深刻地论证了工人阶级的历史使命。原来只是设想概括一下别人的著作，而现在却成了一部历史唯物主义的基本著作。

## 关于出版情况

恩格斯在该著写成以前，就写信谈过出版的事宜。起初他想在合法出版的斯图加特的《新时代》——德国社会民主党的理论刊物上刊登，并单行出一本小册子。③ 考茨基也立即得到了狄茨的同意④（他的出版社负责出版《新时代》杂志），并把这事告诉了恩格斯。⑤ 但是，在恩格斯不久决定由"概括"改为独立叙述时，他对在合法报刊上刊载表示有所顾虑。他写道："关于一夫一妻制那一章，以及关于私有制是阶级矛盾的根源和破坏古老公社的杠杆的那最后一章，我根本**不可能**写得适合反社会党人法的要求。"⑥ 他劝考茨基和伯恩施坦，不要因为一篇

---

① 《马克思恩格斯选集》第2版第4卷第158页。
② 《马克思恩格斯选集》第2版第4卷第158页。
③ 《马克思恩格斯全集》第1版第36卷第132页。
④ 1884年4月2日狄茨致考茨基的信。阿姆斯特丹国际社会史研究所藏《考茨基遗著》。
⑤ 1884年4月7日考茨基致恩格斯的信。
⑥ 《马克思恩格斯全集》第1版第36卷第143—144页。

文章而让整个杂志担风险,并建议把这篇东西印成小册子,"或者在苏黎世印,或者照《妇女》一书处理。这就是你们的事情了"。① 《妇女》一书指的是倍倍尔的书,该书第2版即秘密版是1883年在斯图加特狄茨印刷所印刷的,但用的是苏黎世出版商沙贝利茨的书局的名义,书名是《妇女的过去、现在和未来》。

考茨基虽然认为可能"有些风险",原因正是反社会党人法的延长尚悬而未决,但是他也不愿相信德国政府胆敢予以查禁。当然他也表示,他得"听从"李卜克内西和处事十分谨慎的狄茨的意见,并请求无论如何把手稿寄给他。② 5月中旬恩格斯认为,应考虑印成单行本。③ 1884年5月22日,恩格斯在寄出第1—8章的稿子的同时写信给伯恩施坦和考茨基:"你们可以看到,这部著作对于德国**合法的**市场是不适宜的;请仔细考虑,是否用一个假公司的名义,在斯图加特出版,或者马上就在苏黎世出版,请写信告诉我。从《普鲁士烧酒》以来,**凡是有我署名的东西**一律被查禁。"④ 他建议考茨基先在《新时代》发表第二章(家庭),删去有关专偶制的引起争议的论述。⑤ 考茨基通报说将立即与狄茨商谈,他想根据他们商谈的结果再拿出进一步的建议。⑥

这期间考茨基和狄茨之间发生意见分歧,因为后者想任用社会民主党国会党团右翼的主要代表威·布洛斯为《新时代》的责任编辑。考茨基把实情告诉了恩格斯,并补充说,在这样的情况下,他也将不使用

---

① 《马克思恩格斯全集》第1版第36卷第144页。
② 1884年4月29日考茨基致恩格斯的信。
③ 参看《马克思恩格斯全集》第1版第36卷第147页。
④ 《马克思恩格斯全集》第1版第36卷第148页。
⑤ 《马克思恩格斯全集》第1版第36卷第147、149页。
⑥ 1884年5月24日考茨基致恩格斯的信。

提前发表一章的授权。① 伯恩施坦建议，如果面对狄茨，考茨基不能达到目的，那就该在苏黎世出版小册子。为了正式发行，沙贝利茨或者瑞士或奥地利的别的书商都可以考虑。"至于这本书在党内的传播，我是无需顾虑的。"②

与狄茨的分歧按考茨基的意愿解决了，因此又有可能在斯图加特出书。考茨基答复恩格斯1884年6月21日来信的询问时说，他和狄茨尚未就包括讨论印制方式在内的事项交换意见。③ 考茨基1884年7月7日写信告诉恩格斯，他最后通牒式地催促狄茨作出决定，但同时也考虑在奥地利出版。恩格斯答复说："同狄茨打交道是件麻烦的事。要是他不置可否，那就不能再等待他的答复。对我来说重要的是，让这本东西出版，其次，使它不致立即被大批没收。这两条只有在瑞士才能具备。只有在**万不得已的情况下**才能同意在奥地利出版……"④

狄茨同意在《新时代》上先行发表"恩格斯的文章"，而且也表明准备承担小册子的出版，但没有提出他的条件，然而暗示他担心经济上有亏损。⑤ 考茨基认为这封信是变相表示拒绝，并回信说："是我请求恩格斯把这本小册子的发行工作委托给您的，因为我相信您希望这样。

---

① 1884年5月29日考茨基致恩格斯的信。
② 《恩格斯与伯恩施坦通信集》1982年人民出版社版第342页。
③ 1884年6月23日考茨基致恩格斯的信。
④ 《马克思恩格斯全集》第1版第36卷第176页。
⑤ 1884年7月8日狄茨致考茨基的信。阿姆斯特丹国际社会史研究所藏《考茨基遗著》。

我认为这不是为恩格斯而是为您效劳。"① 狄茨立即声明他决定放弃。②

考茨基与反社会党人法时期德国社会民主党的出版社霍廷根—苏黎世人民书店出版社社长施留特尔磋商。1884年7月16日他告诉恩格斯，人民书店出版社愿意承担出版，先印5000册，其中4000册是为工人发行的平装本，1000册是为资产者发行的精装本。精装本将交给书商沙贝利茨发行。沙贝利茨在莱比锡有一个代理商，经销禁售的书。考茨基还对书的字体、开本大小和纸张提出了详细建议。恩格斯立即表示同意，同时还注意到了一些琐碎小事："我们的工人如能像阅读哥特字体那样自如地阅读拉丁字体，我当然宁可要拉丁字体。开本大致同《发展》一样就行，倍倍尔的《妇女》开本太大。"③

于是立即着手在苏黎世印刷。一个星期后，第一印张就寄给了恩格斯，④ 不久，恩格斯校对后又寄了回去。他在附信中写道："今后校样也随时立即寄还。不过我要请求尊重我的正字法，我没有任何理由在我老年的时候，还让人来对我进行 Zivilisieren〔开化〕，Zentralisieren〔统一〕，甚至 Zitieren〔传唤〕。"此外，他同意施留特尔把书价分别定为0.80马克和2.00马克的建议，并请他把清样寄来，印完之后，请他寄来"精装"25本，平装5本。⑤ 恩格斯即使在英吉利海峡沃辛的休假地

---

① 1884年7月10日考茨基致狄茨的信。阿姆斯特丹国际社会史研究所藏《考茨基遗著》。

② 1884年7月12日狄茨致考茨基的信。阿姆斯特丹国际社会史研究所藏《考茨基遗著》。

③ 《马克思恩格斯全集》第1版第36卷第177页。

④ 1884年7月26日施留特尔致恩格斯的信。

⑤ 《马克思恩格斯全集》第1版第36卷第185、186页。

时,也请人把校样给他寄去,① 第三和第四印张他就是在那里收到的。施留特尔还建议,书印好后,给他留下50册。② 施留特尔把总共9个印张的最后几个印张作为附件随1884年9月19日的信寄出。显然恩格斯马上就进行校对,并在不久后收到头7张清样。他在10月1日把他寄回校样的事告知施留特尔。两天后,他收到了最后两个印张的清样,而且还挑出三个印刷错误。③ 这些印刷错误无法再加以更正,因为1884年9月30日《起源》已印好,④ 并且,德国社会民主党非法的中央机关报《社会民主党人报》于1884年10月2日宣布该书"刚刚出版"。恩格斯在10月11日就已经给倍倍尔寄去一本,⑤ 10月中旬"已经向世界各地分送了三十多本"。⑥

## 关于直接影响和传播

《起源》在写成之前,大家就已急切地盼望它的手稿问世。考茨基在1884年4月29日答复恩格斯4月26日的信时这样写道:"我早就高兴地盼望着关于摩尔根的文章。你的信使人预感到它将引起一场彻底的革命。……我认为,摩尔根只有通过马克思和你才会达到他的革命意义。"伯恩施坦和考茨基"兴高采烈"地收到了第一个邮件。⑦ 伯恩施

---

① 《马克思恩格斯全集》第1版第36卷第191页。
② 1884年8月9日施留特尔致恩格斯的信。
③ 《马克思恩格斯全集》第1版第36卷第213页。
④ 1891年4月22日尤·莫特勒致恩格斯的信。
⑤ 《马克思恩格斯全集》第1版第36卷第214页。
⑥ 《马克思恩格斯全集》第1版第36卷第221页。
⑦ 1884年5月24日考茨基致恩格斯的信。

坦在初读以后，于5月29日写信给恩格斯说："你对摩尔根著作的论述对我们来说是文献沙漠里的一块真正的绿洲，我们可以从中吸取丰富的养料。"

在付印期间，就开始做出种种努力，以确保在反社会党人法条件下使该著作得以广泛传播。考茨基在1884年8月18日请求恩格斯允许在《新时代》上预告《起源》的出版，并准许转载序言。此外，他还表示打算按照清样为资产阶级报纸《法兰克福报和商报》写一篇简介。同时伯恩施坦写信给恩格斯，表示支持考茨基的计划并建议让沙贝利茨把清样寄给"几个少数较好的杂志社和几个接近我们的大学教师"。他提到的有巴塞尔的卡·毕希尔、弗赖堡的阿·图恩和维也纳的工人领袖维·阿德勒。① 伯恩施坦和考茨基希望能通过事先发表权威性的书评来防止这部著作遭到查禁。恩格斯1884年8月22日的复信持怀疑态度，他写道："至于我的小册子应该怎么办，你们一定能比我做出更好的判断。你们认为怎样合适，就怎样办吧。但是，我敢打赌，它会遭到查禁的。"②

考茨基在9月份的《新时代》③ 上用"弗里德里希·恩格斯的一本新书"为题预告了《起源》的出版。他强调说，马克思和恩格斯的每一部著作都是"划时代的成就"，而"恩格斯的这本书就属于最重要的成就之一"。他首先介绍了该著作的写作情况，同时直接和间接地使用了序言第一部分的一些说法。他强调指出该书对唯物主义历史观的价

---

① 《恩格斯与伯恩施坦通信集》1982年人民出版社版第342页，另参看第368—369页。
② 《马克思恩格斯全集》第1版第36卷第203页。
③ 1884年斯图加特版第2年度第9期第420—422页。

值，并概括说："不久将出版的这本书实质上是三个人的集体著作，他们每一个人毕生都在出色地致力于研究社会的发展。从一开始就可以认为，这样一部著作必然对史前史的研究具有根本意义……内容将证明我们的期待绝不会落空的。"接下来是转载序言的第二部分。考茨基在文章结尾表示希望，"不久可以更深入地再次研究这部十分有趣的著作"。考茨基为《法兰克福报和商报》写的文章被采用，① 并以"卡尔·马克思的遗著"为题作为评论于 1884 年 9 月 19 日发表。考茨基在文中赞扬恩格斯的著作是"自马克思的《资本论》出版以来"社会主义文献的"最重要的成就"。他指出，马克思认为原始史的考察对于创立唯物主义世界观具有重大意义，并称这部著作是马克思和恩格斯在原始史领域里的研究成果。

继 9 月 11 日预告后，《社会民主党人报》于 1884 年 10 月 2 日宣布《起源》"刚刚出版"。鉴于即将来临的帝国国会选举，编辑部在该号报纸上发表了恩格斯关于普选制是测量工人阶级成熟性的标尺的论述。②

《社会民主党人报》在 1884 年 10 月 23 日和 11 月 6 日刊登了考茨基的评论，这篇评论首先于 9 月 22、23 和 24 日，也就是还在这本书发行前，曾发表在《纽约人民报》上。考茨基用"弗·恩格斯的新著"为题，直接依据恩格斯的序言叙述了这部著作的写作过程，并逐字逐句发表了几段摘要。

恩格斯收到了一些与《起源》有关的提示和询问。伊·埃伦弗罗恩德请他参阅罗马诗人奥维狄乌斯的一段话，那里的"Soror"（同胞姊妹）的意思是姐妹同时也是情人，并要他注意中国人和吉卜赛人的婚姻

---

① 1884 年 9 月 17 日考茨基致恩格斯的信。
② 参看《马克思恩格斯选集》第 2 版第 4 卷第 173—174 页。

习俗。① 较为重要的是爱·福尔坦1885年12月25日向恩格斯提出的询问，因为它关系到亨·施利曼的考古发掘对于希腊早期史的重要意义，他问道："我们在阅读亨利希·施利曼关于伊留的这本书时是否有所收获？这本书里是否载有关于希腊英雄时代的资料？"恩格斯的答复我们不得而知。

1890年6月16日沙·博尼埃在给恩格斯的信里对马克思批判理·瓦格纳关于原始历史上的兄弟姊妹婚姻的叙述（恩格斯把这个批判收进了《起源》②）提出异议。恩格斯的复信同样尚未找到。然而他在第4版里详述了这一事实情况。③

在约·布洛赫1890年9月3日向恩格斯提出的质疑中谈的也是兄弟姊妹婚姻的问题。恩格斯在1890年9月21日的复信里远远超出了上面提到的问题，解释了历史唯物主义的基本表述。同时，他给序言里的一个定义作了一处重要的补充，从而使之更加准确，该补充后来收入第4版。④

鲁·海·迈耶尔为这部"非凡的著作"的出版向恩格斯表示祝贺。他说，这部著作他看了一遍又一遍，他将在整理自己对南方斯拉夫的扎德鲁加的田野研究时利用这部著作，并以这部著作作为他计划要写的论土地法的著作第一章的依据。⑤

---

① 1890年初和1890年3月21日伊·埃伦弗罗恩德致恩格斯的信。
② 参看《马克思恩格斯选集》第2版第4卷第33—34页。
③ 参看《马克思恩格斯选集》第2版第4卷第33—34页。
④ 参看《马克思恩格斯选集》第2版第4卷第2页。
⑤ 1884年12月25日和1885年1月2日鲁·海·迈耶尔致恩格斯的信；参看《恩格斯与保尔·拉法格、劳拉·拉法格通信集（一）》，1979年人民出版社版第344页。

1887年12月9日在《社会民主党人报》上发表的考茨基撰写的恩格斯传记，也确切地阐述了《起源》同摩尔根的书相比所具有的新质。文中写道，马克思和恩格斯曾打算，粉碎资产阶级学术界"闭口不提"的策略，介绍并扩展摩尔根的研究。"在这种情况下就需要……弥补摩尔根研究的历史缺陷，把这个研究纳入马克思和恩格斯的唯物主义历史观的框架之中，并把唯物主义的史前史和历史融合为一个统一的发展顺序。起码这一点是这本146页的书所取得的成就。"

　　恩格斯著作的理论内容和现实意义很快在德国工人运动和国际工人运动中得到正确的评价和重视。倍倍尔感谢恩格斯寄的书，并在1884年11月24日给恩格斯写信说："还有你的《家庭起源》也是一部杰作，而且恰合时宜。你这样大年纪仍勤奋写作，使党大受裨益，令我十分兴奋；归根结底，卓越的文献著作是党一切活动的基础。"不久后他又评论说："恩格斯的著作……是党的一个成就；希望尤其是领导人研究这部著作，而不只是读读而已。"①

　　《起源》关于生产资料私有制、阶级、阶级斗争和国家形成的历史，关于国家的本质和运行机制及其在社会各形态发展进程中的变化的论述广为传播。倍倍尔在1886年10月12日向党员和工会会员阐述了这一系列思想，②并于1889年4月4日在德国议会的养老和残疾人保险的辩论中也阐述了这些思想。威·李卜克内西以"家庭和国家的起源"为题，在半月刊《现实的和理想的国家和公民》（1889年布雷斯劳版第

---

　　① 《恩格斯和倍倍尔通信集》1985年人民出版社版第229页。1884年12月15日奥·倍倍尔致施留特尔的信，载于《演说和著作选》（1878—1890年第2卷）1978年柏林版第2册第154页。

　　② 倍倍尔：《1886年10月12日在中央礼堂举办的德累斯顿木工行业协会创办四周年纪念日上的祝词》1886年德累斯顿版。

3期第37—49页）上发表了一篇署名为"ms"（miles）的《起源》的导读文章。他指出，从恩格斯的著作里可以获得对当今国家本质的充分认识。他几乎逐字逐句引用了恩格斯关于国家是各个时代最强大、经济上占统治地位的阶级的统治工具的论断。他像恩格斯那样引用了摩尔根的结论：为了人类的进步，"文明"必将被战胜。①

《起源》对争取妇女平等的斗争产生了深刻影响。这主要涉及有关原始社会中妇女的受人尊重的地位，有关婚姻和家庭产生的历史过程以及把妇女吸收到工业大生产中去是妇女取得社会独立的重要前提的论述。1885年1月1日《社会民主党人报》刊载的《社会民主主义和妇女劳动》一文，引用了《起源》几段明确指出妇女的解放同其职业活动密切相关的引文。1886年8月11和18日的《社会民主党人报》发表了美国社会主义者弗·凯利-威士涅威茨基《社会民主主义和妇女劳动问题》一文，她在文中引用了《起源》中论述无产者婚姻的一段话。

倍倍尔从他的《妇女和社会主义》一书的第9版起，主要是在《妇女的过去》一章里借用了《起源》的一些重要认识。他这样写道，《起源》促使"我去审查我的书涉及妇女的原始地位和人类史前史的历史部分的正确性，于是我不得不认识到，这一部分是不可能原封不动了，需要作根本性的修改"②。倍倍尔原计划在1886—1887年被监禁期间改写，但是计划落空了，他没有收到他自己这本书，因为在实施反社会党人法的情况下，倍倍尔这部书受到了查禁。他是在1890年11—12

---

① 1889年布雷斯劳版半月刊《现实的和理想的国家和公民》第3期第45和48页。

② 奥·倍倍尔：《妇女和社会主义〈妇女的过去、现在和未来〉》1891年斯图加特版修订版第9页。

月修改此书的。从 1891 年 2 月至 8 月，倍倍尔的书售出 26000 册。1895 年已发行第 25 版。通过评论恩格斯这本"杰出的、基本著作"①，倍倍尔发动他的读者亲自去阅读《起源》。在争取妇女平等的斗争中，这两部著作的思想对革命的工人运动都具有决定性的影响。

80 年代和 90 年代初期，《新时代》上发表了一系列文章，这些文章的作者明确地引用了《起源》，并在立论中均以恩格斯的思想为依据。考茨基在他的文章《结束语》② 里与洛贝尔图斯的追随者卡·奥·施拉姆进行辩论，并援引恩格斯的著作反驳了施拉姆所维护的洛贝尔图斯的论断：家庭是所有社会机构的胚细胞。考茨基还在《现代民族》③ 一文里，根据《起源》阐述资本主义社会制度和资本主义国家的历史局限性和暂时性，并得出工人阶级要起来斗争的结论。亨·库诺在他的《达尔文主义反对社会主义》④ 一文里，把《起源》所论证的关于原始历史的马克思主义观点与社会达尔文主义者路·龚普洛维兹的种族理论做了对比。

保·康普夫迈耶尔评论 Fr. S. 克劳斯《南方斯拉夫人的习俗》⑤ 一书时指出，作者的阐述证明了摩尔根和恩格斯的观点的正确性。布·舍恩兰克在他的《伊利亚特和氏族制度》⑥ 一文里也谈到摩尔根和恩格斯。他认为，若要理解他的阐述，"起码先得具备恩格斯这本书的知识"。

---

① 奥·倍倍尔：《妇女和社会主义〈妇女的过去、现在和未来〉》1891 年斯图加特版修订版第 9 页。

② 1885 年第 3 年度《新时代》杂志斯图加特版第 224—232 页。

③ 1887 年第 5 年度《新时代》杂志斯图加特版第 392—405、442—451 页。

④ 1890 年第 8 年度《新时代》杂志斯图加特版第 326—333、376—386 页。

⑤ 1888 年第 6 年度《新时代》杂志斯图加特版第 41—45 页。

⑥ 1890 年第 8 年度《新时代》杂志斯图加特版第 39—43 页。

尤其是保·拉法格表示《起源》对他有所启发。① 他的论文，例如《母权制。家庭起源的研究》② 以及《婚礼歌曲和习俗。家庭形成的研究》③ 也用德文发表了，这些论文把《起源》作为出发点，而且经常引用恩格斯的话。

在法国，保·拉法格和爱·福尔坦是《起源》的最积极的宣传者。两人都对翻译这部著作感兴趣。④ 拉法格希望《起源》的法译本，像先前恩格斯的《空想社会主义和科学社会主义》一样，对法国社会主义运动的理论发展也产生相同的促进作用。这个影响将不局限于社会主义范围，"因为您给人类学家和社会学家送去阿里安纳线，他们是会衷心喜悦的。还有，您的文体简直不像是德国人的文体，恰恰适合法国人的口味"⑤。后来转载于《新时代》上的他的论文《母权制》，最先于1886年3月1日发表在《新评论》上，题为《母权制，家庭起源的研究》。它受到恩格斯的赞赏，⑥ 而且第一次向法国的广大读者介绍《起源》的思想。拉法格在他的论所有制历史的文章里，也多次引用过恩格斯的这本著作。

福尔坦在博韦（瓦兹河）为工人主办一个学习政治经济学的讲座。

---

① 参看《恩格斯与保尔·拉法格、劳拉·拉法格通信集（二）》1981年人民出版社版第80页。

② 1886年第4年度《新时代》杂志斯图加特版第241—251、289—303页。

③ 1887年第5年度《新时代》杂志斯图加特版第14—21、79—85、97—105页。

④ 参看《马克思恩格斯全集》历史考证版第1部分第29卷第617—618页。

⑤ 《恩格斯与保尔·拉法格、劳拉·拉法格通信集》1979年人民出版社版第386—387页。

⑥ 《马克思恩格斯全集》第1版第36卷第459页。

他以浓厚的兴趣阅读了《起源》①，并以《起源》为依据专门有一讲讲授"政治经济学第一页"②。

80年代中期参加奥地利工人运动的阿·波普从《起源》和倍倍尔的《妇女和社会主义》一书中获得重要启发，努力把女工吸收到社会主义运动中来。

爱·艾威林和爱琳娜·马克思－艾威林在他们1887年于伦敦出版的小册子《妇女问题》里引用了《起源》。威·莫里斯的诗作也受到了恩格斯这部著作中的思想的影响。

《起源》还反过来促进了摩尔根的《古代社会》的传播。它推动了把该著译成德文，③ 该著于1891年在斯图加特由狄茨出版社出版。狄茨在筹备阶段就问恩格斯，他是否认为这个方案是合乎愿望的，并向他了解一些出版技术的细节。恩格斯肯定立即作了答复，因为狄茨在1888年5月19日对恩格斯的"提供信息的信"表示感谢，这封信打消了狄茨对该方案的最后的疑问。恩格斯也直接写信请求被确定为译者的威·艾希霍夫接受这项任务，这是从1888年6月2日艾希霍夫的回信中得知的。另外，从这封回信以及1888年6月30日和11月26日的另两封信中获悉，艾希霍夫把手稿或者至少是其中的一部分曾寄给恩格斯审阅。现在还没有确切的材料说明恩格斯直接参与过翻译。然而可以肯定，《起源》对译文的术语产生了强烈影响。例如恩格斯摘自摩尔根的译成德文的引文尽可能被逐字逐句地照搬了。恩格斯在《起源》的第4

---

① 1885年12月6日爱·福尔坦致恩格斯的信。
② 1885年12月25日爱·福尔坦致恩格斯的信。
③ 路·亨·摩尔根《古代社会，或人类从蒙昧时代经过野蛮时代到文明时代的发展过程的研究》由威·艾希霍夫与考茨基合作从英文转译。

版序言里提到了摩尔根一书的德文译本。① 显然他预见到这两部著作在它们的影响方面将相得益彰。

恩格斯的著作在政治、文学和专业杂志上受到重视。恩格斯曾给伦敦的《正义报》编辑部寄送一本《起源》,② 该报1884年11月8日第43号刊登了一篇评论。E.哈利尔的一篇短评发表在《文学信使。当代精神生活和藏书家信息公报……》（柏林版第6年卷，1886年8月15日第21期第301页）上。这位作者全盘否定恩格斯的成果，而不肯下功夫去给以论证，不过最终却指出："凡是对社会问题感兴趣的人，都应该读一读这本书。人们可能不是对所有结论都表示赞同，但是这本书一定会给人以启迪。"这篇文章的清样寄给了恩格斯。③《历史科学年度报告》④只预告了该书的出版。《国民经济和统计年鉴》（1885年耶拿版第45年卷新编第11卷第180页）发表了一篇署名"阿德勒博士"的短评。短评作者认为，这部著作的"最终目标"是，"证实文明世界及其基础：家庭、私有制和国家的衰亡"。他写道，该文不探讨"历史基础在多大程度上是正确的"。书中所述个别事实虽然令人感兴趣，但却犯了阐述"带有倾向性"的毛病。阿德勒并没有进行客观的论述。另外，卡·兰普莱希特在上述同年卷第313—388页上发表的综合评论《1884年德国的经济史研究》（第340—341页）里提到了《起源》。这位著名的经济史学家写道，恩格斯在他对摩尔根研究进行加工（马克思曾有过同样的打算）时，"的确更多地从历史哲学的观点"来研究原始

---

① 《马克思恩格斯选集》第2版第4卷第15页。
② 《马克思恩格斯全集》第1版第36卷第221页。
③ 阿姆斯特丹国际社会史研究所：《马克思恩格斯遗著》。
④ 1883年第6年度。1888年柏林版第2册第406页；1885年第8年度。1889年柏林版第1册第178页。

所有制的历史，而对于发展的历史细节则研究较少。资产阶级方面只是后来才对这部著作的理论内容进行猛烈的抨击，而且主要是针对第4版。

考茨基的作品对于"促使我们的人去订购这本书"①，应该说是有贡献的，尽管有种种不利的外部条件，销路仍然很好。一是通过党的文献地下销售渠道出售，二是经沙贝利茨出版社经销。沙贝利茨那里在9月中旬就已经收到预订了。② 但是，狄茨也再次表现出兴趣："狄茨不出版《起源》好像是受到了良心的谴责。他给施留特尔写信说，恩格斯那本小册子一定会广为传播，请给我多寄一些来。虽然这里有人说，这书已被查禁，但至今我还不知道这件事。③ 施留特尔满足了这个请求。他在1885年1月20日告诉恩格斯，狄茨要在德国推销这本著作。

1885年初，有关查禁该书的谣传越来越多。1885年1月6日哈根从波恩告诉恩格斯，至少通过书商从瑞士买不到该书；书商回信说，该书在德国被查禁了。人们纷纷询问恩格斯，从这些询问中他看出，是出版商沙贝利茨提供了这个情况。因此，恩格斯在1885年1月17日写信给施留特尔，请他查问一下。从施留特尔1885年1月20日的复信得知，不久前沙贝利茨寄给莱比锡代理商的一大批书曾被那里的海关没收，但过后又退还了。从那时起，代理商就拒绝销售该书，因为他因此招来许多麻烦。然而，沙贝利茨仍在办理来自德国的订购，而且经过向定购者询问以后打上封条邮寄。对此所使用的套语"所需物品只有打上封条方可寄送"，可能是引起德国书商猜测该书遭到查禁的原因。"反

---

① 1884年8月18日考茨基致恩格斯的信。
② 1884年9月17日考茨基致恩格斯的信。
③ 《恩格斯与伯恩施坦通信集》1982年人民出版社版第389页。

社会党人法交给政府一件武器，使它随时可以用这个武器来对付书商先生们，从那时起……这个恶棍如此怯懦、谨小慎微，以致如果不是顾客竭力想要一本政府不喜欢的书的话，那么书商就设法以种种借口拒绝预订。"不过施留特尔还是说："顺便提一下，销路很好，既使在书商那里也是这样。当然，工人们比其他各阶层的人买得多。"狄茨也说，销路是令人满意的。① 一年内售出约2000册。②

从1885年11月起，狄茨表示有兴趣接受版权。他打算在《国际文库》的范围内出第2版，以便能使该书通过书商合法发行，并请考茨基帮忙取得恩格斯的同意，他也在1885年11月6日或6日前不久得到了恩格斯的同意。③ 当天，他写信给施留特尔，询问该书库存情况并打听，假如在德国出第2版的话，是否可以取得一致。④ 他可能想再版该书。就恩格斯方面来说，虽然由于狄茨先前的态度而有所保留，但仍给施留特尔以全权，"完全"由他"酌定"。⑤

在这期间狄茨从施留特尔处获悉，还有一些库存，他表示愿意按优惠价格买1000册，同时，扉页要作相应改动。⑥ 1886年1月底谈判结

---

① 1885年1月20日海·施留特尔致恩格斯的信；参看《马克思恩格斯全集》第1版第36卷第283—284页。

② 1885年11月16日海·施留特尔致恩格斯的信。

③ 1885年11月3日和11日约·亨·威·狄茨致考茨基的信。阿姆斯特丹国际社会史研究所藏《考茨基遗著》。

④ 1885年11月6日约·亨·威·狄茨致海·施留特尔的信。阿姆斯特丹国际社会史研究所《施留特尔遗著》。

⑤ 《马克思恩格斯全集》第1版第36卷第374页。

⑥ 1885年12月3日约·亨·威·狄茨致海·施留特尔的信。阿姆斯特丹国际社会史研究所《施留特尔遗著》。

束。狄茨说，他将把接到的这批书申报为该书第2版。① 大约2月中旬，书从苏黎世寄往斯图加特，② 几星期后，狄茨就把这批书附上他的版本说明作为第2版即1886年斯图加特版发行了。扉页背面注明"印刷：瑞士合作印刷所，苏黎世"。恩格斯事后才了解这个在出版实践本身中并非不一般的做法。③ 对此恩格斯说道："'第2版'的事情引起一些担心，不过考虑到，这是两个完全不同的市场，'第1版'未必有碍于'第2版'，所以这件事不致有很大弊害。当然，我认为狄茨最好事先同我们商量一下。"④ 该著总算以这种方式打进德国正式的图书发行业中，狄茨说，"书销售顺利"⑤。

如同1886年一样，狄茨处理了1884年在苏黎世发行的该书的最后一批存货。他请人把这些书作为"第3版"，即1889年斯图加特版，一部分作为1890年斯图加特版发表，当然这次就不说明在苏黎世印刷了。1890年4月初还有少量库存，⑥ 于当年售完。1891年3月9日考茨基致信恩格斯说，该著"不断有人求购"，恩格斯在1891年3月21日告诉弗·阿·左尔格，已卖出5000本。在新修订的第4版的序言（1891年6月16日作）里恩格斯指出："本书以前各版，印数虽多，但在差不多

---

① 1886年1月29日约·亨·威·狄茨致海·施留特尔的信。阿姆斯特丹国际社会史研究所《施留特尔遗著》。

② 1886年2月8日约·亨·威·狄茨致海·施留特尔的信。阿姆斯特丹国际社会史研究所《施留特尔遗著》。

③ 1886年3月10日海·施留特尔致恩格斯的信。

④ 《马克思恩格斯全集》第1版第36卷第449页。

⑤ 1886年4月20日约·亨·威·狄茨致海·施留特尔的信。阿姆斯特丹国际社会史研究所《施留特尔遗著》。

⑥ 1890年4月7日约·亨·威·狄茨致恩格斯的信。

半年以前就脱销了。"① 这样一来，该书在德语范围里得到异常广泛的传播。

自从第 1 版出版后，出版了两种经恩格斯审阅，因而是经原作者同意的译本：一个是帕·马尔提涅蒂的意大利文的译本（1885 年贝内文托版），② 另一个是格·特里尔的丹麦文译本（1888 年哥本哈根版）。③

在德文版出版期间，1884 年 8 月 12 日玛·扬科夫斯卡-门德尔森（别名斯蒂凡·列奥诺维奇）就译成波兰文一事从日内瓦曾写信给恩格斯。她从伯恩施坦和考茨基那里经她的丈夫（伯恩施坦认为斯蒂凡·列奥诺维奇这个名字是他的笔名）获悉出版的进展情况，而现在请求寄份清样。这些情况，伯恩施坦因恩格斯来信询问，在 8 月 16 日的一封未保存下来的复信中已经告诉了恩格斯。④ 恩格斯在她的来信的背面写了复信草稿——复信本身未保存下来。他表示同意，但是希望保证，在出德文版之前，什么也不要用波兰文发表。扬科夫斯卡-门德尔森在其 8 月 20 日致恩格斯的信中许下这个诺言并说，就在当天着手翻译。可见清样已经寄往日内瓦。恩格斯可能在 8 月 22 日给伯恩施坦的信的已遗失的那部分里打听施留特尔是否转寄去了清样，然而，伯恩施坦对此事一无所知。⑤ 恩格斯在 1884 年 10 月 15 日致考茨基的信里曾再次提到波兰文版。后来出版的波兰文本，是由 J.F. 沃尔斯基翻译的。

---

① 《马克思恩格斯选集》第 2 版第 4 卷第 4 页。
② 《马克思恩格斯全集》历史考证版第 1 部分第 29 卷第 275—362 和 787—801 页，第 363—446 和 802—808 页。
③ 《马克思恩格斯全集》历史考证版第 1 部分第 29 卷第 275—362 和 787—801 页，第 363—446 和 802—808 页。
④ 1884 年 8 月 18 日伯恩施坦致恩格斯的信。
⑤ 1884 年 8 月 26 日伯恩施坦致恩格斯的信。

出版期间，书信往来也谈到过法译本问题。恩格斯早在5月份就希望保·拉法格会争取做这件事，因为这个题材直接属于他的专业领域，但从一开始也对他自以为是的翻译风格有所顾虑。①

1884年9月15日，即在该书印好前，亨·农涅就从巴黎向恩格斯提出翻译建议。不久后他被揭露是警探。他的建议可能是受警察局的委托。显然这个计划没有实施。

当马尔提涅蒂的意大利文译本付印时，保·拉法格不顾恩格斯的极大顾虑，想同加·杰维尔一起根据意大利文本的清样译出法文本。② 这个计划可能是有始无终。③

后来，福尔坦表示有兴趣译成法文。因此，他在1885年12月6日致恩格斯的信中询问了恩格斯，并寄去一份试译稿。估计这便是恩格斯在1886年1月29日致左尔格的信中提到的需要审校的法文译稿。福尔坦于1886年4月2日再次向恩格斯打听。该计划显然没有实现。④ 1893年发行的第一次印刷的法译本是以《起源》的第4版为根据的。

当时还计划译成英文，然而恩格斯并没把这当成特别紧迫的事。预定译者为艾威林。⑤ 这项工作显然没有着手进行。

曾翻译恩格斯《英国工人阶级状况》一书的美国女翻译家弗·凯利-威士涅威茨基最初于1884年12月5日比较泛泛地提出过询问，但

---

① 《马克思恩格斯全集》第1版第36卷第156页；参看1884年8月26日伯恩施坦致恩格斯的信；另参看《马克思恩格斯全集》第1版第36卷第206页。

② 参看《恩格斯与保尔·拉法格、劳拉·拉法格通信集（一）》第355页。

③ 参看《恩格斯与保尔·拉法格、劳拉·拉法格通信集（一）》第355、379和386页；参看《马克思恩格斯全集》第1版第36卷第318页。

④ 参看《马克思恩格斯全集》第1版第36卷第421、362页。

⑤ 参看《马克思恩格斯全集》第1版第36卷第206页。

被恩格斯在1885年2月4日婉言拒绝了。① 1886年6月9日这位美国女翻译家又向恩格斯提出一个具体建议。同时她告诉恩格斯关于有组织地讨论摩尔根的著作,尤其是摩尔根的《古代社会》的情况,目的可能在于表明美国读者对这个课题,还有对恩格斯这本书感兴趣。当她于1886年8月4日重申她的建议时,更清楚地强调了这一点:"《起源》这本书特别适合美国,摩尔根的书开始有了读者。除去《起源》本身的价值外,《起源》无疑会给摩尔根的书赢得更多的读者。"恩格斯很有礼貌地拒绝了她的建议并详细说明了理由:已答应艾威林——尽管还未定下来——翻译这本东西;该书应该由一个有名望的出版社出版,能够在正规的书店里销售,这在伦敦是能做到的,但目前在美国显然不行;像《起源》这样一部理论性的著作,就美国社会主义运动目前的水平来看,并不是所需要的,也不是工人所期望的;最后他指出了语言方面有相当大的难度。② 他同这位女翻译家打交道,没有什么令人满意的印象。③ 当然,凯利-威士涅威茨基只好接受这些理由,但在1886年8月26日的复信中仍表示:"如果《起源》在美国的读者比英国多,我不会感到意外。"

1886年8月6日,一个来自巴尔的摩的W.安德尔富伦写信给恩格斯,表示愿为英译本出力。恩格斯的复信未保存下来;可能答复是否定的。恩格斯在世时,《起源》未用英文发表过。

安德尔富伦在1884年9月27日曾从伯尔尼写信给恩格斯,建议译成意大利文。拿·科拉扬尼在1885年1月20日向恩格斯转寄了另一个

---

① 参看《马克思恩格斯全集》第1版第36卷第278页。
② 参看《马克思恩格斯全集》第1版第36卷第492—495页。
③ 参看《马克思恩格斯全集》第1版第36卷第469页。

建议。然而恩格斯把翻译权给了马尔提涅蒂。

维·伊·查苏利奇在1884年10月5日给恩格斯的信里说,她想把《起源》译成俄文。① 该计划显然没有实施。然而,《起源》一书至少有两种手抄本的俄译文。发表的译文是根据第4版译出的。

1885年第17—21期、1886年第22—24期的《现代人》杂志上发表了若·纳杰日杰的未经作者审阅的罗马尼亚文译本,恩格斯知道这个译本,表示同意。② 除意大利文版、丹麦文版和还在准备期间的法文版外,恩格斯在第4版序言里提到了该译本。③

塞尔维亚—克罗地亚文的部分译文(第九章;序言和第一至四章)先后于1885年和1887—1888年发表在贝尔格莱德的两家杂志上。1891年在布拉格出版了捷克文的译本。

(原载《马克思恩格斯全集》历史考证版第1部分第29卷)
(胡慧琴 译)

---

① 参看《马克思恩格斯全集》第1版第36卷第221页。
② 《马克思恩格斯全集》第1版第37卷第3页。
③ 参看《马克思恩格斯选集》第2版第4卷第4—5页。

# 马克思恩格斯早期著作在国外传播和研究的一些情况*

刘晔星

大家知道，十九世纪下半期，特别是在巴黎公社失败和第一国际解散以后，马克思主义在革命斗争的实践中得到了证实，逐渐在欧美的工人运动中占据了主导地位。列宁在《马克思学说的历史命运》中说，从1848年革命到巴黎公社这个时期的开头，马克思学说决不是占统治地位的，到这个时期的末期，马克思以前的社会主义已奄奄待毙；而在从巴黎公社到俄国革命（1872—1904年）这个时期，到处都在形成无产阶级的社会主义政党，"马克思学说获得了完全的胜利并且**广泛传播开来**"①。

马克思主义的传播是一个艰苦的战斗的历程。马克思和恩格斯整个一生在出版和发表他们的著作方面一直碰到各种各样的困难和障碍。他们缺乏必要的资金。各种报刊和出版机构几乎都不掌握在自己手里，经常遇到书报检查机关的蓄意刁难，他们本人还遭到欧洲各国反动政府接二连三的迫害。但是，即使在这种困难的条件下，在十九世纪下半期，成熟的马克思主义的著作，即按传统的看法从1848年《共产党宣言》

---

\* 本文选自《马列主义研究资料》1983年第6辑。
① 《列宁选集》第2版第2卷第439页。

以后的著作，却冲破了重重阻拦，得到了广泛的传播，其中有许多著作一再重新出版。而马克思和恩格斯的早期著作，即1848年以前的著作，情况却不同。这些早期著作在他们生前传播的范围相当狭窄，除了屈指可数的几篇以外，很少人知道，甚至对他们的亲密朋友和他们事业的继承人来说，也几乎是一个秘密。这是因为他们早期的一些重要著作，如《博士论文》《黑格尔法哲学批判》《经济学哲学手稿》《德意志意识形态》的绝大部分（只发表了第二卷第四章）一直没有发表。他们当时发表的著作有许多也是匿名发表的。例如，在古斯达夫·迈耶尔1913年查明恩格斯的笔名"弗里德里希·奥斯渥特"以前，几乎没有人知道恩格斯还有什么早期著作。梅林在本世纪初还否认《摩塞尔记者的辩护》是马克思写的。另外，那些发表他们早期著作的报刊多是很不容易找到的绝版书刊，如《莱茵报》《德法年鉴》，一般读者是根本看不到的。有些已经出版的著作，如《神圣家族》，读过的人也很少，理解其意义的人就更少。

根据苏联马列主义研究院的统计，马克思和恩格斯的全部著作，包括书、小册子、文章、书信、翻译的诗文、讲演、谈话、新闻报道等等，在他们生前以各种形式发表或出版的共计4909种，其中早期著作只有338种，就是说，只占已发表和出版的各种马克思恩格斯著作总数的6.8%。这338种出版物中包括他们早期著作173篇，其中马克思恩格斯合作的6篇，马克思的47篇，恩格斯的120篇。

下面是马克思恩格斯生前流传最广的几种早期著作出版和发表的情况：

1.《1843年书信》

1892年译成俄文

1895年译成保加利亚文

2.《论犹太人问题》

1850 年译成法文

1881 年苏黎世《社会民主党人》杂志重新发表

1890 年《柏林人民报》发表

1894 年译成荷兰文

3.《〈黑格尔法哲学批判〉导言》

1850 年译成法文

1887 年出了三种俄译文

1890 年《柏林人民报》发表

1892 年译成保加利亚文

1895 年出了两种法译文

4.《谢林和启示》

1878 年译成波兰文

5.《国民经济学批判大纲》

1890 年《新时代》重新发表

1890 年纽约《自由》周刊转载

1895 年译成意大利文并出单行本

6.《神圣家族》

1885 年《新时代》重新发表第六章第三节第四小节

1892 年译成俄文

1892 年译成保加利亚文

7.《英国工人阶级状况》

1848 年以前有 11 种书籍和报刊转载其中的一至三节

1848—1883 年有 6 种书刊转载其中一节

1884—1895 年有 12 种书刊转载其中一至三节，摘录或全文发表。

8. 恩格斯译英国爱·米德《蒸汽王》(《英国工人阶级状况》中引用的一首诗)

1883 年以前有 8 种报刊转载

1883—1895 年有 6 种报刊转载

9. 《致大不列颠工人阶级》(《英国工人阶级状况》中的一篇文章)

1883 年以前有 3 种报刊转载

1883—1895 年 4 种报刊转载

10. 《关于费尔巴哈的提纲》

1888 年发表

1890 年译成波兰文

1892 年译成俄文

1892 年译成保加利亚文

11. 《马克思给安年柯夫的信》

1880 年由安年柯夫从法文译成俄文发表

1881 年转载俄译文

1883 年译成德文在两家报刊发表

12. 《哲学的贫困》

1847 年用法文出版后到 1883 年有 8 种书籍和报刊以德、法、西、捷四种文字转载或发表其中第二章的一节或两节。

1885 年出版了德译本后又有 15 种书刊以德、法、波、俄、英、罗马尼亚、西、保、意九种文字以单行本出版或摘要发表。

十九世纪五十年代初，曾经有过出版马克思著作集的第一次尝试。1851 年，共产主义者同盟盟员赫尔曼·贝克尔负责主持出版《马克思论文集》，同年 4 月 15 日他发表了一个广告，谈到了这部书的内容，提出要出两卷，每卷各若干分册。一卷预定 25 印张，1851 年 4 月底出版了第 1 分册，篇幅为 5 印张，印数为 15000 册。其中收入了马克思的《评普鲁士最近的书报检查令》一文和《第二届普鲁士省议会的辩论（第一篇论文）》的一部分。但是，由于赫·贝克尔被捕，书的出版中断，第一分册几乎全部在装订过程中就被没收了。

马克思逝世以后，恩格斯面临的主要任务是整理出版《资本论》第二、三卷。恩格斯花了两年多时间，使《资本论》第二卷于1885年出版，又花了近十年时间，到1894年12月才出版了第三卷。当时有人提出过出版马克思全集的问题，如李卜克内西就提出过，恩格斯也原则上赞成这一想法。[①] 但是，恩格斯分不过身来做这件事，不过，他在晚年还于1885年和1892年主持出版了《哲学的贫困》德文第一、二版，并分别写了序言，1887年和1892年又出版了《英国工人阶级状况》的纽约和伦敦英文版，并分别写了序言。1888年，恩格斯在把他的《费尔巴哈和德国古典哲学的终结》作为单行本出版时，收入马克思的《关于费尔巴哈的提纲》作为附录，从而为发表马克思早期手稿开创了先例，恩格斯晚年曾打算把马克思的早期文章编成单行本出版，他在1895年4月15日给德国社会民主党《前进报》出版社负责人理·费舍的信中，专门谈到这件事，提出要把马克思在《莱茵报》上的三篇文章以《马克思的处女作》为标题刊印出版，并要写一篇序言。[②] 可惜，恩格斯未能实现这一愿望就去世了。

马克思对自己早期思想的发展谈得很少。他只是在《政治经济学批判》序言中对他的早期思想发展道路作了简明扼要的、但是十分完整的概述。在《资本论》第一卷第二版跋中他也提到了早年对黑格尔辩证

---

① 参看《马克思恩格斯全集》第 1 版第 36 卷第 20 页。
② 《马克思恩格斯全集》第 1 版第 39 卷第 445 页。

法的批判以及他的思想同黑格尔学说的联系和根本区别，在其他一些著作和书信中还可以看到个别的零星的提示。恩格斯对马克思主义的形成发表过一些重要的意见，他指出，马克思在《德法年鉴》上以《〈黑格尔法哲学〉批判导言》为开端，陆续写了一系列关于社会主义的文章，①就是说，他把《导言》看作是马克思写的第一篇社会主义著作。他还指出，1844年还没有作为科学的现代国际社会主义，他的《英国工人阶级状况》一书是这种社会主义的"胚胎发展的一个阶段"②。他还说，马克思的《关于费尔巴哈的提纲》是"包含着新世界观的天才萌芽的第一个文件"③。他证实，构成唯物主义历史观的理论核心的基本思想，马克思在1845年春天已经基本上整理出来了，而在1846年冬至1847年写《哲学的贫困》时，"马克思已经彻底明确了自己新的历史观和经济观的基本点"。④马克思和恩格斯的这些思想，对于我们研究马克思恩格斯早期著作具有重要的指导意义。

马克思和恩格斯早期著作的第一个编辑者弗兰茨·梅林在1907年曾经说过："马克思所走过的从《共产党宣言》到《资本论》的这一段路程，对我们说来是非常清楚的。但是，他一生的最初那很长的一段时期，即他从黑格尔的忠实学生变为《共产党宣言》的作者的那段时期，长期以来却无人知道，直到现在他还很不容易搞清楚。"⑤梅林的这一段话扼要地说明了十九世纪马克思主义发展史研究的状况，同时也间接地说明了当时马克思和恩格斯早期著作传播的情况。

---

① 《马克思恩格斯选集》第1版第3卷第35页。
② 《马克思恩格斯全集》第1版第21卷第297页。
③ 《马克思恩格斯全集》第1版第21卷第412页。
④ 《马克思恩格斯全集》第1版第21卷第205页。
⑤ 《马克思恩格斯遗著》1907年俄文版第1卷第4页。

这里谈一点马克思手稿的情况。马克思逝世后，他的档案（包括手稿、书信和其他材料）以及藏书都由恩格斯保存。根据马克思的遗嘱，恩格斯同爱琳娜·马克思是马克思遗著的遗嘱执行人。后来，恩格斯在他逝世前又立下遗嘱，并把马克思的手稿、书信以及马克思给他的信移交爱琳娜，而把他自己的书籍、手稿、书信，包括给马克思的信连同自己的著作的版权一起交给了以倍倍尔和伯恩施坦为代表的德国社会民主党。根据英国法律，财产只能立遗嘱传给私人。德国社会民主党于1882年通过决议成立党的档案馆，由赫尔曼·施吕特负责。恩格斯逝世后，除了他和马克思的许多书信和一些手稿还保存在收信人和一些朋友手里以外，他们的遗著主要集中在三个地方，即在爱琳娜手里、德国社会民主党档案馆、伯恩施坦手里。1898年爱琳娜逝世，她手里的东西交给了劳拉。劳拉曾把马克思的部分手稿交给梅林和考茨基临时使用，他们分别出版了《马克思恩格斯和拉萨尔遗著》和《剩余价值理论》。后来这些手稿都交给了党的档案馆。而劳拉夫妇去世后，马克思的许多书信传给了燕妮·龙格的孩子。到二十世纪初，马克思和恩格斯的遗著基本上都集中在档案馆。梅林在1895—1898年间出版了四卷本《德国社会民主党史》，这实际上是世界上第一部研究马克思主义形成和发展历史的著作，其中大量引用了马克思在《莱茵报》和《德法年鉴》上的文章，详细叙述了文章的内容，为研究马克思早期著作及其思想发展提供了极为珍贵的第一手资料。他第一个把德国工人运动的发展同马克思主义的形成和发展有机地结合起来，再现了马克思和恩格斯青年时期思想发展的客观历史条件和社会环境。接着，梅林又根据恩格斯生前的遗愿，在二十世纪初编辑出版了《马克思恩格斯和拉萨尔遗著》四卷本，其中前三卷是马克思和恩格斯1841—1850年的著作，第四卷是1849—1862年拉萨尔给马克思的书信。这部著作所收的虽然还远不是马克思恩格斯生前已出版的全部著作,未发表的著作中也只收了一篇《博士论文》。但是,其中的绝大多数著作,不仅对于普通读者,而且对于专门的研究人员,也是新的发现。试想,连德国社会民主党档案馆也经历了许多困难才在1895年找到一套《莱茵报》。此外,梅林在这部书的序言、各篇导言、注释中引用了大量第一次为人所知的历史文献,揭示了马克思主义同各种资产阶级和小资产阶级思想派别进行斗争的历史。可以说,整整一代马克思主义者,包括列宁、普列汉诺夫在学习和研究马克思主义时都利用了这部著作。后来,梅林又创作了《马克思传》,对马克思一生的理论创作和革命活动作了相当深刻的论述。当然,梅林作为出版和研究马克思恩格斯早期著作的先行者和研究马克思主义史的开拓者,不免会有许多缺点和错误,这是难于苛求的。

1913年出版了四卷本的《马克思恩格斯通信集》,收入了他们之间从1844—1887年的来往书信1386封。参加编辑工作的有伯恩施坦、倍倍尔、梅林、考茨基和狄茨,实际上是伯恩施坦主要负责。此外,在1906年《社会主义文献》文集上发表了1842—1843年间马克思给卢格的8封信。

值得一提的还有德国学者古斯达夫·迈耶尔,他在研究恩格斯生平的过程中于1913年查明了恩格斯的一个笔名"弗里德里希·奥斯渥特",从而发现了恩格斯的一大批早期文章。他在1920年把这些文章编成单行本出版,标题为《弗里德里希·恩格斯的早期著作》。他还找到了研究恩格斯生平事业的其他珍贵文献和材料,并在这个基础上于1920年出版了《恩格斯传》第一卷(到1851年为止),其中包含有丰富的历史资料,所以列宁读了以后,就指示把它译成俄文,该书俄文节译本于1922年出版。1934年迈耶尔又出版了《恩格斯传》第二卷,还写过一些关于青年黑格尔派的文章。

普列汉诺夫在传播和研究马克思恩格斯早期著作方面作出了重要的贡献，他曾经把《关于费尔巴哈的提纲》《神圣家族》中论法国唯物主义那一节、《1843年书信》译成俄文。普列汉诺夫深刻地认识到，要正确地理解马克思主义，就必须研究马克思主义哲学产生的过程。他深入研究了欧洲哲学史以及马克思主义理论的历史起源，研究了马克思主义哲学和德国古典哲学的联系和区别。他提出："马克思和恩格斯很早就抛弃了革命资产阶级的立场，转而采取了革命无产阶级的立场。这个转变在《德法年鉴》出版的时候，即1844年初就已经最终完成了。"① 后来列宁对马克思思想发展分期的分析同普列汉诺夫的观点有一定的共同之处。

列宁对马克思、恩格斯的生平活动和马克思主义的发展作了全面的研究，并且提出了许多具有根本原则意义的观点。他指出："在德国，在1848年以前，马克思主义哲学的形成特别突出……在50和60年代，马克思的经济学说特别突出。"② 列宁在一系列著作中确定了马克思早期思想发展的主要阶段。他认为，在《博士论文》中，马克思所持的还完全是黑格尔唯心主义的观点；在《莱茵报》时期，"已经可以看出马克思从唯心主义向唯物主义、从革命民主主义向共产主义的转变"。③ 这里提出了两个转变的著名论点。而在《德法年鉴》时期，这种转变"已彻底完成"。列宁还指出，《哲学的贫困》和《共产党宣言》是"成熟的马克思主义的最初著作"。④ 这些思想后来成了论述马克思主义

---

① 《普列汉诺夫全集》俄文版第11卷第359—360页。
② 《列宁全集》第1版第17卷第59页。
③ 参看《列宁全集》第1版第21卷第59页。
④ 《列宁选集》第1版第3卷第189页。

发展史的一些根本观点，顺便说一下，苏联一些学术著作认为，列宁提出了研究马克思主义史的一个根本方法论原则，他们称为"追根溯源的原则"（或译"探本清源"的原则）。他们认为，列宁研究历史，并不是为了把现在拉回到历史中去，而是要从历史中推引出现在，揭示出现在的起源，从而更好地把握现在，他们说，对现在的这种追根溯源的态度贯穿着列宁的全部理论活动。有人还引用马克思有名的人体解剖是猴体解剖的钥匙的论点来论证这个追根溯源的原则。他们认为，与此相对立的是"发生学原则"（或译为"由源探流的原则"）。

在列宁的领导和关怀下，俄国社会民主党人在研究和收集马克思和恩格斯遗著方面作出了重大的贡献。达·梁赞诺夫从1908年起在研究马克思主义的同时，就着手寻找和收集马克思恩格斯的遗稿和遗著，收集国际共产主义运动的文献。从1910年起，经倍倍尔介绍，他又先后接触并研究了德国社会民主党档案、拉法格夫妇和伯恩施坦所掌握的马克思恩格斯遗著和遗稿，并且在档案馆工作了一段时间，1921年初，苏联成立马克思恩格斯研究院，他被任命为院长，他在收集和出版马克思恩格斯著作和手稿方面起了很大的作用。经过艰苦的努力，马克思恩格斯研究院收集了马克思恩格斯著作、手稿和书信的照像复制品，共约55000张和原件437件，还有大量有关社会主义思想史、革命运动史的报刊和书籍，有关马克思恩格斯的亲属、同时代人的文献资料。他们还收集了德国和欧美各国政府、警察当局以及私人档案中的有关资料。到三十年代初，他们共收集了各种资料（包括马克思恩格斯的著作、手稿）共计原件15000多件，照相复制品175000多件，全部保存在研究院所属的中央党务档案馆里。

在掌握大量材料的基础上，马克思恩格斯研究院就开始整理、辨读、编辑、翻译、发表和出版各种马克思恩格斯著作。1924年开始出版《马克思恩格斯文库》（丛书式的期刊），到 1930 年共出了五辑；1926 年起开始出《马克思主义年鉴》，到 1930 年共出版 13 辑。

《文库》的任务是发表有关马克思主义史、包括马克思主义理论和实践的历史，即到 1914 年为止科学社会主义思想的起源、发展和传播的资料和文章，特别是发表马克思和恩格斯未发表过的重要手稿、书信和传记材料。除了俄文版以外，还出版了《文库》的德文版，不过德文版只出了两辑。《文库》第一辑发表了《德意志意识形态》第一章（俄德对照）、《关于费尔巴哈的提纲》的马克思原稿。1927 年出版的《文库》第三辑发表了马克思的《黑格尔法哲学批判》和《中学作文》。《1844 年经济学哲学手稿》也部分地发表在这一辑，不过梁赞诺夫误认为是《神圣家族》的准备材料。1929 年出版的《文库》第四辑发表了《德意志意识形态》第一卷第三章片断。

《马克思主义年鉴》的主要任务是研究马克思恩格斯同俄国革命家的联系，马克思主义在俄国的传播。其中也发表了马克思恩格斯的个别著作和文献，主要是书信。

除此以外，马克思恩格斯研究院在 1927 年出版了《马克思恩格斯全集》国际版第一卷，1928 年出版《马克思恩格斯全集》俄文第一版第一卷。

1931 年 11 月，联共（布）中央决定马克思恩格斯研究院同列宁研究院合并，成立马克思恩格斯列宁研究院，任命阿多拉茨基为院长。研究院用三年时间完成了马克思恩格斯手稿的辨读工作。研究院除了继续出版《马克思恩格斯全集》俄文版和国际版以外，还继续出版《马克思恩格斯文库》，但是《马克思主义年鉴》停办了，新创办了《无产阶级革命》杂志。

《马克思恩格斯全集》俄文第一版于 1928—1947 年出版，按卷码出版了29卷，实际上出版了28卷33册，第20卷《剩余价值理论》没有出版。

《马克思恩格斯全集》国际版原定出40卷，即一般著作17卷，《资本论》及其准备材料13卷，书信10卷，实际上只出版了7卷（共8册）一般著作和4卷书信。第一卷发表了《黑格尔法哲学批判》，第三卷全文发表了《1844年经济学哲学手稿》，第五卷全文发表了《德意志意识形态》，第六卷发表了恩格斯手稿《真正的社会主义者》。国际版还发表了马克思的许多读书笔记的摘录，如1840—1841年柏林笔记、1842年波恩笔记、1843年克罗茨纳赫笔记、1845—1847年布鲁塞尔和曼彻斯特笔记，全文发表了1844—1845年巴黎笔记，还发表了恩格斯的三本1845年笔记。国际版第1—6卷收入了马克思和恩格斯过去在报刊上发表而未署名的文章达100篇，又收入了马克思和恩格斯的亲属和朋友1836—1843年给马克思和恩格斯的书信。

1931年合并后的研究院还下设了外文出版部，1935年独立出来成为外文出版局，出版了不少其他文种的马克思和恩格斯著作。

总之，在二十年代末到三十年代上半期，马克思和恩格斯的早期著作，包括手稿、书信、笔记基本上都发表了。原来梅林编的《遗著》中作了删节的文章，现在全文刊印出来。原来发表时没有署名的文章有一批已经发现并发表出来。广大读者基本上可以看到马克思恩格斯早期著作的全貌，有了全面研究马克思恩格斯早期著作的基础和前提。

德国社会民主党在三十年代初也出版了马克思恩格斯的一些早期著作，如朗兹胡特和迈尔1932年编辑出版了《马克思。历史唯物主义。早期著作集》，收入《1844年经济学哲学手稿》；德国社会民主党还在1932年出版了《德意志意识形态》单行本。

在二十年代，苏联对马克思主义形成的研究中流行过一种所谓"三阶段论"的观点，认为马克思最初是彻底的黑格尔主义者，然后就成为彻底的费尔巴哈主义者，最后，他把黑格尔的辩证法和费尔巴哈的唯物主义加以综合，终于成为辩证唯物主义者。在这方面，1924年发表的据称是普列汉诺夫写的一篇文章《马克思的哲学演变》①起了相当大的作用。（到五十年代，苏联学术界否定了这篇文章是普列汉诺夫写的，并且已不再收入《普列汉诺夫全集》第2版。）据说梁赞诺夫和德波林也赞成这种三阶段论。这种观念片面强调马克思哲学思想同德国古典哲学的联系，而忽视它们之间的根本区别。在反对这种简单化观点的过程中，到三十年代初，苏联又出现了另一种极端，即把马克思早期思想发展理想化、现代化的倾向。认为马克思从一开始就代表无产阶级的利益，既没有接受黑格尔思想的影响，又同费尔巴哈划清了界限，结果就根本否认马克思思想发展的阶段性。在1933年纪念马克思逝世五十周年前后，苏联学术界先后批判了这两种错误观点。

在苏联早期研究马克思主义史的著述中，马克思恩格斯研究院的前两位院长梁赞诺夫和阿多拉茨基的著作占有突出的地位。梁赞诺夫的《马克思和恩格斯》《马克思主义史概论》，他在《马克思恩格斯文库》中为《德意志意识形态》《黑格尔法哲学批判》《1844年经济学哲学手稿》等所写的导言，他为《马克思恩格斯全集》国际版第一卷上下册写的序言，阿多拉茨基的《卡尔·马克思的科学共产主义》，他主编的《马克思生平事业年表》（1934年同时用俄文和德文出版），在一定程度上反映了苏联二、三十年代研究马克思主义早期发展的成果。

自从1932年全文发表了马克思的《1844年经济学哲学手稿》以后，西方社会民主党中有一些人（如德国的朗兹胡特、迈尔、马尔库塞

---

① 《普列汉诺夫全集》俄文版第18卷。

和比利时的德曼）提出了重新评价马克思主义思想内容的问题。他们把早期马克思的观点同晚期的、成熟的马克思的观点对立起来，要求根据马克思早期著作的精神来解释整个马克思主义，要求从伦理、人性、人道的观点来理解科学社会主义理论。第二次世界大战前后，西方各国出现了按照黑格尔主义、存在主义、新实证主义、结构主义来解释马克思主义、探索法西斯主义起因的倾向，逐渐形成了德国的法兰克福学派、法国的"存在主义马克思主义"、意大利的新实证主义马克思主义。人、人性、人道主义和异化问题逐渐为一些人所注意。

《马克思恩格斯全集》俄文第一版有不少缺陷：新发现了一批以前不知道的马克思著作，找到了马克思恩格斯的许多书信，俄文第一版的译文、序言和所附注释资料有不少错误和不确切的地方。1954年苏共中央决定编辑出版《马克思恩格斯全集》俄文第二版。俄文第二版从1954年到1964年出版了39卷。1956年还出版了《马克思恩格斯早期著作选集》俄文版。1970—1981年，苏联又出版了《马克思恩格斯全集》补卷即第40—50卷，其中第40—43卷收入了没有列入第1—4卷的马克思恩格斯早期著作。此外，《马克思恩格斯全集》德文版第1—39卷也在1957—1978年出版，还出版了一卷《马克思恩格斯全集》补卷（上、下册）。

五十年代以来，西方马克思主义和东欧各国的"新马克思主义"（如南斯拉夫的"实践派"、匈牙利的"布达佩斯学派"等）力图用异化、人性、人道主义等观点来解释现代发达资本主义国家中出现的一些新问题并说明"斯大林主义"和共产主义运动中的消极现象。西方"马克思学"也应运而生。于是，国际上出现了研究马克思早期著作特别是《1844年经济学哲学手稿》的热潮。这个热潮看来在六十年代达到了高峰，有人称之为"马克思的复兴"。欧美各国出版了大量的书籍，发表了大量的文章。苏联只是从五十年代后期才开始重视对《1844年经济学哲学手稿》的研究。此后，有关这个问题的论著明显增加。

随着国际上对马克思恩格斯早期著作研究兴趣的增长，他们早期著作的传播更加广泛。根据西德马克思故居1983年出版的一个资料，可以看出马克思恩格斯早期著作传播的广泛程度：《黑格尔法哲学批判》有15种语言的35种文本；《论犹太人问题》有21种语言的72种文本；《国民经济学大纲》有19种语言的44种文本；《〈黑格尔法哲学批判〉导言》有25种语言的82种文本；《1844年经济学哲学手稿》有15种语言的79种文本；《神圣家族》有18种语言的44种文本；《英国工人阶级状况》有25种语言的61种文本；《关于费尔巴哈的提纲》有49种语言的338种文本；《德意志意识形态》有26种语言的81种文本；《哲学的贫困》有29种语言的126种文本。

同欧美各国相比，我国对马克思恩格斯早期著作的研究起步较晚，但是我们相信，通过我们大家的共同努力，我们能够不断缩小和消灭这种差距，在马克思恩格斯早期著作这个研究领域中迎头赶上去，取得新的、不愧于我们伟大国家的成绩。

# 论 1843—1895 年马克思恩格斯著作及马克思主义在丹麦的传播[*]

奥勒·斯滕德-彼得森

1848—1849 年革命后，丹麦的一些报刊开始介绍卡·马克思和弗·恩格斯。报刊上虽然没有系统介绍，但却经常提到他们的一些较为重要的著作，偶尔也刊登一些短小文章的译文。尽管经历了 1848—1850 年和 1864 年的两次石勒苏益格战争，丹麦同德国在文化和经济方面的交往仍很频繁，并且由于丹麦面临着和德意志各邦同样的贫困问题，丹麦的公众对于马克思和恩格斯著作中对总的政治局势和各种社会问题的分析非常感兴趣。

丹麦是在 19 世纪 40 年代开始接受马克思和恩格斯思想的，当时丹麦的工业还处于萌芽状态，还没有真正意义上的无产阶级，自然也就没有工人运动。从 19 世纪 70 年代开始，社会民主党有意识地大力宣传并运用马克思主义。在这个过程中，马克思的各种文章得以发表。社会民主党，作为国际工人协会的一个分支，成立于 1871 年。在 19 世纪 70 年代末经历了一个衰退时期，此后这个党的力量又有所增强。1884 年第一次有两位社会主义者入选丹麦议会。从那时起，社会主义运动就以工会和各种政治活动的形式广泛发展起来。特别是在首都哥本哈根，社

---

[*] 本文选自《马克思恩格斯列宁斯大林研究》2000 年第 3 辑。

会主义运动在产业工人中吸引了众多的拥护者。

在1888—1890年间，社会民主党内出现了一个左翼反对派：这个派别和在伦敦的恩格斯保持着密切的联系。党内矛盾冲突导致了左翼反对派成员被驱逐出党。但为了使工人们拥护社会主义，该党继续宣传马克思主义这一工人阶级的哲学。这个政党——以及联合起来的工会运动——在19世纪90年代获得了很大的成功。它的基础就是工人阶级；一些知识分子在世纪之交才加入这个运动。

## 一、早期的文献

当时人们接受马克思和恩格斯的思想有各种不同的方式，或是间接通过他们的著述，或是直接通过与外国共产主义者的接触。

在国外的斯堪的纳维亚的工匠们在工人协会中遇到了外国同行，比如他们中的一些人在瑞士就遇到了威·魏特林。皮革匠尼·洛·彼得逊（1814—1894）在丹麦早期的工人运动中起过重要作用。1842年他见到了魏特林，1847年10月他还极有可能在布鲁塞尔见到了马克思。1846年，卡·沙佩尔等人在布鲁塞尔告诉马克思：伦敦的"教育协会"在大约250个成员中有40人来自斯堪的纳维亚。[①] 在"民主派兄弟协会"中，由瑞典人和丹麦人组成斯堪的纳维亚人小组，是人数最多的。

在国外旅行的工匠约·彼·格律奈（1805—1878）在法国、瑞士、意大利和德国接触到了类似于空想社会主义和共产主义的基督教—平均主义思想。1839年，他担任《哥本哈根邮报》的主编，接管了这家在

---

① 1846年6月6日伦敦共产主义通讯委员会给马克思的信，见《马克思恩格斯全集》历史考证版第3部分第2卷第223页。

此之前由民族自由党人编辑的报纸。格律奈将这家报纸彻底转向了左翼。

19世纪40年代，这家彻底的民主主义报纸将自己视为"工人阶级"的机关报。格律奈是一个无产阶级国际主义者，他在1843年9月27日的《哥本哈根邮报》上刊登了魏特林因参与成立"共产主义者同盟"，应该叫做"正义者同盟"和因撰写《贫苦罪人们的福音》而于6月份在瑞士被判监禁和驱逐出境的消息。格律奈还引用了魏特林的辩护词。

1844年3月28、29日和4月9、10日《哥本哈根邮报》刊文介绍了马克思。格律奈的文章是根据亚·魏尔1843年12月25日发表在《独立评论》上的一篇概述德国政党的文章而写成的。格律奈认为最重要的派别是以大·弗·施特劳斯、路·费尔巴哈和阿·卢格为核心的黑格尔左派。对于在科隆出版的由莫·赫斯、马克思和阿·弗·鲁滕堡主编的《莱茵报》（1843），格律奈认为："没有一家报纸比它更有勇气。"虽然它被查禁了，然而人们将会看到"德国人和法国人［团结在］同一旗帜下，这将是在……所有人民和……民族的自由与平等基础上的新的国际政策的开端"。

1845年4月8日，《哥本哈根邮报》介绍了马克思和恩格斯合著的第一部著作《神圣家族》。这家报纸写道，自《德法年鉴》停刊后，一些移居巴黎的德国人"力求将注意力集中到"比一般报纸所包含的内容"更加重要的目标上来"。这家报纸对"马克思反对"布·鲍威尔"及其同伙"所持的"扭曲的立场"的态度表示支持。

1845年6—9月，由王室特许出版的报纸《罗兰德—法尔斯特慈善报》以及《哥本哈根邮报》多次提到恩格斯的《英国工人阶级状况》(1845)。① 《慈善报》在7月17、24日和8月7、16、30日发表了一系列文章，对恩格斯所提出的解决贫困的办法，即实行"一场社会主义革命"的办法不置可否，相反地，《哥本哈根邮报》则在6月11日有关这本书的报道中着重阐述了恩格斯的希望，即"工人阶级"将能保证合理而又人道地实行"这一场即将到来的社会革命"。同时还简略地概括了恩格斯这本书的内容。随后一篇发表于9月17日的文章几乎占据了这份报纸的所有四个版面，它将恩格斯描绘成了一位值得称赞的著名的"属于共产主义阵营的著作家"。这篇文章集中讨论了恩格斯关于工人阶级内部因贫困状况的日益恶化和阶级斗争的不断加剧而形成的各种态度的论述，而且还引用书中的很长一段引文。

保守的新闻界对恩格斯感兴趣是显而易见的。具有激进民主主义倾向的卡·贝格尔主编的一家日报在1845年6月21日的每周增刊上发表了《欧洲犹太人的处境》一文，其中提到，马克思是柏林大学的12位犹太籍教授［！］之一。在1846年5月30日和6月26日的每周增刊上还刊登了一篇题为《关于德国的报刊》的文章，认为被查禁的《莱茵报》是"哲学激进主义最具天赋的喉舌"，《科隆日报》是承继者，而《特里尔日报》则是"马克思、鲍威尔等人将黑格尔主义发展成人文主义理论的喉舌"。

1848年3月德国革命事件爆发后，《哥本哈根邮报》认为，接受马克思和恩格斯的思想已日益重要。3月9日这家报纸刊登了马克思对蒲鲁东因用《贫困的哲学》反驳《神圣家族》（1845）而作出的回答——

---

① 《马克思恩格斯全集》第1版第2卷第269—587页。

《哲学的贫困》(1847)一书的摘录。① 格律奈对马克思书中涉及的"英国工人组成的同盟"和社会主义者针对工联主义所作的批评这四五页的内容特别感兴趣。

## 二、革命和战争

三月革命期间,《哥本哈根邮报》的态度是明朗的,正如该报1848年4月26日所表明的那样,它认为"丹麦反对德国狂热的民族主义者的最好同盟也许仍然是德国革命本身"。这是这家报纸的"对外政策"的总观点。在固定专栏《札记》中,编者刊登了来自巴黎、柏林、巴登及其他地区的革命事件的消息,并且总是以赞许的口吻来论及这些事件。同样,在石勒苏益格—荷尔斯泰因首先采取了一些民主行动,如在普选权基础上选举制宪会议,这些行动给了丹麦一个值得仿效的范例。4月17日,这家报纸刊登了在普选权基础上选举德意志帝国制宪会议的消息,1848—1849年他还定期报道了法兰克福议会辩论的情况。看来消息来源是《新莱茵报》,总之,《札记》的作者似乎很了解法兰克福议会各党派之间的矛盾。9月17日,这家报纸谴责丹麦民族自由党人被"一种仅仅把德国人当作敌人的爱国心"所蒙蔽。这不但妨碍了他们同"柏林国民议会代表的交往,而且也妨碍了同来自法兰克福左翼势力的代表的交往"。

格律奈对德国人批评民族主义特别感兴趣。他认为,7月12日

---

① 《马克思恩格斯全集》第1版第2卷第3—268页和第4卷第71—198页。

《新莱茵报》发表的一篇由马克思和恩格斯合著的文章①是"石勒苏益格—荷尔斯泰因人没有得到德国民主力量支持"的证明。

7月14日《哥本哈根邮报》根据6月29日《新莱茵报》上恩格斯的文章报道了至关重要的巴黎六月起义。②这家报纸还重点报道了德意志各邦和奥地利嚣张的反革命行动(11月9日罗·布鲁姆被处死)。

因此,格律奈在11月11日发表了一条《新莱茵报》的编辑们被捕或逃亡的消息(恩格斯就是在9月26日那天逃离的)。这些事件的起因部分是由于在国民议会接受与丹麦签订的休战协定后,9月16日到18日在科隆和法兰克福发生的街头巷战。在9月23日那一号上,《哥本哈根邮报》向读者报道了这些小规模战斗,在这些战斗中起义者战斗在红色的旗帜下。马克思现在是《新莱茵报》唯一的编辑了,他9月9日关于普鲁士内阁更替的文章③四天后被《哥本哈根邮报》引用了。马克思关于柏林的反革命④的激烈评论也被《哥本哈根邮报》在四天后转载了。

由于卡·海因岑的反共产主义小册子,《哥本哈根邮报》在11月25日介入了共产主义者同盟和海因岑之间的纷争,为"所谓的共产主义者马克思、恩格斯、赫斯等人"作辩护。格律奈在1848年12月31日最后一号上刊登了一篇很长的来自《新莱茵报》12月24日第177号增刊的文章,这篇文章讽刺性地抨击了拿破仑·波拿巴和他所代表的反

---

① 卡·马克思和弗·恩格斯:《德国的对外政策和布拉格最近发生的事件》,见《马克思恩格斯全集》第1版第5卷第235—238页。

② 弗·恩格斯:《6月25日》,见同上,第147—152页。

③ 卡·马克思:《柏林的危机》,见《马克思恩格斯全集》第1版第6卷第5—6页。

④ 卡·马克思:《柏林的反革命》,见同上,第14—22页。

革命立场。①

1849年2月9日《哥本哈根邮报》转载了宪章运动的机关报《北极星报》上的一篇关于菲·奥康瑙尔的演说的报道。后来在1849年夏天，外交政策专栏主要报道巴登和普法尔茨的德国维护帝国宪法运动的消息，现在的专栏标题为《国外消息》。有时这些报道占据了这份报纸的所有四个版面。

德法的报纸上有关国外事件的消息常常是相互矛盾的，很难看清其实质，在这方面《新莱茵报》是很有用的。格律奈认为，维护帝国宪法的运动和波兰革命者路·梅洛斯拉夫斯基在巴黎（1849年5—9月）领导的军事行动是一场"反对德国统一和自由之敌的战争"。

5月22日，格律奈写道，埃尔伯费尔德安全委员会"为确保这次起义不会呈现这样一种趋势［即变成工人起义］，［在5月14日］非常有礼貌地试图将一个在工人阶级中享有很高声望的人……弗·恩格斯从这个小镇中弄走"，恩格斯因"他那本描述不列颠工厂中普遍存在的状况的杰出的书"而著名。工人们不想让他走，但他解释说这次起义迄今为止还没有呈现出一种"他必须参与其中"的势头。但无论怎样，当"他们的事业处于存亡攸关之时，他不会离开"。7月13日《哥本哈根邮报》报道，从6月13日到7月12日恩格斯作为维利希的副官参加了奥·维利希的工人军团的战斗。

当然，《哥本哈根邮报》在5月24日那一号的头版告诉它的读者，5月19日的《新莱茵报》"由于它的主编马克思被驱逐而停止"出版。

直到11月初，《哥本哈根邮报》一直在报道有关"血腥恐怖"，即

---

① 弗·恩格斯：《德国维护帝国宪法的运动》，见《马克思恩格斯全集》第1版第7卷第127—235页。

有关巴登和匈牙利的军事法庭及行刑队所做的令人发指的事——处决革命者的消息。报纸也同样报道了柏林和巴黎的反革命示威游行。在大不列颠的马克思和恩格斯打算从第二年一开始就出版一份有关政治经济的月刊,这件事也引起了格律奈的注意。他向读者介绍了《新莱茵报。政治经济评论》。他补充道,"一段时期以来,马克思已经给在伦敦的德国工人作了有关经济学方面的演讲。"

还有其他一些丹麦人也了解《新莱茵报》。如作家安·彼·利乌恩格(1798—1879)在1827—1845年是《哥本哈根邮报》的编辑,1848—1849年发表了民主主义的《政治评论集》。

在丹麦君主国经济最发达的地区石勒苏益格—荷尔斯泰因出现了一些民主联盟和工人协会,它们通过在战争中出版民主刊物显示自身的力量。

从1848年11月12日到1849年2月1日,《基尔[1849:基尔—阿尔托纳]民主周刊》在基尔出版。它是基尔民主联盟的机关报,由康·施拉姆编辑,他从1850年起是马克思在伦敦的朋友。1848年12月6日的周刊为《新莱茵报》作了宣传。这份周刊强烈反对石勒苏益格—荷尔斯泰因的民族自由党人和奥古斯滕堡公爵。1848年12月2日的《哥本哈根邮报》报道了《通讯报》和《周刊》之间关于战争和起义爆发的激烈争论,并且明确地站在施拉姆一边。

除了《基尔民主周刊》之外,还有其他的民主主义报刊。其中比较重要的有每周出一期的(从1849年6月起每周两期)《伦茨堡[从1849年6月起:石勒苏益格—荷尔斯泰因]民主周刊》,由学者卡·鲍威尔麦斯特(1798—?[1879年之后])编辑;还有《人民报。一家民主报刊》,从1848年4月4日到1850年8月3日也在伦茨堡出版,每周出几期,由著名革命家哈·哈林(1798—1870)创办。

《人民报》的观点比《伦茨堡周刊》更激进一些。所有民主报刊,特别是《伦茨堡周刊》都与1848年12月5日的《新莱茵报》保持一致,它们支持9—12月间在第五和第七营及先锋队中的暴动,这次暴动反对普鲁士人在军队中的统治,反对总司令爱·冯·博宁和所有的普鲁士反革命。鲍威尔麦斯特在这场支持第七营士兵的行动中特别积极。当先锋队员12月5日被缴械时,暴动在伦茨堡爆发了。12月12日的《新莱茵报》援引12月7日的《石勒苏益格—荷尔斯泰因报》的消息说,人群被刺刀驱散了。卢特尔梅尔斯克领导的第七营的士兵和勒韦尔领导的先锋队的士兵12月份被处以严厉的监禁。1849年1月,第五营曾支持过这场暴动的安·斯普林博恩和这个营的一些士兵也被判处长期监禁。鲍威尔麦斯特由于煽动暴动而被判处一年监禁。

鲍威尔麦斯特是市民协会的主席,不久又成为工人协会的主席。由于他1850年3月再一次被投进监狱,他的位置被阿尔伯斯修道士代替了,阿尔伯斯也接替了《人民报》编辑的职务。在1850年4月2日和5月2日的信里,共产主义者同盟特使卡·冯·布伦将他们被监禁和因叛逆罪以及因1850年3月在《人民报》上发表了海因岑的文章而被指控的情况通知了在伦敦的施拉姆。普鲁士和奥地利的军队撤离这个地区后,鲍威尔麦斯特才于1852年获得释放。

同样必须提到的还有1850年5月13日到7月26日(?)在新明斯特出版的周报《工人和工人之友报》。它是由木工师傅克·里彭(1803—1878)和校长约·弗·科尔斯编辑的。里彭与共产主义者同盟在汉堡的一个成员约·弗·马尔滕斯有联系,这个人在1848—1851年曾是地方议会议员。

从1849年夏天起,卡·冯·布伦、古·阿·希尔施霍夫和约·亨·居姆佩尔等在阿尔托纳的共产主义者同盟盟员,与来自基尔的民主联盟的路·宾索和伦茨堡工人协会主席阿尔伯斯一起在当地机关报《工人兄弟会报》中起过重要作用。阿尔托纳地方委员会对与丹麦工人和民主主义者密切合作很感兴趣。上述这些人参加了1850年5月4日在新明斯特召开的会议，会上来自35个民主联盟和工人协会的代表选举了他们的联络机构。《人民报》和《工人和工人之友报》成为联络机构主要的机关报。

1850年1月，曾参加过图林几亚三月革命的医学博士阿·拉福里（1816—1875）在一个要塞刑满释放后到了基尔并入选当地方议会，在那儿他属于极左派。根据他的提议在新明斯特达成一致，所有协会都必须为仍在狱中的斯普林博恩等人的获释而努力。但是，斯普林博恩直到1852年后才被释放；之后他去了哥本哈根。

### 三、弗雷德里克·德赖尔　工人协会

弗·德赖尔（1827—1853）是一个学医的学生，通过研究工作他结识了一些外国社会理论家。同石勒苏益格—荷尔斯泰因的民主主义者也有一些个人接触。在三年战争中，1848年他遇到了阿·施特罗特曼，当时后者正作为战俘待在哥本哈根。施特罗特曼认识哈林，他也参加了营救因"靠出版《金克尔的生活》一书来资助"维护帝国宪法运动而遭终身监禁的诗人哥·金克尔的活动。① 德赖尔也可能从卡·奥托（1818—？）那里听说过北德民主派。《哥本哈根邮报》这家与他关系密切的报纸于1848年3月21日报道了"著名的记忆术专家"奥托作为图

---

① 有关金克尔的论述参看弗·恩格斯：《德国维护帝国宪法的运动》，见《马克思恩格斯全集》第1版第7卷第127—235页，特别是第204、220和222页。

林几亚革命的领导人之一被判处 6 个月监禁的消息。消息的来源是《新莱茵报》，它在 3 月 15 日发表了一篇关于在魏玛对奥托、拉福里和其他四人进行审判的文章。1850 年拉福里去了基尔，而奥托来到了哥本哈根，参加了德赖尔的组织。在哥本哈根期间，奥托担任科隆共产主义者同盟中央领导的特使。1850 年 11 月他分别与在莱比锡和德累斯顿的共产主义者同盟盟员卡·奥·冈格洛夫和弗·威·科尔贝克进行了接触。他还在伦敦拜访了马克思和斐·弗莱里格拉特。

在《社会改革》上，德赖尔描写了拉福里和奥托在图林几亚期间的革命活动。按照德赖尔的说法，拉福里现在是石勒苏益格—荷尔斯泰因议会里"最坚定的激进分子"，他正为反对"奥尔斯豪森的不彻底的民主"和争取普选权而斗争。德赖尔曾提到拉福里由于针对"卑劣的统治者"发表了不恰当的言论而在 1850 年 7 月到 8 月被监禁的消息。德赖尔很熟悉鲍威尔麦斯特和莱克索的报纸《人民报》。他了解并且赞赏共产主义独行者卡·乔·阿尔胡森的著述。

因此德赖尔了解形形色色的共产主义者。他在某种程度上像一个马克思主义者那样思考问题。由于他生活的年代比"乌托邦"社会主义者和共产主义者晚一些，因此他批判地评价了他们的思想，尤其是他批判地评价了他们缺乏的明确性和一贯性以及他们的宗教偏见。

德赖尔在他的主要著作《一个无神论者论人民的未来》（1848）里对丹麦民族主义（民族自由主义）的批评与施拉姆和拉福里对石勒苏益格—荷尔斯泰因民族自由主义的批评是一致的。他们三个人都赞同根据表决投票将争夺激烈的石勒苏益格地区分割出去。

在他的主要哲学著作《宗教和无神论》（1852）中，德赖尔将阿·卢格、麦·施蒂纳和路·费尔巴哈列为黑格尔左派，与此相反，将大·弗·施特劳斯和布·鲍威尔列为黑格尔右派，并加以比较。他的哲学和社会政治批评矛头直指卢格、尤·福禄培尔、马克思、恩格斯、恩·德朗克、拉福里和格律恩——他不了解格律恩和马克思之间的矛盾。不过，德赖尔了解《德法年鉴》、马克思的《哲学的贫困》、恩格斯的《英国工人阶级状况》和"在伦敦继续发行了一段时期的杰出的《新莱茵报》"。马克思和德赖尔的思想之间有很大不同。德赖尔把阶级斗争理解为"资本和劳动"之间的冲突。但是和蒲鲁东的想法一样，他拥护一个弱小的政府领导下的分权制国家。他的经济思想与其说受马克思的影响，不如说受蒲鲁东的影响，比如"人民银行"的计划。德赖尔的把工人志愿联合和合作作为渐进式社会改革的手段的思想至少有一部分来源于蒲鲁东。

从巴黎回来的工人在1847年建立的工人教育协会堪称哥本哈根第一个严格意义上的工人协会。最初它并不很激进。后来德赖尔、格律奈和作家迈·阿·戈尔德施米特相继加入，可能是在他们的倡议下，教育协会于1848年1月提出了一系列社会政治要求；1851年一些工人成立了工人阶级福利协会，它很受欢迎。德赖尔被选为领导人。1852年7月3日、10日和17日他在《社会改革》上发表了一篇题为《工人协会》的文章。他认识到建立一个"工人政党"的重要性，并且支持协会成立这样一个政党以便为工人阶级赢得政治影响。但是，由于协会中的小资产阶级领导人反对这种思想，因此德赖尔就离开了这个协会。1852年秋，他首创了廉价必需品供应协会，这个协会以低价出售食物和其他物品，很快它就拥有了1400个成员，但是几年以后就解散了。

后来社会民主党对德赖尔表示感谢。1877年《社会民主党人报》重印了他的主要著作，1883—1884年这个党的总书记彼·克努德森（1848—1910）在《社会民主党人报》上发表了总计13篇关于"丹麦的社会主义"的文章，其中头两篇专门介绍德赖尔的生平和事业。

作家戈尔德施米特也认识马克思和他的朋友们。在他的《北方和南方》周报上，他发表了一篇论"哥特弗里德·金克尔"的文章。在1850年发表的另一篇文章中，他记述了马克思和卢格1846年在莱比锡的一次会谈。

1852年到1871年间，马克思和恩格斯的思想传播没有取得任何明显的进展。但是，这个时期出现了各种各样的代表工人阶级利益的协会和俱乐部。这一时期也出现了以民族自由党人结盟的温和的手工业者为一方，以激进分子，如德赖尔和1858—1864年及1866—1868年担任议员的勘测员卡·延增为另一方之间日益增长的意识形态方面的矛盾冲突。延增参与组建了哥本哈根工人协会，这个协会设法使自己摆脱民族自由党人的影响。他于1866年与第一国际，特别是约·菲·贝克尔的日内瓦支部建立了联系。这种联系在1868年尼·洛·彼得逊在哥本哈根拜访延增时又重新恢复了。但后者不久就脱离了政治活动。彼得逊1870年又一次来到哥本哈根。这次他周围聚集了9个社会主义者，其中不包括安·蒙德贝尔格和奥·克·安德森。有鉴于此，国际工人协会总委员会决定，成立一个丹麦支部。

### 四、国际工人协会丹麦支部。
### 路易·皮奥与马克思和恩格斯

国际工人协会丹麦支部，即丹麦国际工人协会正式建立于1871年10月15日。他的创始人路·皮奥（1841—1895）当时既不认识魏特林，也不认识马克思，是否认识德赖尔也不得而知。他熟悉斐·拉萨尔的一些著作。在意识形态方面他受到贝克尔的影响。他让哥本哈根工人协会重新订阅了《先驱者报》，并于1871年底去日内瓦会见了贝克尔。

1872年2月他又在莱比锡拜访了威·李卜克内西。

这个支部是在巴黎公社的影响下成立的。19世纪70年代是"经济繁荣时期"。工业化开始了,像布尔迈斯特和魏恩造船厂这样的大企业拔地而起,真正的无产阶级也随之发展起来。

这个支部的机关报,即新的周报《社会主义者报》已经在1871年7月21日的第1期上就5月30日在巴黎公社诞生之际发表的国际工人协会总委员会宣言发了消息,① 这份报纸很快就有了3000个订户,并于1872年4月改为日报,定期寄给在伦敦的国际工人协会总委员会。1871年9月18日编辑皮奥、哈·布里克斯、保·盖列夫和奥·克·安德森把计划建立有700多个成员的丹麦支部一事告诉马克思。他们也向马克思说明了同农民党"左派"的合作,这能保证他们在即将来临的丹麦议会大选中稳操胜券。此外,他们还建议国际工人协会应当特别注意像丹麦这样的小国,"因为它在这儿会更强大并且能很好地控制局面"。最后,他们谈到了经济问题。丹麦支部如果希望"在政府里产生影响"的话,它需要经济上的支持。9月26日马克思向总委员会通报了丹麦建立支部的消息,很受欢迎。

不久,国际工人协会丹麦支部出版了一本小册子,其中包括1866年日内瓦会议正式通过的国际工人协会的共同章程和组织条例,以及后来添加的最后在1871年9月的伦敦会议上通过的第七到第十一条的片断。

在李卜克内西的鼓励下,皮奥开始在1872年2—3月与恩格斯通信。② 恩格斯在他的第二封未标明年月的信中附上了两篇文章的法文译

---

① 《马克思恩格斯选集》第2版第3卷第1—122页。
② 恩格斯在1872年3月7日和3月中旬写给皮奥的两封回信,见《马克思恩格斯全集》第1版第33卷第416—419、429—430页。

文，一篇是关于资产阶级的，另一篇是关于国际工人协会的，这两篇文章发表在葡萄牙语周刊《社会思潮》第 1 期。第一篇文章的丹麦译文以《资产阶级》为题发表在 4 月 3 日《社会主义者报》上。在信中，恩格斯对 1871 年 11 月 4 日《社会主义者报》发表的一篇题为《关于我们的农民的状况》的文章的观点表示赞同；在这篇文章中皮奥建议小土地所有者和农场主们应该将他们的农场合并以组成大规模的集体农场。恩格斯将这篇文章的内容收入了 1871 年 12 月 5 日总委员会的报告，并且安排它在各种报纸例如《东邮报》和前面提到的《社会思潮》上发表。因此，马克思和恩格斯接受了皮奥关于土地问题的建议。恩格斯在 1872 年 3 月 7 日的信中所说的话很重要：

"我们在这里以极大的兴趣等待着你们丹麦国会选举的结果。我们认为非常重要的是，使加入国际的工人在各国国会中占有席位，使至今独享这种荣誉的倍倍尔得到各国的支持。我们认为，在你们丹麦，很有可能把我们自己的人选进去，希望取得成功。"①

这些话与皮奥的思想非常一致——他自己也许说过这样的话。通过恩格斯的信，国际工人协会实际上已经赞同丹麦支部与农民党"左派"合作的策略路线了。

马克思特别赠送给丹麦工人阶级的第一部主要著作以连载的形式发表在 1872 年 6—7 月的《社会主义者报》上，它就是国际工人协会总委员会的宣言《法兰西内战》。对英文原文的翻译是十分随意的。不过，尽管翻译得不太精确并有些遗漏，但却不能说它歪曲了马克思的原作。

---

① 《马克思恩格斯全集》第 1 版第 33 卷第 419 页。

## 五、马克思主义与拉萨尔主义的矛盾

此时,国际工人协会丹麦支部经历了一场灾难。1872年5月5日一次和泥瓦工人罢工有关的示威行动引发了工人和轻骑兵之间激烈的冲突,这就是"平民之战",国际工人协会丹麦支部的领导人被捕。5月7日,恩格斯在给李卜克内西的信中对丹麦支部通讯的中断表示婉惜,但他认为对这些被捕的领导人不会造成多大的危害。① 但是,在总委员会提交9月2—7日的国际工人协会海牙代表大会的报告里,马克思提到了三个丹麦领导人被捕入狱,同时还提到了对倍倍尔和李卜克内西的判决。②

皮奥试图恢复与恩格斯的联系。8月19日他写了一封信给恩格斯,这封信被偷偷带出了监狱。他告诉恩格斯他受到审讯并即将被审判。这封信表明恩格斯也试图与皮奥联系,但是警察没有把他的信交给皮奥。

从报刊上关于审判皮奥的报道中我们获悉,恩格斯回复了皮奥的信。辩护律师宣读了这封根本没有被送到收信人手里的信。恩格斯将海牙代表大会的召开和驱逐米·巴枯宁及其追随者的事告诉了皮奥,他再一次强调社会主义者应当利用普选权,并且还表示希望丹麦的社会主义者利用他们合法的政治权利成功地选举他们自己的议会代表。

国际工人协会丹麦支部很晚才知道马克思的重要著作《资本论》,他们似乎是直到1872年第1卷第2版出版时才知道的。1872年8月17日《社会主义者报》发表了《对马克思的著作〈资本论〉的概述》一

---

① 《马克思恩格斯全集》第1版第33卷第457页。
② 《马克思恩格斯全集》第1版第18卷第149页。

文。这是从 8 月 6 日的自由主义日报《汉诺威信使报》上摘下来的。这篇受人欢迎的评论文章可能是马克思的朋友路·库格曼写的。按照《社会主义者报》的说法，资产阶级的沮丧表明，"我们的对手一定认识到了社会主义的科学正确性"。

皮奥获释后，恢复了与马克思的联系。他在 1875 年 7 月 27 日的一封信中，建议恢复暂停活动的国际工人协会，协会现在应包括从莱·甘必太到无政府主义者巴枯宁的所有进步分子。

随着《社会主义者报》1874 年被工会接管，这家报纸改名为《社会民主党人报》。它继续发表进步的特别是有社会主义倾向的作者的文章，并且向读者报道包括俄国在内的国际工人运动的情况。1875 年 11 月—1876 年 2 月，李卜克内西的演讲稿《防御》被分成 14 个部分发表，这篇演讲稿论述了工人和资产阶级之间矛盾的必然性。演讲稿还以小册子的形式发表，并于 1883 年重印。《无产阶级和它的战士们》这组文章发表于 1875 年 6 月 15—18 日，它涉及 1848 年以前的那段时期，介绍了著名的"空想社会主义者"例如卡贝、欧文和蒲鲁东的著作和魏特林、莫·赫斯和海·克利盖等人的著作，以及马克思和恩格斯的一些著作，比如《英国工人阶级状况》和《共产党宣言》。拉萨尔提出比贵族和资产阶级更危险的敌人是"人民的愚昧"这一论点以后，这组文章便停止发表。

在 1875 年 12 月国际工人协会丹麦支部的一次例会上，皮奥宣读了"卡尔·马克思转来的问候，他正以极大的兴趣注视着这个国家工人运动的蓬勃发展"。这也许是马克思在 12 月 14 日皮奥的生日之际送给他的《资本论》第 1 卷法文版重印本中夹带的一封信。皮奥也许就是从这一卷书中翻译了第 23 章中关于"不列颠的农业无产阶级"和"爱尔兰"的段落。译文从 1876 年 5 月 10 日到 7 月 8 日作为组文发表于《社会民主党人报》上。① 译文很随意，其中有几处错误。连载的第一部分中甚至连作者的名字都漏掉了；有关马克思著作的一些资料仅在5月23日那一期上刊登了。1876年《社会民主党人报》出版社以小册子的形式出版了这篇译文。

1876年5月，皮奥拜访了马克思并同马克思和恩格斯讨论了——他们都懂丹麦语——建立一个工会和积极参与新的国际工人协会的问题。马克思和恩格斯对工会领导人的官僚主义倾向和缺乏国际主义精神持批评态度。这一情况是瑞典报纸《厄勒海峡邮报》1878年7月刊登的由皮奥提供的一篇报道中介绍的。我们必须从当时丹麦的情况出发来看待皮奥的观点，丹麦直到1878年还有一个在工会基础上建立起来的统一的组织。

在伦敦，皮奥邀请马克思参加1876年6月6—8日举行的第一次丹麦工人运动大会。马克思谢绝了；他说"好像我现在能够做这样的旅外演出，这真是幻想"。② 在那次会议，即所谓的"吉姆勒会议"上，国际工人协会丹麦支部改名为"丹麦社会民主工党"。1876年通过的纲领"吉姆勒纲领"主要是以哥达纲领为蓝本的。但有一些重要的区别。一方面，吉姆勒纲领没有涉及"铁的工资规律"和关于"自由政府"的含糊概念。另一方面，它又要求"废除两院制"，这种要求是丹麦特有的。还有两个要求也是丹麦特有的：应没收教区的土地；政府应当购买土地并出租给小土地所有者和农业工人。同时，没有提出"政教分离"

---

① 《马克思恩格斯全集》历史考证版第2部分第5卷第243—274页，第6卷第611—643页，第7卷第593—630页。

② 1876年5月25日马克思写给恩格斯的信，见《马克思恩格斯全集》第1版第34卷第17页。

的要求，而提出了一个松散的关于"宗教信仰是个人事务"的声明；这是按照哥达纲领第 6 节提出的。

国际工人协会丹麦支部里除了马克思主义倾向外，还有拉萨尔主义倾向。在中央委员会和一些工会里，还有拉萨尔派小集团。

皮奥在 1872 年 3 月 24 日给恩格斯的信中就与拉萨尔的全德工人联合会的矛盾表示遗憾；尽管他不理解后者对人民国家报派的态度，国际工人协会丹麦支部仍不会拒绝给弗伦斯堡全德工人联合会的候选人威·哈森克莱沃以经济上的支持。

国际工人协会总委员会对于国际工人协会丹麦支部中的拉萨尔主义表示关注，李卜克内西 1872 年 4 月 6 日给皮奥的信也表明了这一点。李卜克内西在信中把哈森克莱沃称作"俾斯麦的代理人"，并同时提及了指控倍倍尔和他自己犯有叛国罪的案件。恩格斯在 1873 年 7 月 26 日写给弗·阿·左尔格的信中说，国际工人协会丹麦支部在北石勒苏益格的拉萨尔派的影响下倾向于全德工人联合会，它使自己走向灭亡。"所有这些农民国家的社会主义者真见鬼，他们往往被一些漂亮的词句所收买。"① 恩格斯似乎对丹麦支部中马克思主义和拉萨尔主义之间的斗争并没有一个明确的看法。

1872 年 4 月通过的国际工人协会丹麦支部的临时纲领就反映了拉萨尔派的某些影响。这个纲领中包含一些拉萨尔派的口号，如"生产合作社"和"全部劳动所得"。同样，对于"贫困的民众"来说，目前的政府是共和制、君主立宪制还是专制君主统治都不重要。这与德赖尔、石勒苏益格—荷尔斯泰因工人协会和为民主共和制而斗争的马克思和恩格斯的观念发生直接冲突。另一方面，举个例子来说，保·盖列夫是共

---

① 《马克思恩格斯全集》第 1 版第 33 卷第 601 页。

和制的热心倡导者，他在《社会民主党人报》1874年10月15日登在头版的一篇文章《真正的自由》中要求议员们宣传"共和制"。毕竟，1869年的爱森纳赫纲领的影响占了上风，它的译文曾于1872年7月9日刊登在《社会民主党人报》上。"爱森纳赫派"和国际工人协会是合作的。

皮奥派努力清除拉萨尔主义的所有痕迹。1876年1—2月间，皮奥在中央委员会的一次会议上，向在一些实际事务中对抗领导的拉萨尔派小集团摊牌，开除了在皮奥入狱期间（1872年5月—1875年4月）曾担任过《社会民主党人报》编辑的威·拉斯木森（1827—1894）。1876年2月9日皮奥在《社会民主党人报》上发表了一篇《论拉萨尔和拉萨尔派》的文章，他在文中抨击了拉萨尔派小集团试图将拉萨尔的理论提到教义的高度；他还指出，丹麦形势的发展将同德国形势的发展一样，在那里全德工人联合会的影响正在日益缩小。

但是，拉萨尔派小集团在丹麦支部内还是有一定影响力的，这一点从什么样的著作可以发表，什么样的著作不能发表就能看出来。当然，马克思或恩格斯的这本或那本著作没被支部发表也不能想当然地归因于拉萨尔派的影响。具体问题还要具体分析。这可以由恩格斯1850年发表在《新莱茵报。政治经济评论》上的两部著作《德国维护帝国宪法的运动》和《德国农民战争》来证明。① 这两部著作都没有被译成丹麦文，甚至没有用丹麦文作一个概述。第一部著作可能会让每个追踪《哥本哈根邮报》对这一事件的报道的人感兴趣，而第二部著作中表达的观点显然与拉萨尔的观点相矛盾，这部著作于1870年和1875年又以小册子形式重新发表，其中有恩格斯自己写的序言，将1524—1525年的事

---

① 《马克思恩格斯全集》第2版第10卷第3—109、454—567页。

件与后来的发展联系起来。① 拉萨尔在1862年他的《工人纲领》（1874年丹麦文版）中说，德国农民战争"基本上是反动的"；它"以……革命形式行动，［但它］就其本质来说是完全反动的"。另一方面，拉萨尔认为农民的死敌，即王公贵族们"使国家和财产分离"的计划是"既公正又革命的"，直到1891年5—6月《工人纲领》才发表在《社会民主党人报》上，同时又作为由党支持编辑的《社会主义著作》丛书中的一个分册出版。1900年又发行了第2版。

另一方面，值得注意的是，《社会民主党人报》1876年12月1—3日发表了一篇《论路德对德国农民战争的态度》的文章，作者是梅第亚，这是这家报纸的编辑部成员亚·里林克兰茨（1845—1920）的笔名。这篇文章是根据恩格斯的《德国农民战争》（1875）写成的，并反映了恩格斯的观点。它被用于反对拉萨尔主义的斗争。

马克思和恩格斯关于革命和国家的思想从根本上不同于拉萨尔对于国家的看法。他们的思想在两部著作中表达得十分清楚，第一部著作是马克思的《从1848到1849年》，它发表在1850年《新莱茵报。政治经济评论》上，1895年，恩格斯将之编成《1848年至1850年的法兰西阶级斗争》一书；② 第二部著作是马克思的《路易·拿破仑的雾月十八日》，它于1852年（在约·魏德迈的杂志《革命》上）发表，1869年又出版了单行本，书名《路易·波拿巴的雾月十八日》，1885年恩格斯再次将其出版。③ 恩格斯在1865年写的《普鲁士军事问题和德国工人

---

① 《马克思恩格斯全集》第1版第16卷第446—455页和第18卷第561—567页。

② 《马克思恩格斯全集》第2版第10卷第129—240页。

③ 《马克思恩格斯全集》第2版第11卷第127—240页。

政党》①中表达了与拉萨尔完全不同的观点。拉萨尔希望通过与俾斯麦达成协议来实现那些有利于工人的改革，恩格斯则认为任何与普鲁士军事国家的妥协都是不可能的。上面所提到的著作都没有被译成丹麦文。

## 六、新的领导

1877年皮奥和他最密切的合作者们被迫移居美国，这一件事，再加上经济衰退，使丹麦工人运动遭到严重挫折。工人运动的成员急剧减少。由于温和派和激进派的矛盾，一些社会主义小组从原有的组织中退出了，与马克思和恩格斯的联系也中断了。

1878年工会独立，一个新的政治组织——社会民主联盟建立了。从19世纪80年代初开始，由于拥有一批以手工业工人为基础的有才能的领导人，社会民主联盟迅速成长壮大。两年之内《社会民主党人报》的发行量增加到12000份；1884年这个数字达到了18000份。到1900年，《社会民主党人报》的发行量比其他丹麦日报的发行量都大。几种同类的地方日报也取得了成功，比如《奥胡斯民主报》。1884年大选中，社会民主联盟取得惊人的突破，他们在议会中赢得两个席位。

1883年3月14日马克思逝世。3月17日《社会民主党人报》刊登讣告，评价了他的生平和事业。该党的讽刺性周报《乌鸦》3月25日和5月6日发表了悼念诗。3月29日《社会民主党人报》继3月22日的德国《社会民主党人报》之后也刊登了一篇恩格斯写的关于3月17日在伦敦举行的马克思的葬礼的报道。《奥胡斯民主报》的前身《社会民主周报》在7月3日和10日发表了一篇关于马克思的长篇文章。这

---

① 《马克思恩格斯全集》第1版第16卷第41—87页。

些文章表明，人们非常了解马克思的业绩。《社会民主周报》1884年3—4月还发表了恩格斯的《威廉·沃尔弗》，但却删去了《新莱茵报》上发表的沃尔弗的文章的节录。在马克思逝世一周年之际，1884年3月14日的《社会民主党人报》发表了另一篇文章《卡尔·马克思逝世的周年纪念日》，这篇文章及所附的一张照片和一首诗几乎占满了整个头版。文章将马克思比作牛顿和达尔文。他发现了支配人类历史的规律，在经济领域里他还发现了资本主义生产的基本特征和剩余价值的产生。同时他还揭示了工人解放之路。与1883年的那些文章相比，这篇文章说明，人们对马克思的了解更全面了。应当指出的是：说马克思在巴黎的革命斗争中亲自参加了街垒战，是错误的，实际上是他在《新莱茵报》上"报道了"这场斗争。

随着发表在德国《社会民主党人报》《前进报》和《新时代》杂志上的一系列文献的翻译，加快了传播马克思和恩格斯思想的进程。1883年5月2日，《社会民主党人报》刊登了对马克思的巨著《资本论》的长篇报道。

德国反社会党人非常法生效期间（1878—1890），德国社会民主党（德国社会主义工人党）1883年3月29日到4月1日在哥本哈根举行了会议。这次会议由丹麦社会民主联盟组织并提供部分资助，会议在社会民主联盟勒默斯加代的"人民之家"召开。会议期间丹麦社会主义者对德国社会民主党内部的矛盾有了更多的了解。他们通过在哥本哈根发行的德国社会民主党的周报《社会民主党人报》，了解到以倍倍尔为首的马克思主义者同赞成俾斯麦的"自上而下的社会改革"的温和派之间所进行的激烈的辩论，他们还了解到他们的德国同志是如何向"社会君主制"的思想以及在这种制度下实施社会改革的思想妥协的：这样的改革只能在"社会主义共和制"下得以实现。

3月31日社会民主联盟的领导邀请了60个代表参加一场"盛宴"。丹麦的社会主义者也参加了。德国和丹麦的社会主义者之间建立了密切的私人关系。丹麦社会主义者用很多方式支持他们的德国同志,比如帮助那些被迫离开德国的人。

那时,埃斯特鲁普政府——一个俾斯麦式的右翼政府——使社会民主联盟变得更加激进。面对这种情况,丹麦社会主义者和德国社会民主党之间密切的关系使得他们更多地接受了马克思主义理论。《共产党宣言》①的第一个丹麦文译本于1884年1月发表在《社会民主党人报》上。马克思和恩格斯在1872年德文版序言②中提到的1848年丹麦文译本没有找到;也许是他们错把1848年斯德哥尔摩的派·格特赖克编辑的《共产主义之声》瑞典文版当成了丹麦文版。1884年的丹麦文版是根据1883年德文版翻译的,除了恩格斯写的一个新序言之外,还包括1872年版的序言。③ 在1890年的德文版序言里,恩格斯批评丹麦文译本被遗漏和粗心给毁了。④ 对译文全面分析完全证明这种批评是有根据的。1884年1—2月发表在《社会民主党人报》上的恩格斯的《社会主义从空想到科学的发展》的译文也有遗漏和错误。前面提到的两部著作也都于1885年收进了《社会民主主义丛书》第1卷。这套丛书共八卷(1885—1889),是由《社会民主党人报》编辑艾·维恩布拉德(1854—1935)编辑的。这几卷书可以以公道的价格买到。看起来这些书在工人阶级中非常受欢迎。第1卷由九本"社会主义小册子"组成。

---

① 《马克思恩格斯选集》第2版第1卷第248—307页。
② 《马克思恩格斯选集》第2版第1卷第248—249页。
③ 《马克思恩格斯选集》第2版第1卷第252—253页。
④ 《马克思恩格斯选集》第2版第1卷第260—265页。

它是一个大杂烩。除了前面提到的马克思和恩格斯的两部著作外,还有威·白拉克的《打倒社会民主党!》、路·勃朗的《社会主义问答》、麦·诺尔多的小册子《文明人类的传统谎言》、卡·奥·施拉姆的《国民经济基础》、倍倍尔的《我们的目的》、李卜克内西的《防御》。《社会民主主义丛书》第3卷1885年出版,包括倍倍尔的《妇女与社会主义》的译文(它首次发表于1884—1885年第43期《社会民主党人报》上)。

此外,还必须提到,克努德森1884年11月15日在激进的自由主义同学会上所作的关于"社会主义"的演讲。那次演讲也可能是克努德森代李卜克内西讲的,李卜克内西因为警察的干预未能到会。克努德森十分通俗地介绍了马克思主义的基本原理。他承认阶级斗争的现实性,并因此提倡无产阶级的国际主义精神。至于国家的阶级本质,克努德森说得有点含糊不清。他明确指出,无产阶级掌握生产资料仅能在"社会主义国家"得以实现。但是,他认为只有一条路通向这种"制度"——议会和普选权。他不顾德国社会民主党的遭遇,对社会主义党派有可能被定为非法不置一词。

值得注意的是,在《社会主义从空想到科学的发展》的丹麦文译本里,关于国家作为阶级压迫的工具所起到的作用这个重要段落像其他段落一样也被删去了。社会民主联盟显然没有认真研究马克思和恩格斯关于国家和革命的理论,当恩格斯的《家庭、私有制和国家的起源》(1884)的译文在1888年作为《社会民主主义丛书》第7卷发表时,遗漏问题才在某种程度上得到解决。① 这本书的波兰文版、罗马尼亚文版和意大利文版在1885年就已经出版了。丹麦文译本花费更长的时间,

---

① 《马克思恩格斯选集》第2版第4卷第1—179页。

是因为译者格·特里尔（1851—1918）与作者详细地讨论了他的译文，收到了非常好的效果。

此外值得一提的是，除德国外，社会民主联盟是在1887和1888年出版的《社会民主主义丛书》第4—5卷发表了《资本论》前两卷全部译文的第一个工人党。译者是语言学家和记者汉·威·伦德（约1840—1893）。另外，《社会民主党人报》于1888年7—8月刊登了斐·多·纽文胡斯的《资本和劳动。马克思学说概述》一书，同年还收入新的系列丛书《社会主义文集》（1888—1915）第4卷，维恩布拉德负责这套丛书的编辑工作。

《社会民主主义丛书》第6卷收录恩格斯正在整理的《资本论》第3卷，但是没有出版。这也许与伦德在1895年《资本论》第3卷出版之前就去世了有关。

1885—1888年间，《社会民主党人报》发表了恩格斯的六篇文章：《帝俄高级炸药顾问》（1885），《1845年和1885年的英国》（1885），《欧洲政局》（1886），《约翰·菲利浦·贝克尔》（1886），《给巴黎国际联谊节组织委员会的信》（1887）和《英国工人阶级状况》美国版的"附录"（1887）。1889年《社会民主党人报》转载了已发表在8月31日《工人选民》上的恩格斯对伦敦码头工人罢工的评论。[①] 1891—1895年又发表了恩格斯的四篇文章：恩格斯对国际工人协会布鲁塞尔代表大会和欧洲局势的评论（1891），《德国的社会主义》（1892），1894年10月27日恩格斯给《社会评论》杂志编辑部的信以及1894年9月26日

---

① 《马克思恩格斯全集》第1版第21卷第221—223、224—231、356—364、365—371、393—395、383—392、438页。

给意大利社会党人的信。① 另外,1893 年《社会民主党人报》还发表了马克思的《雇佣劳动与资本》及 1891 年恩格斯所写的导言。②

从 19 世纪 80 年代末开始,《社会民主党人报》外国社会主义者来稿的数量减少了。发表在《新时代》杂志上的恩格斯大部分文章都没有译成丹麦文,例如《路德维希·费尔巴哈和德国古典哲学的终结》(1886;单行本:1888 年斯图加特版),③《保护关税制度和自由贸易》(1888)④ 和《俄国沙皇政府的对外政策》(1890)。⑤ 但是,后两篇文章分别于 1889、1890 年发表在"革命的"反对派的新周报《工人报》上。

1895 年恩格斯去世,《社会民主党人报》在 8 月 8 日和 9 日发表了纪念文章,并于 8 月 10 日发表了一首纪念诗。在叙述恩格斯的生平的文章中没有提及他和皮奥的合作。值得注意的是,恩格斯的"政治遗嘱",即他为马克思的《1848 年至 1850 年的法兰西阶级斗争》新版(1895)⑥ 写的导言没有译成丹麦文。

---

① 《马克思恩格斯全集》第 1 版第 22 卷第 281—283、285—303、559—560、557—558 页。

② 《马克思恩格斯选集》第 2 版第 1 卷第 321—363 页。

③ 《马克思恩格斯选集》第 2 版第 4 卷第 211—258 页。

④ 《马克思恩格斯全集》第 1 版第 21 卷第 413—431 页。

⑤ 《马克思恩格斯全集》第 1 版第 22 卷第 13—57 页。

⑥ 《马克思恩格斯全集》第 2 版第 10 卷第 129—240 页。

## 七、社会民主联盟与革命的反对派之间的冲突

社会民主联盟总书记克努德森的主张被称为"国家社会主义"。在19世纪70年代末80年代初的德国和丹麦社会民主党中,"国家社会主义"思潮十分普遍,特别是在老的拉萨尔派中间。它是基于这样一种信念,即国家——不一定是无产阶级性质的——在向社会主义的过渡中起重要作用。"国家社会主义"的拥护者们想当然地认为社会主义可以通过议会和普选权来实现。19世纪80年代马克思主义成为德国社会民主党的意识形态的时候,"国家社会主义"才被摒弃;1883年德国社会民主党就已经明确否认自己是一个议会党派。这一点可从它在哥本哈根会议之后对《社会民主党人报》的批评中看出来。4月4日,在有关这次会议的一篇文章里,《社会民主党人报》说"丹麦和德国的社会民主党都是建立在严格的议会制基础上的"。针对这一说法,德国《社会民主党人报》在4月12日总结这次大会的一篇文章中宣称:"我们不是一个议会党派……我们也不是制造革命的人。……我们是一个革命的党,我们的目标是革命,而且我们对通过议会手段来使革命获得成功不抱幻想"。

德国社会党接受马克思主义是党内"改良派"和"革命派"斗争的结果,而在社会民主联盟内部,斗争则是在社会民主联盟领导和一个特殊的小集团"革命派"之间展开的,后者在1889年10月被驱逐出党后就不得不在党外活动。1890年他们建立了自己的政党,革命社会主义工人党。其领袖是格·特里尔和一位车工师傅尼·洛·彼得逊(1854—约1916;不是上文提到的老一代社会主义者尼·洛·彼得逊),他们是恩格斯在伦敦的圈子里的人。当他们于1887年和1888年返回家

乡的时候，他们意识到丹麦社会民主党的（改良主义的）性质已经不同于德国社会民主党或者说不同于伦敦恩格斯周围的流亡者。按照他们对恩格斯所作的保证，他们试图将社会民主联盟转变为一个马克思主义政党。

在1888年举行的社会民主联盟第三次代表大会上，在"革命的"反对派的积极推动下通过决议，散发小册子使工人了解社会民主党纲领。据推测，《社会主义文集》丛书正是根据这个决议于同年开始出版的。反对派的活动有助于党内更好地理解理论的重要性，当时在党内对理论重要性的认识还十分欠缺。在已出版的《社会民主主义丛书》第一批书籍中绝大多数是马克思主义类书籍，比如第3期发表的是保·拉法格和茹·盖得合著的《公共和私有财产》，译自1885年德国社会民主党《社会民主主义丛书》第1卷。

1889年"革命派"在恩格斯和爱·伯恩施坦的鼓励下，竭力促使社会民主联盟参加在巴黎举行的第二国际成立大会。①

与德国社会民主党中的"年轻人"不同，丹麦的反对派得到了恩格斯的支持。恩格斯了解它的领导人并且知道，他们在工人中有相当多的支持者。恩格斯和特里尔、彼得逊之间的通信都是专门讨论"丹麦问题的"。②

社会民主联盟和《社会民主党人报》一边试图掩盖丹麦党和德国党之间的差异，一边试图将丹麦的反对派与"年轻人"等同起来；比

---

① 1889年9月15日恩格斯致卡·考茨基的信，见《马克思恩格斯全集》第1版第37卷第265—269页。
② 1889年12月18日恩格斯给格·特里尔的信，见《马克思恩格斯选集》第2版第4卷第685—688页。

如1890年3月19日《社会民主党人报》在题为《弗里德里希·恩格斯反对"革命派"》的文章中套用了恩格斯的文章《今后怎样呢?》的结束语。① 这篇文章写于德国社会民主党2月20日在帝国国会选举中获胜之际,其中并没直接反对任何"革命派"。但是在结束语里,恩格斯对"无望的骚动"提出警告,他认为这将给俾斯麦残酷镇压社会民主党一个借口。9月17日的《社会民主党人报》刊登了恩格斯给《萨克森工人报》编辑部的信。②

另一方面,革命社会主义工人党愿意接受恩格斯1891年1月在《新时代》杂志上发表的马克思的文章《对德国工人党纲领的几点意见》。③ 同年2月《社会民主党人报》就发表了这篇文章的译文。但是删掉了比如有关"科学自由"和"信仰自由"的一些句子。④ "由于他们对要求民主共和缺乏勇气……"这一段变成了"由于他们十分明智地不要求……"2月17日《社会民主党人报》也刊登了《前进报》的"答复"。《工人报》在1891年3月1日说,"就很多方面而言",马克思的批评"是与去年[1890年1—3月]《工人报》针对丹麦党的纲领提出的批评是一致的,在很多方面丹麦党的纲领是丹麦化了的'改进了的'德国党的纲领的仿制品"。

德国《社会民主党人报》有时对革命社会主义工人党有一些善意的评论。9月16日《工人报》发表了德国《社会民主党人报》(9月30日也发表)的倍倍尔于1889年8月29日写给格·特里尔的一封信,倍

---

① 《马克思恩格斯全集》第1版第22卷第7—11页。
② 《马克思恩格斯选集》第2版第4卷第397—399页。
③ 《马克思恩格斯选集》第2版第3卷第293—319页。
④ 《马克思恩格斯选集》第2版第3卷第317页。

倍尔在信中明确指出，德国社会民主党不同于社会民主联盟，它拒绝与其他政党作任何妥协。德国社会民主党认为，选举仅仅是一种宣传鼓动的工具；因此它试图赢得尽可能多的选票而不是尽可能多的席位。像社会民主联盟和农民党"左派"在1884年、1887年和1890年大选中达成谅解，即两个党不在同一选区提出候选人，这种谅解是不会出现在德国社会民主党身上的。另一方面，革命社会主义工人党的观点和恩格斯的观点也有所不同。特里尔在1889年12月8日给恩格斯的信中坚持认为，由于有了反对派，才有更多的社会民主党候选人参加议会选举（1887年有3个人，1890年有10个人），同时该党原则上又拒绝与其他党派结盟。恩格斯在1889年12月18日的回信中说，他们同意"无产阶级不通过暴力革命就不可能取得自己的政治统治……"他也同意特里尔批评社会民主联盟领导人与农民党"左派"结盟的选举策略。但是，恩格斯在反驳"反动的一帮"这个论点时，主张无产阶级政党可以暂时支持其他政党去实现或是直接有利于无产阶级的、或是朝着经济发展或政治自由方向前进一步的措施。①

社会民主联盟中"国家社会主义"的倾向和拉萨尔主义的影响表现在以下事实中，即像恩格斯《论住宅问题》（1872，重新发表于1887年1月15日和22日德国《社会民主党人报》）第二版序言（1887）②这样的文章没有译成丹麦文。恩格斯的著作对于德国社会民主党接受马克思主义起了重要作用；它在德国《社会民主党人报》上再次发表是德国社会民主党部分领导人重新修订编辑计划的结果，这是哥本哈根大会对原有的党的文件中存在的拉萨尔主义性质进行了批判之后取得的。

---

① 《马克思恩格斯选集》第2版第4卷第685页。
② 《马克思恩格斯选集》第2版第3卷第131—223页。

社会民主联盟的领导人一边宣称信奉马克思主义,一边又拥护(非马克思主义的)改良政策。他们和德国社会主义者一样坚决拒绝任何"自上而下的社会改革"的事实在某种程度上掩盖了这一点。格·冯·福尔马尔的"埃尔多拉多演讲"很受他们的欢迎。

19世纪90年代福尔马尔和丹麦的社会主义者们在土地问题上互相仿效。在1890年社会民主联盟代表大会上通过了一个新的土地纲领。按照这个与党的领导人的改良主义路线一致的纲领,国家应当购买土地,把它交给农业工人并帮助后者得到耕种土地所必需的工具。

这个纲领不仅遭到革命社会主义工人党的批评,也遭到党内城市无产阶级中的"马克思主义"激进分子的抨击。这些激进分子在强调中小型农场不可避免地走向衰落的同时,宣称那些有助于保护农村中产阶级的措施是毫无意义的。目标必须是社会主义。党内激进反对派和革命社会主义工人党都同意这一点。尼·彼得逊在1893年7月3日写给恩格斯的信中,表达了同样的观点。按照革命社会主义工人党的看法,社会民主联盟没有充分认识到阶级斗争的现实性。革命社会主义工人党从来没有对社会民主联盟的无产阶级性质提出疑问,但是它指责社会民主党人不懂马克思主义理论。

引人注目的是,恩格斯的重要文章《法德农民问题》(1894)① 无疑与这场辩论有关,但它没有被译成丹麦文。社会民主联盟可能已经感觉到这是直接针对福尔马尔及其支持者的。另一方面,恩格斯也不同意社会民主联盟内部和外部的反对派的观点。他认为,"当我们掌握了国家政权的时候",集体农场才有可能存在,尽管如此,小农场也有可能

---

① 《马克思恩格斯选集》第2版第4卷第484—505页。

存在。① 虽然恩格斯坚决反对对小土地单位实行任何形式的保护，但他又认为社会主义者不能简单地任由小土地所有者和小农自生自灭。在他的文章里他又重新回到皮奥的组织农民合作社并赢得"小农和小土地所有者对无产阶级运动的支持"这种思想上来了。

## 盖德·卡勒森的结束语

奥·斯滕德－彼得森于1997年12月8日逝世，因而未能完成他的手稿。他把手稿留给了我，尽管他很清楚，我和他对于这篇文章里描述的事件发展有着不同的评价。

在这篇文章中，就像在其他几篇用丹麦文发表的文章中一样，斯滕德－彼得森指出，19世纪40年代马克思和恩格斯的著作，特别是恩格斯的《英国工人阶级状况》，在《祖国报》周围的先进群体中引起了相当大的震动。保守派在与自由派进行辩论的过程中也利用了恩格斯对资本主义初期典型社会状况所作的批评。1848年革命初期我们就看到一种微弱的倾向，即丹麦报纸上发表了一些马克思著作的译文。同时，通过与荷尔斯泰因——那时是丹麦王国的一部分——的共产主义者交往，丹麦的激进分子与欧洲其他国家的激进民主派和共产主义者进行了接触。

但是，随着社会主义工人运动的出现，丹麦才开始真正接受马克思主义。1871年7月一家周报即《社会主义者报》在第1期上刊登了国际工人协会总委员会关于巴黎公社的宣言的摘录。后来，这家周报发表了宣言的全文和马克思恩格斯的其他一些著作，其中包括像《共产党宣

---

① 《马克思恩格斯选集》第2版第4卷第498页及以下几页。

言》和《资本论》第1、2卷等重要著作。但是,斯滕德-彼得森实际上认为,马克思和恩格斯那些当时没有被译成丹麦文的文章更为重要。他认为,拉萨尔主义倾向和"国家社会主义"倾向比马克思主义倾向在运动中更有影响,并且他也为这种观点找到了依据,但在汉斯-诺尔伯特·拉谟的研究中却找不到这种依据。

当时只有少数几篇马克思和恩格斯的文章被译成丹麦文,其中有几篇却特别重要,很明显,它们影响了丹麦工人运动的理论和实践的发展,这在当时特殊的历史条件下有重大意义。结果,城市工人,某种程度上也有农业工人,组建了工会和政党。他们将争取政治解放和社会解放的斗争结合起来——同时密切注视国际局势的发展——这清楚地表明他们接受了马克思主义。当然,在丹麦工人运动中还有其他倾向,但是至少到世纪之交以前,这些倾向只占有次要地位。大多数人对运动的任务的认识在很大程度上与当代马克思主义相一致。

(原载德国《MEGA 研究》杂志1998年第2辑)

(李楠 译)

# 列宁为马克思恩格斯著作的传播所作的贡献[*]

〔民主德国〕 B. 伯克

伟大列宁继承了马克思恩格斯的事业并发展了他们的革命学说,为这两位科学社会主义创始人的著作在俄国工人运动中的传播作出了卓越的贡献。他一贯主张工人必须直接阅读马克思的著作。围绕这一专题,在主要由苏联出版的大量报刊中发表有各种研究著作。到1982年,苏联已经出齐《列宁生平事业年表》[①] 十二卷本,其中包含了到目前为止的有关研究成果。这部年表收入了列宁一生中共三万九千件有可靠依据的事例。其特点是:在详细入微地反映列宁生平事业的同时,也突出了他从事马克思恩格斯著作的翻译和研究工作的情况,从而为深入研究列宁提供了更广阔的领域。

列宁从事马克思恩格斯著作的翻译对于宣传他们的真实思想具有重大意义。众所周知,列宁曾全译或节译了许多马克思和恩格斯的著作,在他的著作中有大量引文是他亲自翻译的,共涉及马克思恩格斯著作及

---

[*] 本文选自《马克思恩格斯列宁斯大林研究》1984年第6辑。B.伯克是德国统一社会党中央马克思列宁主义研究院研究人员。

[①] 或称《列宁年谱》,《马列著作编译资料》第8辑曾载文予以介绍。——译者注

其书信约三百多篇。在不同场合，他引证或提及《资本论》和《剩余价值理论》约三百多次，《共产党宣言》约一百五十次，《法兰西内战》约一百二十次，《反杜林论》约九十次，《哥达纲领批判》五十多次。

当列宁参加革命运动的时候，在俄国只能见到少量的马克思恩格斯著作，而且极大部分都是德文原版或在德文杂志《新时代》上发表的文章。虽然有许多俄国革命者，尤其是在瑞士的"劳动解放社"成员，长期致力于将马克思主义经典著作家的著作介绍给俄国工人运动，但他们的传播工作遭到了沙皇政府的镇压，大批书刊被查禁。例如，当十八岁的列宁在喀山研读《资本论》第一卷时，该卷的俄译本在俄国所有的公共图书馆中已被禁止借阅达四年之久。列宁在喀山和萨马拉（1887—1893）深入钻研了自己所拥有的各种马克思恩格斯著作，并于1889年底至1890年初，翻译了《共产党宣言》，这部译稿在秘密小组的成员中互相传阅，被誉为出色的译作。但遗憾的是，这部译稿没有被保存下来。同样，现在也已无法找到列宁在喀山和萨马拉秘密团体中所做有关马克思主义某些著作的报告的全部笔记，在这部分材料中很可能包含有他的译文。1894年他发表的《什么是"人民之友"以及他们如何攻击社会民主党人？》一文涉及马克思恩格斯的十四篇著作，其中多数是刊登在《新时代》这一德文杂志上的。为了撰写《人民之友》和《民粹主义的经济内容及其在司徒卢威先生的书中受到的批评》，列宁在1894年春于彼得堡又节译了恩格斯的《家庭、私有制和国家的起源》。迄今已找到了这部译稿中的两页，它们涉及该书第八章的几处内容。现在看来，列宁在彼得堡时期为弥补马克思恩格斯著作数量之不足并向马克思主义团体提供学习材料，还翻译了其他一些作品，这是完全可能的。1899年初，列宁在流亡期间根据《资本论》1894年德文版第三卷，译出了其中的一些摘录和统计数据，并在自己的《农业中的资本主义》一文中引用了这些资料。1903年初，列宁又从《新时代》节译了，或者也许全文翻译了恩格斯的另一篇文章《法德农民问题》，这是他为在巴黎俄国社会科学高等学校作有关土地问题演讲而进行的准备工作。到目前为止，只发现这部译稿的一部分，共十四页。

列宁在自己的著作中直接或间接地引证和解释了马克思恩格斯著作，从而使他们的思想得以广泛传播。一个最明显的例子是列宁的《国家与革命》一书。在这本书中，他清除了机会主义对马克思恩格斯关于国家与无产阶级专政学说的歪曲，恢复了它们的本来面目，并根据帝国主义条件下新的历史经验进一步发展了这些学说。在撰写这本书的过程中，他使用了自己在1916年底和1917年初收集的大量资料，与此同时，他反复研读了四十多篇马克思恩格斯专著，翻译了其中的大量摘录。这些材料后来以《马克思主义论国家》的标题出版。

列宁对其他人的译作进行编辑校订工作，也为马克思恩格斯著作的传播作出了重要贡献。这主要是在1905年至1907年第一次俄国革命期间，当时布尔什维克抓住时机利用合法条件在出版马克思主义文献著作方面取得了迅速的进展。1905年底和1906年俄国五十五个出版社先后出版了马克思恩格斯著作，正如列宁后来所写的，这些著作"在俄国，从来没有为人民、群众、大众、'下等人'这样贪婪地阅读过"[①]。革命失败后，根据警察局有关查抄各种马克思恩格斯著作的报告表明，它们在较短时间内已得到了广泛传播。当时，列宁承担了马克思恩格斯的两篇著作和两卷本通信集俄译本的编辑工作。1905年由俄国社会民主工党中央的出版社在日内瓦出版了恩格斯的《行动中的巴枯宁主义者》，它是该著作的第一个俄译本，还有1905年8月由敖德萨"海燕"出版

---

① 《列宁全集》第1版第18卷第305页。

社出版的马克思的《法兰西内战》第二版，印数为五千册。1906年彼得堡"无产者"出版社出版了《行动中的巴枯宁主义者》译本的第二版，1907年彼得堡出版了由列宁的妹妹玛·伊·乌里扬诺娃翻译、经列宁校订并写序言的《马克思致路·库格曼书信集》，它是汇集了当时发表在《新时代》上的马克思致库格曼全部书信的第一个最完整的版本。同年，在彼得堡还出版了由列宁编辑并写序言的《约·菲·贝克尔、约·狄慈根、弗·恩格斯、卡·马克思致弗·阿·左尔格等书信集》（节录）。

列宁经常发起翻译出版马克思恩格斯的各种著作。早在彼得堡建立"工人阶级解放斗争协会"期间，列宁就试图运用自己所掌握的一点技术装备，不仅复制传单，而且印刷1894年他从瑞士得到的恩格斯的《论住宅问题》一书。但由于印刷机掌握在个别轻视理论工作的成员手里，所以列宁的这个打算未能实现。

1903年，当列宁着手研究恩格斯的《法德农民问题》一书时，他写信给普列汉诺夫说：要是这篇文章能够出版，那就太好了！后来，普列汉诺夫推荐《火星报》的编辑部秘书佩罗娃来翻译这篇文章，他本人写了序言，并将它们一起寄给当时负责出版工作的列宁。1904年，这本小册子由日内瓦的俄国社会民主工党中央的出版社出版。

1905年，列宁在致一位我们尚未查明的人的信中认为，恩格斯的《德国维护帝国宪法的运动》"必须尽快翻译和出版"。"这是单独的一篇文章，务必印成单行本。这篇文章目前有**特别**重大的意义。"① 在准备在俄国社会民主工党第三次代表大会上作关于社会民主党参加临时革命政府的报告的过程中，列宁充分利用了恩格斯的这篇文章；与他的愿

---

① 《列宁全集》第1版第36卷第128页。

望相反，这篇著作直到十月革命后才用俄文发表。

1905年，列宁还请瓦·沃罗夫斯基校订马克思《〈黑格尔法哲学批判〉导言》的俄译文。1905年年中，校订结束后，沃罗夫斯基写信告诉列宁，他已经将校完的译稿寄回。1906年4月，敖德萨"海燕"出版社出版了这个俄译本。

列宁1904年12月至1905年5月在日内瓦领导的布尔什维克秘密报纸《前进报》编辑部，于1905年出版了由普列汉诺夫翻译的《共产党宣言》。可以想象，如果没有列宁的努力，1906年在彼得堡"知识"出版社的"廉价丛书"中就不会包括进许多马克思恩格斯著作。1905年，根据俄国社会民主工党布尔什维克中央的提议，在这个出版社专门建立了一个党的文献室，出版马克思主义文献，列宁是编委会的成员，被委任负责选材工作。

1906年3月底至秋天，彼得堡第一个合法的布尔什维克出版社"前进"出版社，也出版了一些马克思恩格斯著作，列宁曾领导该出版社的编辑委员会。

1913年和1914年，列宁对1913年在斯图加特出版的《马克思恩格斯通信集》进行了深入研究并作了详细摘录，其中的十三封信在列宁的倡议下在《教育》杂志上发表。1914年，列宁对马克思文献用俄文出版的状况进行评价说："马克思的著作和书信到现在还没有全部出版。马克思著作的俄译本，要比其他任何文字的译本多。"① 完整发表马克思、恩格斯的著作和书信这一宏伟目标，直到十月革命胜利后才得以实现。然而在以往的年代里，列宁细心地搜集和保存了他在报刊、书讯以及类似书目通报中所能见到的有关马克思恩格斯著作的全部资料，这就

---

① 《列宁全集》第1版第21卷第59页。

为实现这一宏伟目标创造了重要的前提条件。后来他将这些资料收入自己的文章中,以便使俄国读者了解到现存的出版状况。他在《卡尔·马克思》和《弗里德里希·恩格斯》这两篇传记性文章中,开列了大量的参考书。后来,直到十月革命以后,列宁在这方面的注意力都没有减退。譬如,1919年在准备再版《卡尔·马克思》一文时,列宁考察了1914年以后出版的各种马克思和马克思主义的文献,对这篇文章作了相应的修改和补充。

列宁还通过授课和演讲来向俄国革命者介绍马克思恩格斯著作的内容及其意义。1889年底和1890年初,早在喀山和萨马拉的秘密小组中,他就主持了有关《资本论》的讨论活动,评论马克思和恩格斯的著作,如《共产党宣言》和《哲学的贫困》等。伏尔加流域能成为马克思主义在俄国传播的中心之一,也有赖于列宁的巨大贡献。1893年,当列宁来到彼得堡的时候,他已经成为一名博学的马克思主义者。列宁的同时代战友们在回忆中都突出记述了他在彼得堡秘密团体中讲解《资本论》并进行有关宣传鼓动工作的情景。就是在最艰难的流放期间,列宁也利用各种机会向其他流放者介绍马克思主义。其中,他同林格尼克有关哲学问题的详细通信就是一个实例,这些通信几乎使后者转到马克思主义的立场上来。列宁将自己的藏书供给战友们学习研究,审阅同志们的译稿,同时,他拟定了研究马克思主义的进度计划,并将它寄给在莫斯科的妹妹乌里扬诺娃。

1911年,早在布尔什维克设于法国巴黎附近的龙寿姆党校开办之前,列宁就举办了有关《共产党宣言》的专题讲座。他是这座马克思主义学校的意识形态方面的领导人和骨干教员。后来,苏维埃俄国红色教授学院直接开设了研究《资本论》的课程,1921年9月13日在列宁出席的情况下确认了这门课程的主持人。列宁始终坚信,不仅要学习马克思主义文献，而且还要直接研读马克思恩格斯原著。

十月革命前在俄国传播的极大部分马克思主义文献都是在国外印刷后秘密运到国内的，列宁为此也做了巨大工作。1895年他第一次出国旅行，就受彼得堡马克思主义者的委托，同瑞士的"劳动解放社"商谈有关将马克思主义文献运往俄国的事宜。甚至在回国途中，他还携带了当时极为少见的《神圣家族，或对批判的批判所做的批判》（一部分），并在随身的一只夹底箱里装满了其他马克思主义文献。此外，他还利用《火星报》的运输路线和代办处，妥善地组织了马克思主义文献的运送工作。

列宁在这方面的活动细节虽然无法都在本《年表》中直接反映出来，但从他与《火星报》编辑部的通信中，例如从有关接收和分配刊物的报告中，可以发现，他在创办《火星报》期间曾利用这个运输网，将《共产党宣言》和恩格斯的《德国的革命和反革命》运到了俄国，并分送到俄国的一些城市里去。《宣言》有普列汉诺夫主持的《社会民主党人报》小组于1900年发表的版本，《德国的革命和反革命》是由《工人旗帜报》小组第一次在伦敦用俄文全文发表的。1901年1月3日列宁致《工人旗帜报》编辑诺根的信中说："您寄来的小册子《革命和反革命》已经收到，非常感谢。关于传递，目前我们还不能承担任何肯定的义务……大概顶多两三个星期之内，就能给您完全具体的答复，如果可能的话，我们很乐意把您的小册子运过去。"1月24日，他又从慕尼黑写信去伦敦告诉诺根："关于出售小册子《革命和反革命》的问题，我们不妨征求一下那些同我们有联系的国外组织的意见。现在我们大家都从事传递工作，这需要一大笔钱，因为这是一件新的工作……"

十月革命后，世界上第一次有可能利用一个国家的资金从事马克思恩格斯著作的研究和出版工作，列宁亲自投身于系统地搜集和出版马克思恩格斯著作的事业。1918年5月15日《莫斯科苏维埃通报》发布消息说：在列宁的大力协助下，将准备出版马克思著作的纪念集，1918年7月列宁建议翻译马克思恩格斯有关1848年革命的历史著作两卷集，1920年他又指示阿多拉茨基着手准备马克思恩格斯通信集的出版工作。这个通信集于1922年以《卡·马克思和弗·恩格斯：马克思和恩格斯通信中的理论和政策》这一标题出版。在同阿多拉茨基的反复交谈和通信中，列宁曾对这项出版工作作了具体指示，并提供了自己在1913年研究《马克思恩格斯通信集》四卷本时所积累的资料。列宁制定了书信的选录和编排的基本原则以及书信所附索引的性质，后来出版的各种马克思恩格斯著作都以这一索引为基础。在列宁提供的材料中，不仅有他开列的通信目录，而且还有1913年他为《教育》杂志准备的、但未能完稿的有关通信集的一篇文章，这篇文章到1920年11月28日纪念恩格斯诞生一百周年时才被《真理报》第一次发表。列宁还为阿多拉茨基撰写这个通信集的序言出主意，为他利用社会主义科学院的藏书提供方便，审阅他新译的书信，并表明自己的看法。

1918年在列宁的提议和直接参与下，马克思恩格斯著作的研究和出版工作开始进一步获得更加牢固的基础。1918年根据苏共中央的决议，成立了一个专门出版《马克思恩格斯全集》二十八卷本的编委会，列宁是编委会的成员。从1918年至1922年出版了其中的4卷。1919年11月，苏共中央社会主义科学院成立了马克思主义理论、历史和实践研究室。1920年12月，按照列宁的建议，决定成立世界上第一个马克思恩格斯博物馆，1921年建立了马克思恩格斯研究院，这就是今天苏共中央马列主义研究院的前身。列宁对于这个研究院的发展曾予以极大的关注。从他给研究院院长梁赞诺夫的信中可以看出，他是如何十分具体地关心研究院的工作。譬如，他问道：研究院图书馆是否收藏了报刊发表的全部马克思恩格斯书信，是否编制了可供查阅这些书信的目录？他希望得到一份这样的目录以供参阅。他提出：是否能够在国外购买尚未发表的马克思恩格斯书信或照片，是否能够将书信搜集起来？他并且询问：究竟有没有可能把马克思恩格斯的全部遗著汇集在莫斯科，并且再次提出编制这些著作的目录问题。1923年2月，列宁在病重中坚持让人取来梁赞诺夫编著的刚在莫斯科出版的《苏共中央马克思恩格斯研究院》一书阅读。就是在苏维埃经济极其困难的时期、在国内战争时期，列宁还是批准用大笔资金向国外购买有价值的马克思主义文献。列宁在图书出版界的体制、组织和建设方面一再提出要求，这也充分证明，他为珍藏、保存他自己的国家和整个人类的这份财富，为使广大劳动群众能够利用这份财富，曾花费了多少心血。

(原载民主德国《德国工人运动史论丛》1983年第5期)

(孙常敏 译　夕昆 校)

# 马克思恩格斯文献在阿姆斯特丹[*]

〔荷〕马利安·凡·德·海登

[摘 要] 本文论述了荷兰阿姆斯特丹国际社会史研究收藏的马克思恩格斯文献的来龙去脉及其主要内容，并简要介绍了即将进行的文献电子化项目。

1883年在伦敦去世时，马克思是没有国籍的流亡人士。他从被德国驱逐出境后，先后在法国巴黎和比利时布鲁塞尔居住过，并曾试图重返德国，但是又遭到驱逐，最后他到了伦敦。一开始，马克思的生活很困窘，但至少他能自由地工作。马克思的私人文稿也随他到了伦敦，途中丢失了一部分，其中包括很重要的手稿，但是大部分都得以保存下来。

当时，恩格斯也住在伦敦。马克思死后，恩格斯继承了他的大部分文献并答应完成马克思的工作，出版《资本论》剩下的几卷。但是，面对马克思留下的文档，恩格斯发现自己根本摸不着头绪。他不知道马克思的著作已经进行到了哪一步，因此，面对庞大的文献资料，包括草

---

[*] 本文选自《马克思主义与现实》2012年第1期。作者Marian van der Heijden系荷兰阿姆斯特丹国际社会史研究所档案馆数据处理部门负责人。

稿、手稿、笔记、各种剪报和文献注释,他一筹莫展,更头疼的是,马克思的笔迹还常常难以辨认。

恩格斯开始慢慢地整理和梳理马克思的档案,并出版了《资本论》第2卷,并在即将去世前出版了第3卷。恩格斯1895年去世时,将马克思以及他自己的文稿留给了德国社会民主党档案馆,马克思的另一部分文稿特别是通信和私人文稿由他的女儿们保管,这些文稿的很大一部分最后也捐给了德国社会民主党档案馆。

这期间德国的政治形势已经发生了变化。社会民主党不再被禁止,被驱逐的社会主义者也可以回国。但是,马克思恩格斯文稿留在了伦敦,因为当时德国社会民主党内各小组和派别间存在一些个人问题和政治问题。1901年,德国社会民主党就马克思恩格斯文稿的去留以及负责人问题达成了一致意见。这些文稿被运到了柏林,成为德国社会民主党建立的庞大的档案馆和图书馆的一部分,并对学生和研究人员开放。

德国社会民主党档案馆历经了1914—1918年第一次世界大战和1918—1919年的德国革命,几乎没有受到任何损失。20世纪20年代对档案馆来说是一个平稳发展期。人们研究马克思恩格斯的文稿,并开始出版《马克思恩格斯文集》第1版,德国社会民主党档案馆也获得了更多的手稿以及马克思和恩格斯发表的著作的第1版原件,包括书籍、手册和期刊文章。

阿道夫·希特勒领导的纳粹党在20世纪30年代的崛起,意味着这个稳定期的结束。德国社会民主党意识到了危险,并着手将其资产转移到安全的地方。马克思恩格斯文稿就是德国社会民主党拥有的最宝贵的、也是最具象征意义的财富。1933年初希特勒刚就任德国总理时,这些文稿就被秘密运到了丹麦哥本哈根,德国社会民主党的其他档案被偷运到了法国巴黎。越来越多的德国社会民主党官员不得不逃离德国,在逃亡过程中，他们在捷克斯洛伐克的布拉格成立了民主党委员会。到1935年，马克思恩格斯文稿和著作等文献以及他们的保管人遍布整个欧洲，那时欧洲的独裁政权正在兴起，战争一触即发。

在这种危险的形势下，为了抢救左翼运动的文献档案，国际社会史研究所于1935年在阿姆斯特丹成立。研究所的代表们前往欧洲各地，与逃亡中的社会民主党人和组织取得联络，并努力追回可能被独裁政权收缴或可能丢失或毁坏的文献。研究所所长亲自与德国社会民主党代表进行协商，提议出资为德国社会民主党档案馆建立收藏区，档案归德国社会民主党所有，但国际社会史研究所负责文献开放事宜。

还有更多的人对德国社会民主党的文献特别是马克思恩格斯文献感兴趣。莫斯科马克思恩格斯研究院的代表提出以高价购买马克思恩格斯文献。苏联代表团由布哈林率领，斯大林甚至也曾过问谈判细节。1936年初，俄罗斯人和德国人眼看就要在巴黎的一次会议中达成交易了，但是俄罗斯人突然被召回了莫斯科，此后就杳无音讯。俄罗斯代表团的领队布哈林随后被开除党籍并被处决了，莫斯科马克思恩格斯研究院的创始人梁赞诺夫也遭遇了同样的命运。

后来，德国社会民主党的代表又恢复了与阿姆斯特丹国际社会史研究所的协商。1938年，德国社会民主党档案馆将其收藏的文献，包括马克思恩格斯文稿卖给了阿姆斯特丹国际社会史研究所。因为当时欧洲的政治形势还很危险，这些文献没有被运到阿姆斯特丹，而是运到了伦敦，因为当时伦敦似乎更安全。就这样，马克思恩格斯文稿又回到了1901年之前的所在地。这是个很明智的决定，1940年5月德军入侵荷兰时，阿姆斯特丹国际社会史研究所成为第一个被德国当局占领的机构，德军收缴了研究所的文献并将其中最重要的文献运到了德国。1945年第二次世界大战结束后，马克思恩格斯文稿来到了阿姆斯特丹，从此留在了那里。

阿姆斯特丹收藏的马克思恩格斯文献并不都是原始手稿,也包括其他档案馆——比如位于莫斯科的俄罗斯国家社会政治史档案馆(其前身就是马克思恩格斯研究院)——收藏的原始文稿的复印件,还包括马克思和恩格斯在期刊上发表的文章,以及他们自己归档的出版物和剪报。

我们收藏的马克思手稿中最重要的包括《共产党宣言》仅剩的手稿,以及数百页的草稿和为撰写《资本论》所做的笔记。恩格斯正是根据这些手稿出版了《资本论》第2卷和第3卷。我们收藏的恩格斯的手稿包括《自然辩证法》以及著名的《反杜林论》手稿。文档的很大一部分也是非常重要的一部分是通信。首先,马克思和恩格斯之间就有好几百封通信,他们两人还与他们同时代的最重要的社会主义领袖和理论家有通信。其次,还有马克思和恩格斯的自传性文稿,以及他们收集的与自己研究相关的摘录和出版物。文档的另一部分,也是独立的一部分,包括马克思的妻子燕妮、马克思的女儿们以及其他家庭成员的文件和通信。

在接下来的四年里,我们研究所会上一个大项目,就是把我们收藏的最重要的一部分文献电子化,包括马克思恩格斯文献。我们这样做是为了保存这些珍贵的原始文献。目前,学者们只能参阅影印本,但是很多影印本质量很差,或者正在退化。如果我们制作出高质量的电子版供大家参阅,就能安全地保存原始文稿。此外,电子文件还可以在网上出版,届时全世界的学者们都能参阅。

(杨望平 译)

# 俄罗斯国家社会政治史档案馆的马克思恩格斯文献典藏*

〔俄〕瓦·福米乔夫

[摘　要] 俄罗斯国家社会政治史档案馆的前身是苏共中央马列研究院中央党务档案馆,以收藏马克思恩格斯文献、苏共[含俄共和联共(布)]文献和国际共产主义、社会主义和工人运动史文献著称,本文简要回顾了马克思恩格斯文献遗产的历史命运以及该馆历代档案学者和历史学者为收集整理马克思恩格斯文献付出的卓绝努力,着重介绍该馆的马克思恩格斯文献典藏的基本结构和具体内容,指出马克思恩格斯文献遗产的巨大政治和学术意义。

马克思和恩格斯的个人文献档案是俄罗斯国家社会政治史档案馆的镇馆典藏之一,当仁不让被编为档案馆的一号全宗。在介绍这一珍贵文献典藏的结构和具体内容之前,首先需要对马克思和恩格斯文献遗产的来龙去脉做一个简要回顾。

马克思去世后,恩格斯对其留下的档案进行了系统整理,按专题和时间顺序对马克思的手稿、书信、提纲、笔记和其他遗物进行了分类整

---

* 本文选自《马克思主义与现实》2012年第1期。作者Valeri Fomichev系俄罗斯国家政治社会史档案馆马克思恩格斯手稿部门负责人。

理，给马克思的很多笔记本注上了标题，列了内容目录。恩格斯在给友人写信时曾多次提到，马克思留下的诸多材料有助于《资本论》第2卷和第3卷的出版、编修共产主义者同盟史和国际工人协会史以及写作马克思的传记。

恩格斯去世后，根据遗嘱，其所有档案被分成了三部分：马克思的小女儿爱琳娜得到了马克思的所有手稿和信件；恩格斯的手稿和信件（包括与马克思的通信）交给了以倍倍尔和伯恩施坦为代表的德国社会民主党档案馆；恩格斯的家信和一些亲友的来信则都交回给了写信人。此外，马克思和恩格斯还在世时，很多材料就已经在他们的朋友和同志手里。很多著作的手稿留在了他们投过稿的出版社、报社和杂志社。

马克思的小女儿爱琳娜和二女儿劳拉去世后，她们保存的文献遗产由马克思长女燕妮的儿孙们继承。他们还保存了马克思的一些私人藏书和其他个人物品。

马克思和恩格斯数量庞大的私人藏书移交给了德国社会民主党档案馆，被送到了柏林，而马克思和恩格斯的文献遗产在1900年之前一直留在伦敦，由尤利乌斯·莫特勒负责照管，后来也被运到了柏林。德国法西斯上台执政后，这些档案都被迁至丹麦，放在哥本哈根的丹麦工人银行的保险柜里。还有一部分档案存放在巴黎，包括别人写给马克思和恩格斯的信件以及其他一些珍贵资料。1938年，德国社会民主党的所有档案被一家荷兰银行以7.2万荷兰盾的价格永久收购。现在，这些档案都保存在阿姆斯特丹国际社会史研究所中。

1920年12月8日，俄共（布）中央全会做出决定，在社会主义科学院里成立世界上第一个马克思主义博物馆。1921年1月，该博物馆更名为马克思恩格斯研究院，达维德·鲍里索维奇·梁赞诺夫被任命为研究院院长。研究院的任务就是将马克思和恩格斯的所有文献遗产都汇集到莫斯科，在此基础上筹备出版马克思恩格斯文集。根据苏联中央执行委员会1924年7月11日的决议，马克思恩格斯研究院被认定为"苏联境内唯一一家负责保存与马克思恩格斯的活动以及出版其作品有直接关系的所有原始文件的国立机构"①。研究院成立之初，仅仅拥有马克思写给阿·卢格的8封书信原件。在整个国家面临饥荒、满目疮痍的艰难时期，梁赞诺夫完成了看起来似乎不可能完成的任务：他不仅得到了政府授予的广泛权限，还得到大笔资金用于收购文献资料和图书。正像波克罗夫斯基（М. Н. Покровский）所说的那样："欧洲市场向梁赞诺夫敞开了大门，他是欧洲市场上出现的首批买家之一，几乎比所有人都要早。我们在国外连一台机器都没买之前，很多价值连城的手稿和珍贵版本就已经坐上英国驱逐舰漂洋过海来到了我国。"② 梁赞诺夫在文献资料和图书收集方面表现出了非凡的毅力和敏锐性。他本人与德国社会民主党领导层私交甚笃，他侨居德国期间曾经在德国社会民主党档案馆工作过，十分熟悉这些档案，他所具备的这些条件对于帮助马克思恩格斯研究院充实马克思主义史料来说可谓得天独厚。1924年，梁赞诺夫与德国社会民主党领导人签订了向马克思恩格斯研究院提供马克思恩格斯文献遗产中的手稿和书信影印件的协议。梁赞诺夫从德国运回了7000张马克思未发表过的经济学手稿影印件。1924—1928年间，马克思恩格斯及其战友们的所有文献资料第一次得到系统编目和整理。马克思恩格斯研究院从德国社会民主党档案馆获得了大部分马克思恩格斯文

---

① Собрание законов и распоряжений, 1924, No. 13, C. 121, 180 – 183.

② 《Правда》, 11 марта 1930.

献遗产和荣克-贝克尔、赫斯、莫特勒、左尔格等其他人的很多文献资料。① 除了影印件之外，马克思恩格斯研究院还得到了马克思、恩格斯、乌托邦社会主义者以及巴黎公社和欧洲各国工人运动领导者的很多手稿原件。为了加强这一工作，梁赞诺夫在欧洲各国为研究院建立了一个通讯员网络。② 通讯员们的职责就是为研究院的档案馆充实有关社会主义、马克思主义和工人运动史的原始文献。这些通讯员和很多机构、书店、文物商和收藏家建立了广泛的联系。如果无法购得原件，就想办法购买影印件。担任马克思恩格斯研究院驻法国通讯员的先后有鲍里斯·苏瓦林、列昂·伯恩施坦和亚历克斯·吉恩，德国的通讯员是鲍里斯·尼古拉耶夫斯基，英国的通迅员是哈里·斯蒂文斯。

在研究院领导和驻西欧各国学术通讯员的共同努力下，到1930年马克思恩格斯研究院档案馆已成为欧洲最大的档案馆之一，在社会主义和工人运动史文献收藏方面首屈一指。这时档案馆已拥有1.5万份原件和17.5万份影印件。文献资料分为德语国家、拉丁语国家、斯拉夫语国家、马克思恩格斯和第一国际史五个部分。马克思和恩格斯文献共有4316个卷宗，其中包括437份原件和5.5万张影印件。③ 马克思恩格斯文集俄文第1版和第2版以及 MEGA$^1$ 就是在这些材料基础上整理出版的。

---

① См. Бюллетень N 1 Института К. Маркса и Ф. Энгельса. Октябрь 1928 г. С. 5 – 6；Литературное наследие К. Маркса и Ф. Энгельса. М.，1969. С. 135 – 140.

② 马克思恩格斯研究院通讯员工作反映在71号全宗50号目录的文件里。另参见：Jonathan Beecher and Valerij N. Fomichev, "French Socialism in Lenin's and Stalin's Moskow: David Riazanov and the French Archive of the Marx-Engels Institute", *The Journal of Modern History*, University of Chicago Press, Volume 78, Number 1, March 2006。

③ См. Литературное наследство К. Маркса и Ф. Энгельса. М.，1969. С. 145.

马克思恩格斯文献影印工作的重大意义逐渐彰显出来，因为后来德国社会民主党档案馆里的部分马克思手稿原件被盗走，或者在档案馆多次搬迁过程中被遗失。

梁赞诺夫被捕以后，苏联中央执行委员会1931年11月3日决定马克思恩格斯研究院与列宁研究院合并为统一的马克思恩格斯列宁研究院，研究院的工作任务也被调整，出版工作成为重点，为档案馆充实文献资料退居次要地位并逐渐收缩。马克思恩格斯列宁研究院仍继续购买获得了部分文献和一些较小的收藏，但再不像以前那样有针对性地开展充实档案的工作。尽管如此，从1931年到1941年开战前这一时期，档案馆共收到1300多份马克思恩格斯文献，马克思恩格斯典藏也由此达到了5640份。

1934年至1935年间，联共（布）中央曾三次研究购买马克思恩格斯文献遗产的问题，可惜谈判没有取得成功。①

战后，为档案馆充实马克思恩格斯文献的工作再度得到加强。这与启动马克思恩格斯全集历史考证版（即MEGA²）的出版工作有关。战后，马克思恩格斯文献典藏因龙格家族保存的手稿和书信原件而得到极大充实。法国共产党提供了约300封书信原件，另外从各种拍卖会和一些私人手中也购得了一些文献。

现在，仍有大量的马克思恩格斯文献原件下落不明，仅马克思恩格斯的书信一项就有1400多封。

经过长期的积极工作，现在俄罗斯国家社会政治史档案馆拥有全世

---

① P. Meyer, "Die Geschichte des sozialdemokratischen Parteiarchivs und das Schicksal des Marx-Engels-Nachlasses", Archive fuer Sozialgeschichte, VI./VII. Band. Hannover 1966. S. 106.

界最完整的马克思恩格斯文献典藏（包括原件或者影印件）。档案馆的马克思恩格斯文献全宗共计 15212 份存档件，其中三分之一以上为原件。该全宗下分五个目录。目录一包括马克思恩格斯的所有文献手稿，反映马克思恩格斯的生平、活动以及重要理论著作的创作过程，共计 7343 份存档件（8974 份文件）。目录二是马克思恩格斯已无手稿存世的一些书信和著作的早期出版物，共计 228 个卷宗。目录三是马克思恩格斯的传记材料，共计 353 个卷宗。目录四是马克思恩格斯收藏但没有批注过的图书、杂志、报纸和剪报。目录五是别人写给马克思恩格斯的书信，共计 6812 封。这里需要指出的是，那些有马克思恩格斯亲笔批注的书信都归入了目录一。

无论从结构还是内容来说，目录一都是最为珍贵的。目录一所列的文献按性质和内容可以分为如下专题：

1. 马克思恩格斯著作（书和小册子）的手稿和文件校样；

2. 马克思恩格斯的讲话、文章、声明、出版说明以及相关文件的校样；

3. 马克思恩格斯著作的各种准备材料，包括读书摘要、提纲、笔记、草稿等；

4. 马克思恩格斯为革命实践活动起草、修改或者签名的各种文件、决定、会议决议、呼吁书、传单等；

5. 马克思恩格斯的书信，以及马克思恩格斯在别人来信上所做的批注；

6. 有马克思恩格斯赠言题词的书籍，以及有马克思恩格斯题词、批注和标记的书籍、报纸和剪报等；

7. 有马克思恩格斯赠言和其他题词的照片；

8. 有马克思恩格斯签名的文件，由马克思恩格斯委托起草或由他人眷写的文件（原稿缺失）。

马克思恩格斯全宗里保存了马克思和恩格斯1833年至1895年间的专著、小册子、文章和声明的300多份手稿。属于马克思主义形成期的最为重要的马克思手稿有《黑格尔法哲学批判》(1843)、《1844年经济学哲学手稿》、马克思恩格斯合著的《德意志意识形态》(1845—1846)和《共产党宣言》。

马克思文献遗产中最重要的部分就是他的经济学手稿，这些手稿有助于我们逐步追溯马克思经济学理论的形成过程。全宗里的文献表明，马克思在19世纪50年代上半期重新开始进行经济学研究，他是从40年代开始做这一工作的。他在这一时期所做的研究规模庞大，成果惊人。他收集了大量的事实材料，仅仅从1850年秋到1853年8月间，研究政治经济学的摘要笔记就记了24本，这些笔记本的总量共计有100个印张。这些笔记说明，马克思用于提出自己的经济学理论的材料来源非常广泛。笔记里涉及各种学术流派的著作，多数是马克思对读过的书所记录的提纲以及各种引文，马克思对读过的材料做出的评论。这些评论形式多样，有的仅仅是一些感叹号或简短的批注，有的则是长达数页的附注，其实是一些小型的研究。

马克思手稿中与《资本论》创作有关的一部分是他的经济学手稿的写作材料。他1857—1858年间写作的《政治经济学批判》的原始稿共包括7个笔记，基本上涵盖了《资本论》第1卷的所有问题。1859年初写的新手稿包括3个笔记，M号笔记的内容就是《〈政治经济学批判〉导言》，这是马克思主义成熟期从理论上讲内容最为丰富的文件之一，马克思在这份文件中最为完整地阐述了他对作为独立学科的政治经济学的研究对象及其方法的理解。①

这一系列文献有助于研究马克思创作《资本论》的各个阶段，追溯马克思政治经济学思想的起源。同时这些手稿还说明，马克思是如何精心细致、精益求精地对待自己的作品的。

马克思的笔记是他的手稿遗产中弥足珍贵的文献。全宗保存了马克思从1844年到1881年间的23个笔记（其中22个为原件）。这些笔记反映了马克思活动的不同方面，包括一些思想的简要表述、简要草案和一些写作计划，也包括一些完整的文件、日记、书信草稿、其他人来信的抄本、书目札记等等。

马克思笔记中特别值得一提的是1844年开始记的那本。这个笔记中除了一些书目札记和地址之外，还有《哲学的贫困》和《关于费尔巴哈的提纲》两本书的草稿，后者曾被恩格斯称为"包含着新世界观的天才萌芽的第一个文件"。

马克思恩格斯手稿中很大一部分是为写作做的准备材料——摘录和提纲。全宗里保存了马克思和恩格斯于1835—1894年间共计250多个关于各种专业知识的摘录本。其中大多数摘录本（190个存档件）是马克思做的，用德文、英文、法文、拉丁文、希腊文、俄文、意大利文等语言所做的摘录和提纲包罗万象。这些丰富的材料涉及多个民族和时代的政治史、社会和经济史、各种社会学说史、工人运动、国际关系和外交、军事艺术和其他领域的知识等等。

对这些反映出马克思恩格斯广泛的、真正百科全书式兴趣的笔记本内容进行分析，使我们可以深入他们的科学实验室，追踪他们的著作的

---

① См. Маркс К. Экономические рукописи 1857 – 1861 гг. Часть 1. Предисловие. М. ,1980.

起源和进一步发展，确定马克思恩格斯在各个不同时期的兴趣范围。

总而言之，马克思的笔记和提纲是深入研究马克思主义理论产生和发展过程的重要源泉。这些材料有助于追踪研究这一过程的细节和特点。这些文件显示出马克思所依据的庞大史料基础，反映出马克思广泛的学术兴趣，证明马克思主义是在批判掌握和进一步发展前人的优秀成果基础上产生的。

马克思和恩格斯的2000多册藏书也证明了他们庞大的智力工作。① 全宗目录一保存了600多本有马克思恩格斯亲笔批注和赠言题词的图书。

全宗的一大内容是马克思恩格斯之间的书信（1844—1883年间的1600多封信）以及他们与别人的通信（1837—1895年间约2600封信）。马克思恩格斯的书信遗产作为研究他们生平和活动的重要材料，对于撰写他们的历史传记具有重大意义。这些书信充分反映了两位伟大思想家波澜壮阔的理论和实践活动，反映了他们在各种学术领域和革命实践中的创造性合作。他们在信中讨论的问题涉及哲学、自然学、政治经济学、社会主义、历史学、语文学、军事、技术、文学和艺术等。他们的通信揭示出他们的学说的三大组成部分的发展情况，以及他们对很多专门知识领域所做出的创造性贡献。很多信中还反映了马克思和恩格斯因种种原因未能实现的创作计划。所以，除了很多后来在出版著作中以更完善的形式得以表述的重要观点的草稿之外，书信中还有很多十分珍贵的、但在手稿中没得到发展的思想。

无产阶级斗争的战略和策略问题在书信中占有重要地位。从书信中可以看出，马克思和恩格斯多么重视各国工人阶级的地位、农民和各受

---

① $MEGA^2$, IV\32.

压迫国家人民的解放运动、制定无产阶级的策略路线等问题。书信还反映出他们为建立群众性工人阶级政党所做的多年斗争以及这一斗争在不同历史阶段和不同国家的特点。

马克思恩格斯的文献遗产具有巨大的政治和学术意义,这一遗产被广泛利用和出版。在这一文献遗产基础上,苏联出版了《马克思恩格斯文集》第2版50卷(54本书)。民主德国、保加利亚、匈牙利、英国、日本、意大利、法国以及其他国家的类似版本都是以此为基础的。现在,由一个国际出版集体编辑的《马克思恩格斯全集》历史考证版(MEGA$^2$)的各卷次正在陆续问世。俄罗斯国家社会政治史档案馆馆长索罗金先生即是该编委会成员。MEGA版全部出齐后,读者就能目睹马克思恩格斯文献遗产的全貌,这将为深入研究马克思主义的历史和理论提供更好的前提条件。

(李铁军 译)

# 马克思恩格斯文献在日本的典藏与数据化[*]

〔日〕大村泉

[摘　要] 本文前半部分对日本大学、研究机构保存的马克思恩格斯原始文献的收藏和公开情况进行了介绍，后半部分则主要针对东北大学收藏的马克思藏书《哲学的贫困》及其数字化进行了详细论述。IMES（国际马克思恩格斯基金会）的有关人士充分肯定了该数字化方法的有效性，认为这种方法应该应用于多达 800 册、约 4000—5000 页的马克思恩格斯批注的编辑和发表。

目前，收藏在日本的大学及研究机构的马克思恩格斯经典著作共有 9 本。包括：(1) 书信 2 封；(2) 有马克思亲笔题词的 6 份出版物；(3) 马克思生前喜欢的读物 1 本。此外，(4) 还有 2 封书信和 1 份手稿目前不知保存在什么地方。其中 (1) 和 (4) 共 5 种已经收录在了 $MEGA^1$、$MEGA^2$ 及《马克思恩格斯全集》德文版（MEW）当中，而 (2) 和 (3) 在新 MEGA 第四部分第 32 卷进行了介绍。我首先想谈一下对书信、手稿典藏进行调查及原文出版的经过，接着介绍

---

[*] 本文选自《马克思主义与现实》2012 年第 1 期。作者系国际马克思恩格斯基金会编辑委员会委员，日本东北大学大学院经济学研究科教授。

一下《资本论》第 1 卷第 1 版和东北大学收藏的有马克思恩格斯亲笔题词的版本和他的藏书,最后就电子版的编辑和 MEGA 的相关情况做一下介绍。

## 一、马克思恩格斯书信的典藏调查和出版

日本人中最先对马克思恩格斯著作典藏进行调查的是大原社会问题研究所所长高野岩三郎(1871—1949)。1927 年 6 月 30 日,高野先生在驻柏林苏联大使馆和梁赞诺夫谈话后,在当天的日记中这样写道:"梁赞诺夫说在德国社会民主党档案馆里丢失了 12 封马克思恩格斯的信件,有人说这件事可能跟日本人或美国人有关,如果找到这些信件在对外公开时请不要给个人造成困扰,我答应他回国后留意此事。"

1927 年 11 月高野先生回国后就开始调查此事,在大约 1 年的时间内找到了 5 份,包括:(1)保存在京都帝国大学的马克思恩格斯写的书信各 1 封;(2)石浜知行收藏的马克思恩格斯写的书信各 1 封及马克思手稿 1 份,这些内容出现在石浜本人所写的《追寻斗争的足迹》一书中。高野先生把石浜的著作和自己在京都帝国大学拍的书信图像一起寄给了梁赞诺夫。

京都帝国大学的两封信是福井孝治捐赠的。福井先生在 1968 年(即得到这两封书信 40 多年后)回忆得到并捐赠书信的经过时描述道:"自 1923 年春天起,我曾在德国留学 20 个月,信件是在梁赞诺夫和栉田民藏经常去的旧书店买到的。确切的价格已经忘记了,但应该很便宜,当时德国处于恶性通货膨胀期,是用英镑买的。1925 年春回国后打算把它送给恩师河上肇先生,但河上肇先生说个人保存太浪费了,还是交给什么合适的机构收藏比较好,后来河上肇先生写信来

说不如交给大原社会问题研究所或京都帝国大学收藏,大原社会研究所打算出高价收购,但我最终还是决定捐赠给自己的母校京都帝国大学。"

高野先生把这两封信拍成相片于1928年8月18日寄给了梁赞诺夫。其中一封是马克思1882年8月24日写给恩格斯的,1931年梁赞诺夫下台后,阿多拉茨基在MEGA¹第三部分第4卷中首次公开了这封信的内容。随后这封信也被收录在了《马克思恩格斯全集》德文版第35卷中。在MEGA¹的脚注中还特别注明了这封信来自日本。而1894年12月6日恩格斯写的信并没有收录在MEGA¹中,1963年在《马克思恩格斯全集》德文版第22卷中才首次以原文的形式展现出来,但并没有注明它的来源出处。

石浜知行在《追寻斗争的足迹》一书中把马克思写给伯恩施坦的信、1895年3月11日恩格斯写给党友的信以及马克思起草的《新莱茵报》编辑部"声明"做成插图并进行了翻译。1928年6月末,高野先生在寄出京都帝国大学那两封书信的相片之前把这本书送给了梁赞诺夫。

这些内容没有被收录在MEGA¹里,马克思恩格斯的那两封信分别收录在了MEW第27卷和第22卷里,而马克思写的《新莱茵报》声明则收录在了MEW第6卷中,都是以原文形式首次出版的,但也都同样没有注明这些文稿的来源。后来写给伯恩施坦的信也被收录在了MEGA²第三部分第1卷里,经过讨论,注明出自"石浜知行:《追寻斗争的足迹》"一书,如今不知道保存在什么地方。值得一提的是,这是MEGA第一次使用日语的汉字和假名。

## 二、有马克思亲笔题词的《资本论》第 1 版（1867 年）

大家都知道马克思一共送出过 32 本首版《资本论》第 1 卷，但现在能够确认的只有 11 本。这 11 本当中德国有 3 本，日本有 4 本，分别保存在小樽商科大学、东北大学、法政大学大原社会问题研究所和关西大学。

小樽商科大学收藏的是 1867 年 9 月 18 日送给舍勒尔的，关西大学收藏的是同一天送给菲力浦的，东北大学收藏的是 1867 年 9 月 19 日送给西吉兹蒙特·路德维希·波克罕的。法政大学大原社会问题研究所收藏的是 1869 年 9 月 17 日送给路德维希·库格曼的，题词上注明的地点是汉诺威，可以认为马克思在首版发行两年后看望路德维希·库格曼时作为纪念题词给他的。而且在这个版本上有一个铅笔写的日期："1867 年 9 月 13 日"，这个日期大概就是路德维希·库格曼从迈斯纳那里得到这本书的日期。

舍勒尔是马克思一家的家庭教师，马克思的女儿们都很喜欢他。这个版本是原小樽商科大学校长大野纯一在战前从柏林的旧书店买回来的，战后大野的家人把它赠给了小樽商科大学。

关西大学收藏的那本是赠给菲力浦的，他是马克思的表亲，在阿姆斯特丹当律师。他的兄弟及其儿子创立了灯泡公司，这就是现在非常有名的电器商飞利浦公司的前身。马克思曾多次跟他借钱，法文版《资本论》第 1 卷出版时，马克思曾希望他给予资金上的帮助。菲力浦是这样回答他的："如果你有需要，作为朋友、作为亲戚，我愿意给予你金钱方面的帮助，但我不想资助你从事政治和革命活动。"

送给菲力浦和舍勒尔的书上没有阅读过的痕迹，而给波克罕的那本，在前半部分留下了很多批注。第 1 版是以简装本的形式出版的，东北大学收藏的送给波克罕的那本用皮革进行了装订，有些边缘部分在装订时破损了，所以有几处批注的内容不太完整，这些批注有可能是波克罕本人留下的。波克罕可能针对批注的内容询问过马克思，所以后来马克思又把《资本论》第 1 卷的德文修订版第 2 版送给了他。《资本论》第 1 卷第 1 版在今天可以卖到 600 万日元，但法政大学大原社会问题研究所前身的大原社会研究所（大阪）1921 年买下这本送给路德维希·库格曼的《资本论》第 1 卷第 1 版时只用了 18.2 日元。战后的最高价格是 1989 年 12 月广岛经济大学购买的那本，900 万日元，东北大学保存的那本花了 600 万日元。

### 三、有马克思题词的法文版《资本论》第 1 版（1860 年）

除了题词给波克罕的首版《资本论》第 1 卷之外，东北大学还收藏了 2 本有马克思亲笔题词的版本。一本是河上肇收藏过的法文版《资本论》；另一本是马克思题词给恩格斯的《福格特先生》（第 1 版，1860 年）。

河上肇收藏过的那本是他的学生堀经夫作为留学纪念送给他的。1928 年河上肇被京都帝国大学开除，开始参加日本共产党的地下活动。1932 年 8 月下旬至 9 月上旬为了逃避警察的追捕曾在栉田民藏家居住，作为谢礼他把这本书送给了栉田民藏。因此这本书上有河上肇的笔迹，写着："1925 年 9 月 23 日　堀经夫　欧洲留学纪念　河上肇收"和"拜呈　栉田学长 河上肇"。后来，这本书在东北帝国大学买栉田藏书的时候转到了进行估价的旧书店主吉田金造的手上。吉田金造的儿子吉田震太郎曾任东北大学图书馆馆长，他委托东北大学代为保管。

下面再看一下马克思亲笔题词给恩格斯的《福格特先生》。这本书封皮背面有两行题词，这个版本的特点就是有福格特和弗里德里希·威廉、亚历山大·海德的肖像插图。1895 年恩格斯去世后，他的藏书和马克思的藏书一起被德国社会民主党保存，但这本书却没有该党的印章和藏书编号。这也说明并不是恩格斯的所有藏书都交给了德国社会民主党。

东北大学通过副岛种典 [爱知大学名誉教授（1912—1989）] 买到了这本书。副岛种典说这本书原来属于伊藤述史（1885—1960）。伊藤述史 1909 年毕业于东京商大（一桥大学）领事科。同年进入外务省，1927 年任国际联盟事务局事务官（常驻巴黎），1930 年任事务局次长。1933—1937 年任波兰公使。1940 年在第二次近卫内阁出任内阁情报部部长，后来成为首位情报局总裁。伊藤的家属说这本书是伊藤在马克大幅下跌时购买的，伊藤生前对这本书和后来同样被东北大学买下的蓝色封皮的《德法年鉴》非常爱惜。另外，伊藤还是成立于 1933 年的"昭和研究会"的委员、外交问题研究会成员，据说曾强烈反对建立日、德、意三国同盟，1939 年被平沼内阁任命为特使派到德国，后因与驻德大使大岛浩意见不同回到日本。

## 四、马克思的藏书《哲学的贫困》及其数据化

东北大学藏有马克思的藏书《哲学的贫困》（初版，巴黎、布鲁塞尔，1847），原所有者是大原社会问题研究所的栉田民藏。栉田是在日本最早开始进行马克思主义、马克思经济学以及社会问题研究并在这一时期做出重要学术贡献的人物之一。1920 年 10 月 29 日至 1922 年 8 月 15 日曾在欧洲留学两年，主要是在柏林与梁赞诺夫接触，专门为开办

不久的大原社购买图书。这一版本的衬页里记载说,该书是椛田于1921年7月27日从德国社会民主党档案馆购买的。1934年椛田突然病逝,1935年至1937年,东北大学从椛田家属处共分三批购买其藏书7000册,该版本为1936年第二次购买时所得。

把这本书确定为马克思藏书的是东北大学名誉教授田中菊次,时间是在1950年前后。田中说:"当时,大家都知道'椛田文库'中有很多宝贵的研究文献,但没有任何信息显示有像该版本这么重要的珍贵藏书。而在阅读该版本时,我才注意到上面那些订正和增加的部分一定是作者自己的文字,经过重新调查,可以确定这本书是马克思自己的藏书,在他死后被德国社会民主党收录在该党的档案馆中。"

该版本应该是编辑MEGA²第一部分第6卷的文本基础,对MAGA的编辑十分重要。因此,我们对该版本进行了数字化处理。

对该书进行数字化处理时,我们的工作并没有仅仅停留在数据化、文本化方面,而是将批注与该处的解读文本相链接,以视觉化理解为目的制作而成。即通过数字化这一便利条件,制作更有利于研究的图像数据库。这是国际上均无先例且备受瞩目的尝试,我想在这里介绍一下它的制作过程。

根据最新调查,马克思恩格斯的旧藏书约为1450册,写有批注的大约800多本,总页数在4000—5000页之间。MEGA²本打算重现这些批注,增刊30卷,但因经费问题,最终大幅削减至2卷,同时提出要求希望研究出新的编辑出版方式。批注版的数字化就是日本研究人员针对这一要求提出的具体解决方案。

该批注版的数字化并不是简单对该版本进行数字化处理。在MEGA²收录批注的卷册及试行版本中,对用墨水笔、铅笔、红铅笔、蓝铅笔等做出下划线和旁线标记的地方通过虚线和波浪线表现出来;此外,批注的部分也不是在原文中进行处理而是修订在正文的右侧,这样读者只读一遍就很难想象出这本书原来的样子。

日本研究人员在对其进行数字化时,认为应该对原来的方法进行彻底的改革。即在图像上对下划线处及批注部分做出标记进行提示,只要点击图像上的批注文字部分,就会立即跳出其他画面显示解读原稿,而对改写多次的批注部分进行说明时则以记号代替文字,并对该处用不同的颜色予以区别(由于是用符号作标识,因此不同语种的读者均可使用),另外欧美已经现存的数字化、文本化译本也可以收录在该数字化版中。

让我们来看看具体的例子。

图片1为画面图像。以PDF文件格式的《哲学的贫困》为基础文本,将初版中原本没有的部分全部进行标识。

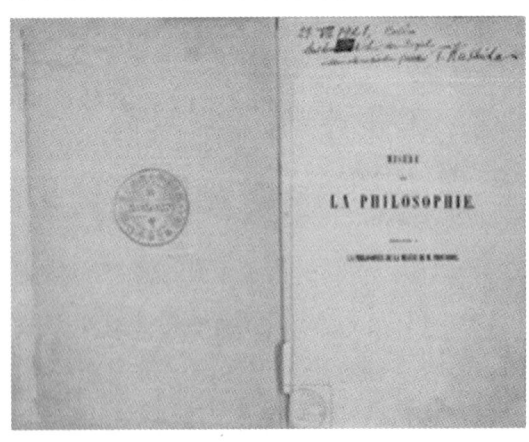

图片1

这其中包括:(1)马克思恩格斯的批注;(2)其他人的批注(包括栉田民藏的文字);(3)SPD资料馆的藏书印章;(4)东北大学附属图书馆的各种印章等。

此外，这些标识根据种类使用了不同的颜色。出自马克思恩格斯之手的为"绿色"；出自 SPD 资料馆的为"粉色"；出自东北大学图书馆的为"浅蓝色"，分别用虚线框起来。

还有，除下划线及旁线这些批注之外的标识处全部进行链接，并在其他窗口设置针对该处的参考"解读"文件。参照"解读"文本使用 html 文件格式，它并未用特定的"语言"进行说明，而是采用了 $MEGA^2$ 中常用的记号。

另外，为了从视觉上更清晰地分辨出马克思恩格斯的删除、修订部分，在对第 1 版进行修订时，将修订、删除后的单词通过变换颜色明确地表示出来。

比如，首版的原始文本为"黑色"；如果马克思恩格斯对其进行了修改，那修改后这个地方就显示为"绿色"，校正记号为"红色"，通过这样的视觉化处理，使变更处一目了然。而且，没有采取纸质媒体那样的翻页及脚注的模式，而是可以在同一图像的任意地方打开"解读"窗口。

在得到田中菊次及里夏德·施佩尔（Richard Sperl）等人的帮助后，对批注的解读以及通过这种数字化忠实再现《哲学的贫困》批注版本这项工作已基本完成。

《哲学的贫困》批注版数据化所积累的经验也将被应用于我们今后对 $MEGA^2$ 第二部分第 12、13 卷进行编辑或数据化的过程中，并且对于现在正在编辑的在线版《德意志意识形态》第一章《费尔巴哈》以及明年夏天开始编辑的 $MEGA^2$ 第四部分第 14 卷《危机笔记》都将大有帮助。

（谢海静、范大祺 译）

**图书在版编目（CIP）数据**

经典著作版本与传播研究 / 李百玲主编. —北京：中央编译出版社，2015.12

（马克思主义研究资料 / 杨金海主编；28）

ISBN 978-7-5117-2842-5

Ⅰ.①经… Ⅱ.①李… Ⅲ.①马列著作-版本-研究
②马列著作-传播-研究 Ⅳ.①A8 ②G206

中国版本图书馆 CIP 数据核字（2015）第 274523 号

经典著作版本与传播研究

| | |
|---|---|
| 出 版 人： | 刘明清 |
| 责任编辑： | 薛迎春 |
| 责任印制： | 尹　珺 |
| 装帧设计： | 田晗工作室 |
| 排版制作： | 北京吉浪世纪制版科技有限公司 |
| 出版发行： | 中央编译出版社 |
| 地　　址： | 北京西城区车公庄大街乙 5 号鸿儒大厦 B 座（100044） |
| 电　　话： | （010）52612345（总编室）　（010）52612336（编辑室）<br>（010）52612316（发行部）　（010）52612317（网络销售）<br>（010）52612346（馆配部）　（010）55626985（读者服务部） |
| 传　　真： | （010）66515838 |
| 经　　销： | 全国新华书店 |
| 印　　刷： | 山东鸿君杰文化发展有限公司 |
| 开　　本： | 787 毫米×1092 毫米　1/16 |
| 字　　数： | 374 千字 |
| 印　　张： | 30.25 |
| 版　　次： | 2015 年 12 月第 1 版第 1 次印刷 |
| 定　　价： | 90.00 元 |

| | |
|---|---|
| 网　　址： | www.cctphome.com　　邮　箱：cctp@cctphome.com |
| 新浪微博： | @中央编译出版社　　微　信：中央编译出版社（ID：cctphome） |
| 淘宝店铺： | 中央编译出版社直销店（http://shop108367160.taobao.com）　（010）52612349 |

**本社常年法律顾问：北京嘉润律师事务所律师　李敬伟　问小牛**
凡有印装质量问题，本社负责调换。电话：（010）55626985